闽东之光：聚落文化的历史走向与保护振兴

第五届两岸大学生聚落文化与传统建筑调查夏令营暨学术研讨会论文集

主　编　郑长铃　萧百兴　张　杰

副主编　邱树添　程永生　张敬华

执行主编　张敬华

文化艺术出版社

Culture and Art Publishing House

图书在版编目（CIP）数据

闽东之光：聚落文化的历史走向与保护振兴：第五届两岸大学生聚落文化与传统建筑调查夏令营暨学术研讨会论文集 / 郑长铃，萧百兴，张杰主编. —北京：文化艺术出版社，2020.12
ISBN 978-7-5039-6993-5

Ⅰ. ①闽… Ⅱ. ①郑… ②萧… ③张… Ⅲ. ①地方文化－福建－学术会议－文集②建筑文化－福建－学术会议－文集 Ⅳ. ①G127.57-53②TU-092.957

中国版本图书馆CIP数据核字(2020)第202777号

闽东之光：聚落文化的历史走向与保护振兴
——第五届两岸大学生聚落文化与传统建筑调查夏令营暨学术研讨会论文集

主　　编　郑长铃　萧百兴　张　杰
副 主 编　邱树添　程永生　张敬华
执行主编　张敬华
责任编辑　董良敏　董　斌
责任校对　邓　运
书籍设计　赵　矗
出版发行　文化艺术出版社
地　　址　北京市东城区东四八条52号 （100700）
网　　址　www.caaph.com
电子信箱　s@caaph.com
电　　话　（010）84057666（总编室）　84057667（办公室）
　　　　　84057696—84057699（发行部）
传　　真　（010）84057660（总编室）　84057670（办公室）
　　　　　84057690（发行部）
经　　销　新华书店
印　　刷　国英印务有限公司
版　　次　2020年12月第1版
印　　次　2020年12月第1次印刷
开　　本　710毫米×1000毫米 1/16
印　　张　20
字　　数　400千字
书　　号　ISBN 978-7-5039-6993-5
定　　价　78.00元

主　编

郑长铃　萧百兴　张　杰

副主编

邱树添　程永生　张敬华

执行主编

张敬华

编辑团队

梁安石　陈毓萱　赵　旭

章咏杰　韩　雪　陈宇峰

2019年8月24日，“2019第五届两岸大学生聚落文化与传统建筑调查夏令营暨学术研讨会”在宁德拉开序幕。图为开幕式现场（赵晨曦摄）

“2019第五届两岸大学生聚落文化与传统建筑调查夏令营暨学术研讨会”
开幕式现场（赵晨曦摄）

“2019第五届两岸大学生聚落文化与传统建筑调查夏令营暨学术研讨会”
开幕式现场学生代表发言（赵晨曦摄）

台湾华梵大学建筑学系 / 智慧生活设计系空间设计组萧百兴教授在
开幕式现场发言（赵晨曦摄）

开幕式现场（赵晨曦摄）

开幕式现场，来自大陆和台湾的专家学者展开讨论（赵晨曦摄）

大陆和台湾的师生在城隍庙参观考察（赵晨曦摄）

师生参观民居，考察研究中国传统古建筑结构（赵晨曦摄）

来自大陆和台湾的师生在宁德老街区的蔡氏家庙考察学习。图为来自台湾华梵大学建筑学系的教授在给学生讲木制古建筑的斗拱结构知识（赵晨曦摄）

以“文化地景”与“空间文化形式”为考察对象，来自大陆和台湾的师生在康里村考察独特的聚落文化及建筑特点（赵晨曦摄）

集体合影（夏日尧摄）

集体合影（夏日尧摄）

“第一家园”建设座谈会现场（赵晨曦摄）

来自大陆和台湾的师生参观霍童陈姓线狮表演（赵晨曦摄）

两岸师生走进茶盐古街考察建筑特点（赵晨曦摄）

目录

第一编　传统聚落保护与文化传承

第二编　传统建筑保护与利用

第三编　聚落环境景观规划设计

第四编　聚落旅游发展与乡村振兴

第五编　塘岐后沃历史空间研究

第六编　两岸文化交流与认同

第一编

传统聚落保护与文化传承

基于传统聚落保护的旅游发展现状思考

朱光耀　陈　露[①]

摘　要：现代旅游业发展十分迅猛，在满足人们对旅游的需求同时如何开发利用基地优势成为我们的一大议题。我国传统聚落的文化颇为深远，在对其保护的同时发挥其利用价值，促使了新型旅游业的迸发。基于此分析我国传统聚落的起源与发展，并以福建省为例深入研究其传统聚落的现状及问题，指出传统聚落的发展离不开聚落文化，在旅游业发展的同时注重文化的独特性，为旅游转型奠定基础。

关键词：传统聚落；聚落保护；旅游转型

一、传统聚落的起源与发展

聚落是人类聚居和生活的场所，分为城市聚落和乡村聚落。聚落环境是人类有意识开发利用和改造自然而创造出来的生存环境，是人类各种形式的聚居地的总称。“聚落”一词古代指村落，中国的《汉书·沟洫志》记载：“或久无害，稍筑室宅，遂成聚落。”聚落是一种空间系统，是一种复杂的经济、文化现象和发展过程，是在特定的地理环境和经济背景中人类活动与自然相互作用的综合结果。在历史上村落先于城市形成，是社会生产力发展到一定阶段的产物，城市的形成和发展又促进了村落的发展。

（一）中国村落的发展

村镇聚落的形成与一定的自然地理条件、历史文化背景及相应的人群等有关，

① 朱光耀，北京建筑大学硕士研究生；陈露，东南大学硕士研究生。

聚落文化的形成也是如此。相对于文化总体而言，聚落文化是有独特风貌及人文特色的文化聚居点。因此，对于聚落来说，形成的条件更苛刻一些，比如，临近大城市交通信息相对发达的传统村落，由于受现代文明的冲击更强烈，已逐步丧失其固有的文化特色而趋同于时代文化，就聚落文化价值而言，已大大降低。

在原始社会，人类为了生存必须建立适当的居住地，以防暑御寒、避风避雨和防止野兽袭击。但是，人类初期并没有固定的栖息地，主要是利用自然洞穴藏身。原始村落多见在森林茂密的低山林区，以便于狩猎和采集。此外，人类在海边、河边进行原始的捕鱼活动。由于人们完全依靠天然食物，如兽、树果、草类等，而这些天然食物容易枯竭，食物的获取具有季节性和地域性，因此人类活动的范围经常大范围地移动，居住地流动不定。

随着生产力的发展，人类逐步走向饲养家畜、栽培作物、生活安定的定居生活。在新石器时代中期，农业与畜牧业发生分离，产生人类社会的第一次大分工，出现了从事农耕业生产的人类的固定居民点——村落，我国村落文化的形成正是这次革命的结果。距今7000年到8000年以前，在我国黄河流域和长江流域已出现相当进步的农业经济，产生了长期性的村落。这些原始村落无疑是以农业的兴起为依托的，同时又促进了原始农业的发展。距今6000年以前，我国西安半坡氏族公社是大型固定的农业村落，面积约5万平方米，特别是在居住区外还发现了具有防御作用的壕沟。

随着生产力的进一步发展，人们生活的产品有了富余，交换自己不能生产的生活资料有了可能，这促进了人类社会的第二次大分工，即手工业与农业的分工。随之村落发生了根本性变化，出现了专门从事商业、手工业的城市，村落则以农牧业为主。商业城市对村落的发展发挥着农产品集散地和物资供应中心地的作用，极大地促进了村落经济的发展及村落数目的增加和规模的扩大。工矿业城市的出现，带来了服务于城市的郊区农业村落的发展。加工业城市的发展，尤其是农产品加工业的发展，极大地促使专业性村落的出现，并随加工业型城市的发展而不断发展。

村落是我国乡土社会的基本经济单位，是乡土社会人群聚落、生息、生产的地方。其规模大小不一，有个别住户的孤村，也有百万人口的大村。我国封建社会的大村，多以大地主宅地为中心，四邻住着佃户或者帮工。村落中阶级对比明显，地主居住着宽敞的院落和砖瓦大房，佃户则居住在茅草小屋中。村落街道以通往地主宅地的干道为中轴，而通向四周佃户住宅的都是些羊肠小路。这些村落是我国传统文化中的一份丰富宝藏，具有浓厚的本土文化特色，是旅游开发的宝贵资源。

（二）中国城市的发展

人类进入奴隶社会后，产生了第三次社会大分工，出现专门从事交换的商人，形成一些人口相对集中、规模大小不等、以产品交换为中心的场所——集市。集市的发展促进了集镇的形成，并为其真正产生奠定了基础。由于阶段的出现以及部落之间的战争，人类开始在聚集区周围筑城，进而产生了最早的城市。我国城市的发展经历了一个漫长的发展历程。在古老的华夏大地上，社会从数十万年前的洪荒时代不断演进，在夏代出现了标志着人类文明的早期城市。在河南偃师二里头发现距今约3600年前的宫殿遗址，一般被认为是我国迄今所发现最早的城市遗址。在二里头还发现有青铜器、玉器、兵器等，说明当时已经形成国家，从而使人们推论二里头遗址为夏朝最后一个王桀的都城。在二里头附近的尸乡沟还发现了一座最早的商城址，被认为是商王成汤所建的“亳城”。继商之后的周王朝为巩固其统治，实行分封制。为防御和保护领地，统治阶级把筑城看作立国之本。“立国”就是在自己的封城内选择适中的地点，营建可以防守的城池。因此，早期城市的功能是以政治、军事为主的。周朝初的城市主要分布在黄河中下游地区，但向北已扩展到太原、北京附近，向南则至汉水、淮河流域。自此之后，我国城市的分布就以这一地区为中心，逐渐向四周发展。

自春秋开始，我国奴隶制社会逐渐走向解体，至战国时代后期封建制度最后得以确立。这一时期诸侯割据，相互攻战，主城防御十分重要，因此坚固的城墙、庞大的城池因战争而产生。属于这类城市的有齐国的临淄、秦国的咸阳、燕国的下都、赵国的邯郸、魏国的大梁等。其中齐国的首都临淄城，周长有12公里，估计居民有20万，城中的商业十分发达。秦统一后的首都咸阳城、汉朝的长安城，以及唐朝的长安城，宋朝的开封城、杭州城等，都是当时世界上著名的大都市，城市内部已经相当齐全。北宋时，开封人口接近100万，是我国有史以来较为确信的第一个百万人口城市。元、明、清三代，全国最大的城市是北京。它代表了我国封建礼制的典范，充分反映了封建统治者利用城市规划来维护其最后的统治。除北京外，全国还有30多个大中城市，如南京、苏州、杭州等。其中，广州作为明清实行禁海政策后的唯一对外开放城市，发展尤为迅速，至鸦片战争前夕估计人口达80

万，成为仅次于北京的全国第二大城市。

1840年的鸦片战争，迫使清政府打开闭关自守的大门，开始加入世界经济体系。资本主义工商业首先在沿海沿江城市中出现，随后波及东北和内地广大地区。尽管这些发展从本质上说是服务于资本主义世界经济体系所需要的，但随着商品生产的发展，形成了一批近代工商业城市，其中上海、天津、重庆等城市迅速崛起，其地位逐渐超过临近的苏州、北京、济南、成都等传统城市。同时随着资本主义工业的发展，产生了不少新兴城市，它们多为矿业或工矿业城市，如抚顺、鞍山等。由于我国煤铁资源主要分布在北方地区，因此使新型城市也多位于东北及华北地区。

二、传统聚落保护——以福建省为例

（一）福建省传统聚落的基本现状

传统聚落是人们在一定地区长期适应环境的结晶，它积淀了数百乃至上千年古老的聚居文化和艺术，以其深厚的历史渊源、淳朴的民俗民风、如画的自然和人文景观，成为一种独特的旅游资源。福建省传统聚落资源丰富，无论内陆丘陵山区还是沿海地区，均有分布。

福建省传统聚落概况

地区分布不均匀	主要聚集在三明、龙岩、南平、宁德等山区地区，经济比较落后，交通比较闭塞。改革开放后沿海地区破坏得极为严重，整体表现为经济越发达，破坏越厉害
时间形成前后不一	历史源远流长，文化底蕴深厚，现存主要为明清格局。根据不同区域，闽东地区与闽（西）北地区（闽江上游三大流域）主要建筑风格为闽越族文化和唐代中原文化的融合，形成风格时间为汉代至唐代之间，现存建筑多为明清时期；闽西（南）的客家古村落形成于宋代时期，其中土堡、土楼大约形成于明代，现存建筑多为明清时期；闽南红砖厝古村落形成时期不清，现存建筑多为明清以及民国时期

续表

沿海聚落最具特色	福建面海，与中国台湾及东南亚各国有着亲密的地缘关系，在这片土地上孕育着具有独特建筑风格和文化记忆的古村落。其中有抗倭文化中产生的土楼和土堡；海上丝绸之路文化中产生的蚝壳厝；处于地震带产生的出砖入石独特建筑风格的砖石厝；深系海外华侨华人以及 80% 以上台胞思乡情结的红砖厝

（二）福建省传统聚落特点

传统聚落多能因地制宜、就地取材、因材施工。自然地理条件的差别使得民居村落或依山或傍水或组合或分散，呈现出丰富多彩、千变万化的景观效果。如闽北武夷山市的城村、闽东福安市的廉村等民居村落布局就很有特色。传统民居建筑单位在适应福建沿海独特的气候条件，组织良好的通风、采光、遮阳、挡雨、防风等方面，也有着成功的经验。

重视对自然生态环境的适应和保护，发挥构建材料的天然性能。在传统民居建筑的选址上，对建筑方位、入口朝向等非常重视：宅基选址靠近水边，体现对水的亲近，方便生产、生活和排污；重视植被、绿化、山林等周边环境的保护，如对“风水林”的保护和崇拜，体现了朴素的自然生态观。福州民居利用城市拆除旧房的碎砖烂瓦作为骨料夯筑成城市瓦砾土墙，泉州民居利用地震后碎砖与石料拼砌创造了“出砖入石”墙体，沿海民居用大海蚝壳砌成墙体，既解决了城市废旧材料的处理问题，又综合利用了乡土建筑材料，还节约了投资。

强调地方特色，凸显群落文化，村落风格多姿多彩，增加了建筑可识别性和欣赏审美价值。地方材料、历史文化心理、风俗习惯等的不同，形成了民居建筑群落各自不同的构成模式、建筑风格和审美情趣。如风火山墙，闽东民居与闽北民居就不一样，即使在闽东民居内部，福州、闽清、福清的风火山墙也有差别。再如闽南泉州民居的外墙面，采用红砖拼贴出各种图案，富有美感。又如闽北民居和闽中民居，由于当地盛产木材，巨大的木构架或悬挑或落地或支撑，随地形起伏而变化无穷，增加了建筑可识别性和欣赏审美价值。

在各个历史时期由于文化的冲击和其他人为因素，形成了许多具有独特建筑风格的古村落。无论是闽西、闽南的土楼群，还是泉州的蚝壳厝和出砖入石的红瓦厝都是外来冲击与废物利用形成的特色建筑，在全国是绝无仅有的。

（三）福建省传统聚落保护存在的问题

福建省传统聚落保护存在许多问题，其中既有大致相同的共性原因，也有一些地方个体的因素。

共性原因，城镇化进程中的古建聚落快速消亡。表现为古村落保护与农村住房理念变迁的矛盾尚难调和，许多居民追求现代的生活，拆除具有长久文化历史的古建筑，翻盖现代风格的楼房。保护主体意识问题。目前全国大多地区的聚落保护均为“自上而下的政策”，这种政策仅部分惠及村落基础设施重点文物保护单位，导致个体古民居建筑边缘化、居民拆旧建新、古建聚落整体风貌难保的状况频频出现；许多村落的村民没有这种意识，导致内部的不呼应。必须促使村民形成保护的意识，最终形成一个“自下而上”的机制环境。地方政府和相关部门对聚落保护的正确理念尚未形成，导致传统古建的破坏发展，造成这样的情况，就是经济发展速度快的保留得比较少，落后地区反而多。

地方性方面，福建的古村落，具有许多独特的因素，对于具有全国独特文化基因的古村落，其保护的价值和意义自然有很大的不同。其中土楼作为抗倭文化的承载体和文化记忆附着物，蚝壳厝是海上丝绸之路文化重要的见证物，对于以上在全国绝无仅有的特色建筑，无论地方政府和福建学者，目前都还没有把这些具有独特文化记忆的建筑和古村落的保护，纳入国家文化战略之中。

三、聚落文化促进旅游转型

（一）聚落文化对旅游发展的影响

中华民族古老的聚落文化为世界积累了创造人类生活环境的丰富经验，是现代中国人引以为豪的珍贵遗产，它蕴含了各民族先辈披荆斩棘的艰辛和繁衍生息的历程，凝聚着华夏祖先的智慧和心血，已成为巨大的文化财富。保护和开发传统聚落文化旅游是世界的发展趋势，它除了可以让本国人直接拥有重温过去文化的功能外，更具有象征民族传统屹立于世界的积极意义。因此，传统聚落的有无，不会直接严重影响一国的生活和经济，但却是提高本国人民传统精神文化与人文素养的最佳途径。

传统聚落文化作为一种旅游资源，具有很大的吸引力，尤其是大中城市。城市是一个国家、一个地区政治、经济、文化的中心，是物质财富、精神财富最为集中之地，在人类文明发展史上占有十分重要的地位。城市大都选择在交通便利、依山傍水之地，具有丰富的生态旅游资源；城市经过从古到今的发展积累，历史文化积淀非常丰厚；城市建筑总是在不断拆旧建新，成为历史轮廓的具象体现；城市都是一定地域的商业中心。更可贵的是，由于城市所处地域不同，地质地貌情况不同，加之政治经济文化的侧重不同，因而风格不一，这是永远开发不尽的潜在的旅游资源，对于科学研究、商务活动、观光探奇者都是有价值的目的地。传统村落也同样是一种宝贵的旅游资源，它不同于城市生活的形式，容易成为城市居民心中休闲的意象，成为满足人们休闲的场所。适度开发传统聚落文化资源，可以激发持有者返璞归真的情怀，寻求传统文化的安闲与宁静。

同时，旅游的深入开发也促进了传统聚落文化的保护和复兴。旅游业是一项文化性很强的产业，旅游者正是为了追求一种身心上的跨文化的享受才参加旅游活动的，越是具有异质文化特色的旅游地对游客的吸引力就越大。为了满足旅游者追求不同的文化体验的需求，原先在当地视若无睹或者几乎被人遗忘的传统习俗和文化活动得到恢复和开发，传统的民间艺术受到重视和发扬，濒临湮灭的历史文物得到修复和维护。北京故宫、苏州园林、丽江古城等已作为重要的人类文化遗产被列入联合国教科文组织《世界遗产名录》，这些凝聚着中华民族悠久历史文化的名胜古迹不仅作为独特的人文旅游资源受到外来游客的欢迎，而且大大激发了人们对中国传统文化的自豪感。

（二）传统聚落的旅游转型

1. 城市化背景下传统聚落的发展

传统乡土聚落是几千年农业大国的历史见证，是我国古代建筑最富有生活气息的部分。它们以整体的风貌体现其历史文化价值，展示某一历史时期的典型风貌特色，具有很高的历史认知、情感寄托、审美欣赏、生态环境和利用价值。现在已经有越来越多的人认识到传统乡土聚落保护的重要意义。但随着我国经济与社会的空前发展，城市化现象正以前所未有的速度改变着城市与村镇的面貌，各地的乡土聚落面临着巨大冲击。

民居聚落不仅包含实体环境的部分，还是人们社会文化生活的载体，这种双重性使其不同于文物可以进行绝对的保护，因为生活在其中的居民也有追求更舒适生活的权利。时代在发展，那种试图既提高当地居民生活质量，又使其在过上现代化生活的同时保持村落古老形态只能是一种设想。在现阶段社会经济发展的条件下，用大量资金对民居聚落进行全面保护也无法实现。我们必须寻求乡土聚落的转型，促使传统民居聚落的长久生存和发展。

2. 旅游转型促进传统文化的继承与发扬

我们花了很大的精力保存和尊重传统，最终的目的是要了解与发扬传统。保留传统但长久地使它们脱离大众，仅为少数的专家和学者所了解是远远不够的。传统文化是需要长期潜移默化地对人们施加影响才能深入人心。传统、文化、历史，并不是虚无缥缈的东西，是有载体的。聚落的形成作为一种广大劳动人民创造的文明遗存，其财富应为民众所共享。对传统聚落的旅游开发正是对民居传统的弘扬与发展，是对全民的教育。

现在我们处在市场经济社会，商业化是一个无法回避的事实。在商品社会里，用纯文化的手段来传播文化传统，在许多时候会显得苍白无力，而经济的、商业的手段在这方面恰恰具有优势，它依据某些资金的优势来传播一种理想和观念，可使其更普遍地深入普通民众的生活，所以我们应该积极利用它为文化服务。把传统文化所蕴含的资源优势转化为产业优势，不仅能够使传统文化焕发新的活力，而且通过传播文化精神可以提高整个社会的文化素质和品位，还可以带动地方经济的发展，形成良性循环。

3. 旅游转型促进传统民居的保护与弘扬

传统乡土聚落的旅游转型与民居的保护与更新相辅相成。其发展离不开社区的发展，因为它们仍然是当地居民生活的载体。旅游开发可以改善社区的基础设施，并运用开发收入提高当地居民生活质量，使当地居民从中受益，有利于得到其理解和支持，对民居进行更好的维护。旅游景点与村镇公共空间相结合，使之成为村镇文化活动的有机单元。通过在旅游开发中的居民参与，会增强社区居民的认同感，提高社区凝聚力，这样，不仅能够提供更多的就业机会，还可以提高村民的思想素质和文化水平，更深刻地理解和认识传统文化。

当然，我们也不否认在民居的开发过程中有些地方过于强调其旅游价值，而忽视其文化价值，热衷于包装，在开发旅游后商业气氛过重。但我们不能因此否认乡土聚落旅游转型的方式，而是应该积极引导，探讨其健康发展的方式。

4. 旅游发展为聚落转型提供有利条件

人们旅游意识的增强和公共假期的延长，为国内旅游开辟了更加广阔的市场。2007 年国内旅游呈现的主要特点是旺季提前，热点普遍，高潮迭起，节假日出现人数暴增。国内旅游强有力地带动了我国假日经济的发展，在拉动内需中发挥了突出作用。旅游热是我国经济发展和社会安定后人民生活方式转型的结果。现代经济发展到一定程度，社会化的旅游现象一定产生，而长假期的出现成为旅游热的推进剂。人民在收入提高的同时也伴随着素质的提高，更加希望得到知识，渴望了解中国的传统和民间文化。在一个快节奏的社会中，人们更看重闲暇的自由，更崇尚回归自然。

参考文献

[1] 陈小红：《传统聚落型古村落保护与旅游开发研究——以温州苍坡古村为例》，硕士学位论文，广西师范大学，2014 年。

[2] 戴志坚：《闽台民居建筑的渊源与形态》，福建人民出版社 2003 年版。

[3] 刘源、李晓峰：《旅游开发与传统聚落保护的现状与思考》，《新建筑》2003 年第 2 期。

[4] 彭媛媛：《空废化下的聚落空间形态变迁研究——以福建省石狮市永宁卫聚落为例》，硕士学位论文，华东理工大学，2013 年。

[5] 王晓阳、赵之枫：《传统乡土聚落的旅游转型》，《建筑学报》2001 年第 9 期。

[6] 朱凌：《传统聚落形态及其保护性规划研究》，硕士学位论文，华侨大学，2012 年。

[7] 戴志坚：《福建民居》，中国建筑工业出版社 2009 年版。

赣南客家村落保护发展研究
——以赣州市赣县区白鹭村为例

刘 艺 庞 骏[①]

摘 要：本文对江西省赣州市赣县区白鹭村的现状进行了调查，对村落布局、建筑特色和传统民俗进行了实地调研，针对村落现状和存在的问题，对其提出了相应的保护措施和发展规划，进一步完善村落保护制度，创新旅游路线，并联动客家民俗文化加强宣传，深入打造白鹭村的知名度，增强白鹭村旅游开发的吸引力。

关键词：客家；村落；白鹭村；保护；发展

一、白鹭村概况

白鹭村坐落于江西省赣州市赣县区白鹭乡北部，毗邻兴国县和万安县，俗称“一脚踏三县”。全村共有13个村民小组，600余户，人口共计2000余人，村民以钟姓为大姓。白鹭村沿鹭溪河呈弧形分布，全村南北走向，南接龙岗，北靠玉屏山，五条山脚伸至山下，古代风水师称之为“五龙山形”，白鹭村正是处于这一山清水秀风水绝佳之地。

白鹭村建于南宋绍兴六年（1136），距今有883年的历史，开基始祖为唐越国公钟绍京第十六世裔孙钟舆。白鹭村村名由来颇具诗意，据1985年6月版的《江西省赣县地名志》载：“宋绍兴六年，钟舆由兴国竹坝迁此建村。钟舆夜梦白鹭，飞此栖息，遂以白鹭为名。”白鹭村整个村落的发展史可以分为三个阶段，第一阶

---

① 刘艺，上海对外经贸大学硕士研究生；庞骏，上海对外经贸大学副教授。

段是开荒时期，主要以农业种植和家禽饲养为主。第二阶段是开埠时期，是“农而优则商”的阶段，当农业种植和家禽饲养带来一定积蓄的时候，白鹭钟氏家族开始进行商业活动，利用村旁的鹭溪河开埠建码头，用便捷的水路进行贸易活动，积累了大量财富。第三阶段是开拓时期，这一时期钟氏家族走向“商而优则仕”的发展道路，这一时期也是白鹭村的全盛时期，至清朝白鹭村共出了三位知府，六位知州、知县，两位进士，17 位文武举人，秀才更是有 568 位之多。

白鹭村于 2006 年被评为中国十大古村之一，是江西省乡村旅游 4A 级景区，是国家住建部公布的第二批中国历史文化名村。

二、白鹭村村落特色

（一）布局特色

白鹭村是一座具有浓郁赣南客家文化特色的古村落，至今仍是江南古建筑留存最完好的客家村落，村落内保留着自明清以来规模不一、风格各异的祠堂屋宇共计 69 座，占地面积 6 万平方米。（图 1）

图 1　白鹭村全景

图2 用作“挡煞”的石碑

图3 街巷空间

村落整体布局严谨，由村中四条主干道串联全村，呈“丰”字形，以街为主干道，小巷再不断延展，形成了“街为干，巷为枝”的街巷格局，串联着由数字命名的“白鹭十景”——天一池、二义仓、三元宫、四逸堂、五福第、六角亭、七姑庙、八角井、九成堂、十字街。白鹭村建筑按风水整体布置成东南或东北方向，后门开临后街。街巷与建筑间形成的狭窄过道，不仅可以联通整个古村落的内部空间，还具有调节气温的功能，冬暖夏凉。在祠堂之间的巷道路口，从风水的角度看，为了“化解煞气”，通常会在墙头或屋檐放置一块“泰山石敢当”的石碑或一尊小石狮。（图2）街巷交叉处的墙体砌成工艺复杂的圆角，是最早注重“人性化设计”的表现，体现了白鹭村村民邻里间和睦相处、其乐融融的村落氛围。（图3）村中广场地面也装饰着铜钱状的纹样，不仅起着美观和标识的作用，还体现了白鹭村民注重经商致富之道，对子孙外圆内方、和气生财的教导。（图4）

整个村落的布局与自然地理环境和风水观念息息相关，在遵从自然条件的基础上，风水与人文相呼应，才有如今钟灵毓秀、古朴雅致的白鹭村。

图4 铜钱纹

（二）建筑特色

白鹭村的明、清客家建筑群，有着“研究明清古建筑活博物馆”的美名，融合了东西文化和南北文化，形成了独特的赣南民居特色。古村落内现存着祠堂、戏台、庙宇、民居、书院、桥梁、商铺等不同类型的建筑物。目前，村中有四栋古建筑被列为江西省文物保护单位。

祠堂是最能代表白鹭村客家民居特色的建筑类型。从使用功能上，祠堂分为“专祀型”和“居祀型”两种。“专祀型”指的是专门供奉祖宗牌位并举行“辞祖”仪式的祠堂。“居祀型”指的是既供人居住，又供奉祖宗牌位的祠堂。从祠堂外观上，融合了典型的徽派建筑特色，排列着整齐的青砖黑瓦、飞檐翘角和风火墙。从建筑内部结构上，为砖木混合结构，大多为立木柱，穿斗式构架，后期被砖石墙取代。从建筑形式上，祠堂按照传统天井式围合，形成四水归堂式建筑，保持着祠堂主屋的方正，四周厢房则是其他功能房等小院落组合。从装饰上看，每家每户重视装饰，门楼装饰复杂多样，天井四周梁柱上雕刻精美的装饰纹样，门格窗花纹样丰富（图5），包括柱础石也细致雕刻了花卉鸟兽等纹样。官宦人家的祠堂门口则有对称排列雕刻精致的“抱鼓石”，院前竖立着间距相等的“功名柱”（图6），上面镶刻着记述屋主功名与官衔的文字和图案。这些雕刻装饰都有着吉祥如意的美好寓意，体现了白鹭村村民的大众审美情趣和对美好生活的向往。

图5　门窗雕花

图6　功名柱

图7　王太夫人祠门楼

1. 王太夫人祠

王太夫人祠是全国罕见的女性祠堂，与古代封建思想中男尊女卑的观念不同，这是一座以女性命名的祠堂，于清道光年间建造，属于专祀型祠堂。入口处的八字形门楼比一般门楼宽敞大气，雕花精美，雕刻着蝙蝠、麒麟、葫芦、凤凰、灵芝等具有美好寓意的灰塑图案。（图7）建筑共两进，一进为宽敞的院落，是王太夫人用来办学供贫寒子弟读书的场所，大灾之年则为灾民施粥之处。拾级而上则是二进，现用于供奉王太夫人像。

2. 世昌堂

世昌堂是白鹭村钟氏家族的总祠堂，供奉的是开基始祖钟舆。因为钟舆字世昌，所以以世昌为祠名。祠堂共有三进，宽敞大气，占地400平方米。

3. 恢烈公祠

被誉为“山沟里的大观园”的恢烈公祠是白鹭村一道亮丽的风景线，共三栋连体建筑，是白鹭村体量最大的建筑。大门前立有刻着三狮戏球浮雕的抱鼓石，门前坪地立有六组刻有功名的旗杆石，前栋为太守敬公祠，中栋为友益堂，后栋在清朝被炸毁，只剩下依稀一点痕迹。此外，相传恢烈公祠中保存着故宫流出的唯一一块金砖。

4. 洪宇堂

洪宇堂建于明朝末期，是专祀型祠堂，供奉的是百岁名医钟邦梧。相传老人云游天下悬壶济世，方圆百里远近闻名，朝廷为表嘉奖，下诏赐建洪宇堂，所以前门悬挂着“恩荣”鎏金牌匾。这座祠堂斗拱是民间少有的如意拱架构建筑，从上至下共有五层如意拱，一层一层向外递进，如意拱的拱面雕刻着近百种中草药，整栋建筑精巧绝伦。(图8)

图8　洪宇堂

白鹭村内还有道教、佛教一同供奉的福神庙，用作古代闺阁女子起居室的绣花楼，经商世家居住的兰善堂等风格各异的历史建筑，这些都值得我们一一去探寻。

（三）民俗特色

白鹭村是客家文化的摇篮，客家民俗文化丰富多彩，不仅有赣南地方戏曲——东河戏，具有典型客家特色的“迎彩灯”“抢打轿”“烧瓦塔”等民俗活动，还有“喝擂茶”“打黄元米馃”“烧芋头丸”等客家特色小吃体验。

1. 东河戏

东河戏是国家级非物质文化遗产。相传清嘉庆年间，嘉兴知府钟崇俨从浙江带回昆曲班以供其母娱乐，后来加入地方方言和本地高腔加以创新演绎，形成了具有高、昆、弹三大声腔特点的地方戏曲新剧种——东河戏。东河戏是“赣州大戏”，每逢节庆婚嫁等活动，村民会请东河戏戏班表演庆祝。

2. 迎彩灯

迎彩灯是白鹭村特有的一项民俗活动，每年正月初七的晚上，村民点亮用彩纸叠成的各式各样的灯笼，形成长长的灯笼队伍，从福神庙出发，绕村一周，最后到钟氏祖祠，整个活动需要步行几十里路。

3. 抢打轿

抢打轿是在迎彩灯活动结束后紧接着开展的一项民俗体育活动，村民们扛着“井”字形木架，在祖祠祭拜祖先后，抬起木架摔三下，同时大喊三次“发”，然后村民积极开抢木架，这就是“抢打轿”。更有希望来年添丁发财，消除病厄的家庭花重金雇用年轻小伙子抢打轿，因为打轿寓意为“大发”，意味着这一年的好运气常伴左右。

4. 烧瓦塔

每年阴历八月十五中秋节的晚上，白鹭村村民聚集在一起，用砖和瓦片砌成塔状，砖塔里放置干草和木材，再撒上盐粒和煤油，将砖瓦烧得通红，一直烧到天亮。村民会围着瓦塔一起奏乐和玩耍，体现了客家人注重节日祭祀传统和村民间团结友善的氛围。

5. 喝擂茶

喝擂茶是客家人自南迁以来特有的饮食文化，用以解乏和补充营养。擂茶通常以茶叶、花生、芝麻为原料，根据不同口味需要加入不同作料。白鹭擂茶更是独具特色，有“结婚茶”“三朝茶”“新人茶”“满月茶”等节庆日专有的喝擂茶传统。

6. 打黄元米馃

黄元米馃是客家人过年时必吃的一道年节特色美食，以赣南本地生产的糯性“大禾米”为主要原料，口感软糯而富有弹性，米香浓郁。传统的黄元米馃是人工用木棒捶打，工序繁杂，但现在打黄元米馃的人越来越少，通常是通过机器加工而成，“打黄元米馃”这一民俗活动濒临失传。

7. 烧芋头丸

白鹭村的芋包远近闻名，家家户户会用这一年新产的茶油和芋头烧一锅芋头丸，庆祝这一年农作物的大丰收。

三、白鹭村现状分析

（一）现状

在当地政府的大力扶持下，白鹭村村落规划布局基本合理，通过在村落周边种植桃树、柳树等观赏型树木进行景观改造，周围景观郁郁葱葱，垂柳依依，与池塘、建筑相映衬，更显古村落厚重的文化气息。

总体而言，古建筑群的形制比较完整，有些历史建筑还在作为民居使用，国家每年会拨一笔资金用于古建筑的保护和修缮工作，修复工程队长年驻扎在村落中，对古建筑按照破损严重程度进行次序修复；景区内基本设施建设完成，目前已经建成游客服务中心、公厕、游客步道等基础公共设施；召集全球钟氏宗亲筹集1000多万元在古村附近建造钟氏文化园，内置全球钟氏总祠，周边建设休闲山庄，为白鹭村带来更为丰富的旅游资源；在政府引导下，村内2000余名村民已搬离白鹭村至新区生活，可以更好地对白鹭村进行整体规划。

（二）存在的问题

1. 古朴风貌逐渐丧失

从村落空间上看，村落最大的价值在于古朴的整体风貌。但是随着城镇化的发展，白鹭村古建筑群中渐渐出现了一些新式建筑，并且无序地散落在村落中，相当程度地破坏了白鹭村的整体格局和美感。尤其是用新式砖瓦建筑出的农村洋楼样式，更是与青砖黑瓦的整体古村风貌格格不入。

从建筑上看，古建筑的历史文化未得到充分的重视，有些建筑存在自发性破坏，个别成为危房，不对外开放。还有大部分建筑存在着倒塌、漏水、瓦楞腐蚀严重等问题，急需加大资金投放力度，用于古建筑修缮工作。还有一部分建筑存在着外部破坏行为，主要在于村民保护意识淡薄，如自行改造传统民居、粉刷房屋外墙、随意破坏原有装饰物、在屋前道路上铺设水泥地等破坏行为。

从观赏角度看，政府把村民迁出是为了更好地修缮古建筑无可厚非，但同时也造成村落空心化严重，留在村落中居住的大多是老人，而且数量很少。在实地考察中，有村民居住的建筑和无人居住的建筑出现截然不同的风貌，有人居住的建筑更凸显了建筑历史厚重感和人文色彩，建筑保护得较完好；无人居住的历史建筑得不到人的养护，很容易受潮和腐坏，直接加剧了古村的老化和衰败，导致白鹭村慢慢丧失了生机和活力。

从基础设施建设看，由于古村年代久远，很多基础设施匮乏。由于没有统一的地下管网规划，很多居民仍然使用旱厕，没有煤气和天然气，只能依靠烧柴加薪的方式做饭。村内缺乏统一的垃圾投放点，生活垃圾随意堆放，导致古村内飘溢着生活垃圾的酸臭味。而且村落建筑往往连成一片，没有多余空地来晾晒衣物，造成居民生活不便。除了祖祠前的一小块广场，村中没有一块公共活动区域，导致村民通常选择待在家中，很少出门与他人交际，造成邻里关系的淡漠。这些问题在一定程度上对古朴的古村风貌造成了不好的影响。

2. 传统风俗濒临失传

白鹭村除了有丰富的物质文化遗产和优美的自然环境之外，还有丰富的民俗文化资源，包括国家非物质文化遗产——东河戏、客家传统民俗活动和地方特色小吃等这些资源，与历史建筑和文物古迹共同构成了独具客家特色的白鹭村。但是随着城市化进程步伐加快，青壮年流失越来越严重，这些客家传统风俗慢慢沉寂以至被遗忘。年轻人越来越不注重这些民俗活动，会唱东河戏的人越来越少，年纪越来越大，这一项国家非物质文化遗产面临着传承难以延续的问题。还有很多客家民俗表演不仅平日里无法见到，在节日庆典中也很少有人主动提及。这些传统民俗就如同封存在相册中的黑白老照片，很少人会查阅，并随着时间的流逝慢慢褪色，直至被人遗忘。传统民俗反映了村落整体的人文面貌，是古村历史文化的精神内核，传统风俗濒临失传这一现象成为古村保护的一项突出的问题。

3. 保护意识薄弱和保护技术缺乏

第一，古村保护没有得到政府进一步的重视和监管，古村管理条例制定不够规范，缺乏坚实的法律基础，对于那些破坏历史文物的行为，惩戒措施不能得到有效执行。第二，保护观念的问题，村民是古村中的一分子，是构建古村人文环境的重要一环，所以古村保护不仅在于对文物古迹的保护，更要落实到对村民的保护上。第三，村民是古村保护的主体，但实际上村民参与古村保护工作程度低，古村保护开发工作与群众脱节，村民缺少对古村保护的文化自觉性，随着“乡村振兴”“美丽乡村”这些政策的提出，人们觉得农村建设应该向大城市齐平，新建房屋统一建设成具有现代感的楼房和别墅，完全没有因地制宜地考虑这样建设是否与古村落整体氛围相协调。

另外，古村保护技术的滞后与缺乏也值得我们重视。由于古村保护资金有限，政府往往难以进一步挖掘古村保护的有效方法，古村保护技术趋于单一，仅仅靠行政制度和人力修缮来规范，并不能实现保护技术手段的多元化。这给古村保护的未来带来很大的问题。

四、白鹭村保护与发展

让古村落重新焕发生机仅仅靠保护是不行的，应该在保护中谋求发展，在发展中加强保护，促进古村的“活态化”和“有机化”。

（一）遵循保护原则，促进白鹭村可持续发展

古村落是国家重要的历史文化遗产，具有不可再生性，对古村保护必须遵从有效保护和科学规划的原则，保持历史原真性，划定核心历史保护区域。不仅需要保护历史自然环境，还要保护古街巷、古建筑、古文物、古河道等展示白鹭村整体风貌的文物古迹。所有历史建筑和历史环境要素都不能随意拆除，根据规划需要进行整体性的调整。同时在古村修护工作中，要严格遵从“整旧如故，以存其真”的修

复原则，尽量保持村落的历史厚重感。重视非物质文化遗产的保护，对村落的民俗活动、文化、历史、手工艺进行深层次的发掘，让非物质文化遗产活态化。

注重可持续发展原则。以人居环境学为理论依据，结合实际的人文环境和自然环境，提出有针对性的综合整治措施。重视对地方人文的保护，以人为本，改善村民的生活环境，提高村民的生活质量，在政府的扶持帮助下，让古村保护和村民现实生活需求进一步结合。

（二）增强村民参与，并联合民俗文化加强宣传

白鹭村是历史文化名村，区别一般村落的保护，应该更具针对性地结合历史名村的特点因地制宜开发，坚持永续发展原则，绝不是将村落打造成无人居住的博物馆展览型旅游模式。白鹭村的保护和发展需要当地政府的大力扶持，但最根本、最有效的保护应该在于当地村民的保护，形成“政府—村民—政府”的双管齐下的保护模式。

根据白鹭村旅游开发的需要，应适当增加村民居住人口，让村民真正参与白鹭村的保护与规划工作之中。首先，应该加大宣传力度，增强村民对古建筑、古文物的保护意识，使他们意识到这是珍贵的国家历史文化资源，自觉爱护村落中的一草一木，并对其居住的历史民居进行保护和清洁工作，增强村民的责任意识。其次，促进村民在白鹭村的再就业，在白鹭村的旅游开发中，将村民作为其中一环，安排村民成为景区工作人员，如景区讲解员、景区管理员、宣传人员以及后勤管理员等相关工作人员。

白鹭村拥有国家级非物质文化遗产，拥有传统民间节庆演艺、客家风俗和地方特色小吃等丰富的民俗资源，加强对当地客家民俗文化的宣传，让年轻人真心喜爱上这些民俗表演活动，激发年轻人的兴趣并传承下去，使村民表演和民俗文化相结合，摒弃单一的解说型旅游参观模式。在旅行路线中穿插特色民俗表演，如国家级非物质文化遗产“东河戏”表演，同时结合客家特色美食文化，让游客体验“喝擂茶”“打黄元米粿”“烧芋头丸”等制作客家美食的乐趣。在景区主干道两旁，村民还可以开设摊贩和商铺售卖白鹭村具有悠久历史与客家特色的特色食品及特色手工艺品，不仅拓宽了村民的收入来源，而且发扬了客家饮食文化的魅力，增强旅游开发的吸引力。

（三）完善村落配套设施，创新旅游路线

村落配套设施建设是促进白鹭村景区发展的必要基础。因此，必须加大对基础设施的建设，完善配套服务，这样才能促进古村经济的发展，从而更好地保护古村落。基础建设应该从硬件和软件两方面入手。

硬件方面，在白鹭村生活区域，改善村民生活环境和周围绿化环境，建设污水排放系统、公共垃圾处理点位和公共厕所，营造干净整洁的公共生活环境。对于历史村落街巷空间节点制定统一的规划和举措，维持整洁的旅游路线。历史文化方面，配备村史馆、博物馆等文化性建筑来讲述代表古村历史的族谱、文物等历史遗存。

软件方面，利用新兴前沿技术，通过前期村落资料收集与实地勘探，用虚拟现实技术建立白鹭村信息数据库和三维模型库，重现整个白鹭村的空间聚落实体，大到整体布局，小到建筑细部装饰结构都可以分毫毕现。划定白鹭村核心保护区域，营造白鹭村古建筑数字化虚拟空间，不仅大大方便保护与规划设计工作，而且可以更加合理地考虑到村民与游客的需求，增强古村旅游的趣味性和体验性，这对于白鹭村的保护和文化内涵的延续有着积极的影响。在大数据时代的背景下，利用“互联网＋”模式，建立智能语音导览系统、官方网站和微信公众号服务系统，更好地采集游客旅游偏好的大数据，为游客提供更便捷快速又具定制化的服务，提升景区的客流量和游客体验。

五、结论

通过一系列的考察调研和查阅资料，我们可以发现白鹭村拥有丰富的古建筑资源和悠久的客家民俗文化历史，至今仍是江南保存最完好的客家古村落，具有重要的研究价值和巨大的开发前景。在充分利用白鹭村历史建筑资源和民俗文化资源的基础上，保护和规划好历史空间环境和人文自然景观，在乡村振兴的大背景下，坚持可持续发展的理念，建立完整的高质量规划体系，充分挖掘出白鹭村的历史内涵，保护与开发相结合，促进古村落经济与文化全方位发展，打造出江西省优秀古村品牌，使白鹭村可以成为展示赣南客家文化的独特名片。

参考文献

[1] 江西省赣州地区志编纂委员会编：《赣州地区志·概述》，新华出版社 1994 年版。

[2] 张勇刚：《民俗旅游开发研究——以江西省赣县白鹭村为例》，硕士学位论文，赣南师范学院，2013 年。

[3] 郭粼、曾国光：《白鹭村古建筑吉祥装饰艺术研究》，《艺术与设计》（理论）2009 年第 12 期。

[4] 段林峰：《虚拟现实技术在古村落保护中的应用》，硕士学位论文，江西师范大学，2016 年。

[5] 安维华：《虚拟现实技术及其应用》，清华大学出版社 2014 年版。

[6] 冯骥才：《文化遗产日的意义》，《光明日报》2006 年 6 月 15 日。

[7] 王景慧：《论历史文化遗产保护的层次》，《规划师》2002 年第 6 期。

[8] 阮仪三、林林：《文化遗产保护的原真性原则》，《同济大学学报》（社会科学版）2003 年第 2 期。

[9] 肖文、郭起华：《客家精神文化探析》，《文学界》（理论版）2012 年第 4 期。

[10] 罗杨：《中国古村落保护的四种模式》，《设计艺术》（山东工艺美术学院学报）2012 年第 4 期。

福建安溪小道村“凤岛堂”建筑空间与祭祀文化

张仁川[①]

摘　要：祠堂在传统社会中扮演了重要的教化角色，是华人文化发展中不可或缺的空间，虽然祠堂有其祭祀文化，但不同于寺庙，祠堂所代表的宗族制度是社会中重要的一环，主要承载宗族的社会责任，因此发展出独特的建筑空间与祭祀文化。“凤岛堂”为传统闽南形式祠堂，位于安溪县祥华乡小道村，是张氏家族的开基宗祠，开基于南宋时期，重修于1988年。本文通过实地田野调查，解析凤岛堂的建筑空间、技艺、彩绘、材料、装饰等建筑构件，以便能进一步了解祠堂建筑空间与祭祀文化。

关键词：祠堂；建筑空间；建筑装饰；祭祀文化

一、研究动机、目的与研究方法

笔者祖籍为福建省安溪县祥华乡小道村，小道村凤岛堂因年久失修，近年张氏后人盼重修凤岛堂，凤岛堂未来是否会重新改建，目前尚不得而知，故笔者先行调查其建物空间、构造、装饰及祭祀文化，建构凤岛祠堂相关基础资料，以作为相关祠堂建筑空间研究参考。

本研究方法采用田野调查、建筑量测、收集文献资料与族人访谈等进行研究调查。有关田野调查及建筑量测是由实地测绘与空照图的比对，绘制初步平面示意图，包括祠堂建筑的地理位置、平面配置、空间格局等。文献资料收集以祖谱《小到华地张氏祖谱》为主，辅以《安溪县志》与《安溪张氏志》等进行文献史料的系统整理，并对建筑材料、家具摆设、兴建历史、文物典藏、祭祀仪典等进行记

① 张仁川，台湾中原大学设计学在读博士。

录，进而探讨凤岛堂的历史沿革、建筑空间与祭祀文化。

二、小道村历史沿革与环境现况

依据《祥华乡概览》对祥华乡环境的描述如下：“境内峰峦竞秀、云雾缭绕、雨量充沛、甘泉土赤，十分适宜乌龙茶尤其是铁观音的栽培和制作。”① 根据《小到华地张氏祖谱》与《安溪张氏志》② 文中记载，小道村的发展与起源，因逢乱世，张氏先祖乃迁居于华山蓬岛（今祥华乡小道村）。小道溪贯穿村中而过，聚落建筑群的发展以小道溪为轴线，沿溪流两岸延伸建筑，包含古民居建筑群、宗祠、宫庙等。小道村的宗教信仰以慈济庙主祀的正顺尊王③（茶神）与水美宫主祀的朱侯尊王（财神）为主要信仰神祇，两座宫庙距离约 2 千米。近年安溪县政府开辟省道 308 线过境祥华乡，解决了交通不便的问题，改善了与都会区的联系方式。

“还一里华地乡蓬岛坊”原为小道村地名，古名“小到”是蓬岛派祖宇蓬岛堂所在地④，于 1970 年改名为小道，沿用至今。小道村是安溪县一个自然村，邻祥东村、祥地村、福洋村，主要的居民为张姓，以制茶为生。小道村地形为山坡地形，可耕水田面积有限，自古发展茶产业，由于地处丘陵交通不便，今日仍保有相当完整的传统文化地景。从访谈族人张栋梁⑤得知，值得注意的是重修慈济庙，开挖地基时发现的三块石雕遗构（图 1），其中一片留有“□张□□重□□完□□”“小岛坊张贞德恭□□”的字样（图 2），这批石雕的出土发现，当地村民推测“小岛坊”应是小道村的古地名。

---

① 《祥华乡概览》2019 年版。

② 安溪张氏志编纂委员会编：《安溪张氏志》，福建省地图出版社 2018 年版，第 21—22 页。

③ 《安溪张氏志》第九章，“正顺尊王谢枋得，谢枋得（1226—1289），与民族英雄文天祥同榜进士。传说，南宋灭亡后，谢枋得不愿在元朝做官，隐姓埋名，来到闽南，成为安溪感德、祥华一带的茶王公，成为茶神”。

④ 《安溪张氏志》第五章：位于祥华乡政府驻地南 24 公里处。原名还一里华地乡蓬岛坊，古名“小到”是蓬岛派祖宇“蓬岛堂”所在地。地名是为纪念明代张氏九世张隽通过贡举“明经”而“署知县正堂”，因其读书“改换门楣显褒祖宗”，稍稍实现“六世祖”之愿，故称“小到”。以“小”起点，自强不息，渐进光大福地之乡。1961 年，小到自然村从祥华大队析出，成立小道大队，因公社秘书没有了解地名的来历含义，把“小到大队”写成“小道大队”，后来只好将错就错延续下来，称为小道村。

⑤ 访谈族人张栋梁，时间：2019 年 5 月 18 日，地点：小道村。

图1　慈济庙在地基开挖时挖掘出的石雕（笔者摄）

图2　石雕残片（笔者摄）

三、凤岛堂的建筑兴修历程

根据安溪现存于世的祖谱记载凤岛堂始建于宋末，肇基祖张九郎（有夏）为安溪张氏八支派系中的“蓬岛派系”①。依《安溪张氏志》记载：原名“蓬岛堂”的祠堂又称“凤岛堂”，得名于后龙山势自东南向西北挺起蜿蜒如一只青凤栖息。凤岛堂位于凤腹，坐西向东，面前有两个圆形山丘，俗称“凤卵”，建筑面积100多平方米，占地面积400多平方米，谱载其蓬岛祖宇形胜为“飞凤朝阳”。② 如图3中所示祠堂的中轴线正对前方的圆形山丘，地形呈现左高右低的独特形态，可知凤岛堂兴建选址时应有风水布局方面的考虑。

宗祠正堂上分别悬挂“凤岛堂”与左右两侧的“德劭望隆”及“文魁”两横匾，由匾额可知张氏祖先文风鼎盛。位于祖先神龛旁的四点金柱柱面书有：“凤阁步趋双在读书积德，岛金饶裕惟期肖子贤孙”与“位奠蓬岛员山拱照光祖德，根分泉城家学渊源振人文”两副对联，不仅呈现了张氏家族发展的历史轨迹和迁徙缘由，也反映了张氏先人期望家族兴盛及对后辈子孙的期许。

---

① 所谓蓬岛派系，是指起源于南宋肇安张蓝溪。肇安祖张蓝溪（生卒不详），南宋时曾在庐州（安徽合肥一带）当同知，后隐居安溪湖头。张蓝溪后裔张有夏（排行第三）与兄弟迁居泉州城西街。有夏娶温陵金氏之女，因逢乱世，辞别外戚及兄弟回归湖山上张（今蓝田乡尚忠村）祖宅。因缺子嗣，有夏认为祖宅地理形势“右臂空荡，恐季子不兴，乃迁于华山蓬岛（今祥华乡小道村），室于枫林”，时在南宋，开基蓬岛派。参见安溪张氏志编纂委员会编《安溪张氏志》，福建省地图出版社2018年版，第5页。

② 参见安溪张氏志编纂委员会编《安溪张氏志》，福建省地图出版社2018年版，第167页。

图3　凤岛堂前面两个圆形的小山丘俗称　“凤卵”

（原图为蓬岛张氏宗亲理事会提供，　笔者补绘）

现今的凤岛堂曾在1988年时重新整修过一次，因修建祠堂所需金额庞大，所以祠堂会向族人募集资金以利修缮，募集方式以每户男丁人数为依据缴纳费用。笔者于田野调查得知，祠堂修缮及举行祭祀的时间点设定，以茶叶采收期如“春茶”或“冬茶”采收前后作为时间点。检视祠堂内外并未发现重修碑，只见记录于两侧白灰壁上的捐款者名单与捐款金额以及修建时间。（图4）

图4　白灰壁上记载修建时间与捐款名单（笔者摄）

四、凤岛堂的建筑空间与祭祀仪典

凤岛堂建筑为“一落七开间”的平面格局（图5）所谓“一条龙”① 的建筑形式，由现场量测建筑物面积约为123 平方米，建筑物台基及台阶等以石条叠砌而成，外埕地板以石板条铺砌而成（图6），此空间族人常作为晒茶加工的场所。依据《小到华地张氏祖谱》记载祠堂外埕前原有一座水池，现今已填平用以种植农作物使用（图7），祠堂左右两侧原本各有“护楼”，现左侧龙边护楼已毁损，仅存右侧虎边护楼，作为祭祀或举办活动时准备祭品和餐点使用。凤岛堂的屋身构造方式，以外侧承重墙构造与室内柱梁构造二者混合使用方式，作为承重的后檐墙下段以土及条石混合叠砌，墙身上段以土块叠砌外侧钉一层木板，防止雨水喷溅与潮湿造成腐烂。（图8）

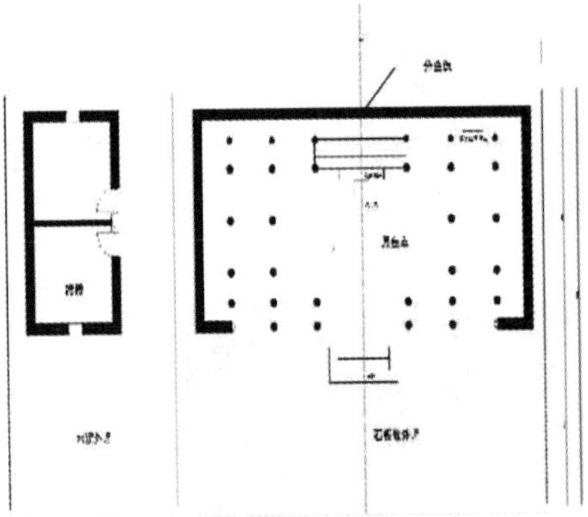

图5　凤岛堂平面示意图
（本研究绘制）

图6　外埕地板以石板条铺砌而成（笔者摄）

① “一条龙”即只有厅堂且平面为“一”字形住宅，其规模亦有大小之分，小型者以三间组成，其中央一间为正厅，两侧为卧房及厨房，称为“三间起”。林会承：《传统建筑手册——形式与作法篇》，台湾艺术家出版社2007 年版，第23 页。

图7　凤岛堂与周边环境关系现况图（笔者绘制）

图8　后檐墙以夯土及条石构成（笔者摄）

图9　屋顶采用断檐升箭口，前方的竹竿架为元宵灯节使用（笔者摄）

凤岛堂的空间序位由明间居中，两侧以次间、梢间与最外侧尽间依序展开，各开间宽度不同，以明间最宽其他开间依序次之。凤岛堂其尊卑观念反映在建筑空间上，屋顶采用“断檐升箭口”的做法，提升明间室内高度，后依次往两侧逐渐下降高度。（图9）因此明间放置祖先神龛，左右两侧分别供奉“福德正神”及“魁星”，其他空间作为服务性空间。由上述可知，凤岛堂空间的位阶关系受传统伦理观念影响所致。

据蓬岛张氏宗亲理事会会长张炳章表示：“针对凤岛堂派下子孙有一特殊族规，蓬岛祖祠面前的两个小山墩，称谓之‘凤蛋’。左边那个山墩比较小，祖先有交代每出生一个男丁，要挑三担土，填在山墩上。后来就没有实行，直到五年前，用机械再填土。据传说，这个山墩填高点会多出人才。”① 近年因政府推动非物质文化遗产保护，始有族人家中诞生男丁会依照传统习俗运土填于丘顶。小道村相关祭祀活动，祭冠头活动于每年正月初五祭祀，分为“大祭”与“小祭”两种形式，大祭每六年举办一次，由祥华与小道两村轮值祭祀，每逢大祭当年的正月十五会扩大举行元宵节迎灯会；小祭每年举办，并由小道上、小道下、岭兜、八斗尾及大丘头轮值祭祀。凤岛堂每年七月初一举行祭祖，另凤岛堂派下西金祠堂与敦本祠堂则分别于正月十五及七月初五举行祭祖。观音节祭祀活动小道村于二月十四举行，祥华村于二月十九举行。慈济庙祭祀活动于十一月二十七举行，现暂由小道村祭祀。表中汇整小道村相关历年举办的祭祀活动。

小道村重要祭祀仪典

祭祀活动	祭祀日期	轮值
祭冠头	正月初五	大祭：每六年举办一次，由祥华、小道两村依次轮值祭祀 小祭：每年由小道上、小道下、岭兜、八斗尾、大丘头轮值祭祀
凤岛堂祭祖	七月初一	无轮值
观音节	小道村二月十四 祥华村二月十九	无轮值
慈济庙祭祀活动	十一月二十七	暂由小道村祭祀

备注：大祭当年于正月十五元宵节举办迎灯会（笔者制表）。

① 访谈蓬岛张氏宗亲理事会会长张炳章，时间：2019年5月18日，地点：小道村。

五、凤岛祠堂的建筑构造、装饰与文物

凤岛堂为七开间格局，明间的脊檩仍可见上梁仪式所绘制的八卦图及“万世兴隆”的字样（图10），凤岛祠堂大木构架采用“穿斗式”与“抬梁式”的组合，空间安排以分金线为中轴作划分，向两侧对称地开展，位于轴在线的祖先神龛，供奉151尊张氏祖先神位（图11），祖先神龛以木格栅隔屏区分内外，隔屏前方放置长案桌摆放香炉及蜡烛，八仙桌放置祭品，左侧供奉福德正神，据族人表示右侧原本供奉魁星，但现已无神位，凤岛堂祭祖时也未见有祭祀魁星的仪式。

图10 脊檩上的八卦图及“万世兴隆”的字样

图11 祖龛前放置长案桌及八仙桌（笔者摄）

明间为抬梁式构架，梢间与尽间则为穿斗式构架。（图12）位于柱子下方的圆柱形基座称为柱珠（图13），以石头雕刻而成，因柱子材质为木材，若直接与地板接触容易潮湿腐烂，所以柱珠功能是隔开柱子与地板的接触，阻止水汽上升防止腐烂，经观察发现柱珠的高度并不相同，分析是调整柱子长短之用。四点金柱上方大通梁与二通梁绘有水墨彩画，其主题多以花鸟彩画及风景题材为主，因年代久远亦无良好的维护，现今许多已无法辨识主题，位于通梁上的童柱缠绕着数圈“藤箍”为防止木头开裂补强的构件。（图14）屋脊采用“燕尾脊”形塑出脊曲线，脊上用

图 12　两种形式的组合梁架
（笔者摄）

图 13　柱珠高度不相同
（笔者摄）

图 14　童柱上的藤箍防止木头开裂
（笔者摄）

图 15　两侧山墙的彩绘装饰
（笔者摄）

泥塑装饰并于山墙彩绘，两侧山墙的平柱因怕日晒、雨淋及风化，于是在柱身外侧覆盖板瓦防止腐烂，平柱两旁墙面则饰以花鸟彩画等图案装饰（图 15），木作与彩绘等颇具有可观性。

六、结语

凤岛堂始建于宋末，得名于后龙山势蜿蜒如一只青凤栖息。凤岛堂的建筑格局为一落七开间，据文献记载凤岛堂两侧原本各有一座护楼，现况只剩右侧护楼，台基以石条叠砌而成，屋顶采用断檐升箭口做法，位于中轴线的明间供奉张氏祖先神位空间最尊，所使用的材料及装饰也较讲究，这样的形制反映出祠堂构造受到传统伦理观念的影响，其尊卑观念反映在建筑物的各层面。凤岛堂的屋身构造以承重墙与柱梁构造混合使用，大木构架采用抬梁式与穿斗式组合，以获得较大的使用空间及稳固建筑，可见先民就地取材与随机应变的智慧。凤岛堂的建筑构件与装饰虽非精致，但建筑物的规模形制与其历史价值仍值得探讨。传统祠堂除了有形的建筑价值外，更重要的是隐藏其中的含义，祠堂的形成包含文化、经济、种族、民情风俗、家庭伦理、社会价值观及社会阶级等许多层面，祠堂是传统文化精髓的融合，也是体现传统伦理价值所在。

参考文献

[1] 安溪张氏志编纂委员会编：《安溪张氏志》，福建省地图出版社 2018 年版。

[2] 林会承：《传统建筑手册——形式与作法篇》，台湾艺术家出版社 2007 年版。

[3] 陈建中、郑长铃主编：《守望古厝的探索——两岸大学生闽南聚落文化与传统建筑调查夏令营暨学术研讨会论文集》，文化艺术出版社 2017 年版。

[4] 李乾朗、俞怡萍：《古迹入门》，台湾远流出版事业股份有限公司 1999 年版。

[5] 《小到华地张氏祖谱》。

城市眷村

——以台北信义区里的四四南村为例

何威利　陈荟文　张昆振[①]

摘　要：本文内容主要以位于台湾台北信义区的四四南村，研究其环境变迁与历史背景及后来再利用的方式，借以了解眷村如何面对剧烈多变的城市环境，仍然占有重要的地位。

关键词：城市眷村；四四南村；再利用

一、研究缘起、目的及方法

台湾台北市是非常先进的都市，也是经济重镇，几乎台湾所有的青年都聚集在此地工作、学习，这里有最便利的交通、最完善的设施、最福利的政策，也是我们学校的所在地，但是这样先进的城市是如何落成、如何发展演进至今的呢?

四四南村目前为保存后的眷村，紧邻台北 101 大楼，这曾经的世界高楼，和最初的聚落形式并存，本研究对此相当有兴趣，这样独特的对比和落差，比邻的过去和现代，特别迷人。

本研究将研讨在此脉络下，眷村形式的居住方式是如何发展，如何产生独特的文化，并在当今如何延续传统，与现在并进，成为文创产地，形成人群聚集、观光等特殊的意义。

---

① 何威利，台北科技大学建筑系本科生；陈荟文，台北科技大学建筑系本科生；张昆振，台北科技大学建筑系副教授。

二、眷村的缘起与发展

（一）眷村的定义起源

眷村指驻军官兵与眷属所居住的房舍，但广义而言，公教人员抑或是当年美国驻军的宿舍也可称为村。但就法律定义而言，依据“老旧眷村改建条例”第三条规定，“本条例所称老旧眷村，系指于公元1979年12月31日以前兴建完成之军眷住宅”，并详列相关类型。

国民党政权抵台后，为了安排自大陆迁徙至台湾的军队及其眷属，办理集合式的“眷村”，由军、公、教等按职不同抽签安排各种等级不同的无产权宿舍。这几种阶层的眷属宿舍大量设置并分散在台湾各地。在台的居民则围绕着这些宿舍，形成市集、交易所等空间，进行以物易物的活动，这也是眷村带给台湾的最初的影响。

（二）眷村的生活

眷村的生活方式有许多种，其中包括建筑景观甚至是人际关系，除了1949年，大批军人到台的改变，也是台湾这50年发展最主要的影响之一。

该面积大小不一的房舍，占地广且多为省籍公务人员、军人及其眷属所居住，因此通称为“眷村”。其种类大约可分为高级官员、职业军人、基层公务员、教师、地域五种。此种依照身份分级的无产权宿舍或房舍，其用地通常为日本移民村所遗留，而房舍一部分来自旧有建筑，但是绝大部分为战后所兴建。

房舍群聚通常所占区域极广，但是极其封闭。在早期，语言、习惯、文化鲜少受眷村外环境影响。即使渐趋搬离眷村的第二代，在伦理概念、家族意识、文化感受方面，均与台湾有一段距离。另外，也有怀念眷村生活的普遍想法。

（三）眷村的文化

眷村里居住着来自祖国大陆各地的人，如何在异地安心地生活，而发展出了极为特别的文化，从台湾原本居民的生活习惯独立出来的文化。

1. 紧密的邻里关系

因为眷村的分配依照部队，所以邻居的男主人通常为战友，放假时也是一起归村，这也导致家里的女主人几乎在同一时段怀孕，周围的孩子都是一个年龄层的。父辈的战友情谊，小孩既是邻居也是同学，甚至彼此的兄弟姐妹也是同学，这样一层又一层的关系交织，使得人与人的关系非常紧密。加上当时房屋的隔音差又紧靠着邻房的宿舍，屋内发生什么都会被听得一清二楚，全村都知道哪户夫妻又吵架了，哪户小孩又调皮挨骂了，这样没有隐私的村子，也是如此关系紧密的原因。

2. 讲官话

尽管眷村以军种为划分单位，但来自四面八方的人，最擅长的还是各自家乡的语言，为了彼此之间的沟通，最后以共通的语言——“官话”，作为最主要的语言。

3. 眷村美食

眷村的人来自五湖四海，有的是南方来的，有的是北方来的，各自带来不同的饮食习惯，紧密的人际关系让眷村妈妈在串门子时能够彼此学习、交换做菜的心得，和面、擀面团、包饺子自不在话下，每个眷村家庭对于面食都很有研究，彻底打破了过去南米北面的传统。由于战乱与早年经济条件不佳，“随机应变、就地取材”成为眷村美食的主要特色，像是把所有东西丢进去一起煮的大锅菜即是代表。另外像川菜馆里有名的五更肠旺，在四川是找不到这道菜的，有一说法是某眷村妈妈随意将一些剩余的东西，加一些辣下去熬煮，没想到竟意外成为一道眷村美食料理。

4. 打麻将

只要走进眷村，常常会听到此起彼落、哗啦哗啦的洗牌声，打麻将似乎成为眷村内重要的休闲娱乐活动。事实上，军方为了避免民众深陷赌博而无法自拔，在早期的眷村管理规定中，曾明令禁止打麻将，并派宪兵到村子里巡逻取缔，然仍止不住打麻将的风气在眷村中蔓延。打麻将对眷村的人而言，像是有人谈生意喜欢去打高尔夫球一样，是个休闲与交流的重要活动。

三、城市眷村再利用——四四南村

（一）地理位置

四四南村是台北市第一个眷村，沿着四四兵工厂厂区的南边兴建连栋式克难眷舍，而四四南村因为四四兵工厂而存在。四四兵工厂就是今日台北市的基隆路、忠孝东路、信义路以及虎林街所围成的梯形区域。

（二）简史

1948 年 11 月，国共内战局势紧张，原搬迁到山东青岛的联勤第四十四兵工厂分六批迁往台湾，最后落脚在台北市信义区日据时代的日本陆军仓库。起初兵工厂员工暂住厂房。大多居住的是无军人身份的技工。

1950 年，成立联勤第四十四兵工厂附设子弟小学，让兵工厂员工子女就学。

1954 年，为员工生活方便，增设四四菜市场。

1956 年，四四子弟学校改名为信义国民学校。

1980 年，四四兵工厂迁厂到三峡。

1983 年，四四西村改建完工。

1983 年，开辟庄敬路，将部分四四南村（南村甲字号地）拆除，仅留四四南村（南村乙、丙字号地）。

1990 年，四四附幼拆除。

1993 年，四四东村住户迁到青年新城，东村原址逐步改建。

1999 年，配合眷村改建政策，四四南村住户全部迁出。

2001 年，学者史康迪、叶乃齐、杨长镇先生向台北市文化局申请四四南村为市定古迹。四四南村成为历史建筑物，保留其中四栋对称的建筑物。

2003 年，成立信义公民会馆与眷村文化公园。

（三）回首往事

1. 游泳小河——琉公圳

在繁华的信义区台北 101，曾经有一条小河可以玩水。从 1969 年台北市的地图中，我们看到有这条人工小河——琉公圳。从台大公馆流过来，经过三兴小学校门口，再沿着基隆路继续往前流，到信义路口有支流往右转流过南村前。

2. 咕噜马道

过去吴兴街600巷100弄111号粜米古道入口有一个德兴煤矿，当时有一条运煤台车的轨道沿吴兴街到达吴兴街七巷（吴兴街入口前），台车上的煤在此卸下再转运到各地。台车轨道经过南村的后方，因为运煤台车经过南村时会听到咕噜咕噜的响声，所以南村小孩就称这个轨道叫咕噜马道。

（四）村屋内剖变迁

四四兵工厂提供给每户三平方米到四平方米的房屋，户与户之间都是竹篱笆内填黄泥土，表面钉甘蔗板油漆来当隔板，外墙内部除了甘蔗板，外部则是黑色鱼鳞杉木板漆黑色漆。由于家里人口数增多，小孩也长大了，生活空间不足，就请来建筑师傅做楼梯、吊铺，进而向外、向上加盖，增加使用空间。（图1）

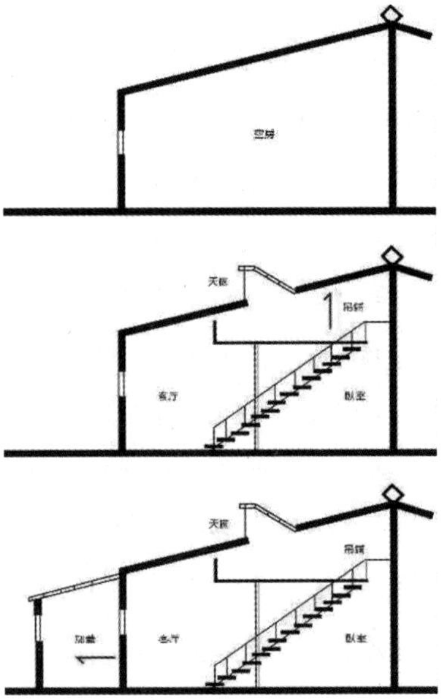

图1　剖面变迁

（五）再利用之后

1. 信义公民会馆

A馆由台北市政府社会局成立“台北市信义亲子馆”。

B馆则是四四南眷村文物纪念中心。其中详叙了公民会馆成立沿革以及四四南眷村历史，并以文物展示、怀旧照片、纪录片等方式重现眷村生活。（图2）

C馆的部分目前由中子文化股份有限公司租借使用，店名定为“好，丘”，餐饮以轻食为主，包括面包、贝果、汉堡及咖啡、饮料等，同时，融合眷村文化提供艺展活动，是一处休闲用餐的好去处。

D馆目前为景新里的里民活动场所及办理场地标租程序中。（图3）

图2　眷村展示馆

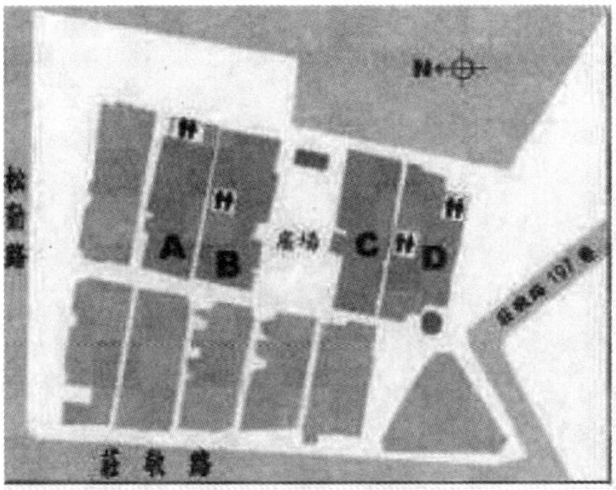

图3　公民会馆配置图

2. 户外景观

当初南村人每户的屋子只有三到四坪大（1 坪约合 3.3 平方米），里面没有厨房、厕所，所以人口太多不够住，就隔了阁楼，上面也开天窗，下雨时天窗就盖下来，晴天就打开，室内照明会比较亮。

这种屋顶的特殊景象以及加盖的二楼，屋顶与屋顶靠得很近的景象，后来是眷村文化公园绿坡景观设计的设想来源，防空洞因此变成图 4、图 5、图 6 这样的设计。

图4　模仿天窗的景观

图5　模仿天窗的景观

图6　连绵不断的山坡意象

3. 空间活用实践

“好，丘”不刻意卖弄复古怀旧，而是保留、解构原有的在地元素，以新的美感重组。这样的空间风格无法被任何风格所定义，却带人回到眷村的出发点，像是回到家一样，能够轻松、简单、健康地过生活。

从餐厅一路延伸的小讲座平台、设计商店、展览空间（图7），到室外的小舞台、市集广场，功能齐备并且充满生活感的场域以及每周末在户外广场的 Simple Market、Second Love 二手市集，以创意手作、环境友善、农友亲切为精神，周日午后现场有独立音乐人现场演出。渐渐地，这块场域汇集了属于音乐、设计、阅读、人文的浓郁氛围，并让四四南村成为喧嚣的商业地段少见的一个：能让人慢慢说话、慢慢用餐、慢慢让灵感释放的宁静角落，若没有“好，丘”，四四南村就人烟稀少，根本就不会有人认识也不会留存下来，这会是一件很可惜的事，毕竟位于台北市的黄金地段，但值得庆幸的是，“好，丘”虽带来大量的人潮，但并没带给地方困扰，还带动了整个文化使四四南村发光发热。（图8）

图7　“好，丘”的内部照片

图8　“好，丘”的外部照片

四、结论

在我们参访康里村和其他村庄之后，能够深刻地感受到当地村民们的热情。幸运的是，这些村庄还保有不被世俗沾染的天真烂漫，还能看到旧时的老房子、老生活、老村民们。难过的是，这些老旧的事物，终将被时代的洪流淹没，村里的儿童不再到老村玩耍，也不再有对老村的深刻回忆，只盼望着这些老村能赶紧流入一些新的、有趣的血液，让被堆积成塞的老血管再度活热起来。

以四四南村为例，我们在前段探讨了眷村的各种生活文化，有着现代人所没经历过的许多深刻回忆，值得我们后人去回忆、去了解。但历史终究会过去，我们总不能一直往回望。四四南村在台北市最繁华、最昂贵的地带，是与其他眷村截然不同的地理位置，如何让本地人与外来客愿意进入老眷村，置入的行为、活动，空间的重新设计，还有景观规划就变得非常重要。

然而，对于四四南村防空洞的景观规划，其模仿眷村文化屋顶形式以及天窗的方式，与后方的眷村建筑直接呼应，形成绵绵的山峦的方式，觉得有点太过直接与刻意。但不可否认的是，其所创造的起落的坡度，确实是为这个景点带来了跟周遭环境的新的互动方式，大家会站在坡的最高点与后方的101大楼拍照，与后方的眷村合影，连我们去到现场都会不自觉地在这些坡道上奔来跑去。

对于台北的老眷村或是古迹的再利用方式，对于这些处理和规划的方法，是否有很棒的效果，带来很大的效益，我们的态度都稍作保留。因为任何古迹或历史建筑群，其所贩卖的商品、文创都大同小异，又或者是开咖啡厅、卖饮料小吃，定期办市集，似乎都跟原本的历史脉络没有任何关联性，好像游客无论走到哪个历史不同的地方，都是在逛同样的商店街，而了无新意，也无法让人体验到这个城市的特别。还有这些建筑的历史价值何在，游客只能从建筑的表象，留下的一些时间的痕迹，去感受曾经历的历史。

历史内涵的对待方式同质化，值得我们重新省思。如何再利用老建筑的方式，以城市眷村四四南村为例，其所在位置周遭本身就已具有相当多的游客，只要置入一些商店及市集活动就能吸引人潮。然而位于偏乡的一些古迹，就可能没那么幸运了。

参考文献

[1] 《眷村的文化》，http：//library. taiwanschoolnet. org/gsh2006/gsh4294/chinese/ccivilization1. htm。

[2] 《四四南村简史与大事纪》，http：//school. wsps. tp. edu. tw/content/fourfour/history. htm。

[3] 维基百科，https：//zh. wikipedia. org/wiki/% E5% 9B% 9B% E5% 9B% 9B% E5% 8D% 97% E6% 9D% 91。

乡村文化认同感对文化价值导向性影响研究
——以旗山孔庙为例

陈　露　朱光耀[①]

摘　要：本文基于福建省宁德市部分村落考察、走访的现状归纳，从文化价值角度出发研究文化在村落及村民中的意义，意在表述乡村文化价值认同感的重要性。目前，我国大力发展乡村文化已成为一大趋势，而最终的落脚点还需当地村民的认可。综上，研究村落中文化价值的发展趋向以及如何提高村民的文化认同感作为本文主要脉络，提出了如何重构乡村文化的再生长空间。

关键词：乡村文化；认同感；价值导向

"农业文化是我国传统文化的根基所在。"[②]它是文化的一种具体形态和具体表现方式，是村民在乡村这一特殊的大环境下创造出来以村民为主体的文化体系，是村民在长期的农业生产活动中创造的物质文明和精神文明的总和，主要包括村民的价值观、村规民约、文化遗产和文化设施等内容，这些皆从村民中来，村民自然对其认同感极高，促进了乡村社会的和谐稳定。乡村文化的表现形态相互关联、互相影响，其中村民的价值观属于乡村文化的核心层次，影响并决定着乡村文化的基本内涵和形态；村规民约通过隐性或显性的方式制约着村民的生产生活方式、社会交往方式等；乡村文化遗产具有地域性、差异性和时代性，是村民在长期生产实践中传承下来的重要财富；乡村文化设施是村民重要的精神文化活动场所和教育基地。

---

① 陈露，东南大学硕士研究生；朱光耀，北京建筑大学硕士研究生。

② 朱启臻：《生存的基础：农业的社会学特性与政府责任》，社会科学文献出版社2013年版，第143页。

一、福建省宁德市文化脉络现状

宁德属于闽东地区，其自然环境、社会历史背景独特，拥有许多传统村落。① 它们风貌古朴、个性鲜明，是珍贵的历史文化遗产。早在新、旧石器之交，闽东就有人类在此活动。明朝末年，西方天主教传入宁德。明清时期，大批畲族人口的移入，使宁德成为全国最大的畲族聚居地。当地文化与移民文化兼容并蓄，衍生出来的传统村落，不仅是传统文化和建筑风貌的写照，还反映了历史、文化以及社会的发展，拥有极其丰富的民俗文化及居住特色。

传统民居是一个地区传统文化同地域环境特色相结合的产物，而不同的地域文化也会孕育出风格迥异的民居。宁德民居建筑文化一方面受汉族文化底蕴的影响；另一方面由于独特的自然地理环境及历史文化背景等文化因素影响，有其独特性。闽越文化遗风、中原文化、宗教文化、宗族文化、闽学文化等多重文化兼容并包、互相影响，体现在村落民居的选址、营建，都遵循着某些内在的合理的营建理念，这些理念皆是一代代村民智慧的结晶、思想的沉淀，留下来最为适宜的建筑文化。

民俗文化中以线狮为例，现留存于福建宁德霍童镇，又称抽狮，当地人称之为“打狮”，是一种独特的民俗游艺表现形式，也是一种具有独特风格的乔装动物的杂技节目。据历史传说，隋代谏议大夫、开山大祖黄鞠公曾为霍童灌溉村田，造福子民，当地以举办“二月二”灯会的方式来纪念他，线狮表演是“二月二”灯会中最具特色的节目之一。明代中后期以来，霍童线狮（如图）成为当地节庆文化的重要组成部分。霍童线狮堪称中华绝活儿，发掘抢救和保护霍童线狮，对认识和研究中国民俗文化具有重要意义，之所以这项民俗得以传承也是因为尚有一批认同此文化的村民不愿让它消失殆尽。

我国乡村文化在不同地区表现出不同的特征，“十里不同风，百里不同俗”。这种差异性、多样性体现在村民生产和生活的各个方面，是我国社会主义文化大发展和大繁荣不可或缺的组成部分。作为特定的生活场域里独特的产物，乡村文化蕴藏着城市文化所没有的文化特质，对乡村社会发展意义重大。宁德传统民居建筑及民

---

① 参见林薇《闽东传统村落的主要特色》，宁德网（http：//www. ndwww. cn/zw/gdsy/2016/0312/12985. shtml）。

俗文化一定意义上代表了村民对当地文化的认知，以建筑及民俗的形式呈现出独有的特色，说明乡村核心层次对文化的认同感、对文化价值实现有导向性，只有村民认同的文化才是文化发展的趋势，要立足于村民以本土人的视野看待文化传承。

霍童陈姓线狮（笔者摄）

二、宁德市村民文化认同感概述

乡村文化是凝聚村民的黏合剂，是增强村民对乡村精神和情感认同的重要因素。作为地域性文化，乡村文化是维系乡村社会有序且良性运行的重要支撑和保障，是村民的精神归属和慰藉。乡村文化赋予村民共同交流、互相理解的文化背景和心理基础，是村民内心最深层次的认同，这种认同往往能超越一般群体的归属界限。① 文化价值需要文化主体的认同，因此乡村文化对促进乡村社会和谐稳定具有重要价值。

宁德市由于存在对乡村文化价值认识缺位、错位的问题，在加快推进农业农村现代化进程中，乡村文化价值发挥极易陷入困境和泥淖，甚至日渐式微，面临消逝危机。年轻人不愿留在乡村，对现有的文化没有认同感，这也是城市化发展的弊端。

城市的现代文明辐射和影响着乡村原本平衡的文化生态，乡村社会由熟人社会

---

① 参见郑杭生主编《社会学概论新修》（第四版），中国人民大学出版社 2013 年版，第 76—77 页。

转变为半熟人社会，村民的生活方式和价值观变得复杂而多样，村民对乡村文化原有的价值认同基础开始动摇，市场化的价值导向变成村民新的行为原则和价值取向。乡村传统文化的话语权下降，体现传统伦理道德的宗法习俗、村规民约等非正式制度对乡村社会的稳定作用日益减小，失去对村民行为生活规范的力量。乡村文化生存空间被城市文化挤占，村民的生活方式、交往方式都受到现代性因素的影响，被烙上了城市文明的印记，乡村文化日渐边缘化。乡村传统文化活动的历史价值和文化意义重要，但相应的集体文化活动日益减少，仅存的活动也仅仅是一种仪式象征，文化特征日渐式微，文化内涵和韵味越来越淡。乡村文化在发展过程中遭遇了自我怀疑与迷失，乡村文化的行为价值发挥也遭遇困境。

由于城市与乡村承担不同的社会功能，城市文化给人文明与进步的印象，而乡村文化往往有落后与粗野的刻板印象，城市文化作为主文化的象征受到大众的肯定与追寻，乡村文化则被嵌以亚文化的身份。随着现代化的进程，乡村文化易受漠视与淡忘，其对村民行为方式的影响逐渐减小，传统的乡村文化价值也随之遭到解构。村民的行为文化建立在乡村农业文明之上，具有稳定和封闭的特征。然而，在现代化和城市化的不断推进下，工业文明对乡村文化秩序带来了巨大的现代性冲击，村民的交往方式也随之发生改变。村民的视野变得开阔，思想观念日益更新，民主法治意识不断增强，乡村传统行为文化结构逐渐多元化。但是不可忽视的是城市与乡村之间的鸿沟也由此逐步加深，乡村传统文化价值遭到解构和怀疑，新一轮的文化冲突和文化震惊逐渐显现。

三、以认同感为着手点实现文化价值

现阶段，我国的乡村文化产业建设相对落后，尚处于不完善、竞争力较弱的状态，由于缺乏认同感，无论是当地人还是外来旅游人口均不感兴趣，想要产业发展就需要达到本地人认同外地人认可的程度。许多乡村未能充分发挥优势，打造特色文化产业品牌，或未将文化产业作为当地的支柱产业来构建和经营，多数乡村的文化产业缺乏统一规划，经营单位也以家庭和小作坊为主，经营方式单一，缺乏地域特色，文化产品无创新、档次低、内容单一，没有形成完整的文化产业链、集约规模的发展模式和长远的运行机制。由于空心化和老龄化导致的乡村文化建设主体缺失，是当前乡村文化产业发展状况不佳的重要原因之一。乡村本土人才流失，文化产业建设人才匮乏，同时，部分乡村文化产业发展过于注重经济特性，忽视了文化产品作为一种特殊商品的特性——人文内涵和精神本质也是文化产业未能良性发展的因素之一。因此，要提升乡村文化产业和文化产品的精神力量，发挥乡村文化的社会效益、发扬乡村文化的优秀革命、增强文化的影响力以助力文化产业发展。无论在乡村文化的供给层面还是价值重建，政府都起着一定的主导作用。

随着社会的不断发展，“人们的生活领域和文化需求越来越超越狭隘的私人性和地域性”①。因此，重构乡村文化公共空间，重建乡村和谐的文化秩序显得尤为必要和紧迫。通过加强公共文化建设，村民的文化活动空间越发开放，乡村文化氛围更加宽松活跃，乡村社会秩序也能更趋于和睦稳定。政府应当发挥文化建设的职能，在物质层面，合理配置乡村文化建设资金，加大乡村文化基础设施建设如图书馆、文化站、文化礼堂以及健身场所等，为村民集体文化活动提供足够的空间和载体。加大对文化设施的管理，正确合理利用基础设施，满足村民对公共文化的需求，增强村民的公共意识。通过乡村公共文化空间的重构，增强村民之间的情感联系，巩固乡村文化秩序。

在理论层面，重视文化活动和文化产品的意识形态属性。在现代化、城镇化快速发展的今天，乡村文化以其静谧、悠久的特点发挥着城市文明无可替代的价值。将文化进化论、文化传播论、功能主义等文化变迁理论与中国乡村文化变迁实际相结合，掌握乡村文化传承和价值重建的内在规律和法则。要关注到部分乡村地区仍存有落后、迷信、错误的观念，政府在文化产品供给方面应当坚持社会主义核心价值体系，将社会主义核心价值观融入乡村文化建设中，既要依托乡村优秀传统文化，又要以社会主义意识形态作为引导，指引村民抛却与社会主义意识形态相悖的思想，构建乡村健康和谐的文化发展秩序。任何一种文化的存在皆有其价值和意义。威廉·费尔丁·奥格本的“文化堕距”论认为，社会变迁的重要方面是文化变迁，非物质文化的变迁往往落后于物质文化的变迁。因此，“我们必须通过某些文化形式使自己与物质条件相适应”②。农业农村现代化必须是全面的现代化，乡村文

---

① 徐勇：《乡村文化振兴与文化供给侧改革》，《东南学术》2018 年第 5 期。

② ［美］威廉·费尔丁·奥格本：《社会变迁——关于文化和先天的本质》，王晓毅、陈育国译，浙江人民出版社 1989 年版，第 111 页。

化价值是推动乡村现代化的关键所在。因此，要发挥乡村文化价值，推动乡村文化复兴，实现其对乡村现代化的支撑作用。

四、文化价值导向构建乡村文化再生长空间

本土文化需要得到村民的认可才能够得以传承，通过历史人文的筛选所沉淀下来的文化都有十分重要的价值，这种价值是来自村民自身的，会成为一种导向性，使得乡村文化以这样的趋势发展形成一定的空间。中国的乡村社会属于差序格局，乡村文化主导的价值观强调秩序，不主张随意变动，这些传统道德观念维系着乡村社会秩序和村民的基本交往。乡村文化是村民生产生活的背景，塑造村民的道德人格，不仅影响村民行为规范和生活交往方式，还赋予村民价值评判标准，促进人与社会关系的和谐发展是乡村社会秩序得以良性运行的重要前提。

与生态的有机融合彰显出乡村文化的生态价值。乡村文化的生态价值是在人与自然和谐相处的基础上凸显出来的，乡村文化塑造村民与自然的交往方式，形成文化与生态良性发展的文化状态。乡村文化的生态价值与习近平总书记提出的“绿水青山就是金山银山”的理念不谋而合，践行和发扬乡村文化的生态价值不仅有助于保护乡村生态环境，而且能推动全社会在生产、生活、思维和价值等方面形成良好的生态保护格局。

为乡村文化产业发展提供基础和条件。中国乡村文化遗产资源丰富多样，是一笔宝贵的财富。目前，在全球重要农业文化遗产名录的50个传统农业项目中，中国拥有15个，在数量和覆盖类型方面均居世界首位。① 乡村文化是中国传统文化的重要组成部分，“中国文化以乡村为本，以乡村为重，所以中国文化的根就是乡村”②。乡村文化的多样性是我国文化事业繁荣发展的前提和保证，丰富厚重的乡村文化资源、乡村文化遗产以及乡村文化底蕴是乡村文化事业发展的依托，乡村文化所具有的经济价值是乡村文化产业发展的优势来源。

改革开放以来，我国文化产业化以及文化产业逐渐走上正轨。广大乡村拥有悠

---

① 《中国4个项目被正式列入全球重要农业文化遗产名录》，中华人民共和国中央人民政府网站（http：//www. gov. cn/xinwen/2018 –04/20/content_ 5284591. htm）。

② 《梁漱溟全集》第1卷，山东人民出版社1989年版，第612页。

久的历史和丰富的文化资源，这些乡村文化资源具有较高的精神价值、历史价值以及经济价值。发展乡村文化产业不仅能给村民带来经济效益，还能让乡村特色文化“走出去”，在保护乡村文化遗产的同时拓宽乡村文化建设的方式和发展空间。

乡村传统文化是构成中国传统文化的关键要素，是村民在长期生产和生活中的智慧结晶，它以独特的方式存在并影响着民众的生产和交往方式，是民众基本的精神支撑。因此，在城市文明冲击之下，增强村民对乡村传统文化的认同和自信是建设乡村文化的首要任务。本土文化只有被村民自觉认同和接受，乡村文化才能继续规范和稳定村民的生活行为方式，乡村文化行为价值方能有效发挥。乡村文化行为价值的复兴与重建，首先体现在乡村文化自信的重建。农耕文明是中华文明的发源地，彰显着中华民族的价值追求和理想信念，乡村文化自信需要民众认同乡村传统文化，发挥村民在文化建设中的主体作用。政府应组织专门人才重新挖掘和整理乡村传统文化资源和文化遗产，比如通过整理古籍、走访老人、探寻古迹，编纂发展历史，建立博物馆，展览文化遗产，组织村民参观等活动，增进村民对本土文化的了解。还可以举办民俗活动，提升村民的文化素养，增强村民的主人翁意识和社会责任意识，重建乡村伦理，促进村民对本土文化的自信，促使他们建设和恢复乡村文化的公共性和开放性，鼓励他们自觉参与到文化建设中来。乡村文化要印刻在村民的意识之中，并影响其行为方式，方能彰显乡村文化价值。

随着传统农业社会向工业社会的现代化转型，现代化对乡村的入侵使得乡村文化公共空间日益缩小、乡村集体记忆消失、乡村文化价值体系逐渐解体。乡村文化内部发展不断精细化、自我复制，成为一个具有超稳定性的刚性结构，却未发生质变，难以进行实质性的突破和发展。乡村文化向外扩展受到约束和阻碍，难以继续发挥其传统稳定乡村社会的价值和功能，乡村生活共同体原本依赖和遵守的文化秩序日益衰落。乡村虽被纳入现代化建设体系中，却具有与现代性相悖的一面。在乡村文化的建设实践中如何正确妥善地处理好乡村文化与城市文化之间的关系仍然值得思考。乡村传统与城市现代不应当被视为对立，“现代性是一项尚未完成的事业”①，而应在反思现代性的话语体系下，给予乡村文化秩序价值新的发挥契机和空间。

---

① ［德］于尔根·哈贝马斯：《现代性：一项尚未完成的事业（上）》，行远译，《文艺研究》1994 年第 5 期。

第二编

传统建筑保护与利用

旧建筑再利用转型日间照顾中心的活化历程
——以天主教世光教养院为例

王威懿　叶俊麟[①]

摘　要：本文旨在探讨旧建筑如何再利用为日间照顾中心，以九赞日间照顾中心及新埔日间照顾中心作为个案研究探讨，依法规检视日间照顾中心的空间使用情形，而后检视旧建筑重新利用修改建及使用状况，以作为旧建筑再利用做日间照顾中心之参考。本文以现地田野调查为主，由访谈社工及照护员，了解旧建筑再利用的过程及使用回馈。依据初步研究可知：日间照顾中心空间需求门槛并不高，建筑物经过局部改善后可以胜任，而旧建筑特色可成为优质服务的关键因素，经改造后营运，结合长辈对于旧建筑的情感和记忆，有助于照顾服务的推动；旧建筑物变更使用时，消防等公共安全问题，需进行设施设备检讨及改善。

关键词：旧建筑再利用；日间照顾中心

一、绪论

（一）研究动机

台湾长期照顾相关规定始于1980年公布实施的“老人福利有关规定”，而后陆续修订及颁布相关政策及发展计划；为应对台湾社会迈入高龄化社会，台湾于2015年公布“长期照护有关规定”，2017年6月实施。台湾长期照护发展至今将满40年，面临长照资源城乡分布不均、长照专业人力资源不足、预算不足、长照政策

---

① 王威懿，台湾中原大学建筑系硕士生；叶俊麟，台湾中原大学建筑系助理教授。

倡导不足等问题，将随着台湾社会老龄化加剧而越发明显。

（二）研究目的

本文选择天主教世光教养院设置的“九赞日间照顾中心”及“新埔日间照顾中心”进行个案研究，主要因为该中心以闲置的偏乡教会及附属设施再利用做老人日间照顾中心。闲置空间再利用可以降低设置机构的初期成本，且在熟悉的场所中推行日间照护工作可以使长辈更容易安心接受照顾服务。

（三）研究方法

本文以现地田野调查为主轴，辅以文献资料的探讨，由访谈照顾机构的社工及照护员，了解日间照护中心的成立过程及营运状况；再经观察机构的营运，记录日间照顾机构的营运状况，并从中了解日间照顾机构在教会旧建筑的使用情形，进而检讨日间照顾机构使用教会闲置空间的可行性。

（四）研究对象：天主教世光教养院

依据新竹县政府社会处统计①，如今有11家日间照顾中心在营运中（截至2017年12月13日）。分布上，偏乡照护机构有所不足。其中，世光教养院分别于2011年、2014年、2016年成立横山九赞、新埔及北埔日间照顾中心。

图1　横山九赞日间照顾中心
（笔者摄）

图2　新埔日间照顾中心
（笔者摄）

天主教世光教养院前身为“世光青年中心”，主要服务对象为学生，尤其是山

① 参见台湾新竹县政府社会处官方网页，https：//social. hsinchu. gov. tw。

地学生，提供住宿等。20 世纪 70 年代，因应需求转变，创办人孙达神父在当时官方的邀请下，于 1989 年筹划创立重残养护机构，即“世光教养院”。随着台湾社会老龄化日趋显著，世光教养院也逐步投入长期照护服务，并与天主教新竹教区租赁闲置的教会及幼儿园空间，依法规要求进行设备设施改善，先后成立三家日间照顾中心。（表 1）

表 1　天主教世光教养院新竹县日间照顾中心办理及使用状况（笔者整理）

中心名称	设立时间	计划服务人数	实际服务人数	空间再利用概述
九赞日间照顾中心	2011 年	20—24	23	部分教堂空间改作活动室，宿舍改作休息室及餐厨空间
新埔日间照顾中心	2014 年	20—24	12	教会及幼儿园全区改作日间照顾中心使用
北埔日间照顾中心	2016 年	20—24	5	幼儿园改作日间照顾中心使用

二、旧建筑再利用文献回顾

都市或聚落中，旧建筑因人口外移或社会变迁失去使用动机，逐渐丧失使用功能①，闲置的空间往往迅速荒废进而毁坏，造成资源及文化的双重损失；旧建筑因记录建造时的建筑工艺、代表失能前的社会功能、地方的集体记忆及情感等而具有保存价值，再利用时须因应新功能进行改造。

傅朝卿在《建筑再利用设计的跨领域思维：跨领域设计与永续发展》一文中将再利用也称为建筑之调适或改修，因为可以捕捉历史建筑的价值、转化为未来的新

① 旧有建筑丧失其使用功能的原因试归纳如下：（1）使用人口流失：因家族发展（或其他）的原因，使用者迁移而荒废；政治性的人口迁徙；不明原因的人口迁徙。（2）失去使用动能：产业技术变革或市场萎缩后所产生的功能丧失，以产业建筑为主；环境发展变迁所产生区位条件的变化；政权转移后或政策变动所产生的功能中断。

活力，关键取决于建筑师观察、发掘现存建筑物之潜力，将其开发出新生命的能力。保存建筑部分或整体的史实性，更替空间置入新生命，使建筑本身及其周遭环境与人们共享旧建筑的第二春。

洪慷璜在《当前台湾“历史空间”的再利用：从资源运作的观点来看》一文中将台湾历史建筑再利用的经营类型归类为：（1）以展示为主之再利用经营；（2）艺文活动使用之再利用经营；（3）休闲游憩结合之再利用经营；（4）餐饮消费之再利用经营。从经营的类型检视台湾对于历史建筑再利用的个案发现“文化消费”成了历史建筑营利的潮流。

建筑再利用可以视为一种对待过去建筑的态度，就设计本质来看，可分为下列几种形态：“躯壳使用”“建筑保存”“新旧共存”“新旧共融”。“躯壳使用”只单纯使用既有的构造体，并无积极改造空间的概念；“建筑保存”以保存为主，空间的改造或发掘尽量限缩，旧建筑占有绝对的角色；“新旧共存”的案例通常有不同程度的增建行为，但旧建筑与增建部分各自的自明性很高，甚至成为强烈的对比；“新旧共融”的形态中，新旧建筑彼此交融，一旦将新建筑脱离，旧建筑就无法单独存在，建筑遗产得以更弹性更多样的变化存在。

旧建筑再利用的观念在1970—1980年引进台湾，如今除了在适度保留旧建筑风貌并符合新的功能需求之余，更欲见文化及社会价值的体现与实践，许多老街区、老房子经过翻修整理后，成为都市或聚落中新的生活节点，关键在于充分使用旧建筑固有特质，让旧建筑再次加入人群的生活，空间使用记忆得以延续，丰富地方文化底蕴。

然而在台湾，旧建筑再利用大多优先考虑商业价值，与文创旅游结合后转变为展售、旅社等商卖场所，一窝蜂地改造导致许多案例同构型极高，却忽略了旧建筑再利用的社会价值，无法与地方文化或经验产生共鸣。

三、九赞日间照顾中心的建筑与空间变迁

九赞日间照顾中心与横山圣若瑟天主堂共享教会空间，基地内有两栋建筑物，两建筑物间以轻钢板棚架连接，笔者整理九赞日间照顾中心建筑物构造如表2。

表2 九赞日间照顾中心建筑物构造整理（笔者整理）

建筑物名称	教堂	建造时间	约50年
构造方式	一层加强砖造	建筑面积	约400 m^2
修建情况	屋顶全面改为轻钢板屋面，廊道施做无障碍步道		
使用情况	主要空间为弥撒空间，如今以活动隔板隔成两间各约120 m^2，一间仍供教会弥撒使用，另一间改作照护机构的多功能活动室，另设有神职人员办公室、照护机构办公室等		
现况照片	 		
建筑物名称	教会宿舍	建造时间	约50年
构造方式	二层加强砖造	建筑面积	约140 m^2
修建情况	屋面因漏水增设轻钢板屋面		
使用情况	二层仅供教会人员使用，一层改作寝室两间各约20 m^2、餐厅约40 m^2、厨房及贮藏、盥洗等附属空间		
现况照片	 		

依据“长期照顾服务法”之长期照顾服务设施设立标准，机构应设置休憩设备、寝室、卫浴设备、日常活动场所、厨房及其他。笔者整理九赞日间照顾中心空间使用情形如表3。

表3　九赞日间照顾中心空间使用状况（笔者整理）

名称	空间使用状况说明
午休设施或寝室 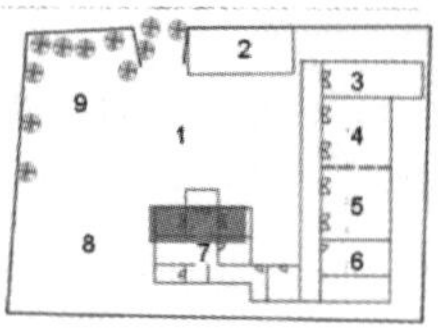	原宿舍一层，门厅两侧各有一间 4 米见方的小房间，如今分别作为男女寝室使用，午后 1 点至 2 点为午休时间，寝室内各有 3—5 座躺椅及枕头被盖等寝具，并增设空调、电风扇等调节温度  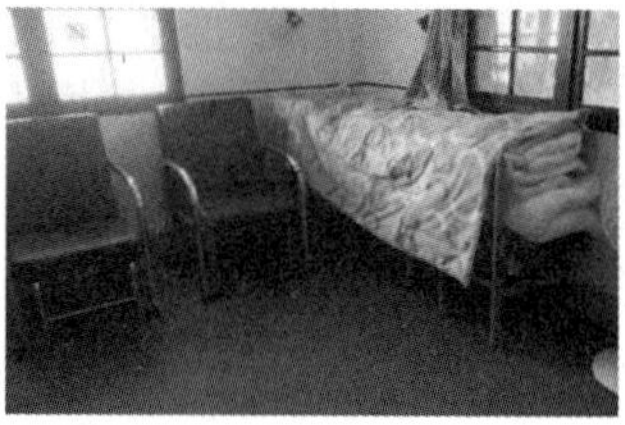
卫浴设备 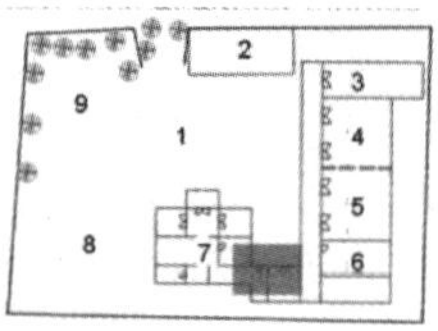	由于原设施厕所不符合法规规定，日照中心进驻之后拆除原厕所，并在原址重建无障碍厕所，配合政策倡导“小规模多功能”营运模式，厕所里设置了洗浴设备，可供简单洗浴  
日常活动空间 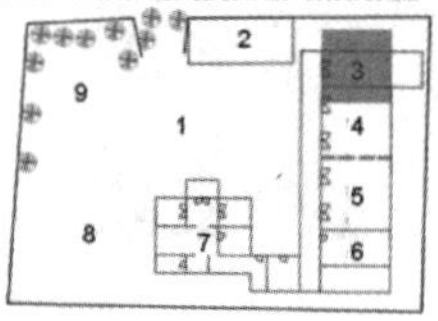	原教堂的弥撒空间以活动隔板隔开，挪出 10 米见方的空间作为多功能活动室，活动室可以划分为三个主要活动区域：中央的工作桌可以提供十人就座，主要在静态的手工艺或小组活动时使用；窗侧设置了两排椅子，于团康类时使用；靠墙处摆放了一排复健设施，长辈可以在复健师或照护员陪同下使用，每日设施及活动主要依据课表排定，亦应当日的参与人数而调整  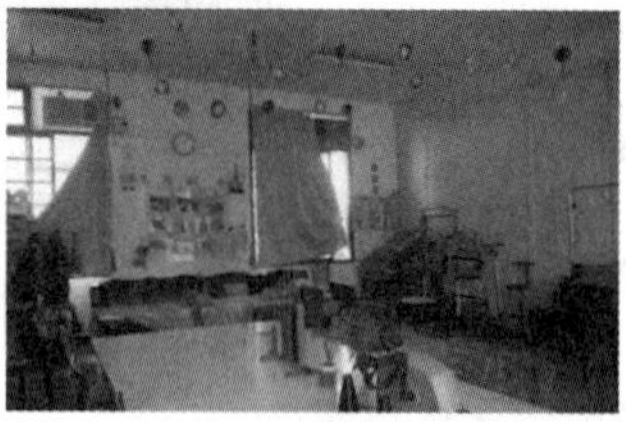

续表

名称	空间使用状况说明
餐厅 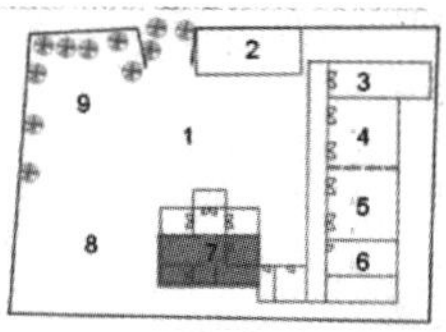	位于原宿舍一层，与寝室相邻，在保留足够宽度的通道后，刚好够摆下三张桌子，可以让所有长辈一同用餐，一旁设置了简单的盥洗区，供长辈在饭后进行梳洗
	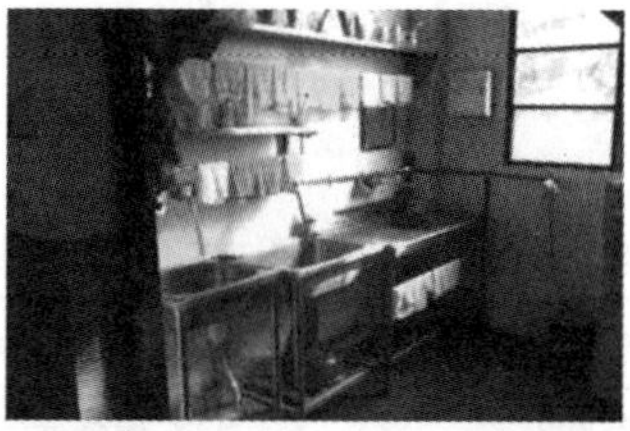 
简易厨房 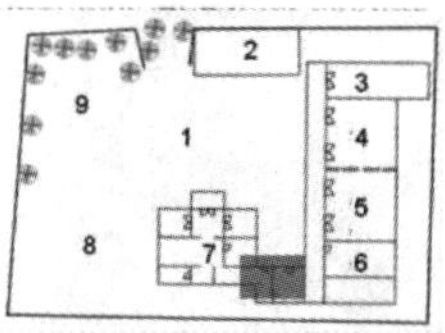	厨房设置在原宿舍一层后侧，仅供工作人员使用，调理完成的菜肴，会直接送到餐厅餐桌上摆放；雨天时，也作为长辈由多功能活动室至寝室午休的临时通道

九赞日间照顾中心营运时，长辈主要的活动时间都在多功能活动室，依据分组配合设施设备进行动态或静态的活动。在九赞，天气良好时也会进行户外的临时活动，如伸展操或小农场整理等，由教堂改造的多功能活动室，只要将门打开，活动空间就可以往广场及绿地延伸，开阔的广场及小农场贴近于乡村长辈们的生活体验，也使照护员在长辈情绪焦躁时有更多的弹性空间及应对方式。而新埔日间照顾中心也以同样的逻辑配置空间功能：以多功能活动室为核心，延伸出午休、餐厨、卫浴，以至办公空间等。

整体而言，原教堂的空间设施改作日间照顾中心使用时，除了厕所及通道应符合无障碍需求而重建，其余居室空间配合进行设备改善，可以满足照顾机构的使用需求，教会宽阔的广场，维护良好的植栽绿树，形成优质的户外空间，使照顾机构的环境及照护质量更佳。

四、新埔日间照顾中心的建筑与空间变迁

新埔日间照顾中心原址为新埔圣若瑟天主堂及附设幼儿院，基地相较九赞更为宽广，内有两栋建筑物，分别是呈现梯形平面的教堂及三合院的幼儿院，笔者整理新埔日间照顾中心建物构造如表4。

表4　新埔日间照顾中心建筑物构造整理（笔者整理）

建物名称	教堂	建造时间	约50年
构造方式	二层加强砖造	建筑面积	约120 m^2
修建情况	屋顶全面改为轻钢板屋面；建筑空间相当有特色，木作窗户保存状况亦佳		
使用情况	举办大型活动时使用；室内设置座椅及大型复健器材，平时也开放使用		
现况照片			
建物名称	教会附设幼儿院	建造时间	约50年
构造方式	二层加强砖造	建筑面积	约400 m^2
修建情况	屋面因漏水增设轻钢板屋面，廊道施做无障碍步道，门窗大多有损已全面更换		
使用情况	二层仅供工作人员小憩，一层设置社工办公室、多功能活动室、休息室两间、厨房及贮藏、盥洗等附属空间		
现况照片			

于旧建物设立老人照顾服务机构，在消防规定及无障碍需求上都有需要工程改善的部分，使用教会闲置的教堂等空间，对照服机构的初期硬件投入的确减省了许多，再加上原有的优美环境，使照护机构的使用感受更佳。

表5　新埔日间照顾中心空间使用状况（笔者整理）

名称	空间使用状况说明
午休设施或寝室	在合院建筑后侧，有一间独立的小房间作为寝室使用，寝室内各有一座躺椅及枕头被盖等寝具，并设置空调、电暖炉等设备调节温度
	 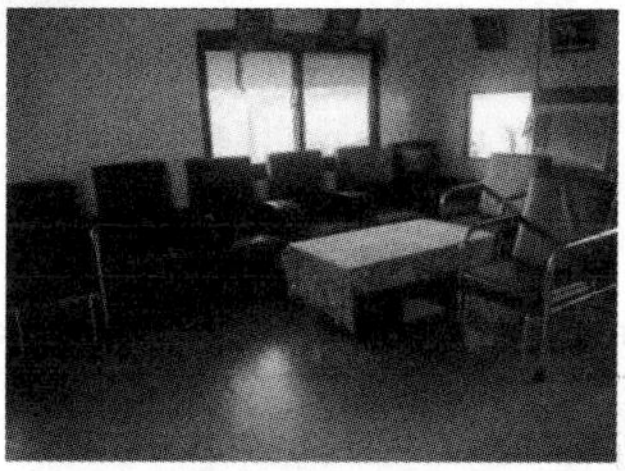
卫浴设备	新埔日照中心于原厕所旁增设无障碍厕所，亦配合政策倡导“小规模多功能”营运模式，厕所里设置了洗浴设备，可供简单洗浴

日常活动空间	合院建筑的正身部分作为多功能活动空间使用，面积约有 80 m^2，活动室可以划分为三个主要活动区域：中央的工作桌，沿墙面摆设椅子、复健设施及各种活动道具，与九赞日照中心大同小异，每日设施及活动主要依据课表排定，亦应当日的参与人数而调整
	 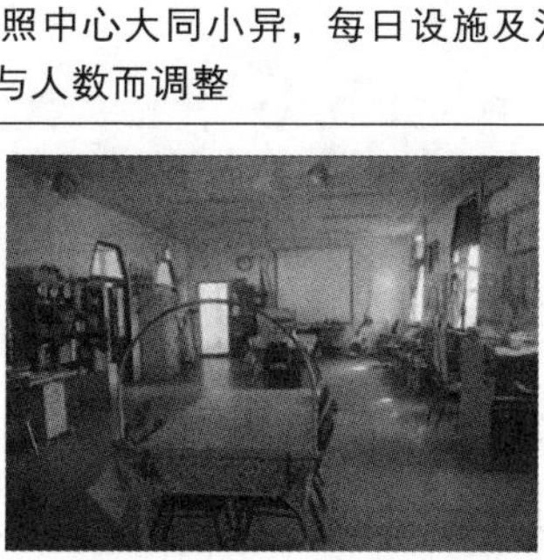

续表

名称	空间使用状况说明
教堂	目前仅在大型活动时使用，沿着墙边摆设的家具及设备，平日也开放使用  

相较于九赞日间照顾中心，新埔日间照顾中心原址的教会已经转移至市区，接手时基地已经处于半荒废状态，整修过后如今仍能保留诸如手工木门窗、抿石子墙面、砖墙等旧建筑的建筑语汇，让人颇为惊喜。

由于基地内教堂及幼儿园全数供新埔日间照顾中心使用，空间颇有富余又容易管理，所以世光教养院于新埔日间照顾中心另行设置了办公室，统整世光教养院辖下日间照顾中心相关业务。

营运时，与九赞日间照顾中心大致相同，长辈以多功能活动室为主要活动场所，环绕多功能活动室有许多大小房间，房间内配置了寝具，平时配合活动安排分组使用，午休时长辈能有更多选择的空间。

新埔日间照顾中心整建的过程中，资源多用于消防系统的建置、门户更新、抓漏补缺等功能性的缺失，诸如风雨走廊、采光等空间质量仍有很大发挥空间；宽阔的广场、绿树及小农场代表优良的户外空间，也给予长辈优质的使用体验。

五、结语

由两家日间照顾中心的调查结果判断，日间照顾中心空间需求门槛并不高，一定面积的居室空间作为长辈活动及休憩空间，并要求长辈活动范围内皆符合无障碍规定，建筑经过局部改善后可以胜任，而宽阔又充满绿荫的户外空间，更是两家日间照顾中心优质服务的关键因素，用旧建筑改造后营运，不仅可以降低初期的硬件资本投入，更可以结合长辈对于旧建筑的情感和记忆，消弭长辈对照顾服务的排斥意向，让长辈更快更顺利地适应新生活。相对地，旧建筑物改造后供日间照顾中心使用时，需审慎面对旧建筑物的结构耐用及消防要求并确实完成改善，毕竟长辈面对突发事件的抗灾能力更低。

就现况而言，世光教养院在执行教会空间再利用时，止步于“躯壳使用”的情形，得益于教会空间质量优良，目前可提供相当不错的使用质量，建议制订长期空间计划，方能为环境带来良性提升。

目前在台湾老人照护逐渐受到重视，伴随着资源不均、人力不足而产生照护机构分布不均的现象，虽然偏乡老年人口比例趋高，却反而出现偏乡照护机构招不到人的情况，导致偏乡照护机构营运困难的诡谲现象。世光教养院辖下两家日间照顾中心却以教会闲置空间再利用作为突破，降低了机构设立初期的硬件成本，并且成功营造优质的照护环境及质量，带给旧建筑再利用新的可能性。

参考文献

[1] 傅朝卿：《台湾推动闲置空间再利用理论建构》，台湾地区行政管理机构文化建设委员会推动闲置空间再利用国际研讨会，2001 年。

[2] 洪愫璜：《当前台湾“历史空间”的再利用：从资源运作的观点来看》，硕士学位论文，台湾淡江大学，2002 年。

[3] 巫晨芳：《不同类型老人日照中心的实质环境与老人活动行为之研究》，硕士学位论文，台湾云林科技大学，2008 年。

[4] 高宜民（陈政雄）：《以单元照顾理念建构闲置空间再利用之小区日间照顾中心——以竹东地区为例》，硕士学位论文，台湾中原大学，2008 年。

[5] 曾思瑜：《日间照顾中心中高龄者行为特征与活动规模之研究——“混合收托型”日照中心空间规划与设计之探讨》，《建筑学报》2010 年第 72 期。

[6] 傅朝卿：《建筑再利用设计的跨领域思维：跨领域设计与永续发展》，台湾中原大学设计学院，2010 年。

[7] 苏鸿昌：《从旧建筑再利用看老字号旅店的文化创新体验——以台南佳佳西市场为例》，《设计学研究》2011 年第 14 卷第 S 期。

[8] 谢佩儒：《日间照护中心之观察研究》，硕士学位论文，台湾中原大学，2012 年。

[9] 郭成森（曾光宗）：《失智症高龄者团体家屋行为与空间使用特性之探讨——以台湾天母团体家

屋为例》，硕士学位论文，台湾中原大学，2012 年。
[10] 李雅婷（黄耀荣）：《失智老人之怀旧情境与怀旧设施应用现况调查研究——以失智症日间照顾中心为对象》，台湾云林科技大学，2013 年。
[11] 张力山、李淑贞、苏圣文、王顺治：《老人日间照顾中心选址及建物与空间规划设计基准探讨》，《健康与建筑》2014 年第 1 卷第 3 期。
[12] 黄玟娟、谢彩云：《空间对日间照顾中心行动者的影响与意义》，《台湾高龄服务管理学刊》2015 年第 2 卷第 2 期。
[13] 谢汶池：《活化校园闲置空间为日照中心规划再利用》，硕士学位论文，台湾中原大学，2015 年。
[14] 赵国光：《从长者家属观点看赡养护机构之服务体验——以双连赡养中心为例》，《台湾老人保健学刊》2015 年第 11 卷第 1 期。
[15] 游智雅：《从使用行为探讨老人日间照顾中心空间特质之研究——以台中市为例》，台湾云林科技大学，2015 年。
[16] 胡聪年：《历史建筑保存再利用之研究——以花莲糖厂日式宿舍群为例》，《科技博物》2015 年第 19 卷第 2 期。
[17] 杨欣洁、汤洁新：《老人长期照护、养护及护理之家的平面类型与防火安全设计改善策略——以 102 年以前设立之既有机构为对象》，《建筑学报》2016 年第 96 期。
[18] 曾思瑜、杨静、康耀文：《高龄者居家生活安全设计规范研究》，台湾地区内政管理机构社会司 1997 年版。
[19] 李光廷、陈政雄、陈柏宗、游如玉、高慧萍、吴玉琴：《日间照顾营运手册》，老人福利推动联盟 2009 年版。
[20] 李淑贞、张力山：《老人日间照顾中心规划设计基准之研究》，台湾地区内政管理机构建研所 2013 年版。

基于文脉传承下的传统街区活化再利用探讨

——以晋江五店市传统街区商业化改造为例

朱少川[①]

摘　要：20世纪90年代末中国城市发展正式进入商业化地产时代，城市街区重划在全国各地一时兴起，在城市更新的过程中传统街区逐渐跟不上“时代的步伐”，其生活环境、教育资源和交通情况与新城区中街区形成强烈的对比，随之传统街区空屋、破漏及翻建等现象频出。因此城市管理者与居民对财团资本的期望值升高，期望财团快速对原有聚落和街区进行更新改造。在传统街区更新中引入财团资本在经济效益上取得了显著的成就：整齐干净街区、传统街区商业活络以及体验经济兴盛。在经济利益的驱使下全国各地纷纷效仿。然而在商业繁荣之下，传统街区改造形式相似度极高，街区问题凸显：过度商业化导致文化内涵丧失；盲目复制导致地方特色泯灭；街区与在地居民剥离导致文脉断层等。在此情况下，本研究以福建晋江市五店市为例，对现阶段传统街区再利用方式进行调研，针对过度商业化的传统街区提出相应的补救策略，使之适应文脉传承和永续发展的场域空间。

关键词：文脉传承；传统街区；商业化；再利用

一、绪论

（一）研究动机

如图1所示，中国的传统聚落与街区是由居住区、祭祀区、生产劳作区、商业

---

① 朱少川，金门大学建筑学系硕士生、泉州华光职业学院讲师。

活动区以及居民公共活动区域等空间区域构成，其空间形式体现了先民的生活理想与生存智慧，是他们在长期生活与劳作中积累与创造的。传统街区承载着地区风土特色和社会伦理道德，它是居民朴素生活文化的创造空间和理想诠释的载体。传统街区的建筑、人文、艺术与民俗保存完好对地域文化起到传承与发展的作用，它是城市文明的根与源之所在。

传统街区是一个城市与地区的历史变迁和发展的见证，其文化底蕴和内涵是城市的财富，是人文与经济的重要组成部分。随着城市进程中传统街区不断地被破坏与开发，街区建筑随意搭盖和商业化程度逐渐加大，街区文化景观逐步衰退、环境不断恶化等问题，传统街区自身的文化魅力逐步消亡。

（二）研究目的

本研究试图构建一个以文脉传承为前提的传统街区商业化开发模式，以全新的视角设计具有地方特色的传统街区，从而引导街区改造走向科学、合理与持续之路。本研究以传统街区的商业化改造为研究出发点，并节选日本长滨黑壁广场街区改造案例，研究其街区保护及更新手法，以此与五店市传统街区比对研究，并提出修正方案，使之适应以人文为主体的文脉传承的场域空间，以此作为今后传统街区商业化开发参考。

（三）文献回顾

传统街区的保存与改造，并非拆除与只保留部分建筑，应该根据街区现状，结合街区人文艺术特征改造成适合现代生活需求和民俗文化传承的传统街区。英国杰佛里·维亚特韦尔（Jeffrey Wyatvlle）在温莎城堡修缮改造时为了满足通行的需求，拓宽了中央道路，并拆除了部分建筑和加高了中塔，提升了温莎城堡的政治使用的功能性。

“二战”后世界各国经济进入高速增长期，城市的环境及生活公害问题尤其突出。在西方和日本等发达国家，居民为改善生活空间质量自下而上成了除公害和保护环境的团体，并逐步发展成社区营造的雏形，在新城镇建设中和旧城改造中起到关键性作用。随着时间的推移，居民意识不断增强，地方政府、高校、研究学者、建筑师及市民不断地介入社区营造活动，使社区营造活动逐步走向专业化和科学性。借由各国人民多年的模式探索与经验总结，在城镇建设与改造中走出适合自身的发展理念与模式，以实现城镇的永续发展。

（四）研究方法

本研究采用研究方法如下。

1. 文献法

通过相关文献的阅读，并归纳整理关于传统街区过度商业化改造的方法与设计原则，以此作为本研究的论据。

2. 田野调查法

本文通过2019年4月21日、6月26—29日和10月26日的三次调研，并与相关案例的对比，整理出传统街区的运营模式、业态形式和人流主体。

3. 访谈法

本文于2019年4月21日、6月16日和6月26—29日通过对五店市区域原住居民、商家和游客的访谈，分析整理不同人群对传统街区的情感与期待的发展前景。

（五）研究范围

本研究以晋江市老城区的青阳镇五店市区域的蔡氏、庄氏宗祠为中心的蔡厝社区，以及周边竹树下、梅青、桂山等社区区域为研究范围，该区域地处于晋江市区域的中心城市腹地。

二、五店市传统街区的变迁

相传在唐开元年间，蔡氏五人在晋江青阳山的官道上开了五间饮食店，以此方便过往商旅及官员途中休息与饮食，后被称为“青阳蔡，五店市”。青阳地处晋江地区的南北交通要道，人口会聚，青阳经济逐渐繁荣起来，发展为繁华的街区和人口最密集的聚落之一，在此有鳞次栉比的商店、车水马龙的街道，更有极具地方特色的红砖厝。借由行政区域调整，县域析分出鲤城、丰泽、洛江、石狮等区市，县府驻地于1951年由鲤城镇迁驻青阳镇。

五店市隶属青阳镇蔡厝社区，在快速城市化进程中，生活环境和城市空间与现代生活格格不入，大部分的居民搬离，造成大量的房屋破损与倒塌，或因拆迁而大量加盖原有建筑，传统街区遭到严重的破坏。五店市区域几经规划调整与修缮，最后定位为传统商业街区，以供旅游和休闲娱乐。

图1　五店市城市原始纹理图

（图片来源：《五店市传统街区设计报告》“旧时光篇”）

（一）五店市传统街区的构成要素

五店市传统街区地处晋江市青阳山的核心区域蔡厝社区。据2019年6月上旬田野调查统计该区域的建筑主要有：“明清建筑”“民国建筑”“1949—1980年”和“1980—2010年”四大类的闽南古厝、番仔楼、仿古建筑和现代建筑等。在1980年后建造的建筑中仿传统风貌建筑仍占有一定的比例，现代建筑主要集中在末期抢盖的建筑，在区域内建筑多样性发展，传统建筑业遭到严重的破坏。

表1　建筑年代所占比例统计表

序号	类别	建筑面积（m^2）	建筑面积比例（%）
1	明清建筑（闽南古厝为主）	13827	25. 57
2	民国建筑（洋楼为主）	2574	4. 76
3	1949—1980年（仿洋楼）	7813	14. 45
4	1980—2010年（仿洋楼、现代建筑）	29871	55. 23

（数据来源：《五店市传统街区设计报告》“闽南古建筑博物馆群篇”）

晋江启动城市化建设后，青阳镇为中心城市重划区，传统聚落与街区面临更新与拆迁，蔡厝社区的五店市区域经学者与部分民众的努力最终得以保留。将传统聚落改造为商业街区后对外开放，以旅游与商业空间为主的传统街区，并命名为五店市传统街区。在街区规划时以保留修缮为主，搬迁为辅，新建仿古建筑为补充。据统计，五店市传统街区由宗祠、庙宇和名人故居等保留修缮建筑和新建仿古建筑组成。名人故居以迁建为主，以及利用旧材料重建和新建仿古建筑等。

表2　五店市街区建筑组成类型

序号	建筑类型	数量（栋）	比例（%）
1	保留修缮建筑	43	36. 1
2	迁建建筑	16	13. 4
3	新建仿古建筑	60	50. 4
共　计		119	100

（数据来源：本研究 2019 年 6 月下旬调研整理）

图2　五店市建筑分布图

（图片来源：本研究整理标注）

图3　五店市保留建筑分布图

（图片来源：清华同衡历史文化名城研究所

《晋江五店市传统街区保护与整治详细规划》案例，2019 年 4 月 21 日）

图4　五店市易地搬迁建筑——苏良攀宅

（图片来源：本研究整理）

图5　五店市新建仿古建筑图

（图片来源：本研究整理）

（二）五店市传统街区商业化营运规划

2013年5月，五店市开发公司和福建共生文化创意、七匹狼集团等企业共同组建运营公司，负责街区建筑与空间改造、产权管理、项目招商等工作，致力于打造成极具闽南特色的文化创意园区和旅游地。随着旅游业态的发展，五店市的商业化程度越来越高。五店市传统街区在前期的规划设计中按比例划分传统文艺展示区、商业区及旅游观光等业态和不租赁的公建项目等。

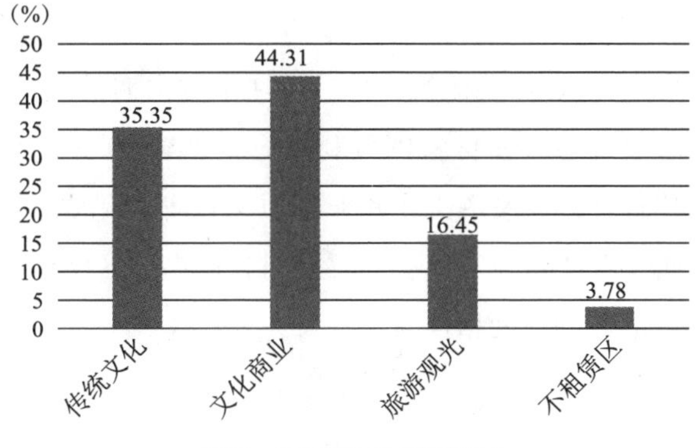

图6　五店市业态规划图

（数据来源：《晋江五店市项目建筑业态定位深化工作报告》，晋江文化产业网，2019年6月10日）

五店市传统街区初期规划中，坚持以文化属性的晋江品牌招商，并增加传统文化展示的业态比重。在规划前期入驻有鲤城区的卢思立和王向荣、德化县的苏献忠等大师，并设有民俗、非物质文化遗产、古建筑构件等文化展览馆和庄氏宗祠、蔡氏宗祠、家庙与石鼓寺等宗族宗教活动空间，并重点引入高端业态入驻街区，将街区改造成以传统文化、商务旅游、民俗体验、休闲娱乐、美食品尝等为一体的红砖厝博物馆。

五店市在运营中制定了相关的激励政策，重点引入晋江本土品牌。在第一批入驻商家中，以本土商户和泉州其他地区为主并引进福州、厦门、香港、澳门、台湾以及国内其他地区优质商户。然而由蔡厝社区居民在五店市传统街区经营商户在调研中未发现。随着街区旅游业的高速发展，商业化程度不断加强，街区中文化展示商家逐渐退出。

三、五店市传统街区经营与发展现状

（一）五店市街区空间环境现况①

五店市传统街区是以商业店面和休闲旅游为主，文化艺术及民俗展示空间为辅的闽南红砖厝区域，在规划设计中针对破碎的街区格局和参差的界面问题，对街区实行织补性设计，以保护、修缮、搬迁重建和仿古建造等方式重塑街区建筑与街景，保留了传统街巷的肌理格局，以及红砖大厝与番仔楼等特色闽南建筑为载体。在功能上优化街区景观节点，在街区中心规划一个中心水景，并提升公共设施与公众参与等保护策略。

在街区内共计修缮43栋保留建筑，并从晋江市域内搬迁16栋历史建筑在街区内重建，并利用传统建筑构件和材料以再利用方式新建54栋仿古建筑。在街区规划时重点突出闽南建筑文化、民俗文化和非物质文化等文化要素空间，以及保留蔡氏、庄氏宗祠、家庙、石鼓庙等宗祠、宗教空间。最终街区整体形成“一庙双祠山塘连，一街四片五店市”的空间格局。

---

① 参见张冲、王和才《晋江五店市传统街区保护规划设计探索》，《北京规划建设》2015年第6期。

图7　五店市传统街街景图

（图片来源：本研究整理）

（二）五店市传统街区商业化经营状况

五店市传统街区自2015年5月起对外营运，历经四年来的商业化经营，商业业态逐渐与其他地区的文创园和历史街区经营方式雷同，商业由前期传统和文化创意商业为主的业态逐渐被品牌商业代替，商家由前期的地方商业和文创商业转变为快餐、餐饮和酒吧等连锁企业，街区运营也逐渐演变为现代商业综合体物业管理方式，传统街区成为集旅游购物、餐饮消费和休闲娱乐的商业综合空间。

2019年10月，本研究就街区建筑使用功能依服务空间、宗教文化、商业空间和闲置空间等类型进行现地调研，如表3所示，商业业态已占70%以上，其中常规商业空间占据60%，而宗教宗族与文化商业及展示空间仅占17.5%，已与街区前期业态规划有明显的变化，文化商业和地方特色商业逐渐消亡，连锁商业兴起，建筑空间使用用途更替明显加快。

表3　五店市街区建筑空间使用功能分类类型

类型		数量	占比（%）	经营业态
服务空间17	功能服务	9	7.5	宝中旅行、游客中心、晋发文旅、供电所、消防站、卫生间、地下室等
	办公空间	2	1.7	焕彩（运营公司）、警务处
	民宿酒店	2	1.7	有余堂、相遇客栈
	高端商业	4	3.3	国医馆、片仔癀（漳州）、囍园（婚庆）、红庭别院（理发店）
宗教文化21	宗教宗族	6	5	蔡氏宗祠、庄氏宗祠、石鼓寺、祖佛祖宫、虎帅爷宫、庄氏小宗
	文化商业展示空间	15	5.8（文）	风雅颂书局（连锁）、南音会馆（泉州）、钦宅（文化创意）、晋·书店、桃溪老醋坊（永春）、闽南传统戏院、乌大门雅集
			6.7（展）	工艺美术馆（大夫第）、广明灯、家训馆（布政衙）、民俗展示（南北大厝）、岁时节庆馆、五店市展览馆、苏献忠艺术馆（德化）、卢思立美术馆（鲤城）等
常规商业空间72	酒吧空间	10	8.3	1798音乐餐吧、Chello、The 519 pub、厝里小酒馆、相遇酒吧、瑞吧、TNT酒吧、IV酒吧、醉美音乐酒吧、壹号酒吧
	茶品咖啡	23	19.2	侣鹅国、万应茶文化园（茶文化）、池甜（饮料甜品）、弘印茶堂（茶馆）、欢心之日（饮料）等
	品牌连锁餐饮	16	13.3	肯德基、德克士（汉堡）、海底捞火锅、豪客来（牛排）、家宴（连锁）、蚂蚁私厨、田园牧歌牛排、杨小贤（饮品）、星巴克咖啡、邻家（地方连锁）、清叶日式料理、赤岛铁板烧（日式酒馆）、丁先生料理店、尾牙荟、伍德琅
	地方餐饮	9	7.5	金色原点（素食）、闽南现煮米粉、笨店、五店市美食街、南城外牛肉店、且慢灌汤包、聚强佛跳墙、尚豪甲等
	商业贩售	14	11.7	莲普（佛教物品、布艺、木雕）、南非工艺品、七匹狼（晋江）、文格秀（工艺品）、五店市集（文创）、中国邮局、工艺品街、淘趣工艺品（苏良攀宅）等
闲置空间10		10	8.3	蔡潘生宅（清华同衡，现空置）、蔡万祖宅、尚书第、涴然别墅、庄铭选宅、毅斋小宗（家庙）等
合计		120	100	

（本研究调研整理，2019年10月）

图 8　五店市传统街连锁商业业态图

（图片来源：本研究整理）

图 9　五店市传统街文化空间图

（图片来源：本研究整理）

（三）五店市传统街区社区发展与现况

本研究在 2019 年 6 月下旬针对五店市变迁进行了三次访谈，访谈中得知 2010 年后城市高速更新，当地人搬离，传统街区逐渐衰败，街区居住和生活环境问题凸显。

当五店市传统街区社区因现代化商业社区面临拆迁时，大多数当地人最为关心的是建筑拆迁面积赔偿问题，在蔡厝社区列入拆迁范围后，居民开始在街区内大规模地增建建筑等待拆迁赔偿，而对传统街区建筑的保留欲望表现不强烈，因此传统建筑在此时遭到毁灭性的破坏。

居民全数搬迁后传统聚落部分在部分学者和部分居民的努力下将传统建筑物保留规划为传统商业街区，以供旅游参观和休闲娱乐。当地人现今安置于周边新建的梅龙小区。

1. 五店市现今居住活动情况

五店市区域政府实行就地安置方式，把五店市当地人集中安置于周边的梅龙社区。该社区是现代化的高层建筑社区，在社区中设有中庭社区景观，一楼为架空空间，作为停放非机动车和休闲活动空间使用，机动车停放于地下室。中庭平日作为老人运动空间，部分居民会到改造后的五店市街区散步或消费。遇到红白喜事，社区中庭或公共空间作为集会的空间，在此办宴席或到附近酒店（部分社区建有公共集会场所，供集体活动和祭祀使用）。在五店市区域内尚有蔡氏庄氏家庙活动和寺庙祭祀活动。

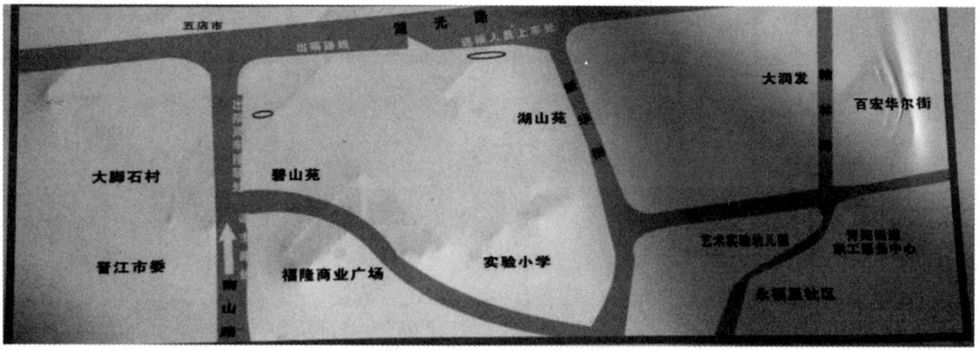

图 10　社区出殡活动路线图

（图片来源：2019 年 4 月 22 日青阳街道民俗文化专项行动通告）

2. 五店市社区邻里关系现况

本研究在 2019 年 10 月对五店市民的走访调研中发现，居民普遍反映现在居住环境改善了，但居住空间相对独立，邻里交流较少，关系随之淡薄，在社区中年长者在社区空间生活较为不自在，对原居住的传统聚落仍然表示怀念，中年人与孩童邻里的交流较少，主要在社区中心广场或商场活动。

图 11　安置小区活动空间

（图片来源：本研究整理）

图 12　新建宗祠集中区

（图片来源：本研究整理）

四、国外传统街区商业化改造运营方式探讨

传统街区的改造在国内外都有相当多的案例，街区改造与运营的方式方法皆有所不同，街区运营主导分别以政府、运营公司或居民等。本研究以日本长滨市的黑壁广场作为研究对比案例，并以此探讨传统街区商业化改造的方式方法。

黑壁广场以南北向划分街区，与东西街道汇成中心区域，南北的北国街是武士、商旅和民众的重要交通要道，在街区中人员络绎不绝，货运繁忙。随着长滨市的发展，黑壁广场已失去往日的繁华，受周边商业的冲击在地居民开始思索街区的出路。20世纪80年代末，在政府的援助下，在黑壁银行设立了“第三方株式会社·黑壁”，致力于城市传统街区的再生活动。在市民的支持下，社区营造活动逐步展开。在街区营造计划设计中，黑壁银行的建筑空间作为“黑壁玻璃展馆使用”，在此汇聚了世界各地的玻璃艺术品。在玻璃展馆开业时，玻璃工坊和料理店等商业空间建成，由此形成了黑壁广场的商业街核心。由此后街区空置住宅与空置店铺逐渐被改造再利用，形成一条复古风格的商业街区，街区相继开古董店、乡土料理、土特产店、茶吧、陶吧等30余个商业空间。黑壁广场借由当地人的30多年街区改造与社区营造，在商业街区内的店面以黑色建筑为主，在街区经营均以玻璃为商业主体元素，形成玻璃饰品、工坊、画廊、美术馆、咖啡馆、餐馆等富有情趣的商业街。目前，黑壁广场每年接待超300万的观光客，不仅提升了长滨市街区形象，也带来了丰厚的经济收益，为长滨市的文化传承与发展注入新鲜的血液。①

五、结论与建议

（一）五店市传统街区与黑壁广场商业化改造对比

本研究通过对日本长滨市黑壁广场的街区商业化改造方式与晋江五店市传统街区的对比，在对比中从街区的运营主体、社区群体结构、运营方式与目的以及社会意识与期望值方面总结如下。

---

① 参见陈全顺《社区营造方法》，台湾地区行政管理机构文化建设委员会文化资产总管理处筹备处2010年。

1. 运营主体与社区群体结构区别

在街区案例对比中发现，黑壁广场由政府支援，当地人发起改造与经营，学者与社会人士学术支持与参与，其社区居民原结构不变，在商业运营中由社区团体共同管理。晋江五店市传统街区由政府统筹，对当地人异地安置，企业对街区改造设计，并全权负责街区内的运营与管理，由新商家组成新的社区人员结构，当地人与街区生活完全剥离。

2. 运营方式与目的区别

长滨市黑壁广场受周边商业的冲击，街区逐渐衰败，当地人自救式发起改造热情，并致力于复兴街区往日辉煌，由当地人与学者组成管理协会对街区业态和修景方式进行协调性管理，注重街区的文化特色。五店市传统街区完全由企业经营管理，注重经济效益。经调研显示，五店市传统街区商业化程度达到70%以上，而且还在逐步上升，文化创意产业逐渐减少，逐渐演变为“商业综合体”。

3. 社会意识与期望值区别

本研究在案例对比中发现黑壁广场的改造影响广泛，从政府官员、学者到普通市民皆有对传统街区的保护意识，对传统街区的保护全民性自发的参与，以求街区的永续发展。在对五店市区域的调研中发现街区在列入拆迁区域后，在地居民对历史建筑大肆破坏与增建，以求更多的拆迁补偿或等待政府补助修缮。在城市更新中地方政府为了快速达到商业繁荣与街区整洁的效果，盲目引入财团进行大规模的地产开发，忽视在地居民参与的重要性，导致区域内的文脉断裂。

（二）五店市传统街区的发展展望

本研究归纳总结传统街区运营优秀案例，分析其运营方式。根据五店市传统街区的特征，对街区的运营方式重新梳理和分类，总结出适合五店市传统街区文化传承的运营方式。

1. 从区位地理角度：五店市传统街区需立足本地，挖掘闽南文化与华侨文化，注重环境资源等方面的潜力，体现传统街区的文化特色。重点引入具有晋江特色的文化艺术与地方代表性业态和开展文化传承教育活动，而非一味追求国际化和现代化，忽略了自身的地域文化与街区优势。①充分发挥与周边万达商圈的优势，摒弃无明显特色商业，发展文化艺术产业，与万达形成鲜明对比与互补。②结合自身优势，积极与中小学合作开展传统文化与艺术教育活动；充分与高校及研究所合作开展文化艺术研究与文创产品开发；主动与地方匠师联系利用街区资源开展技艺传承与教育；合理引入市民活动，使其成为活态街区。

2. 从建筑主体角度：将建筑分为就地保护、异地迁建和仿旧建造三种建筑类型，在运营方面应充分考虑就地保护和易地搬迁建筑原屋主的意愿，鼓励屋主和市民回迁到五店市使用现街区的建筑空间，建筑产权通过回购或租赁的方式；在街区内运营公司对无原屋主建筑、华侨的故居和仿旧建造建筑统一管理，鼓励市民“认养”建筑，在街区内由运营公司、回迁屋主、“认养”屋主、市民和学者共同成立街区协会，参与传统街区的社区营造与管理。

3. 从运营管理角度：运营公司由主导管理转变为服务协调，鼓励商家、回迁业主和市民团体动起手来建设自己的家乡。在街区的新社区营造不局限于业主商家参与运营商管理，积极邀请当地政府部门、高校研究机构、其他社会团体以及市民的参与，并组建社区协会，由协会与运营商共同协调管理街区，使街区发展更具科学性。

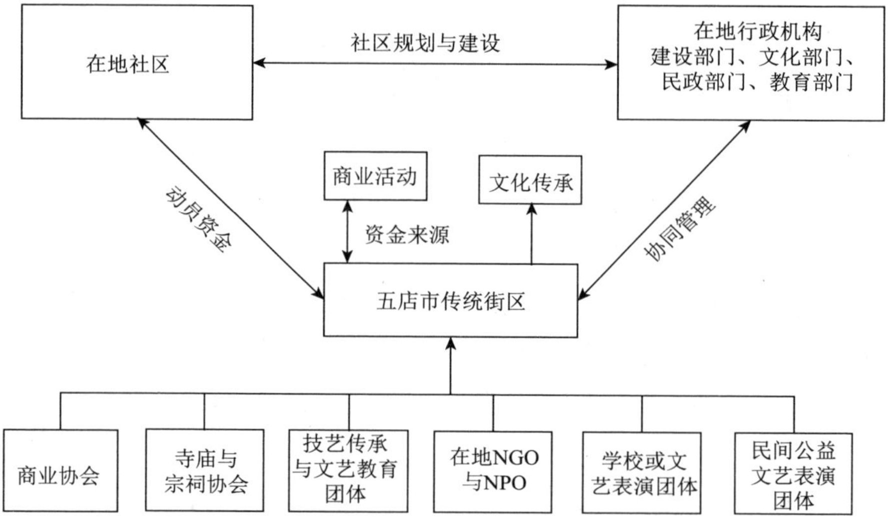

图 13　五店市运营管理意向

（图片来源：本研究整理）

五店市传统街区在社区协会与运营公司管理下，对传统街区区域内现有建筑空间整理协调使用，积极鼓励政府部门、教育机构和市民到街区通过租借方式举办民俗活动、文化艺术活动、传统文化教育和其他文化活动等；充分吸收五店市区域当地人回到街区从事导览工作和建筑维护；重新组建具有地方特色的新街区，使五店市传统街区成为晋江的文化传承与教育窗口。

参考文献

[1] 柯亚楠：《体验经济下历史文化街区商业开发评价体系研究》，硕士学位论文，郑州大学，2018 年。

[2] 李雁冰：《近代居住主导型历史街区商业化改造适应性评价研究》，硕士学位论文，大连理工大学，2018 年。

[3] 曾金盆：《罗娜村原住民聚落之文化保存及活化策略》，2010 年。

[4]（清）方鼎、朱升元等：《晋江县志·卷一·舆地志》，台湾成文出版社 1967 年版。

[5] 李伯元、陈峰敬等：《青阳志》上卷，1914 年手抄本。

[6] [芬兰] 尤嘎·尤基莱托：《建筑保护史》，郭旃译，中华书局 2011 年版。

[7]《中华人民共和国文物保护法》，中国法制出版社 2017 年版。

[8] [日] 西村幸夫：《再造魅力故乡》，王惠君译，清华大学出版社 2007 年版。

[9] 陈全顺：《社区营造方法》，台湾地区行政管理机构文化建设委员会文化资产总管理处筹备处 2010 年。

[10] 吴纲立：《永续社区理念之社区营造评估体系建构之研究：以台南县市社区营造为例》，台湾《住宅学报》2007 年第 1 期。

[11] 王羽、李成章等：《日本小城镇的社区营造活动对我国村镇规划建设的启示》，《小城镇建设》2012 年第 3 期。

[12] 张冲、王和才：《晋江五店市传统街区保护规划设计探索》，《北京规划建设》2015 年第 6 期。

[13] 庄秋荣、白珮珮等：《传统村落景观保护与发展——以晋江五店市为例》，《城市建筑》2018 年第 23 期。

[14] 韩乐、李铌等：《基于有机更新理论的晋江五店市传统街区改造的研究》，《湘潭大学自然科学学报》2012 年第 2 期。

[15] 五店市官网，http：//www. 5ds. cc/，2019 年 6 月 10 日。

[16] 霍晓卫、张弓：《晋江五店市传统街区保护与整治详细规划》，北京清华同衡：http：//www.

thupdi. com/project/，2019 年 6 月 10 日。

［17］许雅玲、金雪君：《晋江五店市：保留历史建筑，深挖文化内涵》，中国新闻网：http：//www. fj. chinanews. com/news/fj_ tsxfj/2017/2017 -08 -09/387134. html，2019 年 6 月 10 日。

且兰旧州轻工机械厂再利用与社区发展的思考

杨正猛[①]

摘　要：具有丰富历史资源的且兰旧州因其位处边陲地区常年得不到发展，地方政府借由原本就有的历史和建构的“历史”将其转换为地方发展的策略发展旅游经济，以期作为“诱因”与策略带动新城的发展，过程中对古城镇的地景在叙事上为特定阶层进行“保护性开发”和“选择性开发”的消费性地景营造，在一定程度上忽视了地方上的本质问题与诉求。基于此，本研究选取极具争议性的位于古镇核心历史街区的轻工机械厂作为讨论对象，从多方角度讨论机械厂的拆与保留争论，对其价值进行讨论论述后提出开发及经营策略建议。

关键词：价值评判；再利用；消费性地景；缙绅化；社区营造

经济全球化的冲击使得我国城镇化的开发策略与治理模式在很长一段时间内从试验田到遍地开花式快速铺开，在过去很长一段时间我们都被“发展是硬道理”和“经济至上”的观念深刻影响以及“破旧立新”的思想禁锢着，因而导致众多具有历史性的城镇被破坏或创造性的破坏，在实践过程中又逐步重视旧与新、历史与现代议题的探讨，刺激着保护意识的抬头。随着城市化的发展，旧城、城中村和一些传统村落或街区中的旧建筑物因破旧、功能性丧失和无法产生更大的经济效益被视为贫穷落后的标志和阻碍社会发展的绊脚石，被“旧城改造”“翻新改造”等美化之名雕塑，但又对一些确实具有年代感的历史性建筑物过于“古董式”的保护，让人不能亲近。耿彦波认为，旧城改造是破坏历史文化名城最锐利的武器，如果文化遗产因其珍贵性被束之高阁，与城市公众之间没有良好的沟通和互动，这与封建王朝中王孙贵人收藏传家古董的癖好并无不同。[②]

---

① 杨正猛，台湾东海大学建筑研究所学生。

② 参见耿彦波《从旧城改造到古城保护——走出文化传承与经济发展的两难困境》，《文化纵横》2013年第4期。

历史性古城镇在面临城镇化和经济发展时往往有两种推进方式，或拆掉重建，或建新城保护古城，拆与保护的抉择不能仅仅认其历史价值，还需要宏观的、长远的和科学而理性的考量。且兰旧州古镇因地处西部边陲贫困地区，常年处于停滞及缓慢发展状态，因而其历史性建筑物和传统文化得以较好的保存。近年来，旧州建新城保护古城，并借由将古城的历史文化转换成地方发展的策略发展旅游经济的“创造性破坏”力量，原本古城的功能结构被打散和更换，新城分担旧城职能，新旧城协同发展，改变了原有的都市结构，瓦解了原本的社会生产关系。古城区寸土寸金，轻工机械厂所在的西上街为古城内最核心的历史性建筑集聚区，机械厂地块为唯一可开发的“大空地”，产权也非政府所有，因多方因素致开发被搁置至今，也因此而意外地较好地保留了地块上的附属建筑物，面对不理想的旧州古城镇旅游开发，这唯一可再开发的机械厂地块命运为何？价值为何？该担当何种角色？如何被再利用？

一、且兰旧州古镇概况及历史发展脉络

且兰旧州，是近年来打造“且兰文化”旅游开发后的宣传名称，是贵州省黄平县域内建制镇，地方上习惯性称谓和官方署名仍为旧称黄平旧州。据历史载述，黄平旧州是春秋战国时期的且兰古国国都所在地，且兰国距今已有2000多年历史。旧州镇位处沅水流域的发源地，曾是由舞阳河上溯到黔东的最后一个通商码头，是黔东地区的货物集散地，其发展基础得益于水系与马帮建立的初始流通网络。历史上的且兰国国都城址既无确切记载也暂无遗迹可考，现旧州城始建于宋朝，明清逐步成型，清光绪年间最为繁盛，历经了中原汉人的数次军屯、民屯、商屯等事件沿“古苗疆走廊”① 迁徙而来聚居于此，形成多民族聚居融合发展的农商移民小镇。《黄平州志》记载日停船百余只，可见其兴旺程度。

清末民初，因河道淤塞、陆路交通的发展，经贸地位被逐步削弱。抗日战争爆发后，旧州因其地理位置的特殊性及战争形势，由美国人出资中国出动十余万人劳动力在此兴建了军事机场（古镇西面1千米处），并作为美国人陈纳德所带领的飞

---

① 此概念为贵州大学人类学教授杨志强提出，指元明时期在强烈的国家意志下新开辟的从湖广经贵州省通往云南的官道。

虎队在华抗日的重要据点，800余人的军队驻守于此，高峰时8000人的中美军人驻守，发展成为西南重要的中心枢纽机场。此时期，旧州迎来短暂的发展。抗战胜利后，其失去了军事航空基地功能，又长时间处于停滞及缓慢发展状态。

20世纪六七十年代起，由社队工业发展而来的“五小企业”在旧州得以迅速发展，以位于西上街的轻工机械厂为代表，主要生产汽车配件及农具，成为工业化及现代性的标志。“五小企业”被淘汰后，旧州再次长时间处于停滞及缓慢发展状态。

从2000年开始，地方政府借由古城镇的历史文化保护和“建构”的历史作为地方发展的策略以寻求发展，历经了十余年的数次建构与规划，直至2010年后才从实质上逐步得以发展。（图1）

二、且兰旧州旅游发展概述

2011年，《黄平县县城总体规划》出台，旧州镇被纳入黄平县城“一城两区旧州区”城市属性，并将其建设成为黄平县城文化名城的旅游和文化中心，在此脉络下迎来前所未有的大发展。此后，联城路建设，旅游基础设施被加速大力建设，古镇内沿街立面美化亮化改造，复原了主干道边上的城墙和两座城门，修复和复原了几座宫庙，新建了可容纳12万人的广场并精心设计了绚丽的灯光。

2016年，旧州旅游对外正式开放，官方媒体宣称国庆黄金周十来天接待游客80余万人。① 若报道属实，对于仅有数千人的边陲小镇可谓是旅游发展的成功典范。2017年末，被媒体披露巨资打造后的“空城”新闻被放大和发酵。发展至今，地方政府的努力宣传和活动营造并未明显地扭转困境，其原因应该是与周边景区同质性太高，也无特别的吸引点。

机械厂所在的西大街为古镇建筑保存最完善的地方（图2），街道两旁分布着精心修复和设计过的历史性民居（至今为止民居仅修复了临街店屋部分）和宫庙会馆。长约230米、共65户前店后屋的西上街作为旧州的历史名片，真正有商业业态的店铺占比不逾十分之一，其中三家为客栈，三家为香火牌展售店。经访谈究其主

① 参见《国庆，黄平旧州古镇磁铁般“吸客”将突破80万人》，黄平微讯（黄平县委宣传微信公众号）。

要原因有三个方面：1. 市场外迁后，“每日生活”形态不在，人流量减少，商业难以为继，又因产权问题，原租户搬离；2. 新建了外环路，城内交通管制导致不便利性，人流量减少；3. 规定商业业态须配合旅游产业，游客稀疏，经营困难。

三、轻工机械厂的历史文化价值

机械厂因其产能、技术、环保问题和政府政策要求被关闭后，地块被拍卖给私人，政府在旅游开发时因产权问题不能统一规划建设，被搁置至今。产权所有人曾欲拆掉做地产开发，几轮规划设计方案都被地方政府否决，也因地方发展困境而让开发商投资却步，遗迹任由风吹日晒逐步损坏，或许因此方面的困境而使得机械厂的历史遗迹未遭到“人为的破坏”而意外地得以保留。近年来，机械厂地块的再发展问题被提出来讨论，遗迹的拆与留争议并未得到合理的解决方案，归根结底是机械厂的价值未得到合理的评判，以及开发商和政府利益的矛盾。

图1　古镇历史构筑物及现状标示

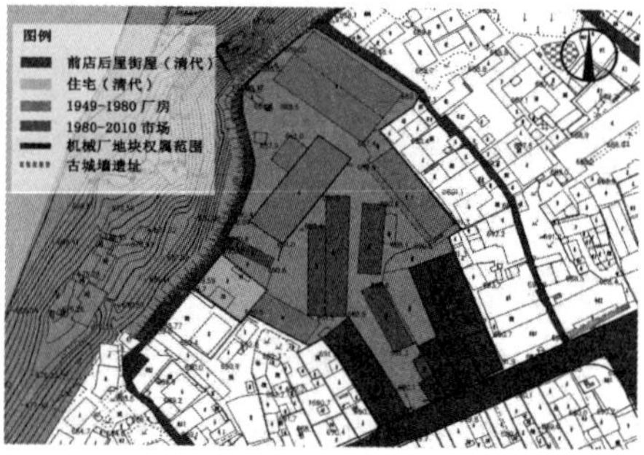

图2　轻工机械厂地块建筑年代标示图

机械厂所属的西上街（旅游开发后更名为红军街）毗邻码头，历来是商贸交易的商业大街，也是至今历史性建筑物保存最完好的地段。图2中机械厂地块面积约17亩，地块内现况现存城墙建设的具体年代不可考。保存较为完好的清代前店后屋二层建筑五栋（前店部分已做修缮，进深最长的一栋已改建为望月楼客栈，其余四栋为空屋）、二层四合院一栋（结构良好，靠近城墙的外墙厚重而精美，极具美学及研究价值，图3）。60年代兴建的建筑四栋（图4中所示左下角一栋为单层，保存较好，大跨度的屋面木桁架结构美观，在所属县域及周边县域内已难以见到同时期同类型的构筑物，据老人回忆，此栋最初为部队驻扎的营房，机械厂建设后才作为厂房使用。工厂倒闭后又作为市场的屠宰场使用。图 5 中间一栋及右上角一栋为单层大跨度厂房，其屋面已坍塌，墙面结构良好；右边一栋为两层建筑，一层为隔间仓储，二层为行政办公室，整体保存较为完好）。80 年代建设的市场主要经营日用百货和肉菜瓜果，屋顶和摊位已被拆除，仅剩下结构柱子。

图 3　民居外墙

图 4　屋面桁架

图 5　厂房建筑

图 6　市场建筑

追溯机械厂及其建筑历史，并无文字记载，仅能从老人口中访谈“建构”。机械厂建设前，此地块上建筑物均为建于清朝时期砖木民居，其中心区一栋四合院尤为宏伟壮观。红军长征过境时曾有部队短暂驻扎于此，后来建设抗战机场，被作为劳动力的住宿安置点。抗战胜利后，逐步拆除民居建设机场管理处部队营房和工业厂房，机械厂运营期间有职工百余人，民居改为职工宿舍。80 年代后，新建了市场建筑，2011 年市场外迁后，机械厂地块封闭至今，也使得西上街萧条。

机械厂地块的历史遗迹延续着清朝、民国、中华人民共和国成立至今的历史文脉，毋庸置疑清朝的历史建筑是极其珍贵的，已被官方及民间认可并得到修缮保护，如若因为民国后的历史性建筑物以时间较短和普通的形制、工艺工法理由将其割舍，就难以让历史延续和旧州的发展视作一个有机的生命体，不可避免地会割断历史和文化遗产的延续性、整体性和系统性。工业厂房的价值评判，不能仅以历史时间轴认定，应根据其历史的、社会的事件以及与之相关的百姓的声音来论定，部分下岗职工及周边民众认为机械厂是那个时代的特征表现与时代记忆应予以保留，部分官方人员却认为是近代的“五小企业”，并不能代表什么和有什么价值意义，应该拆掉。

鉴于以上的论述和民间及官方的意见，笔者认为机械厂的民居应得到完好的修复和保护，工业厂房也应得到保护，在那个传统的以农业生产为主的社会时期，工业代表着旧州在中华人民共和国成立后的先进性、时代特征和发展过程，并印证了工业化及城市化对于历史性的旧州古城镇的影响，作为延续城市历史脉络物质性的书写，可向大家传达旧州历史及社会经济变迁的过程，至于残余的市场建筑价值相对较小，可在整体空间再利用时合理处理。

四、机械厂再利用讨论

城市中的工业厂房遗址常见的做法是做文化性质的创意性空间，如艺术馆、博物馆、展览馆、创意办公空间、酒店旅馆等，但这些性质的空间于旧州于机械厂并不能肯定地说是很好的业态植入和活化策略，应放眼于周边旅游环境以及旧州目前的旅游环境和困境做讨论。

从地理位置看，旧州古镇城区处于高地，机械厂处于古城镇最核心的也是唯一的一条历史街区，可俯瞰万亩大坝、“二战”机场、古城区，四周为居民的生活区；从周边旅游环境比较来看，古城镇旅游的同质性过高，资源并不优质于其他地区，且开发较晚，难以与之竞争；从基础设施来看，过于重视硬件建设，软性层面的文化建设欠缺，古镇历史仅能呈现街区“化妆”后的外立面，红色文化和反法西斯文化也并未能生动而充分地呈现；从近年来旅游发展的过程与现状来看，并未找到一个很好的行销点和发展策略，缺乏自我发展与成长的诱因。

有投资人曾计划全面拆掉做房地产开发，被否决后如今又提出改建成博物馆的计划，以收取门票作为营利和发展策略，后又提出打造旅游商品卖场的平台进行招商，靠旅行社带团然后高价售卖旅游商品抽取提成作为营利与发展策略。这些开发策略对于现阶段萧条的旅游环境和市场并不合适，也都陷入了朝向于消费性地景和缙绅化的营造，对于社区及旧州协同发展并不起效应。

鉴于以上的论述和在地居民的诉求，政府应该从管制经营和治理模式上进行制度创新给予业主、开发商和居民引导和帮助，将机械厂地块定义为公共性的、亲民性的空间使用属性，让居民协同参与、共享此一空间的发展和使用，以建构居民的文化自信和凝聚社区居民的向心力。具体的做法可以将四周通道打开，让地块与社区互通融合，将其打造成可自由穿行的历史空间轴地景博物馆和观景平台，在此基础上合理利用现有的工业厂房改造成共享的文化博物馆、工艺馆、展览馆和其他的配套设施作为吸引人进来的诱因和发展的触媒，并借由“社区营造”的治理模式引导居民参与共享共治，形成良性的、持续的自我成长和经营诱因，未来将有可能逐步辐射至周边社区强化大家对历史文化代代相传和发扬光大的责任，并引导居民自觉性参与的激情，并将自家空余建筑空间合理利用形成有机的共同体。

闽盐古道上的遗珍
——以泉永线盐道上的传统聚落和建筑为例

赵 逵 李 雯 邢 寓①

摘 要:“闽盐古道”因福建省独特的地理特点而形成，古盐道不仅是盐文化的重要载体，更是建筑文化与建造技术的传承媒介，对福建省（除古汀州府外）的传统民居聚落、传统建筑的形成及发展有重要的影响。以其中一条线路——“泉永线”为例，对古盐道上的产盐村寨、转运古街巷以及盐商住宅、家庙等典型建筑进行总结和分析。

关键词: 闽盐古道；泉永线盐道；传统聚落；传统建筑

一、历史尘埃下的闽盐古道

（一）闽盐盐场的主要分布

福建省东部因为有非常丰富的海岸线资源，因此分布了众多海盐盐场。福建省海盐制盐技术从宋朝至明清年间主要经历了三种变更：宋朝至明朝初期，基本采用传统的煎盐法产盐；在明弘治年间，许多盐场出现了改煎为晒的现象；而在明万历年间，埕坎晒盐法因为省去了之前晒盐法中准备盐卤这一工序，大大降低了劳动强度，进一步提高了产盐效率，因而替代了晒盐法并迅速推广到福建各个产盐区。

《福建盐法志》里记录在册的清道光年间福建地区的盐场共有 16 个（不包括台湾地区），其中晒盐场 13 个、煎盐场 3 个。福清市的福清场、江阴场、福兴场，莆田市的莆田场、下里场、前江场，晋江市的浔美场，惠安县的惠安场，同安区的

---

① 赵逵，华中科技大学建筑与城市规划学院教授、博士生导师；李雯，华中科技大学建筑与城市规划学院硕士研究生；邢寓，华中科技大学建筑与城市规划学院硕士研究生。

浯洲场、祥丰场，南安县的莲河场，漳浦县的浦南场及诏安县的诏安场等盐场为晒盐场；宁德市的漳湾场、霞浦县的淳管场及罗源县的鉴江场为煎盐场。后三个盐场因为背靠太姥山脉，方便就近取材煎盐，所需成本没有过高，所以它们虽是后起，但仍采用煎盐法制盐。

（二）闽盐古道上的行盐路线

根据清《福建盐法志》的记载，福建省盐产区位于东部沿海，行盐在除了汀州府之外的其他省内州、府。行盐分为官运和商运，其余地区运盐则由商人承办。商运行盐过程一般是海商从盐场将盐斤经海船运至批验所，后由水商改用河船或溪船经省内各主要水系及其支流运到上游各县各埠。行盐路线大体分为西路、东路、南路及县湾行盐区，商人按照官府划分的区域进行分帮运销。各路行盐府县及线路串联了很多周围的县区，因此除了带动经济的发展之外，对盐业运输和销售线路上的聚落形成及发展也带来了重要的影响。

其中闽盐古道中的泉永线属于县湾区域，包括盐务在省城东南沿海的各府、州。其中运往闽清、永福二县的盐斤经海运至浦下，经由闽江运至各县仓及子埠仓；运往仙游县的盐斤，海运至涵江贮仓后，经木兰溪运至各埠；运往泉州府、永春州内陆地区各县的盐船，经由晋江及其支流运往各县；运往漳州府、龙岩州内陆各县的盐斤，经海运至石码福河仓囤仓后，由溪船通过九龙江及其支流运往各帮地销售，其中运往龙岩、宁洋、漳平等地的溪船需停靠在岭兜，由脚夫将盐斤肩挑过岭，至华崶后，经由漳平市运至各县各埠。

二、闽盐古道中的泉永线盐道

（一）泉永线盐道的范围及运输路线

闽盐古道中的泉永线包含晋江、南安、惠安、同安、安溪、永春、德化、大田等八县及厦门，浯洲场、祥丰场、莲河场、浔美场、惠安场等泉州府主要是做晒盐产盐的工作。其中晋江、惠安、同安、安溪、厦门等因为距离产盐区域较近，内陆经济发展较好，内部道路交通方便，作为运盐起始点，主要属于官运范畴，由地方官直接运盐行销，官运至南安、永春、德化、大田等泉州府、永春州的内陆地区，其主要作为一个运输集散点。官盐则交由盐商运盐，先由海船海运至泉州南水关，再至溪船，后经由晋江及其支流东溪、西溪等运往各县各埠。

（二）泉永线与周边线路的文化关联研究

福建省东面临海，省内主要江、溪发源于西部山区，流向东部平原最后入海，各江河之间大多被山脉隔开，相互之间很难通行，因此形成了相对独立的以各江溪流域为纽带的文化分区。闽盐古道中的泉永线、漳龙线亦是依附于九龙江、晋江流域进行的食盐运输线路，盐道中以两条江及其支流各溪形成的交通体系所覆盖的区域就形成了泉永帮和漳龙帮这两个相对独立的盐区。而不同风格的民居分区是文化分区的一个重要体现。泉永帮和漳龙帮所覆盖的区域范围正好和闽南民居的地理范畴大致吻合，西路盐区和闽北民居以及闽中民居的范围相对应，两广盐区和客家民居的范围相对应，东路和福州帮盐区共同和闽东民居的范围相对应，莆仙帮盐区和莆仙民居的范围相对应。以此可以看出，盐区的划分和文化分区有着密不可分的关联性。

三、泉永线盐道上的传统聚落与建筑

（一）泉永线盐道上典型传统聚落与建筑

在泉永线这条盐运线上，因为产盐和销盐而衍生出了许许多多与盐相关的聚落和建筑。有些村落至今都能找到古代盐商和盐工在此停留过的痕迹，其中较为典型和保留较好的钟厝村作为产盐点，村里人世代以制盐、晒盐为生，整个村落因盐而生，因盐而兴。而有些家族因为盐场发家致富，从而建造了一座座精美辉煌的家庙。这些家庙不仅彰显了家族的显赫地位，更凸显了盐对福建建筑文化的影响力。再如现存的庄氏家庙，又叫山腰祠堂，顾名思义这所祠堂就是在庄氏家族开发出山腰盐场后所修建的，它见证了那个时代盐商的辉煌。泉永线上的水关闸口，因其作为运盐线路中的中转站而变得非常重要。水门巷作为销盐点，接待了来自晋江的商船，南门水关在七个水关中因此得名。前面有盐商因盐场而家财万贯，那么被政府遣派去管理盐运的盐官则更甚。现存的巽来庄就能表现出古时当地盐官的财富和地位，同时能体现出盐运在当时的朝廷事务中占据着非常重要的地位。综上所述，这四个聚落和建筑都是和盐的生产、运输、销售与管制息息相关的。

（二）钟厝村

钟厝村位于泉州市泉港区山腰街道，是清代惠安场下的一个产盐团工区。传说泉港畲民钟姓始祖于明嘉靖六年（1527）迁于此开基，从此世居钟厝。清朝乾隆年间，福建遭遇台风袭击，钟厝村及周边两千亩农田遭遇海水倒灌不能耕种，而此时永春庄氏从连江带来制卤晒盐技艺，在荒滩上围垦砌堤铺坎晒卤，促使山腰盐场诞生，从此钟厝村村民世代以制盐为生。现村文化馆“盐技农耕馆”内仍有制盐工具和盐田制盐工艺等盐耕文化的展示。

钟厝畲民保持着他们的民族特色，聚族而居，村落布局十分紧凑密集。钟厝村村民有着对本村英雄人物神话传说的崇拜信仰，村里有四座庙宇，供奉社公的社公宫、供奉钟大人的石德山宫、供奉观世音菩萨的潮音宫和太师爷宫。社公和钟大人都是本村被神化了的英雄人物，社公是开基始祖钟进响，钟大人是钟厝村地位最高的神——钟道器，传说其人为官清廉，爱民如子，瘟疫席卷时为救百姓舍命试毒，最后身死成神。

（三）庄氏家庙

庄氏家庙，又称山腰祠堂，位于泉州市泉港区山腰镇锦山村，在明初创立。曾有记载，清乾隆六十年（1795），庄氏建山腰盐场并开发了海盐的生产，因此“山腰盐”声名大噪，当地庄氏通过山腰盐场成为一方富豪。清嘉庆十四至十六年（1809—1811）建庄氏家庙，家庙在1980年至1990年被第二次修缮。庄氏家庙面宽三间、进深三间，门厅、中厅、大厅分别通过中轴线向纵向排布，天井将其每个分开，整个部分的纵深长约52.8米，因为地势原因导致了建筑的前后有将近1.6米的落差，显得气势恢宏。屋顶使用橙色琉璃瓦铺设，一对燕尾竖立在屋脊尾部，门厅、中厅屋脊分别饰有双龙戏珠、葫芦飘带、鲤鱼跃龙门、飞凤麒麟等雕塑造型，大厅的屋脊中间位置有一座五层的小塔，雕刻的飞龙在其两边栩栩如生，塔两旁屋脊前沿左雕龙右刻凤，寓意着“龙凤呈祥”。

（四）水门巷

水门巷，泉州古街巷名，位于泉州老城区，东至中山南路，西至竹街。据清

《福建盐法志》记载，运往永春、德化、大田等县的盐船经由水门盘仓，再至各地埠馆。水门巷是泉州城原七个城门之一水门的水关所在，因此得名，它也是原市舶司所在地。根据地图记载，水门巷是官运从晋江水运的转运节点，南门水关即为七个水关中的南门水关，官府在水门巷进行集散盐后再盘运到西溪和东溪，转交商运到内陆的各个县。而小巷尽头的一座三义庙，则是起镇关之用。

（五）巽来庄

巽来庄，是由当地盐官林悠凤在清朝乾隆丁酉年（1777）投建的方形土楼，历时三年将此建筑建成，当地人也叫它“山美土楼”。

巽来庄坐北朝南，有东、西、南三个楼门。南门为正门，在石匾额上刻“巽来庄”三个大字。据林家后代说，林悠凤的祖父从永春蓬壶迁至于此，在土楼的两侧建起了房屋，根据风水，要想发家致富，必须在八卦的“巽”位建造房子。而土楼上牌匾的“庄”字多了一点也并非错了，祖上流传下来的说法是，林悠凤靠卖地发家后，被朝廷封为盐官。被迫当上盐官后，林悠凤并没有任何的自主权，而是不断亏钱，因为盐由官方定价，还有专门的盐兵去护盐，所以在雕刻名字的时候，林悠凤故意让工匠在“庄”字上多加了一点，隐含压迫的“压”的意思。

巽来庄占地3100平方米，有房间96间，曾经住了400多人。从土楼的外部来看就是一个二层楼的建筑，高9.5米。一楼外皮由花岗岩卵石砌成；二层为黏土夯筑而成，厚0.8米。边墙各开有13个窗户，并置有枪眼，这和土楼本身的防御功能以及林悠凤作为盐官所需要的安全防护需求有关系。二楼设置了回廊，可通往该层的其他空间。巽来庄的平面基本呈现出繁体的“囬”（回）字形。

巽来庄从外部看就是一个方形土楼，但是土楼内部其实是一座古香古色的闽南古厝。通过红砖镂空隔墙就可以看到，从南至北为红砖的隔墙，石铺的庭院，庭院正对着正厅，其中放置着林家先人的牌位和遗像。屋顶上还有诸多雕刻，彰显出一代盐官的财气。再后面则是后院，后来曾被后人修缮过，在其东西两边，有两个和红砖墙垂直的镂空墙，和其他普通墙相比，这两面墙有非常漂亮的图案，被叫“六雀墙”，如今已是闽南不可多得的古迹。

四、总结

钟厝村、庄氏家庙、水门巷、巽来庄，作为泉永线盐道上的四个典型的传统聚落和建筑，展现了古时候一条盐业路线所带来的繁荣和昌盛。而通过研究闽南运盐线路中的泉永线可以得出：一方面，盐运路线上会衍生出不同的聚落和建筑，这些村落因为产盐区的分布而产生。同时一些家庙和宗祠，也会因为盐商和盐官家族的兴盛而建成。另一方面，福建古盐道对周边传统聚落空间的形成有着重要的影响，对于其建筑的建造技术和相关文化的传播有着至关重要的作用。泉永线作为闽南运盐线路中的一条，就淋漓尽致地彰显了闽南盐区周边建筑的风貌。可见福建古盐道不仅仅是一条横穿历史的运输古道，更是一条传播地域文化的重要通道。建筑和盐，在中国历史文化长河中，看似是没有关系的两个个体，却被一条历史尘埃覆盖的古盐道紧紧联系在一起。在当今积极保护文化线路的大背景下，我们也应当更加关注盐运线路上聚落和建筑的保护研究。

参考文献

[1] 于浩辑：《稀见明清经济史料丛刊》，国家图书馆出版社 2012 年版。
[2] 张浩：《晚清福建票盐改革述论》，硕士学位论文，福建师范大学，2014 年。
[3] 戴显群：《清代福建盐业经济》，《福建学刊》1993 年第 4 期。
[4] 康茜：《清代福建食盐运销制度研究》，硕士学位论文，厦门大学，2017 年。
[5] 叶锦花：《雍正、乾隆年间福建食盐运销制度变革研究》，《四川理工学院学报》（社会科学版）2013 年第 3 期。
[6] 曹春平：《闽南传统建筑》，厦门大学出版社 2006 年版。
[7] 福建省泉州市建设委员会：《泉州民居》，海风出版社 1996 年版。
[8] 赖世贤、刘毅军：《深井与厝埕——闽南官式大厝外部空间简析》，《华中建筑》2008 年第 12 期。
[9] 赵逵：《川盐古道上的传统聚落与建筑研究》，博士学位论文，华中科技大学，2007 年。
[10] 张至正：《泉州传统民宅形式初探》，硕士学位论文，台湾东海大学，1997 年。

万里茶道文化线路上的聚落与山陕会馆

赵　逵　李　创　张　黎*

摘　要：万里茶道是17世纪至20世纪初连接中俄商业贸易与文化交流的重要文化线路，而在这条线路上，晋商的活动促进了沿线聚落的形成与山陕会馆的产生。这些聚落和会馆作为万里茶道重要的文化遗产，其空间布局及风格特征反映了商业贸易与线路对聚落和建筑发展的动因。本文以文化线路为视角，探索万里茶道上聚落与山陕会馆同晋商茶叶贸易之间的关系，分析其空间布局及建筑形制等特点，为探究万里茶道文化价值与相关文化遗产的保护提供了一定的现实意义。

关键词：万里茶道；文化线路；茶业聚落；山陕会馆

一、引言

茶叶与盐在中国古代都是政府专卖品，自唐宋以来，“盐茶”一直作为国家经济税收的重要来源。由于“开中制”的影响，大量的商人开始进入盐茶交易之中，茶叶在国际贸易中的地位也越来越重要，一度成为出口外国的主要商品。在此过程中，逐渐形成了由晋商主导的被后人称为“万里茶道”的茶叶销售线路，19世纪中叶，茶叶占输俄货物比例高达94%。万里茶道作为连接中俄商业贸易与文化交流的重要文化线路，其持续时间长、跨越地域广（如图），为后人留下了非常丰富的文化遗产。晋商作为开辟这条万里茶道的主要商人，他们不仅促进了这条线路上的一些聚落及城市的发展，更促进了不同地区文化的交流与融合，成为文化传承与技

---

* 赵逵，华中科技大学建筑与城市规划学院教授、博导；李创，华中科技大学建筑与城市规划学院硕士研究生；张黎，华中科技大学建筑与城市规划学院硕士研究生。

艺传播的桥梁。随着晋商实力的增强，他们在各地相继建立的山陕会馆也就成为这条线路上数量最多、规模最宏伟的建筑。探究万里茶道上不同地区因茶而兴的聚落和因茶而盛的山陕会馆的建筑布局与形制特点，对探索万里茶道的文化和商业价值有着重要的作用。

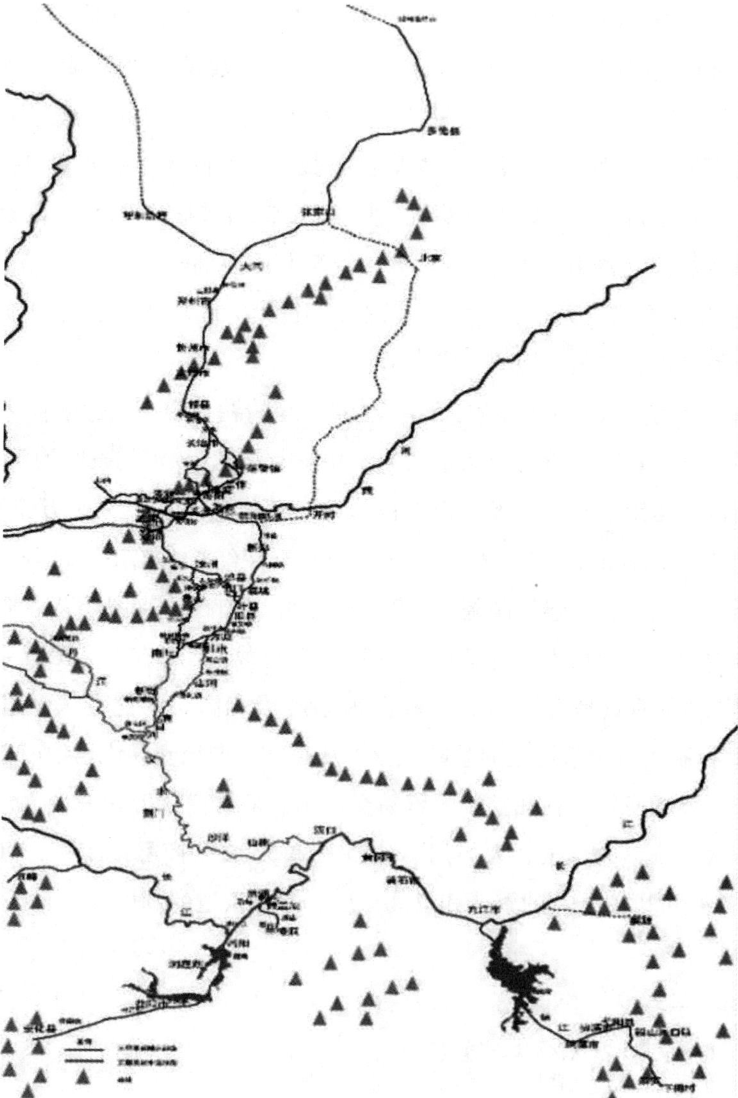

万里茶道线路图

二、茶叶贸易从官到商的发展

茶叶的特殊性，在于其是国家经济税收的重要来源，历代皆有立法对茶叶进行控制，比如唐代时就建立榷茶制度，宋代时的茶引法，“明时茶法有三：曰官茶，储边易马；曰商茶，给引征课；曰贡茶，则上用也。清因之。于陕、甘易番马”①。清承明制，推行茶引制度，对茶商所领茶引的类型、数量多少等都有明确的规定。《清史稿》卷一百二十四《食货志·茶法》中就记载了领引的地点与批验所的位置，茶引点多集中于湖北、湖南、安徽等产茶数省。茶商在领引处拿引，再到产茶地换取茶叶，后至指定的地方进行销售。直至后来，清朝茶马贸易逐渐衰落，顺治年间，招商运茶，“每引纳官茶五十斤，余五十斤由商运售作本”②，咸丰年间，“总督左宗棠勘定全省，乃奏定章程，以票代引”③，大大增加了民间茶商的积极性。茶叶贸易进入了飞速发展的时代。

而运输茶叶的商人“非巨商大贾不能任”，至清初、中期，山陕商人一直是最有竞争力的茶商。在衷干所著《茶市杂咏》中就有记载：“清初茶叶均系西客经营，由江西转河南，运销关外。西客者山西商人也，每家资本约二三十万至百万。”民国《崇安县志》也有记载：“康熙十九年，山西茶帮经江西铅山，过分水关，来到下梅和赤石，设栈收购，建厂制茶。”19 世纪中叶以前在恰克图经营商业贸易的中国商人主体也都是山西商人，清松筠《绥服纪略》载：“所有恰克图贸易商民，皆晋人。”《中俄早期贸易考》所载，“自内地赴恰克图贸易之商人，泰半为山西人”④。晋商控制了万里茶道上的茶叶经营，从茶叶生产地到最终与俄商交易地点恰克图都遍布晋商的身影。在几百年的贸易交往中，从晋商常万达开始，常氏就曾创办大德玉、大昌玉、大升玉、大德川、独慎玉等50多个商号或工厂，可见其商业贸易之强盛。⑤ 可以说晋商的繁荣和发展见证了万里茶道的辉煌。

---

① 《清史稿》卷一百二十四《食货志·茶法》。

② 《清史稿》卷一百二十四《食货志·茶法》。

③ 《清史稿》卷一百二十四《食货志·茶法》。

④ 刘选民：《中俄早期贸易考》，《燕京学报》1939 年第 25 期。

⑤ 参见望江湖《常家庄园与晋商文化的遗迹》，《商业文化》2008 年第 9 期。

三、万里茶道的线路与分区

“厥后泰西诸国通商，茶务因之一变。其市场大者有三：曰汉口，曰上海，曰福州。汉口之茶，来自湖南、江西、安徽，合本省所产，溯汉水以运于河南、陕西、青海、新疆。其输至俄罗斯者，皆砖茶也。”大致说明了茶叶贸易的线路。茶商在武夷山、安徽、湖广等地收购茶叶运至汉口，溯汉水而上，经襄樊，转唐白河入赊店、南阳，换陆路至方城、洛阳等地，过太行陉入沁州、祁县，后至大同、张家口、多伦、归化等地达恰克图。由于运至俄罗斯茶叶的主要茶产地在不同时期诸多变化，运至恰克图的商路也并非一条，但根据茶商持茶引至茶源地与转运地运输的不同可以将这条线路分为茶源段与茶运段两段。以茶叶三大市场之一的汉口为分界线，以南不断有来自不同茶源地的茶叶被集中，而至较大的集镇，如河口镇（广信府铅山县）、新店（武昌府蒲圻县）、汉口镇（汉阳府汉阳县），而北段则通过不同的码头及转运枢纽逐渐被转运，如赊店镇（南阳府）、祁县（太原府）等。茶源段根据茶叶的种植与集散的不同，又可分为产茶区（如武夷山茶区、五峰茶区、羊楼洞茶区等）与集散区，不同区域上晋商茶叶贸易对不同地区产生的影响深浅不一，所产生的聚落及建筑的形式也截然不同。

四、万里茶道上的聚落

茶叶作为一大宗商品，其利润也非常之大。来往于俄罗斯的晋商茶商不仅自己从中获利，也带动了线路上的各个城镇与聚落的发展。如《蒲圻县志》转引周顺倜《莼川竹枝词》“三月春风长嫩芽，村庄少妇解当家，残灯未掩黄粱熟，枕畔呼郎起采茶”，又载“每岁西客于羊楼司羊楼洞买茶”①，蒲圻羊楼洞便因晋商与茶叶贸易而兴盛。其中一些聚落因产茶而兴，更有一些聚落因晋商运茶而盛。它们因为自身的环境与在交通运输中起到的不同作用，而产生出不同的特点。

---

① 劳光泰：《蒲圻县志》，台湾成文出版社 1975 年版，第 274 页。

（一）因产茶而兴的聚落

1. 多集中在产茶区，附近有充足的茶叶种植区域，被周围山体或丘陵环绕，遵循自然，因地制宜，讲究风水观念，与自然环境有机结合。如福建下梅村，村落坐落在山间盆地之中，又有梅溪流经村庄，形成“群山环抱，山水环绕”的独特格局。

2. 有较好的水路交通系统。如湖南安化，茶园的茶叶经山间古道被运至资江岸边，通过资江水系入洞庭湖，再经长江水系到达各个茶叶集散区。

3. 建筑布局有机统一。如湖北羊楼洞古镇，古镇现存一条明清古街，古镇建筑依这条古街展开，没有特定的朝向，高低错落有致。古街上现存石板路被运输茶叶的鸡公车轧过的痕迹还清晰可见。

（二）因晋商运茶而盛的聚落

这些聚落凭借自身得天独厚的交通区位优势逐渐发展起来，更因为晋商和茶叶转运的参与而变得更为强盛。如湖北汉口，自明代就在全国贸易中承担着重要的角色，至光绪年间，晋商仅榆次常氏在汉口就有至少7家商号专门经营茶叶。1895年，从汉口出口的茶叶货值占全国出口量的41%，远高于其他商品，汉口也因此逐渐成为全国重要的茶埠，《汉阳府志》载“商船四集，货物纷华，风景颇称繁庶”①，可以说汉口的繁荣也离不开晋商与茶叶的贡献。这些聚落具有如下特点：

1. 多分布于集散区水运及陆运转换的枢纽，为来往的茶商提供歇脚及茶叶运输转换的便利。如河口镇（广信府铅山县）、新店镇（武昌府蒲圻镇）、汉口镇（武昌府汉阳县）等都位于水运及陆运交通便利之所。

2. 聚落沿水路呈线型展开。如湖南唐家观古镇，唐家观古镇因其地势平坦，资江此段水流稍缓，而成为安化茶叶运至汉口的重要商贸集散地。古镇沿资江展开，与资江形成平行的线性聚落形态。

3. 聚落中多建有茶馆、客栈、会馆等为来往茶商提供休息、集散、娱乐等公共服务性建筑。如湖北汉口就建有当时最大的山陕会馆。《汉口西会馆总图》描写道：

---

① 《汉阳府志》，载《中国地方志集成·湖北府县志辑》第1册，江苏古籍出版社2001年版，第128页。

“高墙层叠，院落深深，殿阁重重，门廊延伸，庭院幽静。”可见山陕会馆的宏伟与面貌。

五、万里茶道上的山陕会馆

明清时期，拥有大量经济实力的晋商为巩固自己的商业地位和更好地维护商业秩序，便开始在一些商业码头及集市城镇上建立会馆。这些会馆利用其充分的地理优势和特点为茶道上的晋商提供夜晚投宿、联络乡谊、交换信息、提供庇护、文化传递等多方面的作用，又可以增强同乡凝聚力和山陕商帮的竞争力。这些山陕会馆遍布万里茶道沿线（如表），是这条线路上数量最多、规模最宏伟的建筑。我们可以根据其茶源区与茶运区茶叶对山陕会馆的影响不同而加以分类区分，以便于之后的进一步分析。

万里茶道上的山陕会馆

省份	分布地区	会馆	资料来源
江西	铅山河口镇	河口山陕会馆	
湖南	安化	安化陕晋会馆	《工商半月刊》卷七
湖北	汉口、天门、潜江、沙洋、钟祥、宜城、襄樊	汉口山陕会馆，天门市岳口镇春秋阁山、陕帮会馆，潜江山陕会馆，沙洋山陕会馆，钟祥山陕会馆，宜城小河口镇山陕会馆，襄樊山陕会馆（秦晋会馆）	《汉口山陕会馆志》，《钟祥县志》
河南	唐河源谭、赊旗、方城、叶县、汝州、洛阳	唐河源潭镇山陕会馆，赊旗（今社旗）山陕会馆（关公庙），方城山陕会馆，汝州山陕会馆（陕山庙），汝州半扎关帝庙，洛阳山陕会馆（西会馆），洛阳潞泽会馆、荆紫关山陕会馆、叶县保安镇山陕会馆、郏县山陕会馆、焦作一斗水村关帝庙、城关镇山陕会馆	刘文峰《山陕商人与梆子戏考论》，洛阳《潞泽会馆文管会》资料，《泌阳县志》，《叶县县志》，《淅川县志》

续表

省份	分布地区	会馆	资料来源
山西	太原、大同	太原诸县会馆，榆次会馆，忻县会馆	《中国历史地理论丛》第 18 卷
河北	张家口	张家口山西会馆（关帝庙），张家口太谷会馆（关帝庙）	
内蒙古	归化	归化城（今呼和浩特）晋商诸社，山西会馆	卢明辉《旅蒙商》

（一）茶源区的山陕会馆

《崇安县志・物产篇》（民国版）记载："清初茶市本在下梅，道光咸丰年间，下梅废而赤石兴。"由福建崇安县至江西沿水县，顺信江过鄱阳湖，最后入长江抵汉口。1851 年后由于太平天国运动以及军事动乱的影响晋商开始在两湖地区收购茶叶，湖南安化、湖北羊楼洞等地逐渐成为新的产茶地，经洞庭湖入长江达汉口。晋商在产茶地买过来的这些茶叶在汉口经汉水转运而上，再运送到其他的码头或城镇。

在茶产地运至汉口的这段路程中沿途有许多山陕会馆，如有江西铅山河口镇山陕会馆、湖南安化陕晋茶商会馆、湖北宜都山陕会馆、湖北汉口山陕会馆等。

1. 这些会馆主要由茶业商帮捐资而建。如《汉口山陕会馆志》记载"大众复会议定：凡两省字号在汉作贸易者及过往之货物，平允抽资，共襄善兴"，其中对各个商帮、商号捐赠的资金数目进行了非常详细的记载，而捐赠数目排名前十的就有大德玉、大泉玉、独慎玉、大升玉等茶商，可见茶商对会馆的贡献之大。

2. 呈点状分布。产茶区不集中导致与茶叶集散与转运相关的山陕会馆也星罗棋布，呈现出点状分布的特点。

3. 建筑风格受到南方建筑的影响较大。山陕会馆整体上保持山陕地区建筑的风格，如四合院式的院落、中轴对称、琉璃瓦屋顶等，但也受到南方建筑的影响。如汉口山陕会馆中将两层建筑主体与抄手回廊相结合，怡神园中花厅，六角亭的起翘等无不反映出南方建筑的特点。

（二）茶运区的山陕会馆

茶叶由晋商经汉水运输而上，换唐白河转陆路运输，后经驼运至恰克图。在这个区域路程长、范围广，又经过晋商故土山西省，故山陕会馆数量甚多。仅河南省就建有90个山陕会馆，而其中在茶道线路上现存的有源潭山陕会馆、社旗山陕会馆、荆紫关山陕会馆、叶县保安镇山陕会馆、郏县山陕会馆、汝州半扎关帝庙、潞泽会馆、洛阳山陕会馆、焦作一斗水村关帝庙、城关镇山陕会馆等十多处。这些会馆在万里茶道线路上具有重要的作用，是万里茶道珍贵的文化遗产，也有着自己独特的特点。

1. 沿茶叶运输线路呈线型分布。虽然不同的茶商所经历的路线不一，但由于其商业运输的特殊性，使这些会馆呈现出线性分布的特征。

2. 多建于转换枢纽与交通网点。在水运转换节点、水陆转换节点等处都是山陕会馆建立的首选区域。如河南赊店镇（今社旗）是万里茶道上重要的中转站，也是万里茶道水运的终点和陆运的起点，船运过来的茶商在此换成陆路运输向北继续前进，来往茶商在这里会集和转运。祁县茶商王载赓于民国手抄版《行商遗要》中记载“此处码头，百货皆聚，陆路为首”，社旗山陕会馆便建于此处。

3. 茶叶对会馆的影响比重变小。有些会馆甚至在万里茶道形成之前就已经建立，会馆经营除了茶叶更以盐、铁、棉布、药、粮食等商品为大宗，有的会馆茶叶运输只占其中很小的一部分。如沙洋山陕会馆建立资金就来自山陕商人每匹布抽两个制钱的“厘头钱”而建成。

六、结语

万里茶道文化线路上的聚落与山陕会馆作为文化线路上重要的文化遗产，其空间分布特征、建筑风格等都与晋商以及茶叶的生产、运输等密切相关。以文化线路的视角，能以更为宏观的角度将万里茶道线路作为一个整体去研究，这将比分析单个聚落与单个会馆建筑更有意义，为探究万里茶道的文化价值以及加强对文化线路的整体保护提供一定的现实意义。

第三编

聚落环境景观规划设计

基于苏州的传统园林、建筑、街区的环境设计性分析

张　纯　庞　骏[①]

摘　要：本文基于对苏州拙政园、博物馆以及平江历史街区的调研分析，得出苏州传统园林、建筑、街区村落的“空间文化形式”及其设计理念。

关键词：传统园林；建筑；街区村落；空间文化形式

一、传统园林环境（拙政园）

拙政园位于苏州城东北隅，是苏州现存的最大的古典园林，占地约0.052平方千米。全园以水为中心，水面有聚有散，聚处以辽阔见长，散出以曲折取胜，亭台楼榭，具有浓郁的江南水乡特色。花园分为东、中、西三部分，东花园开阔疏朗，中花园是全园精华所在，西花园建筑精美，各具特色。

中部水池东西两端留有水口，伸出水尾，显示疏水若为无尽之意。池中垒石土构成东西两个小岛，将水池划分为南、北两个空间，西山较大，山顶建长方形的“雪香云蔚亭”，东山较小，山脚建六边形的“待霜亭”藏而不露，与前者形成鲜明对比。山上遍植落叶树配以常绿树，岸边种植灌木藤蔓，配以柑橘梅花，植物配景非常丰富。与此同时，西山的西南角建六边形“荷风四面亭”，它的位置在水池中央，亭的西、南两侧各建曲桥一座，把水池分为三个彼此通透的水域。西桥通往“别有洞天”，南桥衔接于“倚玉轩”，为全园的交通枢纽。全园中部的主体建筑为远香堂，取自周敦颐的“香远益清，亭亭净植”，堂面阔三间，安装落地长窗，在堂内可以观赏四面之景，犹如长幅画卷。堂周边水池夏季荷花遍布，建造石台可以使游人亲近水面。远香堂与西山上的“雪香云蔚亭”隔水互成对景，构成园林中部

① 张纯，上海对外经贸大学硕士研究生；庞骏，上海对外经贸大学副教授。

的南北中轴线。全园高潮“小飞虹”横跨水上，过桥往南有水阁三间横架水面，名“小沧浪”，它与“小飞虹”南北呼应，配以周围的亭廊，构成一个空间内聚的独立幽静的水院。在“小飞虹”北面有仿船形象的舫厅“香洲”，它与“倚玉轩”一横一纵，隔水相望，此处水面较为狭窄，所以设置大玻璃镜一面，反映对岸景物，以便利用镜中虚景获得深远效果，在视觉上放大空间。园中部建筑布局采取“疏可走马，密不透风”的办法，以次景区的密来反衬主景区的疏，既保证了后者的大自然情调，又解决了因建筑过多而产生的拥塞之感。周边配以框景和漏景，让行走其中的游人可看到远处神秘之景，但不可马上到达，是一种园林中常见的有趣手法。全园还借远处报恩寺之景，加以繁茂的植物和宽阔的水域，给人祥和静谧的气氛，也深刻地表达出近水远山的情境。

二、现代建筑环境（苏州博物馆）

苏州博物馆是传统与现代、传承与创新的艺术杰作，是苏州古城的一个标志性建筑，具有独特的江南韵味。博物馆建筑群坐北朝南，分为三大区域：中部为入口，前厅，中央大厅和主庭院；西部为博物馆主展区；东部为辅展厅和行政办公区。这种以中轴线对称的格局与其周边的忠王府相映衬。为了尊重所在街区的历史风貌，博物馆采取地上一层、地下一层的建筑手法，通过双向楼梯处理两层的高差，同时配以收集女儿墙处流水，从高处留下汇聚池塘，与中庭的水流贯通，用来放养锦鲤。

博物馆色调以传统的粉墙黛瓦为元素，给江南建筑符号增添了新的诠释内涵。在建筑构造上，屋顶突破了传统的中式坡屋顶在采光上面的缺陷，采用镂空木条衔接玻璃的形式和开放式钢结构，能很好地借用天光，形成光影效果。“让光线来做设计”是贝聿铭的名言，在建筑室内，通过六边形的窗户弥补了空间在室内的昏暗的不足，透亮的自然光给陈列品提供不一样的背景。在中庭休息区也同样利用了光影，紫藤盘旋而上，枝蔓在空中对接，阳光洒落藤条倒影在墙面上，凸显了枝干的弯曲穹劲。据说紫藤是贝聿铭亲自在光福苗圃里选中的，还嫁接着从文征明当年植下紫藤上修剪下来的枝蔓，以示延续苏州文化的血脉。

建筑的高低起伏、错落有致是苏州古城的一大特点，博物馆由几何形态构成的坡顶，可令人联想起苏州城内古建筑纵横交叉的斜坡屋顶，但其复杂的整体连接更具新意。建筑外轮廓采用黑色贴边，配以“中国黑”的花岗石，具有江南古典韵味。

整个建筑还注重与周围环境的融合，设计中充分体现框景、树木孤植等一系列手法。进入大门来到前厅便可从六边形窗口中看见中庭的景色，每一扇窗户都有一个特色景物在构图中央，整块落地玻璃窗显露中庭景色，是入口处的一幅美丽背景。

在拐弯处种植一棵孤植树也是极好的，尤其像灿黄色的树叶在阳光的照射下更加生机，经过室内再到室外，偶然看到这么一幅场景，对于游人是一种惊喜的心理体验。设计者也很好地组织了空间，是移步换景的特色手法。

三、历史街区景观环境（平江历史街区）

平江历史文化街区位于苏州古城东北部，是苏州保存最完整的历史文化街区。其中平江路北起白塔东路，南至干将路苑桥，长 1094 米。西距苏州市中心观前街 450 米，北距拙政园历史文化保护区约 400 米。因街区相对偏僻，在 20 世纪 80 年代后的古城街坊改造中，免于被大片拆除更新，最大限度地保持了朴素平淡的真实状态，成为苏州古城的缩影和“活”的平江图。《平江路沿线修建性详细规划》（2004）对平江路总体功能定位为：平江历史文化保护区的主街道，设置城市休闲文化娱乐为主的“静态商业”，兼顾传统历史街区的居住功能。目前基本按照规划对街区进行了功能调整，引入了商业服务、休闲旅游，延续了其居住功能。

整体来说平江路街区有路河并行的双棋盘格局和小桥、流水、人家、小巷的水城风貌，具有较高的历史真实性和风貌完整性。因平江路沿街现存部分民居和商业店铺形成“一动一静”的节奏变化，间隔 8—15 米，连续的店铺界面最长在 50 米左右，结合“一街一河”的空间特色，使行人在平江路行走中能获得有趣的体验，一边能看到精致的店铺，一边又能体验当地的传统生活。街区内现分布着 20 多条街巷，二纵三横共 5 条河道贯穿其间。平江历史街区虽和古城一样经历了千年沧桑，但仍然保持了旧时的面貌 ，将其现状和《平江图》对照后，可以清晰地看出，区域内街巷、河道的分布和《平江图》的标示大体上是一致的。东有城墙残垣，勾勒出古城的一段轮廓线，纵向有内城河、平江河，横向有胡厢使河、柳枝河、新桥河、悬桥河，组成“二纵四横”的河网。同时街区四周结合主干道干将路、临顿路，设置了为市民日常生活服务的综合商场和沿街商铺等。小河两岸，视线所及都是高低错落的旧宅老屋，依然是唐人笔下“君到姑苏见，人家尽枕河”的生动画面，让人看到数百年来苏州人生活环境的原貌。

从保护更新角度看，平江历史街区宜采用整体保护方式。平江历史街区苏州古城的缩影，水陆并行、河街相邻的水乡风貌基本被完整地保留下来，区域内有着丰富的历史人文资源，聚集了各级文物保护单位 7 处，面积 2.4 万平方米，控制保护古建筑 45 处，面积 8 万多平方米，古桥 13 座，古井 20 余口。

在新建筑的建设上，将新旧建筑的比例控制在 1∶3 到 1∶4，保证了街区历史风貌的完整性，再现了苏州大户人家沿河设立的水墙门。所用的新材料与旧材料有明显区别，满足了历史遗产保护的可逆性和可识别性。

建筑的保护利用大多真实地延续了其风貌和价值特色，但为满足新的功能要求和使用强度，会带来一定影响。如零售需要破墙开店，餐饮为了做出大厅，往往需要改变开间尺度，采用透明玻璃幕墙，或现代店招及门窗等。因此需要控制外立面装饰风格、材料，广告牌等，加强保护的管理和监控。而办公场所一般为单位使用，历史文化价值不能得到很好的展示。

街区采取了小规模、渐进式的整治方式，平江路由政府主导，街区内部由居民自行修缮，先试验后推广到全街区，先主街后整体的实施方式。这种实施方式比较适合街区面积较大并有一条主要街道的历史文化街区，尤其是沿街有商业、公共服务设施分布的时候，主街及外围可以采用不同方式的整治策略。从重点建筑到一般建筑，从主要街道到周围街坊，从基础设施开始，小规模、渐进式推广。

与此同时，一些明清建筑得到很好的利用，比如客栈、旅舍、会所、画廊、茶楼、琴馆、咖啡馆等相继出现，商家由此逐渐聚集、业态逐渐丰富。平江路两侧店铺有 110 家，以零售购物为主，其次是餐饮。餐饮主要是简餐的形式，避免对环境造成破坏。对景观的保护开发模式主要采取“主客相融”，这里的“主客相融”模式是指当地居民与游客相互融合，居民生活与旅游活动有机结合的一种方式，即当地居民依然生活在历史街区内，游客通过参与当地的一些传统文化活动以及与当地居民进行交流，来了解当地的风土人情、民俗习惯，感受和体验普通人的生活。

参考文献

[1] 周维权：《中国古典园林史》，清华大学出版社 1999 年版。

[2] 李和平、薛威：《历史街区商业化动力机制分析及规划引导》，《城市规划学刊》2012 年第 4 期。

[3] 苗想想、殷举英、罗言云：《历史城镇的文化商业旅游发展模式》，《城市问题》2008 年第 10 期。

[4] 沙春元、朱兆丽、韦亚平：《谈江南水乡历史地段的特色与保护——以常州市青果巷历史文化保护区为例》，《城市规划》1998 年第 3 期。

[5] 武联、沈丹：《历史街区的有机更新与活力复兴研究——以青海同仁民主上街历史街区保护规划为例》，《城市规划》2007 年第 2 期。

遗址公园规划蓝图的“熵”论评价实验

——以郢城遗址公园设计为例*

庞　骏　李　明[①]

摘　要：熵既是一个物理学概念，又是一个数学函数，更是一种自然法则。以郢城遗址公园的保护规划设计为例，从水系和道路系统两个维度评价规划设计方案。通过提取郢城空间形态的隐性属性，对比规划前后水系和道路复合系统的混乱程度，得到设计师人为干预的规划行为结果，结果表明郢城遗址公园规划设计方案较原始系统更有秩序。

关键词：熵；郢城；规划；评价

一、引论

众所周知，我国历史悠久，文化遗产丰富。目前已列为全国重点文物保护单位近5000处，其中，约三分之一为古遗址、古墓葬。而大遗址就是特指规模宏大、价值突出的考古遗址。它不仅是遗存本体，还有与其相关联的环境载体共同构成的综合体。对于这些考古遗址，“十二五”以来，以实施重大综合保护示范项目、建设大遗址保护示范园区和国家考古遗址公园为着力点，开展了150处大遗址保护与发展战略规划和大遗址保护片区总体规划，并进行了一系列考古遗址公园的建设。

从北京的团河行宫遗址，到元大都城垣遗址、集安高句丽、殷墟、金沙、三星堆，再到大明宫、良渚、鸿山考古遗址等一系列遗址公园的试点与建设，整体保护大遗址的方式逐渐得到人们的关注和认可，考古遗址公园在有效保护遗址本体，构

---

*　本文系上海市设计学Ⅳ类高峰学科资助项目，编号DA18301。

①　庞骏，上海对外经贸大学副教授；李明，上海对外经贸大学硕士研究生。

建经济社会发展与遗产保护和谐关系的引领作用、杠杆作用已经展现。

在其过程中，遗址公园规划设计的优劣直接影响遗产的保护与公园的建设，因此，对遗址公园的规划设计评价显得尤为重要。现有的遗产公园规划设计的技术路径多基于“设计师蓝图设计与创作、专家团队对蓝图的评价、设计师对蓝图的修整”的过程。在该过程中，蓝图本身的科学性与合理性是整个技术路径的核心，因此，探究蓝图的理性是维系核心的重要保障。据此，本文基于湖北郢城遗产公园规划，借鉴熵理论，对规划现状与蓝图进行比较、评估，以此探究更具科学性与合理性的郢城遗址公园规划蓝图。

二、郢城遗址

郢城遗址位于湖北省荆州市北郊，城址北距楚纪南古城遗址 4 千米，南距荆州古城 3 千米，地处长江中游平原岗地区域，西北丘陵蜿蜒，东南湖泊密布，海拔高度 33. 35 米，地势平坦，区位交通优势明显。(图 1)

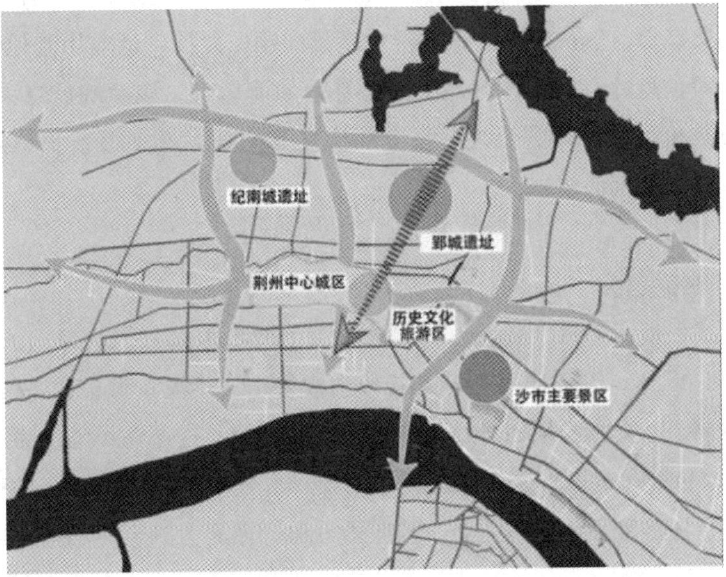

图 1　郢城区位图

郢城遗址历史悠久，据《荆州府志》载：“郢县秦置，后汉省入江陵。”另据

《楚辞》载："楚文王迁郢，后九世平王立别宫，亦称郢。"可以推断郢城建于战国时期，沿用至两汉结束，距今已 2000 多年。

郢城城址近似正方形，周长 5788 米，用地总面积 210.75 公顷，城垣由黄土夯筑，现高 3— 6 米，基宽 15—20 米，面宽 7—10 米。遗址南北分别建有水门和东西建有城门，城内有一条南北走向的人工水系穿城而过。遗址整体较好地保存了城垣、道路、夯土台基、护城河、内环壕和南北水系等遗迹。

郢城遗址是长江中游地区典型的古代水城城址，是城市规划中"理水营城"的重要案例，也是秦汉时期城市体系的重要组成部分，见证了列国争雄分裂状态的终结和秦汉帝国的统一，因此，郢城遗址于 2013 年被列为全国重点文物保护单位。

三、熵论及其启发

（一）熵论

熵定律，即热力学第二定律，是由物理学家 R. J. E. Clausius 于 1865 年提出。之后，1948 年，C. E. Shannon① 依据概率论的基础来定义"信息熵"，为信息通信领域的问题找到突破口，解决了对信息的量化度量问题，并被广泛应用其他学科。信息熵是用来衡量信息的有用性的，系统的信息熵的值越大，该系统信息无序度越高，其信息的贡献价值就越小；反之，系统的信息熵的值越小，该系统信息无序度越小，其信息的贡献价值就越大。

（二）熵论启发

基于上述，近些年来，熵理论被广泛应用于城乡规划领域，目前主要集中在：在社会方面，Y. Shan 和 P. Jing 等运用耗散结构将连云港港口城市的 29 项指标进行整合为开放熵、社会指数熵和设施环境与经济力量熵，进而总结港城系统的演化规律②，何艳冰和黄晓军等研究了快速城市化背景下城市边缘失地农民的适应性，并从认知能力、缓冲能力、学习能力、转型能力和管理能力五个方面构建适应能力评

---

① C. E. Shannon, W. Weaver, A. W. Burks, *The Mathematical Theory of Communication*, 1951.

② Yang Shan, Pan Jing, Ji Zeng – Min, "The Evolution Mechanisms and Law of Lianyungang Port – city System Based on Principles of Dissipative Structure", *Scientia Geographica Sinica*, Vol. 31, No. 7, 2011, pp. 781 – 787.

价指标体系，采用熵权 TOPSIS 法评价不同类型失地农民的适应能力。① 在经济方面，靳景玉和刘朝明定义了城市联盟协同发展的定量指标并分析②；邓慧慧以十大城市为研究对象，考察其经济发展差异，并运用广义熵方法进行了总体差异的分解。③ 在生态方面，Wang Qingsong 和 Yuan Xueliang 等提出环境熵的概念，认为城市化可能对大气环境系统产生负面效应，并以山东 17 个城市作为研究案例，经计算负熵，城市化水平与空气环境呈现正相关关系④，Zhang Yan 和 Yang Zhifeng 等基于耗散结构理论和城市复合生态系统理论，应用“信息熵”模型纵向分析了城市生态系统可持续发展进程。⑤

对于熵在空间形态中的研究应用方兴未艾，信息熵既可以对空间属性进行定量化，又可以结合主成分分析、灰色关联和模糊数学等科学方法进行量化。由此可见，信息熵可以运用于遗址公园的规划领域，对公园规划蓝图进行评估，以此理性判读蓝图的科学与合理性。

针对现有遗址公园的规划设计，多从定性分析和定量分析两个方面展开。在定性方面，有将规划内容进行层级分析，阐释规划的要点和建议；还有将规划方案进行人为的调查评价分析和判断，得到规划方案的改进意见和补充等。在定量方面，有运用空间句法分析建筑、街巷和空间关系，为聚落空间的规划和设计提供中长期的发展愿景，使其更能遵循自然和社会经济的发展规律；还有运用分形理论研究空间尺度和建筑分形等，进而揭示空间分布随尺度的变化规律；还有结合层次分析法、聚类分析法、GIS 模型法和元胞自动机等方法进行研究和分析。基于上文熵理论，可以得出启发：熵理论可对空间形态复杂信息特征属性进行分析，挖掘潜在的隐性特征，从客观上量化和表征能量在空间中的分布混乱程度，进而判断和评价人为干预的规划结果。本文将遗址公园保护规划的研究着眼于信息熵，旨在探索遗址

---

① 参见何艳冰、黄晓军、杨新军《快速城市化背景下城市边缘区失地农民适应性研究——以西安市为例》，《地理研究》2017 年第 2 期。

② 参见靳景玉、刘朝明《基于协同理论的城市联盟动力机制》，《系统工程》2006 年第 10 期。

③ 参见邓慧慧《基于广义熵指数对十大城市群经济发展差异的分析》，《城市发展研究》2012 年第 4 期。

④ Wang Qingsong, Yuan Xueliang, Ma Chunyuan, et al., “Research on the Impact Assessment of Urbanization on Air Environment with Urban Environmental Entropy Model: A Case Study”, *Stochastic Environmental Research and Risk Assessment*, 2012, pp. 443 – 450.

⑤ Zhang Yan, Yang Zhifeng, Li Wei, “Analyses of Urban Ecosystem Based on Information Entropy”, *Ecological Modelling*, Vol. 197, No. 1 – 2, 2006, pp. 1 – 12.

空间的隐形属性关系，并尝试基于熵理论对遗址公园空间形态设计进行定量研究。

四、郢城空间形态量化

郢城遗址公园规划，从其空间上而言，是通过规划技术的手段，将整个郢城空间形态系统进行秩序化的过程。因此，规划蓝图就是将遗址公园的绿地、景观、建筑、道路、水系等空间形态进行人为的干预而形成具有秩序化的组合，蓝图的外在表现形式具有一定的准确性与具象化，可以演绎出"点、线、面"的几何联系，并存在数理论证的可能，这是运用熵理论的前提。

（一）熵应用

熵是表示任何一种能量在空间中分布的混乱程度。据此，结合郢城遗址公园规划蓝图，将应用信息熵分析空间系统的不确定程度，以此得出空间形态复合信息系统的度量，将熵定义如下：

$$S = -K\sum_{j=1}^{n} P_j \ln(P_j) \qquad (1)$$

$$P_j = \frac{D_i}{\sum_{i=1}^{n} D_i} \qquad (2)$$

式中：S 为空间形态系统熵值，K 为常数，P 为因子指数，D 为各属性指标。

（二）蓝图评估

1. 水系结构熵分析

郢城遗址是长江中游地区典型的古代水城城址，是城市规划中"理水营城"的典范。水系系统在郢城空间结构中占有重要地位。（图 2）在整个水系空间系统长期稳定的状态下，其不受控、破坏性的状态逐渐凸显，这是遗产保护的关注点所在，也是遗址公园规划设计的基本底线所在，即对水系结构的保护。因此，遗址公园蓝图所呈现的对水系结构的干预程度直接关系到蓝图本身的科学性与合理性。对此，信息熵为空间系统不确定程度的分析提供了可能，通过遗址现状水系与规划蓝图水系的比较分析，获取人为干预行为程度结果，得出空间形态复合信息系统的度量。具体分析步骤如下：

（1）提取郢城现状地形图与规划蓝图中的水系系统，将水系设置为闭合多边形。

（2）将提取的闭合水系系统导入 ArcGIS 中，导出 Polygon 图层数据并加载为新图层。编辑符号样式为湖泊，打开属性表并添加字段 Area，设置为浮点型。进行几何计算，得到各水系面积并导出数据。

（3）进行熵分析。

定义熵指数：$S = -K\sum_{j=1}^{n} P_j \ln(P_j)$ K 为常数，P 为面积指数，j 为 1,2,3,…,n

面积指数：$P_j = \frac{S_i}{S_n}$　S_i 为独立池塘面积，i 为 1,2,3,…,n

$S_n = \sum_{n}^{1} S_i = S_1 + S_2 + S_3 + \cdots + S_n$　其中：K 设为 1

水系熵指数比较：Entropy 前 = 5.11554 ；Entropy 后 = 0.79076

S 后 < S 前（熵越大，越无序；相反，则越小越有序）

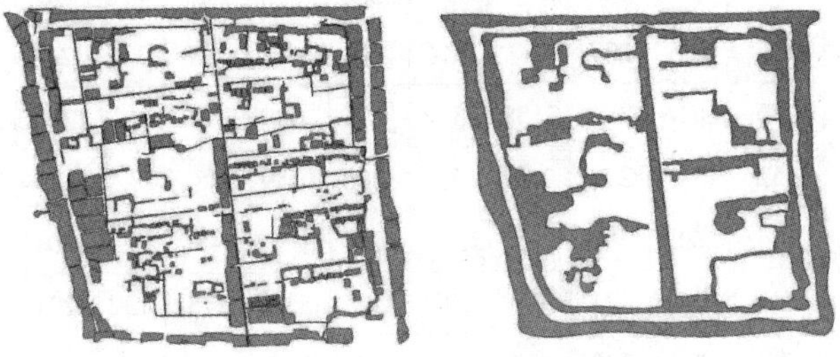

图 2　郢城规划前后水系系统：左为现状地形图，右为规划蓝图

将郢城遗址的规划前后水系进行上述模型分析，属性结果如表 1 和表 2 所示。由表可知，将规划前后面积属性 D_s 指标代入公式（1）和（2）进行熵值分析，其规划前后的熵值分别为 5.11554 和 0.79076，现状郢城水系系统的熵大于蓝图郢城水系系统的熵，即现状水系系统的混乱程度高于规划后水系系统的混乱程度，人为干预的规划结果使得郢城空间形态系统呈现出更加稳定的状态。由此可以得出，蓝图的人为干预行为使水系系统达到良好的状态。

表 1 郢城现状原始水系面积 D_S

745	3052	118	4294	4093	9009	5402	1539	5956	861	874	3149	312	7488	3622	1386
1309	2378	409	4708	2777	2805	906	300	182	306	225	235	732	8618	2142	2824
489	178	225	61	922	1226	1247	1098	696	388	362	703	48	721	96	370
520	612	416	264	285	861	148	189	79	139	498	1676	481	402	316	3493
81	210	207	487	1511	118	5435	3292	1778	864	11620	125	791	131	326	702
642	5812	85	330	333	1697	1425	938	500	124	246	575	82	74	602	871
963	171	449	2033	425	577	1531	1280	120	455	209	626	175	1339	1284	265
1080	169	111	158	205	46	37	49	15	12	70	1228	809	4774	274	639
4282	88	9124	1506	5381	8373	9049	6614	6356	4865	4580	26555	4950	3766	1471	1277
514	143	28958	10637	1446	43	6057	2272	2032	1719	2548	7354	12965	523	166	41
81	154	196	132	338	141	755	519	434	558	149	433	229	219	38	297
495	380	2251	178	607	97	26	43	30	198	355	161	242	398	223	242
590	340	44	91	270	5634	858	558	213	140	324	323	347	860	101	65
1563	1066	481	7253	346	253	389	285	442	403	1622	1111	12940	186	641	1306
124	1008	104	310	66	264	414	620	6938	205	226	118	48	4666	4413	230
238	238	232	235	235	237	237	234	233	231	237	235	232	237	239	4145
422	214	1227	215	5015	751	5158	1378	1170	2639	5642	3426	13626	2830	1235	869
1427	897	979	152	1547	223	238	1516	8803	4659	9481	7826	11294	94	3009	172
6123	4063	170	184	320	286	96	1512	4746	87	8489	7897	22041	222	171	5087
5305	3923	7124	6191	1341	471	973	197	2356	531	245	132	201	192	36	4423
166	258	250	528	831	298	475	337	220	280	152	191	304	381	280	271
1084	633	397	53	248	92	200	405	38	188	93	189	139	249	313	255
786	515	246	144	48	256	119	194	347	95	315	101	944	616	833	62
250	271	302	1206	797	2655	649	167	62	637	81	235	1333	355	119	269
191	128	308	1631	200	907	122	170	47	129	1739	1073	2308	1183	527	881
270	304	1593	140	218	317	830	888	355	341	207	216	67	555	229	316
497	62	155	24	103	166	290	28	1183	3889	76	6087	222	243	174	1035
482	1985	405	443	517	583	6243	750	115	7125	191	681	1298	629	321	642
1746	188	348	342	469	291	111	916	785	309	289	69	66	229	232	

表 2　郢城规划蓝图中的水系面积 D_S

369410.373	510836.940	25980.500

2. 道路熵分析

道路系统作为空间分析的另一个载体，是整个郢城空间形态的骨架，也是构筑规划蓝图布局的核心要素所在（图 3），其系统同样具有不受控、破坏力强的特点，在衡量规划方案的干预结果时，信息熵提供有力的理论支撑。通过对郢城现状与蓝图道路系统分析，获取郢城空间形态的属性特征和道路复合系统的度量，具体步骤如下：

（1）将郢城遗址现状道路系统与蓝图道路系统转译为轴线模型，即在郢城 CAD 地形图与蓝图的基础上绘制轴线图，以最长且最少为原则并处理。

（2）将提取的道路系统导入 ArcGIS 中，导出 Polyline 图层数据并加载为新图层。

（3）编辑符号样式，打开属性表并提取数据。

（4）进行道路熵分析。

定义熵指数：$S = -K\sum_{j=1}^{n} P_j \ln(P_j)$

式中：K 为常数，P 为因子指数，j 为 $1,2,3,\cdots,n$

面积指数：$P_j = \dfrac{S_i}{S_n}$　S_i 为各因子，i 为 $1,2,3,\cdots,n$

式中：$S_n = \sum_{n}^{1} S_1 + S_2 + S_3 + \cdots + S_n$　其中：K 设为 1

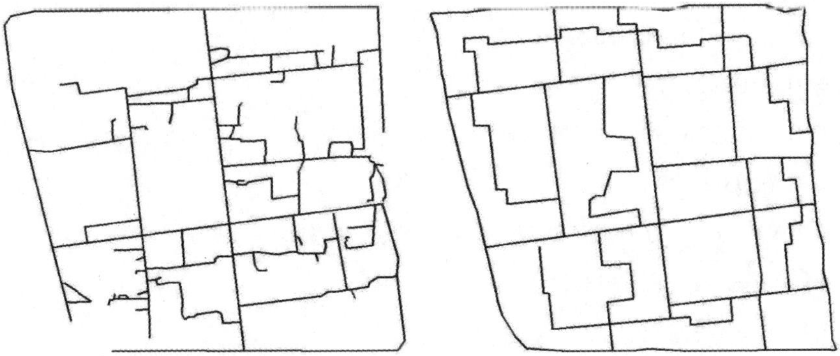

图 3　郢城道路规划前后道路系统：左为现状，右为蓝图

现状道路熵指数：

S_1（整合值）=0.79219

S_2（连接值）=2.32381

S_3（控制值）=0.405435

S_4（平均深度值）=8.24516

$S_n = S_1 + S_2 + S_3 + S_4 = 11.766595$

$P_1 = S_1/S_n = 0.067325339$

$P_2 = 0.197492138$

$P_3 = 0.034456442$

$P_4 = 0.700726081$

$\ln(P_1) = \log_e(0.067325339) = -2.698218602$

$\ln(P_2) = -1.622056505$

$\ln(P_3) = -3.368059299$

$\ln(P_4) = -0.355638223$

$e = 2.71828182845904$

$S = -1 \times [P_1 \times \ln(P_1) + P_2 \times \ln(P_2) + P_3 \times \ln(P_3) + P_4 \times \ln(P_4)]$
$= 0.867258208$

规划后的道路熵值：

S_1（整合值）=0.94864　　S_2（连接值）=2.42017

S_3（控制值）=0.398665　　S_4（平均深度值）=5.8778

$S_n = S_1 + S_2 + S_3 + S_4 = 9.645275$

$P_1 = S_1/S_n = 0.09835282$

$P_2 = 0.250917677$

$P_3 = 0.041332673$

$P_4 = 0.609396829$

$\ln(P_1) = \log_e(0.09835282) = -2.319194057$

$\ln(P_2) = -1.382630372$

$\ln(P_3) = -3.186101972$

$\ln(P_4) = -0.495285616$

$S = -1 \times [P_1 \times \ln(P_1) + P_2 \times \ln(P_2) + P_3 \times \ln(P_3) + P_4 \times \ln(P_4)]$

$= 1.008541274$

道路熵指数比较：

Entropy 前 = 3. 46798

Entropy 后 = 2. 78534

S 后 < *S* 前（熵越大，越无序；相反，则越小越有序）

将郢城遗址规划前后的道路进行上述模型分析，属性结果如表 3 和表 4 所示。由表可知，郢城原始道路共有 62 条，总长 19138. 435 米，平均 308. 684 米；规划后道路共有 22 条。将规划前后道路长度属性 D_L 代入公式（1）和（2）进行熵值分析，现状郢城道路系统的熵大于蓝图郢城道路的熵，即规划前道路系统的混乱程度高于规划后道路系统的混乱程度，规划后的道路长度的增加并没有让道路变得更加混乱，人为干预的结果使得郢城空间形态系统呈现出更加稳定的状态。由此得出，蓝图使道路系统达到良好的状态。

表 3　郢城现状道路长度 D_L

3181. 450	996. 610	1712. 630	948. 283	1364. 450	642. 506	1297. 370	517. 131	514. 363	53. 566
470. 074	178. 077	445. 964	169. 385	440. 716	163. 510	411. 253	146. 613	393. 958	141. 880
357. 460	139. 696	325. 179	139. 073	307. 417	137. 693	293. 498	113. 570	282. 270	112. 616
278. 717	111. 197	222. 074	102. 340	201. 776	99. 051	199. 788	94. 368	183. 167	92. 649
90. 672	13. 263	87. 216	20. 632	83. 221	37. 696	81. 834	43. 650	46. 616	34. 229
40. 287	31. 690	58. 027	66. 893	32. 602	71. 120	81. 057	33. 620	51. 168	37. 097
55. 282	57. 176								

表 4　郢城规划蓝图中的道路长度 D_L

84. 211	625. 771	253. 048	769. 844	5449. 290	295. 116	683. 181	1215. 440
764. 486	606. 674	1069. 570	241. 345	1313. 370	261. 023	1676. 530	404. 256
621. 627	241. 901	741. 442	426. 682	1173. 540	410. 919		

3. 绿地系统熵分析

目前，城市规划与管理中常用的绿化测量指标有绿地率、绿化覆盖率等绿化测算指标。（表5）而如郢城遗址公园往往具有农田广、尺度中、密度高、强度低、物种多样性不足等特点，并且存在中尺度的绿地空间质量研究不足等问题，进而提出

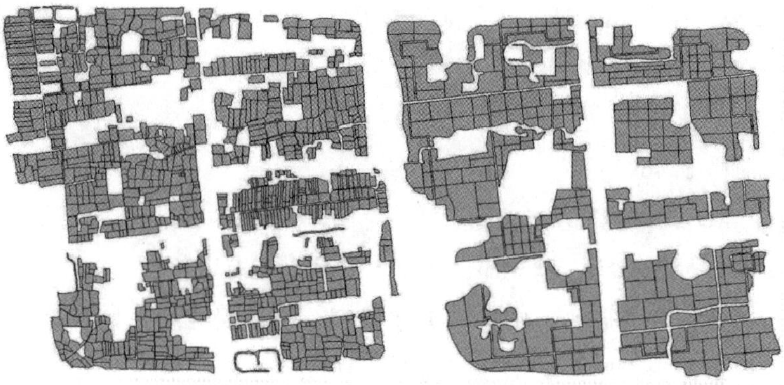

图4　郢城规划前后绿地

绿化修正率，来修正植被、农田和草坪的绿化质量。以期提出一种能够兼顾反映遗址公园真实绿地质量及环境优美性的测量方法，并与熵理论相结合，提出绿化熵概念对中尺度下的遗址公园进行综合绿地质量评价，其郢城遗址绿化见图4。

表5　绿化指标

绿化指标	概念	计算公式
绿化覆盖率	绿化覆盖面积占规划面积的比率	$Q_\lambda = \sum / S_c$ Q_λ 是绿化覆盖率；$\sum$ 是绿化种植垂直投影面积（m^2）
绿化率	各类绿地面积占规划面积的比率	$P_\lambda = (S_1 + S_2)/S_c$ P_λ 是绿化率，S_1 是生产绿化面积（m^2），S_2 是附属绿化面积（m^2），S_c 是郢城公园面积（m^2）
绿化修正率	各类绿化面积占绿化覆盖面积比率	$\lambda = (S_1 + S_2)/\sum$ λ 是绿化修正率，S_1 是生产绿化面积（m^2），S_2 是附属绿化面积（m^2），$\sum$ 是绿化种植垂直投影面积（m^2）

熵定义：

$$S = -K\sum_{j=1}^{n} P_j \ln(P_j) \tag{1}$$

$$P_j = \frac{D_i}{\sum_{i=1}^{n} D_i} \tag{2}$$

式中：S 为空间形态系统熵值，K 为常数，P 为因子指数，D 为各属性指标。

郢城遗址绿化熵：

郢城遗址现存在大量农田、植被和小规模树林等，将农田面积定义为生产绿化面积，见表6。植被与树林等定义为附属绿化面积，见表7。首先，从规划前后的CAD中提取生产绿化、附属绿化与绿化种植投影，导入ArcGIS软件中提取数据。另外，其原始和规划后绿化投影面积共929470.7 m^2，规划后957797.8 m^2；通过表5公式，计算可得原始绿化覆盖率为0.363，绿化率为0.305，修正绿化率为0.839；规划后分别为0.374、0.328和0.876，见表8，将属性指标代入公式（1）和（2），得到原始和规划绿化熵分别为0.9923和0.9946。

表6　生产绿化面积

原始生产绿化面积 S_1									
2067.52	939.13	247.07	208.06	362.96	289.82	262.42	243.98	223.42	424.58
222.48	1389.57	1742.05	1338.93	1638.74	251.37	731.47	745.28	1151.2	411.525
1945.69	657.4	323.84	951.43	117.96	230.59	317.06	666.33	373.86	1744.773
1463.67	2479.61	1494.02	1781.48	947.75	1002.02	260.92	1067.62	624.78	327.68
……	……	……	……	……	……	……	……	……	……
规划生产绿化面积 S_1									
4010.45	3856.08	5307.46	3898.88	4077.53	5245.9	3253.9	5689.59	2133.4	2082.45
1258.21	1692.51	3280.38	5294.55	6381.44	4496.78	3140.3	4324.65	4245.6	4606.45
1496.6	2952.23	2191.49	1069.19	1177.41	686.11	737.34	838.801	1181.6	1077.15
924.63	452.442	551.29	762.01	894.62	8064.7	3218.9	4124.75	4228.0	2361.7
……	……	……	……	……	……	……	……	……	……

表7　附属绿化面积

原始附属绿化面积 S_2									
711.97	1113.70	424.99	285.47	275.11	348.98	738.89	671.54	888.70	351.56
954.68	1132.46	1139.80	223.75	1070.25	1216.44	2054.1	1773.33	2426.7	1481.37
668.17	722.56	626.36	1343.40	1427.40	994.28	319.01	977.51	1047.5	905.05
1034.30	510.48	315.98	509.79	534.98	235.56	661.71	639.08	534.06	510.46
……	……	……	……	……	……	……	……	……	……

续表

规划附属绿化面积 S_2									
2342. 68	1692. 16	1223. 84	1586. 99	1840. 42	1191. 47	1078. 5	2792. 66	1607	1747. 8
2741. 18	1715	2601. 27	1323. 17	3050. 53	2306. 57	1610	2139. 7	1021. 7	1135. 67
3431. 67	2266. 56	1988. 3	1705. 99	6684. 67	1322. 94	621. 06	2288. 72	2715. 1	2376. 31
2855. 76	1771. 69	2031. 15	3569. 71	8529. 31	3798. 4	1462. 3	1907. 16	1728. 6	944. 103
……	……	……	……	……	……	……	……	……	……

表8　绿化熵

绿地		属性指标		因子指标			绿化熵
状态	绿化覆盖率	绿化率	绿化修正率	覆盖率因子	绿化率因子	修正率因子	
原始郢城	0. 3633	0. 3048	0. 8393	0. 2410	0. 2022	0. 5567	0. 9923
规划后郢城	0. 3743	0. 3276	0. 8755	0. 0237	0. 2076	0. 5550	0. 9946

规划后郢城绿地空间绿化熵大于原始绿地，虽然经过规划其视觉工整性得到大幅提高，但是从计算结果来看，规划后的绿地反而更显得无序，不过单单从绿化指标中可以发现，规划后郢城的绿化覆盖率、绿化率和绿化修正率均得到了一定的提升，说明规划师在对地块的保护中有意识地对绿化进行了加强，体现了设计师的人文素养，应对此进行肯定和赞扬。另外，从生产用地指标中可以发现，规划后生产绿化总面积要远远大于原始生产绿化总面积，这恰恰反映了设计师在没有充分调研和社会考量的前提下带有随意性、模糊性规划所造成的结果。因此，运用绿化熵概念对郢城遗址公园的规划前后的比较研究来看，并没有取得预期的效果，反而在一定程度上脱离了实际，造成了不必要的资源和资金浪费。在对遗址公园的规划设计中应充分对当地社会、经济、人文和环境等特征进行调查和研究，扎实稳步地推进设计，才能得到满意且符合社会与人们美好需求的方案。

五、结论

熵理论已经在许多学科取得了令人瞩目的成果，其既是一个物理学概念，又是一个数学函数，更是一种自然法则。熵理论已经超越自然科学领域，成为一门应用范围非常广泛的科学理论。在设计的发散思维和收敛思维过程中，不确定性与非唯一性是其重要特征，抽象信息的相互交织与融合，最终通过物化的规划设计方案所呈现。本文将熵理论中的信息熵概念引入保护规划领域，通过提取空间形态的水系和道路属性，探索水系和道路的复杂信息系统的混乱程度，来侧面表征郢城空间系统的秩序程度，进而获得规划师在设计规划保护方案后的行为作用结果，经过上述计算与分析后，此次郢城遗址公园的保护规划使水系和道路系统表现得更加稳定且有秩序。

参考文献

[1]［日］原广司：《世界聚落的教示 100》，于天祎、刘淑梅、马千里译，中国建筑工业出版社 2003 年版。

[2] B. Hillier, J. Hanson, H. Graham, "Ideas Are in Things: An Application of the Space Syntax Method to Discovering House Genotypes", *Environment & Planning B: Planning and Design*, Vol. 14, No. 4, 1987, pp. 363 –385.

城市边缘区乡村景观生态设计探究

——以上海市闵行区浦江镇友建村为例

曹叶晨①

摘　要：城市边缘区景观格局和生态过程更具有特殊性，景观生态问题和生态安全问题更为突出，科学地规划好该区域的生态环境建设对城市和乡村和谐发展具有十分重要的现实意义。本文运用景观生态学的相关知识，选取上海市闵行区浦江镇友建村为例，分析村庄现状，总结出城市边缘区乡村景观生态特征——景观类型的复杂性；景观功能的多样化；景观单元之间错综复杂的边缘效应；景观空间结构变化剧烈，稳定性相对较低；景观生态问题加剧，建设乱象频出。结合生态设计的原则，提出针对性生态设计建议——了解重视原有生态情况、加强对景观工程影响力的控制、运用先进技术进行辅助、资源再利用与保留。

关键词：乡村景观；生态设计理论；城市边缘区

一、引论

随着我国城市化进程的逐步加快，城市空间不断扩展，向外围农村腹地延伸。② 由于边缘区相对中心城区位价值、土地利用方式、发展机制、利益主体的特殊性，城乡交界地带是城乡建设中最敏感、规划管理最薄弱的地区。③ 作为城市与农村之

---

① 曹叶晨，华东理工大学硕士研究生。

② 参见苏放、鄢和琳、吴柏清等《恢复城市边缘区生态性规划探讨》，《技术与市场》2011 年第 5 期。

③ 参见周凌《特大城市边缘区空间演化机制与对策的实例剖析——以上海为例》，《城市规划学刊》2017 年第 3 期。

间的连接区域，由于城市与乡村地域环境、信息资源的补充与组合，加上多样性自然、社会、经济生境的复合与延展，具有极强的波动性及发展活力。①

边缘区的景观格局和生态过程更具有特殊性，景观生态问题和生态安全问题也更为突出，其生态环境建设对城市污染的防止和环境的净化起到举足轻重的作用②，应当是景观生态建设的重点。然而由于该区域缺乏规划、管理和制度建设，在景观建设过程中出现诸多问题，对生态的破坏尤为突出，因此在建设过程中，运用生态设计的理念指导设计，合理有序地进行建设，是城市发展建设过程中不可忽视的一部分。

上海作为特大城市，其城市边缘区边界不断扩大，并有学者分析其空间演化机制和特征。浦江镇友建村，位于上海市闵行区与浦东新区交界处，紧邻芦恒路地铁站。其在空间范围上位于集中连片建成区的外围区域，周边为城市居住用地，在空间结构上各类建设用地与乡村用地交合，是典型的城市边缘区。其生态环境在景观建设过程中遭到部分破坏。故而本文希望选取友建村为例，通过分析其景观生态特征，提出城市边缘区乡村景观生态设计可行的方法。

二、相关概念

（一）城市边缘区

城市边缘区的概念最早于1936年由德国地理学家哈伯特·路易（Harbert Louis）从城市生态学的角度研究自然要素对柏林城市结构与对其扩张时的影响而提出的③，一般被理解为“一种在土地利用、社会和人口特征等方面发生变化的地带，连片建成区、郊区以及纯农业用地之间的土地转换区”④，在结构和功能上具有独立性、过渡性、多样性。

---

① 参见彭建、马晶、袁媛《城市边缘带识别研究进展与展望》，《地理科学进展》2014年第8期。

② 参见刘黎明、李振鹏、马俊伟《城市边缘区乡村景观生态特征与景观生态建设探讨》，《中国人口·资源与环境》2006年第3期。

③ 参见莫凡《广州市城市边缘区时空演变与规划协同发展模式探究》，硕士学位论文，广东工业大学，2017年。

④ 刘悦德：《城市边缘区控制性详细规划的编制方法探讨——以连江县中心城东片区为例》，《福建建设科技》2014年第3期。

随着快速城市化和城市急速扩张，不少学者对于城市边缘区展开研究。顾朝林等（1995）从地理学和城乡规划学的角度，指出城市边缘区在社会和经济上的过渡性。① 吴必虎（2001）将其看作适合发展“短期旅游度假模式”的游憩空间。② 周捷（2007）等提出了“城市边缘区反蔓延生态控制圈”的构建思路。③ 张益峰（2015）认为，土地制度缺陷是目前大城市边缘区空间失控的总根源，要制度层面改革创新。④

然而，国内学者对城市边缘区的研究侧重于土地利用、社会空间以及生态环境等，较少涉及边缘区乡村景观生态的内容。由于我国地区、各个城市差异大，乡村景观需要因地制宜，难于形成普遍适用的实施性导则及评价系统。

（二）景观生态学

景观生态学强调景观空间格局对景观生态过程的控制和影响，试图通过格局的改变来维持景观功能流的健康和安全。其以景观单元空间结构的调整和重新构建为基本手段，包括调整原有的景观格局，引进新的景观组分等，以增加景观的异质性，改善受迫或受损生态系统的功能，提高景观系统的总体生产力和稳定性，将人类活动对于景观演化的影响导入正向的良性循环。⑤

在乡村景观的研究中，一些学者尝试将景观生态学的理论应用于村庄的空间布局上。俞孔坚等基于“源—汇”系统理论提出了乡村景观生态安全格局，研究如何选择、维护和在某些潜在的战略部位引入村庄斑块，如何来构筑“源”间联系的廊道和辐射道。⑥ 宗跃光等提出了景观生态网络的概念，将“源—汇”系统及生态流理论和“斑块—廊道—基底”模式映射到区域空间上。⑦

研究表明，景观生态学可以作为村庄整治的理论基础，景观指数能够反映区域

---

① 参见顾朝林等《中国大城市边缘区研究》，科学出版社 1995 年版。
② 参见吴必虎《大城市环城游憩带（ReBAM）研究——以上海市为例》，《地理科学》2001 年第 4 期。
③ 参见周捷《大城市边缘区理论及对策研究——武汉市实证分析》，博士学位论文，同济大学，2007 年。
④ 参见张益峰《大城市边缘区土地与空间问题的动因与对策》，中国建筑工业出版社 2015 年版。
⑤ 参见李月辉、赵羿、关德新《辽宁省土地退化与景观生态建设》，《应用生态学报》2001 年第 4 期。
⑥ 参见俞孔坚、李迪华、韩西丽等《新农村建设规划与城市扩张的景观安全格局途径——以马岗村为例》，《城市规划学刊》2006 年第 5 期。
⑦ 参见宗跃光、周尚意、彭萍等《道路生态学研究进展》，《生态学报》2003 年第 11 期。

范围内村落景观格局的特征和变化规律，并为村庄整治提供依据。① 但目前的研究成果未能将景观格局特征分析与村庄整治策略联系起来，无法指导村庄景观建设。

三、城市边缘区乡村景观生态特征分析

城市边缘区同时具有乡村性要素和城市性要素（图 1），在《上海城市边缘区的特征研究》一文中指出城市边缘区具有用地类型多样性、用地结构不稳定性、用地结构动态性的特性②，其景观生态特征与其特性有关。

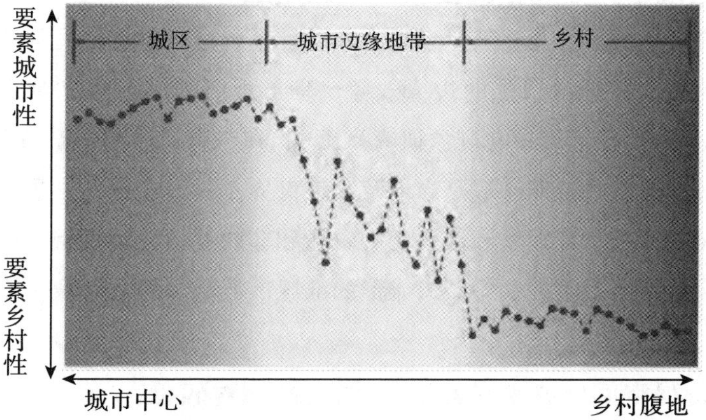

图 1　理想状态下的城乡地域结构（《城市边缘带识别研究进展与展望》）

（一）景观类型的复杂性

城市边缘区乡村景观具有丰富的景观类型，区域中具有的景观亚类，景观单位类型数量多，既有商业、居民点、工业、道路等人工景观，又有森林、河流、农田、果园等自然和半自然景观。景观斑块数量、大小和形状复杂，决定了该区域内物种和生境类型的多样性。

---

① 参见刘颂《基于景观生态学的村落景观格局优化研究——以山东省广饶县大王镇为例》，《风景园林》2013 年第 4 期。

② 参见吴娟《上海城市边缘区的特征研究》，《上海城市规划》2013 年第 1 期。

（二）景观功能的多样化

城市边缘区乡村景观具有城市景观和乡村景观的双重功能——城市景观的文化支持功能和乡村景观的生产与生态功能，现尤其强调其对城市环境的保护和净化作用。理想的乡村景观在功能上应该体现出乡村景观资源提供农产品的第一性的生产功能，其次是保护及维护生态环境功能、文化支持功能、作为一种特殊的旅游观光资源的四个层次功能。①

（三）景观单元之间错综复杂的边缘效应

城市边缘区是城市景观、工业景观、农田景观、自然景观之间物质和能量流动频繁交换的地区，表现出很强的边缘效应，是景观研究的重点和难点区域。麦基（T. G. McGee）对亚洲城市化现象研究指出②，在东南亚一些国家的大都市周边和大都市之间形成的一些特殊区域是当地及第三世界乡村城市化的主要形式，该区域城乡之间的相互作用十分频繁和高强度，农业和非农业活动高度混合，是介于农业人口稠密的乡村类型地区和具有城市雏形的准城市类型地区之间的一种区域类型。

（四）景观空间结构变化剧烈，稳定性相对较低

由于城市边缘区的特性——用地结构不稳定性，土地利用方式和景观斑块之间转化较快，从而引起景观格局的剧烈变化，是景观最富变化、最复杂的地区之一。一般来说，乡村景观与城市景观相比具有较高自然属性，也具有比城市景观更高的稳定性，但边缘区景观的稳定性甚至比城市景观内部还要差。

随着边缘区的发展，必然导致景观有序度增高，景观稳定性下降，所以必须有效处理乡村发展与自然环境保护和资源开发与保护之间的关系。③

---

① 参见肖笃宁、高峻《农村景观规划与生态建设》，《农村生态环境》2001 年第 4 期。

② T. G. McGee, "The Emergence of Desakota Regions in Asia: Expanding a Hypothesis", in N. Ginsburg, B. Koppel and T. G. McGee eds., *The Extended Metropolis Settlement Transition in Asia*, Honolulu: University of Hawaii Press, 1991, pp. 3–26.

③ 参见刘黎明、曾磊、郭文华《北京市近郊区乡村景观规划方法初探》，《农村生态环境》2001 年第 3 期。

（五）景观生态问题加剧，建设乱象频出

近些年，由于缺乏乡村资源的合理利用和生态环境的保护，导致资源与环境问题日益突出。比如自然、半自然景观破坏严重，缺乏连续性，生态平衡遭到破坏；景观破碎化严重，通达性降低；乡村景观资源粗放利用，土地浪费现象严重，农田面源污染严重，生物多样性遭受破坏，生态安全受到威胁和审美价值降低等。

随着新农村建设、美丽乡村、乡村振兴等一系列政策出台，乡村景观受到广泛的关注，乡村景观建设如火如荼地进行，同时出现诸多乱象：一是乡村景观单纯注重视觉效果、形式美感而展开的“化妆运动”；二是大拆大建、无序盲目建设，生态环境遭到严重破坏；三是乡村一味开发旅游，景观建设与村民日常生活脱节。①

四、友建村景观现状及思考

友建村，位于上海市闵行区浦江镇的最北部，东邻浦东新区的懿德村，南与知新村接壤，西至浦星公路，北靠中心河港，三鲁公路横穿全村而过，村庄耕地大部分为生产性林地，耕地0.5平方千米，常年菜田0.04平方千米，林地0.27平方千米。

由于紧邻芦恒路地铁站，其周边多为已建设的城市居住区——拆迁安置房、青年公寓、高端居住区、别墅区及相关配套设施与其相距不到1000米，另有部分商业用地——国际珠宝中心和工业用地，周边环境高度城市化，相较于相邻大学城和工业区的城市边缘区，其受到城市中心辐射作用较大，乡村性要素较弱。

从村庄内部空间来看，存在多种用地性质——居住用地、公共管理与公共服务设施用地、工业用地、道路与交通设施用地、公用设施用地、绿地与广场用地。村庄中存在数十家生产型或批发型工厂，部分集中分布在村庄东北角，部分沿三鲁公路分布。村民的住宅（图2）分布于东北侧，住宅周边场地及道路系统由于机动车通行和停放的需要，均已硬化；村委会位于东北侧，其后附带一处活动中心，多为退休老年人服务；绿地包括小部分自耕菜田、人造林地及天然水域。

---

① 参见陆琦、闫留超《当下乡村景观营建现状及方向》，《中国名城》2017年第1期。

图2　村庄住宅区域情况（笔者摄）

根据实地调查统计，村庄中共包括荒草地景观、人工林地景观、园地景观、农田景观、聚落景观、工程景观、水域景观、道路景观等8个景观亚类，28个景观单元类型，162个大小不等、分布分散的景观斑块，其景观类型的分布十分复杂。

由于出租集体用地，兴办工厂是如今友建村集体经济收入的主要来源，其农田景观的生产功能减少，保护及维护生态环境功能和文化支持功能被忽视，近年来乡村旅游快速发展，乡村景观作为一种特殊的旅游观光资源的功能正被放大。过度强调乡村景观的某种功能——过去强调生产功能，如今强调旅游功能，而忽略了其他功能，将导致乡村景观资源的过度开发和利用，未来乡村景观的发展应当强调乡村景观功能的社会文化价值、生态价值和经济价值三方面协调统一。

出租集体用地、兴办工厂、部分居民搬迁以及乡村景观建设导致景观空间结构变化剧烈，在频繁的用地性质变化过程中，村庄粗放的管理，导致建筑垃圾随意堆放掩埋（图3），对生态环境造成极大破坏。

友建村中的人造林地以栽植贩售苗木的经济价值为主，故而林地为单一品种的园林树木及灌木，如杜英、石楠、黄杨等，林地底层为裸土，缺少地被植物，导致林地中生物多样性不高，水域附近（图4）的生物多样性优于林地。

图3 拆除工厂后将建筑垃圾掩埋（笔者摄）

图4 村庄中水域生物（笔者摄）

友建村在其发展过程中，对于生态环境的忽视致使村庄环境恶化，其在乡村景观改造过程中，“掀翻石板路，修起水泥路，拆了木头青砖老院子，盖起钢筋红砖洋房子”，出现了一味追求城市景观的情况。将村庄景观营造委托给市场上的景观公司，由于资金限制，营造过程全面铺开、快速施工、生态环境破坏大。（图5、图6）

图5 友建村已进行的营造活动中将驳岸全部硬化，护栏为批量生产（笔者摄）

图6 友建村进行河道硬化施工过程（笔者摄）

在与村书记的交谈中得知，村庄希望通过营造良好的景观环境，改造老旧房屋出租的方式吸引青年人来此居住，同时周末举办活动吸引周边人群，拉动村庄经济。在建设过程中，耗资大、效果差、一味追求建设速度的现象，也使得书记对于乡村景观建设提出了新要求。

基于上述情况，友建村的景观生态设计需要兼有指导性和实际操作性的方法与建议，对某些行为提出硬性要求，要求设计者针对村庄的景观现状、乡村经济、村民意愿多方面进行考虑，管理者对于建设过程的严格监督和后期养护管理的持续关注。

五、景观生态设计建议

Sim Van der Ryn 和 Stuart Cowan① 是这样界定生态设计的，任何与生态过程相协调，尽量使其对环境的破坏影响达到最小的设计形式都称为生态设计。

俞孔坚通过解析生态设计的概念和原理，总结出生态是一个过程而不是产品，生态设计是伦理，反映出设计者对自然和社会的责任，生态设计是经济的，强调多目标性。② 王乐介绍了景观生态设计的基本原则及其对城市绿地的指导作用，坚持景观整体优化原则、景观多样性原则、景观独特性原则、生态关系协调共生原则、全面综合原则，建设健康的城市绿地体系，建立合理的复合人工植物群落。③

城市边缘区的土地建设与变更是不可避免的，如何通过生态设计在建设过程中减少资源浪费，通过特定手段增加景观生态稳定性，本文尝试在生态设计原则的基础上提出实际性的方法。

（一）了解重视原有生态情况

城市边缘区的景观生态特征复杂，应谨慎对待，了解重视原有生态情况，通过对大自然的自我修复能力的充分利用，在进一步扩充当地生态系统的同时，有效降低废弃物资的出现。以友建村为例来说，在原有的部分杜英林中开辟浏览路线，在水体与树林之间增加硬质步道，对于破碎的斑块不加以修复，无序建设景观小景，均未考虑原有景观的生态性。为了实现这一目标，就需要设计人员借助相关设备来实现对自然情况的调查与分析、自然资源的合理采集与利用、景观空间结构的调整和重新构建，划定生态保护区域，改善生态情况。

例如，充分考虑场地的土壤条件与自然气候条件等，并以此为依据来进行植物种类的选择，确保种植植被的成活率与生长效果，达到较好的生态效益。当场地土壤条件不适应植被种植时，还应对土壤进行必要的处理与改良，优化土壤成分。

---

① Sim Van der Ryn，Stuart Cowan，*Ecological Desing*，1996，pp. 57 – 58.

② 参见俞孔坚、李迪华、吉庆萍《景观与城市的生态设计：概念与原理》，《中国园林》2001 年第 6 期。

③ 参见王乐《景观生态学与城市绿地建设》，《山西建筑》2009 年第 29 期。

（二）加强对景观工程影响力的控制

景观生态设计的目的是确保景观工程能够与自然生态环境和谐相处。因此，设计人员在实际工作中，就应重视对景观工程影响力的控制，避免因景观工程设计施工而对自然生态系统与人们的生活造成不利影响。

设计人员应将包含原有生态系统的平整作为自己的工作责任，预先进行施工场地进行实地考察，并依据现场生态系统来进行景观工程的设计与规划，确保景观设计的合理性。以友建村为例来说，村庄中原有的河道虽然存在水质问题，但设计人员应当提出水质净化方案，结合具体周边环境，尊重其原有生态系统，有针对性地进行亲水性的设计，不应全部统一硬化，栽植园林植物，同时应以此为基础来进行配套景观的设计，增加村庄景观与村民的互动。

（三）运用先进技术进行辅助

当前，各种先进环保技术逐渐被研发出来，并广泛应用于各行各业中。设计人员也应充分利用这种环保先进技术，以便进一步降低资源能源的消耗量，推动生态化发展。比如，友建村中存在大量工厂，针对废弃工厂中的工业水渠，可以利用先进技术来对其进行处理，将其转变为绿色再生河流，以便向地下水提供必要的补充。

（四）资源再利用与保留

对资源与相关材料循环利用，以便最大限度地利用材料，避免造成不必要的浪费。友建村中有几处厂房被拆除，建筑垃圾随意堆放掩埋，应对工厂的原有厂房及其他设施资源等进行保留，并对其中的污水排水管进行必要的改造，以便达到景观设计目标，赋予其新的生命力。同时，确保对废弃物品的再利用效果，大大降低景观工程设计所需的成本与资源消耗量等。

第四编

聚落旅游发展与乡村振兴

乌托邦情怀下的城市空间三元辩证刍议

—— 兼论西方城市规划理论演变路径

张 杰 顾 全[①]

摘 要：数百年来，城市规划师一直怀揣着乌托邦式的情怀。但面对城市特色沦丧、千城一面等城市问题时，基于二元论的城市空间认知往往难以解惑。据此，本文以历史的维度，梳理了百年城市规划理论，并基于亨利·列斐伏尔的“三元”空间理论，揭示了理性的规划是规划本身发展的逻辑追求，规划是工具理性与价值理性的融合，同时，探究了空间三元论下城市空间解构，即物质层面的空间的实践、精神层面的空间的表征以及社会层面再现性的空间，这三个空间层次开启了审视城市空间与景观的新视角，据此，提出了以景观空间在城市空间特色塑造中的担当，即生态修复、文化修补与活力重塑。

关键词：城市空间；三元论；认知；城市景观

一、问题提出：传统二元论的现实困境

随着我国城市化进程的迅猛推进，城市人口急剧膨胀，2017 年末，我国城镇常住人口 81347 万人，比上年末增加 2049 万人；城市化率为 58. 52% ，比上年末提高 1. 17 个百分点。[②] 大城市、特大城市发展进一步加快，其数量与规模增长明显。在快速城市化背景下，千城一面、城市特色沦丧，以及城市资源短缺、房价高涨、环境污染突出、交通拥挤、安全隐患等城市病日益突出。面对这些问题，建构于二元

---

① 张杰，华东理工大学景观规划设计系教授、博士研究生导师，主要研究方向：城乡文化遗产保护；顾全，华东理工大学景观规划设计系博士研究生。

② 数据来源：《2017 年末中国城镇化率升至 58. 52% 》，https：//news. sina. com. cn，2018 年 2 月 4 日。

论的传统城市空间认识难以解释，难以探寻在“人”与“空间”相互孤立、“社会”与“空间”对立的逻辑下解困之道。为此，需要反思传统城市空间认知论，反思城市规划理论，反思城市空间的干预路径。

二、从乌托邦走来：西方城市规划理论的演变

1516年，英国空想社会主义学家托马斯·莫尔提出了乌托邦思想，其著作《关于最完美的国家制度和乌托邦新岛的既有益又有趣的全书》，即《乌托邦》（*Utopia*）首次批判了资本原始积累的罪恶，针对资本主义城市与乡村的脱离、对立，私有制和土地投机造成的矛盾，提出了以组织生产和普遍劳动为基础的公有制原则及社会平等①，奠定了空想社会主义的基础，为城市未来点燃了发展明灯。

1898年，霍华德的《明天—— 一条引向真正改革的和平道路》提出了田园城市构想，试图改变资本主义城市形式，解决工业化进程中人居环境的矛盾。在田园城市构想中，城市和乡村融为一体，城市环境得到改善，并有效控制城市用地的无限扩张。霍华德的田园城市理论首次将社会研究融入城市规划之中，将物质规划与社会规划紧密结合在一起。②

19世纪第二次工业革命结束后，法国现代建筑大师勒·柯布西耶在强调功能理性主义和集中主义的基础上，提出了“光辉城市”与“光明城”的城市规划模型。柯布西耶认为集中的城市才有活力，传统城市中心拥挤的问题可以通过技术改造来完善功能，高密度发展的城市要通过新型的、高效率的、立体化的交通系统来支撑，才能适应未来的发展需要。他主张通过用地分区来调整城市内部的密度，使人流、车流合理地分布于整个城市，从而减少市中心的拥堵。③ 柯氏乌托邦式城市设计思想涵盖四个核心原则：减少市中心的拥堵、提高市中心的密度、增加交通运输的方式以及增加城市的植被绿化。这对未来城市人口的激增具有极强预见性。同时，他强调通过直线式的几何体形所体现的秩序和标准来反映工业生产的时代精

---

① 参见张超昆鹏《托马斯·莫尔〈乌托邦〉思想文化渊源初探》，硕士学位论文，南京大学，2017年。

② 参见马万利、梅雪芹《有价值的乌托邦——对霍华德田园城市理论的一种认识》，《史学月刊》2003年第5期。

③ 参见［法］勒·柯布西耶《明日之城市》，李浩译，中国建筑工业出版社2009年版。

神，构成现代城市的肌理。但是，柯布西耶的城市规划构想仍然是在均质条件下建构的模型，不能对多元而复杂的城市实体起到决定性的指导作用，其反映机械理性的倾向也缺乏对城市社会和人文层面的关注。

1922年，美国著名城市理论家芒福德在《乌托邦的故事》(*The Story of Utopias*)中第一次描述了“现代世界的区域重建”。1938年，《城市文化》(*The Culture of Cities*)中明确提出了“区域城市”的概念，“把城市视为区域个性的一种表达”①。1962年，《城市发展史——起源、演变和前景》中完整论述了“区域城市”理论。“区域”指代人类社会活动的基本载体，是聚居环境中的中心场所，包含了地理、文化和社会层面上的含义。“区域城市”是指在规模上相对于大城市而独立存在的中小城市，也是区域内的生态型田园城市，但具有更高层次的目标和内涵。

除了上述典型理论，西方城市规划范畴内还出现了许多丰富的理论及分支。(如表)如法国空想社会主义哲学家查尔斯·傅立叶提出了“法郎吉”的社会公共生活单位，英国空想主义学者罗伯特·欧文也创作了“新协和村”的示例方案。20世纪70年代后，西方城市规划理论体系逐步形成了对城市多元复合空间的认知，出现了后现代主义城市规划，即认为城市是由多元空间和多元关系网络组成的多要素复合空间，其中人为参与是空间的主体及核心。多元理论的发展使得城市规划领域出现多学科交叉应用的趋势，尤其是社会科学和现代哲学流派。90年代后，陆续出现了精明增长和新城市主义，其中新城市主义催生了“传统邻里发展”和“公交主导发展”两种典型模式。

西方城市规划理论脉络

时间	人物	著作/观点/模型
1516年	托马斯·莫尔	《乌托邦》
1802年	查尔斯·傅立叶	“法郎吉”聚居单元
1825年	罗伯特·欧文	新协和村
1882年	索利亚·玛塔	带状城市理论
1898年	埃比尼泽·霍华德	《明天——一条引向真正改革的和平道路》；田园城市

① [美]刘易斯·芒福德：《城市文化》，宋俊岭、李翔宁、周鸣浩译，中国建筑工业出版社2009年版。

续表

时间	人物	著作/观点/模型
1904 年	戈涅	工业城市理论
1912 年	恩温和帕克	卫星城
1923 年	勒·柯布西耶	《走向新建筑》；明日城市
1929 年	克拉伦斯·佩里	邻里单元
1933 年	现代建筑国际会议	由勒·柯布西耶倡导的《雅典宪章》；功能主义
1935 年	赖特	《广亩城市：一个新的社区规划》；广亩城市
1938 年	芒福德	区域城市
1943 年	沙里宁	《城市：它的发展、衰败与未来》；有机疏散理论
1954 年	史密森夫妇	族群城市
1960 年	凯文·林奇	《城市意象》
1966 年	罗西	《城市建筑》
1971 年	麦克哈格	《设计结合自然》；“千层饼”模式
1977 年	现代建筑国际会议	《马丘比丘宪章》
1978 年	柯林·罗、弗雷德·科特	《拼贴城市》
1990 年	欧盟委员会	《城市环境绿皮书》；紧凑城市
1991 年	卡尔索普	《社区规划守则》；阿瓦尼原则
1992 年	里斯	生态足迹
1993 年	康斯特勒	《无地的地理学》；新城市主义
20 世纪 90 年代	杜安尼和赞伯克	传统邻里发展模式（TND）
20 世纪 90 年代	卡尔索普	公交主导发展模式（TOD）
2000 年	美国精明增长联盟	精明增长
2007 年	各国政府	低碳城市

基于上述，数百年来，莫尔、康帕内拉、欧文、圣西门和傅立叶的空想社会主义为现代城市规划开启了一扇窗，其乌托邦的憧憬给予现代城市发展的理论启发，城市规划始终在探寻着工具理性与价值理性的融合，这是千百年的历史给予的馈赠，也是规划师怀揣“乌托邦”情怀的初心。面对现时代下的种种困惑与难以解释的事件，历史这面镜子同样给予告诫：从城市规划的理论源头重新思量当下城市规划的发展，探究适合新时代的城市空间认知理论与方法。

三、从二元走向三元的城市空间认识论

（一）城市空间认识的演变

首先，基于上述西方城市理论的梳理，作为规划理论的基础——城市空间认知论，经历了由理性主义向人文主义过渡，即自田园城市开始，对人自身社会需求的关注逐渐催生了以人为本的认识论；其次，在城市演变中，城市的复杂性与非均质性被充分揭示，由此，使得对待城市空间布局及功能分区由机械而明晰转变为区域内系统化的空间整合，这一点转变，颠覆了百年来城市规划的绝对理性，也为辩证认知城市空间提供了多元的视角；最后，出于社会公平角度的考虑，参与规划的主体也逐步社会化，由早期的包豪斯培育下的精英主导转变为公众参与，这使得城市规划从神圣的技术伊甸园走向普世的多方协同的殿堂。与此同时，更为重要的是，随着生态学、地理学、哲学等与城市规划学科的交叉融合，彻底替代了传统的静态思维转变为重视城市过程循环的动态思维。

诚然，人们对于城市空间的理解和认知在不断充实、完善，城市空间本身的特质直接影响着对空间的规划及干预方式。面对复杂的、多元的、非线性的城市空间，人与空间割裂的二元认知论已难以满足发展的需求，亟待认识上的“质”的转变。

（二）空间三元哲学思辨

百年城市规划理论的演变，期待着城市空间认知论的质变，空间三元辩证法给予了启发。空间三元辩证法是由法国马克思主义哲学家亨利·列斐伏尔提出的，源自其著作《空间的生产》（*The Production of Space*）。空间三元辩证法突破了传统关于空间性质的二元论（空间分为物质的和精神的两种），提出了空间是由物质、精神和社会三位一体、共同组成的。[①] 空间包含社会实践、社会规律、历史信息的综合与叠加。社会空间介于物质空间与精神空间之间，既是物质的，也是精神的，但不仅仅是两者的累加，而是多层含义上升而成，对两者的超越。

---

① 参见赵海月、赫曦滢《列斐伏尔“空间三元辩证法”的辨识与建构》，《吉林大学社会科学学报》2012 年第 2 期。

三元辩证法的核心观点是空间都可以从物质层面的空间实践、精神层面的空间表征和社会层面再现性的空间三个层次出发分析和思考。第一个层次，空间实践是指空间中实际发生的社会活动和交往的行为过程，及其创造的空间中的物质结果。第二个层次，空间表征与物质性的空间实践相对，是精神性的和概念化的，是人们对于空间的想象，即对空间的构想，与空间实践的逻辑性和一致性不同，空间表征包括概念、语言、文本和表达方式等，是一个多变的、动态的过程。空间表征的表达基于多学科的知识建构而成，并且与生产关系及社会内部秩序紧密相关。① 第三个层次，再现性的空间属于社会和生活层面，是人通过相关既定的意象、符号、象征对于外在空间的操作。人们的活动在空间中被表达并形成社会规范、价值以及经验，并根据不同的社会、历史、文化而具有各自的特征。在再现性的空间中，人们对空间的构想作用于空间、占有并改变它，生成一个充满张力、矛盾和不稳定的象征世界。②（图1）

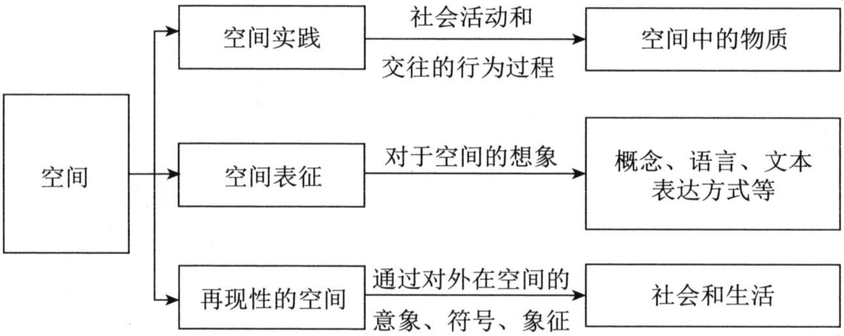

图1 空间的三元辩证法

总之，空间实践是人们对空间的客观体验和认知，空间表征是人们对空间的构想，包含知识的产出，再现性的空间则是包含物质和精神层面的社会生活。空间三元层面的思考是一个同时进行的过程，必须同时考虑三个层次空间的转变、联系与消逝。以空间为分析主体，在不同历史、社会的前提下分析该空间的意义。空间三元辩证法立足于在再现性的空间，物质和精神的叠加，使其具备地方性，所以再现

① 参见赵海月、赫曦滢《列斐伏尔"空间三元辩证法"的辨识与建构》，《吉林大学社会科学学报》2012年第2期。

② 参见连泽峰、张甜甜《空间三元辩证法下景观空间生产的解构》，《现代城市研究》2018年第12期。

性的空间能够作为一种媒介引发空间中的事件，从而形成生活情景的中心。①

(三) 空间三元论下的城市空间解构

城市的诞生、发展和演变源自人类活动对空间的占有和改变，既包含作为基础的物质空间环境，也涵盖精神层面的文明和上层建筑，并且以人类的社会生活为城市空间的核心，这与空间三元论相契合。运用三元论的方法认知城市空间，解读城市空间，有助于解析其背后运行逻辑，消解城市过程和社会活动的不透明性，从而更全面而系统地认知城市空间。

基于空间三元论的启发，城市空间可以解构为：(1) 城市空间实践，即指城市发展形成的实体空间环境，是人类活动创作的空间的物质结果，是客观存在的、可被感知的、确定的建成环境。城市空间实践是具备逻辑性和一致性的城市建设主体，也是表层上对城市本身或城市与自然关系处理的实际操作。(2) 城市空间表征，即指在主体建设营造的环境中，人们对所处空间的主观感知与精神性的构想，包含城市文化、地域性传统特征、表达方式、理论学说等。基于多学科的交叉背景，城市空间的构想呈现多元、动态的特点，通常表现为一种以文化特征为主、多种补充形式共存的状态。(3) 再现性的城市空间，即指在物质空间和精神内涵建构基础上，城市中灵动的生活情景，受到社会环境、历史背景和文化底蕴等多方面因素的共同作用。再现性空间在城市中反映为人们的生活方式，也是城市文化的表征，人的置入，使其成为具有活力和持续发展可能性的空间。(图 2)

通过对城市空间的解构和再审视，能够发现三元空间层次在空间中的共同在场、共同作用和相互渗透。在城市空间规划和设计过程中，也需要辩证思考不同层次的空间如何存在和运作，对建成后承载的生活情景进行预判，进而避免缺乏活力的消极空间出现。

---

① 参见连泽峰、张甜甜《空间三元辩证法下景观空间生产的解构》，《现代城市研究》2018 年第12 期。

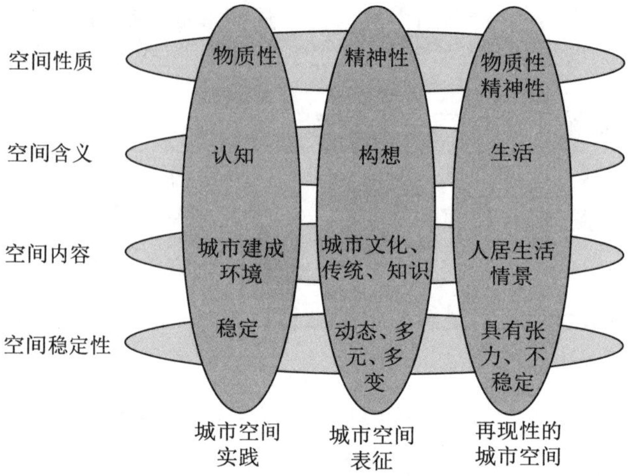

图2　三元论下的城市空间解构

四、空间三元论下景观与城市空间的思辨

（一）城市景观空间的三元认知

城市景观空间是城市空间的重要组成部分，其在生态性、区域性和文化性的层面彰显其魅力，也是营造城市空间特色的重要手段之一。同时，基于上文启发，进一步探究城市景观空间，可以加强对城市、景观与城市三者关系的进一步认知。

首先，城市景观空间的实践是认知层面的景观空间，表现为城市中与基础设施结合的景观循环系统，化解区域、城市、区块、街巷、建筑群等与自然环境关系的过渡景观，置入城市中与绿地系统连接的各类绿地等。物质层面的景观空间也包含景观的生态过程，并结合城市的生产过程、社会过程构成完整的城市过程系统，为人所认知和察觉。其次，景观空间表征则是空间实践过程中，概念化的景观空间想象与精神性空间，在感知物质空间后对其进行概念形式层面的表达。表现为具有象征意义的景观空间，传达具体文化内涵的景观场所，以及具有地方性特征的景观设施。最后，再现性的景观空间指代以人的活动为主体，在实际景观空间中发生的生活情景、社会交往、信息交换以及资源整合。由于人们天性向往自然，在趋近自然的行为过程中，自发地在景观空间中集聚，成为城市的活动中心。在特有的历史、社会和文化背景下，不同景观空间将体现出不同的、鲜活的场景。

基于三元论下城市景观空间的认知，城市景观空间的营造在各个空间层次有对应的表达方式和操作手法，同样多个层次的共同作用也将为景观空间提供多元而丰富的空间在场体验。据此，强化了景观与城市空间的关联性，及其景观对城市空间的作用，即在营造城市空间特色中景观所承担的作用，城市景观空间是营造城市空间特色的重要途径之一，也是消解当下城市千城一面，缺乏特色的方法之一。

（二）城市景观空间的担当

为了能够营造多元而又丰富的景观空间及其在场体验，可以通过空间的物质性、精神性及社会性三个层面特性来对城市景观空间进行干预处理，以此呈现出城市景观空间的担当，具体包括（图3）：

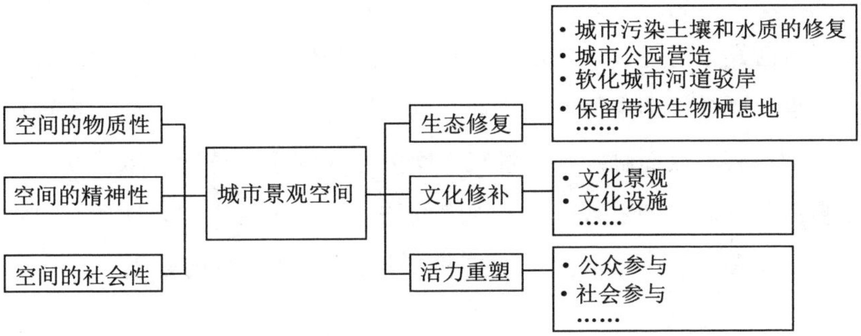

图3　城市景观空间的担当

1. 生态修复

对于生态空间的处理属于景观空间的实践，对实体空间环境的优化和布局整合是城市建设的基础。生态空间修复既是对城市所在区域与城市内部由于不科学发展或历史遗留问题导致的消极空间的修复，也是对城市与周围自然环境矛盾的化解和调节。较为常见的方法有：区域层面的生态保护区划、区域生态保护机制的建构、城市功能的调整、城市用地的修改、城市污染土壤和水质的修复、城市公园营造；软化城市河道驳岸，保留带状生物栖息地，维护生态过程循环；更新城市基础设施，进行景观化处理，将生态过程和城市过程缝合演进等内容。

2. 文化修补

从景观空间的表征层面来说，景观空间应作为城市文化的载体，对内有丰富的文化内涵，对外能够让人感知到其精神性寓意。景观空间的文化性处理可以是增加景观设施的文化内涵，也可以是增加文化性景观在城市中的置入。文化性景观是指利用固有的物质基础在特定的历史和社会背景下生成的景观空间。文化性景观空间既包含空间上的变化，也预示时间上的推移，即空间上表现地域性特征，时间上体现历史的变迁和发展。文化性景观和具有文化职能的设施同样能够增强城市空间文化整合能力，传承地域性文化，从而丰富社会生活多样性，增加社区归属感和认同感。

3. 活力重塑

从再现性的景观空间层面来说，景观能够作为促进社会活力重塑的城市触媒。在实际的城市生活中，人们集体在景观空间的聚集会引发社会交往的可能性，这时的景观空间不单具有物质层面的生态作用，更是社会活动发生的场所，是城市生活的背景。景观触媒是通过合理规模、位置、形式的景观空间在城市中的置入，创造区域活动焦点，既是社会层面的催化剂，也是城市文化的交流中心。再现性的空间以人的参与为核心，故而触媒式的景观空间关注人的实际体验，以公众的实际需求为生成逻辑。这有效提高了人们对景观空间的占有、参与度和认同感，也增加了设计过程中的公众参与程度，从而激发城市的活力，促进再生与复兴。

五、结论

数百年的城市规划理论从“乌托邦”走向理性，走向未来，在此发展过程中，“乌托邦”的情怀一直左右世人，但理性的规划是规划本身发展的逻辑追求，无论是哈贝马斯努力重构现代主义，还是福里斯特（Forester）、英尼斯（Innes）、希利（Healey）等著名规划学者所主导的联络性规划理论等，规划始终在追求着工具理性与价值理性的融合。其中，工具理性服务于经济意义上的“理性决策”，目的是追求最高效率与最大利益；价值理性即为了社会价值及人文价值，包括实现社会正义所必需的决策程序的正义。这两者的融合就是规划的理性，这也是三元空间论给予的启发。为了更好地审视多元要素复合的城市空间，空间三元论解构了城市空间，即物质层面的空间实践、精神层面的空间表征以及社会层面再现性的空间，这三个空间层次开启了审视城市空间与景观的新视角。据此，提出了以景观空间在城市空间特色塑造中的担当，即生态修复、文化修补与活力重塑。

参考文献

[1] D. Harvey, *The Urbanization of Capital: Studies in the History and Theory of Capitalist Urbanization*, The Johns Hopkins University Press, 1985, p. 14.

[2] D. Harvey, *The Limits to Capital*, London, New York: Verso, 2006, p. 191, p. 324, p. 424.

[3] Stanek, *Henri Lefebvre on Space: Architecture, Urban Research, and the Production of Theory*, Minneapolis, New York: University of Minnesota Press, 2011, pp. 129 -132.

[4] S. Elden, *Understanding Henri Lefebvre: Theory and the Possible*, London, New York: Continuum, 2004, pp. 181 -192.

[5] K. Lynch, *The Image of the City*, Cambridge: MIT Press, 1960, pp. 8 -16.

[6] H. Lefebvre, *The Survival of Captital*, *Reproduction of the Relation of Production*, trans by Frank Bryant, London: Allison and Busby, 1978, p. 21.

[7] H. Lefebvre, *The Production of Space*, trans by Donald Nicholson -Smith, MA: Blackwell Publishing, 1991, p. 7.

[8] H. Lefebvre, *Key Writings*, cited by Stuart Elden, New York: Continuum, 2003, p. 209.

[9] H. Lefebvre, *Writing on Cities*, MA: Blackwell Publishing, 1996, p. 9.

地域特征下江南传统民居的新中式表达

邹远昊[①]

摘　要：20 世纪 80 年代发展至今，传统民居新中式的创作模式已经得到了普遍认可，但在新中式蓬勃发展的同时，其地域性缺失的问题也越发明显。新中式建筑地域性的丧失使其与现代主义建筑本质上相同，即是那种以中式建筑为噱头，忽略对地域特质的反馈，仍然依托于“机器文明”的现代主义建筑。在新中式建筑创作的诸多手法中，生态化创作是对其地域特质反馈的较好方法，同时也是其区别于现代主义建筑的重要特质。文章以江南地区为例，通过归纳新中式空间创作手法，结合对江南地域特质下建筑空间形式的浅析，以期寻求江南地域特征下新中式民居空间的营造方法。

关键词：地域特征；传统民居；江南地区；当代化

一、引论

由 20 世纪 80 年代发展至今新中式建筑的创作已得到了普遍认可，但在新中式建筑蓬勃发展的同时，新中式建筑地域性的缺失也越发明显。在新中式建筑的创作中建筑师更多地试图体现其“中式”的特点，将中式作为一种指导设计的手段而不是设计作品最后呈现出的品质，这种对“中式”的盲目追求势必导致流于表面的“中式”建筑，其地域性更是无从谈起。同时一些新中式建筑往往从符号模仿上体现建筑的传统性而忽略了建筑地域性产生的根源即地域特色。此类建筑通常为形式上的复古而非根据地域特征创作的中式空间。

---

① 邹远昊，华东理工大学景观规划设计系硕士研究生。

江南地区景观资源丰富，山水秀丽，境内遍布河流水域，自然环境得天独厚。也正是这种不同于别处崇山峻岭的秀美山水与雨雾缭绕的气候特征造就了江南的诗性文化，同时也赋予了江南建筑以灵动轻盈的空间。文章试图通过对江南地区地域性特色的分析，以求能从空间营造方面丰富新中式建筑地域性特色的表达方式。

二、相关理论

（一）地域性建筑

地域主义建筑强调建筑的地域性，是指那些体现着特定地域的场所精神的专有建筑，而不是那种放之四海而皆准的以现代工艺去克服一切自然限制的建筑。地域建筑的地域性特征应该是对该地区特定的人文自然环境的回应，与该地区生态系统的对话，同时反映特定时期和社会的目的及愿望。但与此同时，地域主义并不排斥现代建筑的功能主义与为人们日常生活带来极大便利的机器文明，它反对的是以统一的机器文明去掩盖特定地区的地域特征的做法。

（二）新中式建筑

新中式建筑是指既具有中国传统特色，展现着中国样式又体现着时代精神的建筑形式。但是需要注意的是，中国地大物博，中国样式亦是包罗万象，简单地以中国样式来笼统概括新中式建筑的创作方式是没有意义的。新中式建筑中的中国样式必须与地域概念相结合，做出对地域特质的反馈，与特定地域的生态系统产生具体的联系。新中式建筑是具体的、地域的、生态的，而不是那种依托于机器文明的放之四海而皆准的建筑形式。

关于新中式建筑的讨论在20世纪初便已经兴起，但是直至20世纪70年代末，关于新中式建筑的探讨一直处于理论与小范围实践或是执着于传统建筑形式的萌芽阶段。现在普遍认为20世纪80年代至今为新中式建筑的正式发展时期。

（三）马斯洛人类需求理论

20世纪40年代美国心理学家亚伯拉罕·马斯洛在《人类激励理论》中所指出人类的需求是有等级差别的，由低至高分别为生理的需求、安全的需求、交往的需求、尊重的需求、自我实现的需求。

纵观20世纪，100年的时间，建筑界一直在寻找中式建筑现代化的方式，受制于生产力发展水平，这种探索大都难以应用于现实的生活中去。得益于改革开放带来的生产力的飞速发展，在20世纪80年代以后关于新中式建筑的探索得以进入新的阶段。新中式建筑发展至今，有关地域性特质缺失的问题渐渐凸显，对于新中式建筑地域性特质的重视可视为新中式建筑在新时代背景下回应人民群众越发升级的需求的一种方法。

三、传统建筑的新中式表达手法归纳

中国国土辽阔，地域宽广，无法以一种创作手法涵盖各个地域中不同类型的中式建筑。本章旨在简要介绍其中依托于中华民族共性文化，同时也是最具代表性的创作手法。

（一）新中式布局手法

相较于传统建筑而言，新中式建筑的空间布局在风水选址上考量较少，新中式建筑在进行空间布局时更为重视功能、交通、日照、通风等诸多现实因素。

1. 集中式布局

集中式布局建筑在中国传统建筑中有不少优秀案例，比如北京天坛，或是客家土楼。当前新中式建筑中出现的集中布局式建筑更多地受到现代主义建筑的影响，大多因功能需求而形成。集中式布局多出现于功能紧凑的大型建筑之中，如博物馆、客运站。

2. 分散式布局

得益于传统建筑对建筑聚落的重视，新中式建筑中的分散式布局则更为常见。分散式布局通常分为两类，即规整式与自由式，规整式布局多见于平原地区，讲求规整秩序，多以轴向控制建筑走向，比如模仿旧时王城规划的十字轴布局。自由式布局更为常见于山地丘陵地区，根据区域内自然特征来进行空间划分，形成大小不同的建筑空间，其中以江南园林建筑布局与传统村落布局最具代表性。

（二）新中式建筑形式创作手法

本节聚焦于新中式建筑创作中方法论部分，从宏观层面浅谈在中国传统文化影响下新中式建筑的创作手法。中国疆域辽阔，不同地域之间的文化习俗与地理气候条件千差万别，脱离对地域性的把握论述新中式建筑的形式创作无异于空谈。结合江南地区地域特色的新中式建筑创作手法将于下文给予论述。

1. 形式模仿

形式模仿为新中式建筑创作过程中较为简易的一种手法，即对传统中式符号的模仿使用，使人们能在新建成的新中式建筑中感受到传统中式建筑的意境与美感。此种手法若是运用得当，则有画龙点睛之妙用。若是运用不当或是大量使用则会使得新中式建筑成为简单的仿古作品，甚至产生不伦不类之感。

2. 形式移植

形式移植即是在传统建筑中提取其最具代表性的部分，将其与新的建筑形式结合，赋予其新的生命力。形式移植与形式模仿不同，形式移植更为自由，更少受到中式传统原本的限制，能够较为自由地与新式建筑相结合，在新中式建筑的创作中使用较广。

3. 形式抽象

形式抽象即通过对传统中式建筑进行代表性元素的提炼，以一种更言简意赅的方式将中式建筑的精髓加以呈现。此种手法是新中式建筑创作过程中较为高级且常用的手法，该手法经过多年实践产生了较好效果。

以贝聿铭设计创作的苏州博物馆为例，建筑在形式与材质上与江南传统建筑并不相同，但苏州博物馆却能以其极富现代主义感的几何形体令到访者都能感受到江南水乡的神韵。这得益于贝聿铭对苏州园林风貌的成功抽象，以及在苏州生活的童年经历带给他的独属于江南的生活感受。日本建筑师安藤忠雄作为日式地域性建筑的代表人物，其建筑作品通过对日式空间的抽象，成功地创作出体现日本民族特质的新日式空间。

形式抽象作为将传统与现代相结合的较好的创作手法，在国内外已有诸多优秀案例。但是形式抽象作为一种较为抽象自由的表现方式，容易陷入过于强调文化，导致空间不合理运用或是空间浪费的怪圈。在今后新中式建筑的创作过程中应予以注意。

4. 形式隐喻

隐喻即赋予建筑以特定的含义，用建筑去表达建筑以外的事物。以崔愷创作的重庆国泰艺术中心为例，中心采用大量红色构建以斗拱形式穿插而成，隐喻《三国演义》中诸葛亮草船借箭的典故。

形式隐喻即在建筑场所中建立一种显性与隐性的微妙关系，引导人们透过显性空间去探求隐性的内涵，创造人与建筑的互动关系。隐喻是新中式建筑创作手法中较为高级的创作方式，与传统中式建筑营造意境的手法有异曲同工之妙。

遗憾的是，近年来以隐喻手法进行新中式创作的方式一直处于停滞状态。隐喻的原型往往局限于中式建筑的传统意象，在时代精神的体现上鲜有新突破。在形式隐喻手法的应用中，设计师的隐喻对象未必要局限于传统意象。以场地中具体的且有代表性的物体，或是具体发生着的事件为对象，用显性的建筑空间去隐喻这些事物，不失为在隐喻中寻求体现时代精神的较好尝试。

5. 形式解构

解构主义出现于20世纪80年代后期，关于其原则与具体特征，建筑学界至今仍无公认的定义。本文将新中式建筑中的形式解构理解为在对中式传统建筑进行形象重构的同时保留其传统风骨。

（三）新中式建筑生态化创作手法

新中式建筑地域性的丧失使其与现代主义建筑本质相同，即是那种以中式建筑为噱头，忽略对地域特质的生态性反馈，仍然依托于“机器文明”的现代主义建筑。因此，新中式建筑的生态化创作是其区别于现代主义建筑的重要特质。

马来西亚建筑师杨经文创立的“生物气候学”理论为我们提供了一定的理论参考，即强调人的使用大于建筑形式；重视对建筑外表皮的作用，利用对墙体的设计起到隔热的效果；注重建筑的采光通风，利用烟囱起到通风散热的作用；利用中庭与立体绿化调节小气候。

将生态化创作手法应用于建筑空间的创作方式在中国传统建筑的发展历程中并不罕见。

以江南地区园林建筑为例，天井、长廊等常见的过渡性空间在采光、通风、调节气温方面大有裨益。天井作为连接内部建筑与外部自然的过渡空间，为建筑提供日照的同时起到室内外空气交换的作用。夏季日间，天井内气温较低，形成低压，天井内较凉气体流向温度较高的室内，以实现室内的自然降温。此外从审美及空间角度而言，天井具有美化建筑空间、丰富建筑空间层次的作用。

窑洞作为陕北极具地域特色的建筑形式在材料使用、融于自然、节能减排、调节微气候方面展现出了巨大的生态价值。窑洞建筑建造材料可以就地取材，单位面积造价低廉，不占用地表空间，对原生地貌影响较小，与此同时窑洞建筑具有冬暖夏凉、调节微气候的功能，对人工调节气温的依赖性较小。窑洞建筑以其极具地域特色的建筑形式、极高的生态价值，为新中式建筑生态化创作提供了颇多启发。

（四）新中式建筑意境创作手法

新中式建筑的意境创作手法在建筑形式创作手法中已有颇多体现。形象抽象、形象隐喻等引导人们与建筑互动的创作手法皆在意境创作上有较好表现。但当前新中式建筑意境创作多为仿古，鲜有时代精神的表达。

四、江南地域特征下的建筑空间解读

（一）江南地区地域性特征

江南从字面理解可泛指我国长江以南区域，从人文地理的角度而言，江南则特指长江中下游平原地区。文章所指江南即属后者。

1. 文化特征

有赖于江南区域地理的完整性，江南文化得以自成一体，散发出与北方、岭南文化截然不同的气质。学者刘士林指出，从历史源流上看，江南文化也一直是自成一体的，它的核心是“江南诗性文化”。与中国其他区域的地域文化相比，江南文化散发着的独有的文人气质，每当人们提起江南时总会想起江南的水乡、园林、诗，这种被人们在潜移默化中赋予的文人气质蕴含在每个中国人心中——何不下江南。

2. 自然特征

文章所言江南泛指长江中下游平原地区，包括现今江苏南部、安徽南部、浙江北部、上海区域。该区域水资源丰富，以长江、钱塘江为主的水系遍布江南，江河湖泊星罗棋布。江南地区南部以山地丘陵居多，北部多为平原地貌，地形总体南高北低。江南地区属亚热带气候，雨热同期，此外江南地区的主要气候特征还包括春雨、梅雨、伏旱和虽然晴天居多但却依然湿冷漫长的冬季，这也使得江南民居在创作过程中对通风、朝阳尤为重视。长江中下游地区土壤肥沃，适宜种植业发展。相较于黄河流域，江南地区植被覆盖率高，水土保持能力强。在优渥的自然条件下江南地区植物种类多样，落叶植物与常绿植物皆有分布，一年四季，景观各异。

（二）江南地域特征影响下的建筑空间

不同于北方园林与建筑中所体现的中正有序的秩序感，特有的自然地理环境与江南诗性文化造就了江南地区独有的秀美、雅致的建筑形态。江南地区长期以来的尚文心理与园林文化使得江南地区民居庭院颇具园林色彩。

1. 建筑形态

江南地区民居总体体量较之北方民居偏小，常规民居大多为两层到三层，王建华博士在其博士学位论文《基于气候条件的江南传统民居应变研究》第三章中指出江南地区民居面宽进深高度三者之比通常为15∶10∶7。根据体形系数理论，在其他条件不发生变化时，建筑的表面积与体积之比越小建筑自身能耗就越低。通常我们所了解的空间形式中以半球形的表面积与体积之比为最小，正方体建筑次之，当建筑体积小于2000立方米时，建筑层数以两层为宜。但是在应用此理论时必须考虑太阳热辐射的能源利用，因此建筑朝阳面表面积与总表面积比值取大为宜。在对建筑整体形态考虑时需结合体形系数理论与场地具体特征，高效利用太阳热辐射能源。

2. 建筑结构

江南地区民居建筑的结构常为穿斗式木构架，即建筑不使用梁结构，以柱承檩完成屋面的承重，外围墙面多刷石灰，为灰白色，以做防潮之用。江南地区全年雨季居多，连绵雨季造成了江南地区的潮湿气候，对该地域特色的反馈在建筑上的体现即为陡峭的屋顶，通常为两层至三层的建筑层数，建筑一层采用砖结构，二层为木质结构也是对潮湿气候的反映。此类连绵且上层较轻盈的大屋顶式建筑辅以白墙黑瓦的色彩构造，与江南水乡清秀山水相映成趣。

3. 沿水空间

江南地区河流湖泊密布，临水建筑常设檐廊，即由二层屋檐处挑出，下置立柱栏杆，上下两层共同形成室内外过渡空间。檐廊下可供周边居民开设店铺或者围绕此处开展公共交往活动。临河处常设置码头以供火灾发生时供水之用。因江南地区民居体量较小，密度较大，在防火手段上江南地区民居多有马头墙，当火灾发生时以隔断火源。马头墙因其形状神似马头而得名，在江南传统民居中马头墙在起到防火作用的同时能提供装饰作用。现今马头墙在新中式建筑中仍多有应用，但其防火作用已被弱化，大多起装饰作用。

4. 过渡空间

中国古典园林自诞生之初便有着系统而稳定的指导思想——“天人合一”，这一思想也是中国古典园林之所以成为中国式风景园林而非英国式风景园林或法国式古典园林的思想渊源。在这一思想的引导下，江南园林建筑空间中出现了颇多连接建筑空间与自然空间的过渡空间。过渡空间在建筑通风、调节气温、调节日照等改变微气候方面有神奇的效果。作为江南园林建筑的一大特色，过渡空间发展出了丰富的类型，主要包括天井、廊、檐廊、骑楼、弄堂等。

天井：天井作为江南园林及建筑中最富代表性的过渡性空间，与北方庭院同为室外空间，但却不尽相似。相较之庭院，天井尺寸较小，四面多以连廊围合，与建筑空间以廊相连。庭院空间较大，且四面即为建筑或围墙，更多地作为外部空间而非过渡空间。天井作为连接内部建筑与外部自然的过渡空间，为建筑提供日照，同时起到室内外空气交换的作用。夏季日间，得益于四周高大的围墙，天井内气温较低，形成低压，其内冷气流向温度较高的室内，以实现室内的自然降温。同时天井具有延伸室内空间的作用，能较大地提升建筑空间层次的丰富度。

廊：廊在江南园林内广泛运用，被视为连接建筑各个功能分区的路线引导，使居住者在得以充分享受园林自然之景的同时，能在廊的庇护下遮阳避雨。与此同时廊能起到划分空间的作用，较之墙体，以连廊划分空间的手法更为自然通透。廊将天井、中庭、建筑相连接，形成以廊为纽带，串联景观空间与建筑空间的流线，此为江南园林建筑中过渡空间与室内空间、室外空间的绝妙结合。较之以墙划分，以廊相连的过渡式划分空间的手法与江南建筑呈现的清秀气质更为相称。

檐廊：江南地区河流湖泊密布，临水建筑常设檐廊，即由二层房檐处向外挑出，下置立柱栏杆，上下两层共同形成室内外过渡空间。檐廊下可供周边居民开设店铺或者围绕此处开展公共交往活动。

骑楼：作为外廊式建筑物的典型代表，骑楼的历史可追溯至2500年前的希腊帕特农神庙，于国内而言骑楼也非江南地区所特有，但江南地区的骑楼创作与江南水乡特色充分结合，使其成为江南颇具代表性的过渡空间类型。江南地区的骑楼即上部分与常规民居无甚区别，下层减空，由立柱支撑，与沿街水流平行，形成室内外过渡空间，以供居民交通游览之用（同时作为抵御水流潮湿侵蚀的建筑手段）。骑楼通常以点状分布于水系两侧，两三相连。

弄堂：江南民居相邻建筑之间形成的狭长空间，类似北方胡同。出于防火考虑，建筑相邻之处常上置马头墙。马头墙同时起到装饰作用，高耸的墙体加深弄堂纵向纵深感。横纵狭长的弄堂空间亦是江南建筑的特色。

江南园林建筑中的过渡性空间是极具江南地域特色的空间类型，在为人们提供交往、游憩、商业活动的同时展现出了较高的生态价值。江南园林建筑中的过渡性空间既是古老的江南人民的智慧结晶，也是地域特质影响下，江南新中式建筑空间创作的灵感源泉。

（三）江南传统建筑空间对新中式建筑创作的启发

封建社会早期园林多为达官显富所有，新中国成立后，封建阶级观念被破除，改革开放后中国经济飞速发展，随着时间的不断推移，经济水平的不断提高，将破除旧社会经济水平对园林空间普及的限制。根据马斯洛人类需求理论，物质生活水平的提升将导致人民群众文化需求的扩张。园林文化根植于江南社会，以园林为载体的诗性文化亦是江南文化的核心。新社会新时期，对园林的呼唤将是民众对传统文化需求的反映。作为极具江南地域特色的地域文化，园林文化的介入将是江南新中式建筑回应人民群众对文化呼唤的重要手段。

园林由商周发展至今已有千年，千年间园林经历的三个发展阶段赋予了园林种植、养殖、生产、静思、言志、休闲、游憩、交往、集会的功能。园林功能之丰富、意义之重大、推广之可行使其在基于江南地域特色的新中式建筑创作过程中拥有重要意义。

根据前文论述：新中式建筑地域性的丧失使其与现代主义建筑本质相同，即是那种以中式建筑为噱头，忽略对地域特质的生态性反馈，仍然依托于“机器文明”的现代主义建筑。因此，新中式建筑的生态化创作是其区别于现代主义建筑的重要特质。

江南特有的诗词园林文化与独特的自然环境造就了独具地域特色的建筑形式。其中以承载着园林文化的园林式空间与蕴含着天人合一思想的过渡性空间最具代表性。江南园林建筑中的过渡性空间在通风、调节气温、调节日照等改变微气候方面有神奇的效果。在现代建筑以其便利的“机器文明”来解决建筑各方面运作的当下，江南园林建筑中的过渡性空间无异于极富生态理念的建筑手法。这与马来西亚建筑师杨经文所提出的“生物气候学”理论中的颇多观点相吻合，再一次证明：古老的中华民族的智慧结晶依然是设计师们需要重视的灵感源泉。

五、结论与展望

新中式建筑地域性的丧失使其与现代主义建筑本质上相同，即是那种以中式建筑为噱头，忽略对地域特质的反馈，仍然依托于“机器文明”的现代主义建筑。在新中式建筑创作的诸多手法中，生态化创作是对其地域特质反馈的较好方法，同时也是其区别于现代主义建筑的重要特质。

江南地域特征下，民居空间的营造需给予地域特质以生态性的反馈。在江南园林中，以廊和天井为代表的过渡性空间在体现地域文化、提供生态效益方面有较好表现。江南的园林文化作为江南核心文化之一，以其极强的包容性，与园林空间在当前社会推广的可行性，为江南地区新中式建筑的创作提供了深厚的文化底蕴支撑。

新中式建筑发展过程中地域性缺失的弊病日益凸显，有关新中式建筑地域性表达方法的研究急需开展。当前新中式建筑的优秀实例依然较少，新中式建筑的创作依然局限于高档住宅，寻常人家依然无法对其有直观的体验，并且在城市住宅多为住宅楼的情况下，新中式如何既新又中地体现在高层建筑中依然是悬而未决的问题。新中式建筑发展至今取得了骄人的成绩，但是很多问题依然亟待解决。

参考文献

[1] 徐健生：《基于关中传统民居特质的地域性建筑创作模式研究》，博士学位论文，西安建筑科技大学，2013 年。

[2] 周菡、孟瑾：《批判性地域主义下的现今中国园林——找寻丢失之魅》，《山东林业科技》2017 年第 6 期。

[3] 王艺彭、王洁：《批判的地域主义的当下意义的批判性探讨—— 基于对巴瓦和 RCR 建筑作品的比较阅读》，《华中建筑》2019 年第 2 期。

[4] 李学勤等：《长江文化史》，江西教育出版社 1995 年版。

[5] 景遐东：《江南文化传统的形成及其主要特征》，《浙江师范大学学报》（社会科学版）2006 年第 4 期。

[6] 刘士林：《江南文化与江南生活方式》，《绍兴文理学院学报》（哲学社会科学版）2008 年第 1 期。

[7] 胡志超：《基于江南民居形态格局的现代建筑场地设计策略研究》，硕士学位论文，东南大学，2017 年。

[8] 赵灿：《中国住宅的地域主义——新中式住宅研究》，硕士学位论文，天津大学，2010 年。

[9] 沈克宁：《批判的地域主义》，《建筑师》2004 年第 5 期。

基于共享理念的乡村振兴规划设计策略*

项雪凯①

摘　要：党的十九大提出了乡村振兴战略，同时中央一号文件明确乡村振兴的总要求，即产业振兴、人才振兴、文化振兴、生态振兴、组织振兴，也成为我国推进乡村振兴发展与建设中的重要内容。如今的乡村规划，仍是以美丽乡村、乡村旅游为热点，村庄内部村民的需求未得到充分重视，同时其生产生活空间被不断挤压。本文基于新时期共享理念，结合对韶关市仁化县高莲村的实证调查研究，提出共享理念与乡村规划相互融合的方法，从产业、环境、参与主体、物质空间四个方面阐述乡村共享规划建设。

关键词：乡村振兴；共享理念；发展规划

一、引言

（一）乡村振兴战略

乡村振兴战略是党的十九大作出的重大决策部署，是新时代“三农”工作的重中之重。在我国快速城市化发展下，城乡发展差距不断扩大，逐渐形成城乡二元结构，近年来随着美丽乡村建设和乡村振兴战略的不断推进，城乡间的交流逐渐密切，资源逐渐向乡村倾斜，知识分子、民间组织及企业单位不断进入乡村，为乡村振兴带来了建设资本与更多可能性。

与此同时，在乡村振兴大背景下，城乡规划作为引导社会经济发展的重要手段

* 项目支持：华侨大学科研项目（项目编号：14BS108）；福建省自然科学基金项目（项目编号：2017J01091）。

① 项雪凯，华侨大学建筑学院硕士研究生。

之一，应为乡村建设发展提供更多的帮助，但在之前的城镇化建设中，其技术手段、工作组织等规划架构多围绕城市建设形成，对乡村规划的探索与实践经验相对有限。乡村特有的发展模式与社会关系，决定了城市规划的经验难以从城市直接套用到乡村中，新时期对乡村规划策略与方法的探索显得尤为重要。①

（二）共享理念与乡村规划

共享发展作为一种新的发展理念，其核心就是关注包括社会弱势群体在内的人民的实际需要、发展环境、利益分配以及人力资本的积累，注重社会的公正性、协调性和共享性。②

传统的乡村规划以政府为主导，村民的需求并未得到足够的重视，自上而下的发展方式很大程度上也忽视了村民的精神、文化需求，这种以政府为主导的乡村规划在短期内呈现出较大的成效，例如乡村更为干净整洁、农宅得到了更新整治，然而从长远来看，由于村民公众参与的程度较小，后期往往出现疏于管理维护，而得不到良好的可持续发展。③

在共享理念发展背景下的乡村规划，村民作为乡村共享发展的主体，其政治、经济、文化、社会、生态各个方面都应该作为共享的内容。乡村作为共享发展的客体，其农田土地资源、基础配套设施、乡土风情民俗等都是乡村规划中的重点内容。④ 强调村民的公众参与，自上而下与自下而上相结合的发展模式，政府、村民、社会力量多元主体的参与，使得乡村振兴真正为民，从而实现农民富、村庄美的美好愿景。⑤ 乡村，不仅仅是村里人居住的村落，也不仅仅是城里人短时的消费场所，而是承载着中国传统文化、实现村民品质生活、满足人们乡愁体验的多元共生体。对比乡村规划的六大行动目标与共享主体、客体，不难发现，传统的乡村规划内容主要从客体入手，从而达到村庄美、生态优、乡风好的目标，忽视了乡村的共享主

---

① 参见何兴华《振兴乡村的探索及其启示》，《建筑师》2016 年第 5 期。

② 参见汤天波、吴晓隽《共享经济："互联网+"下的颠覆性经济模式》，《科学发展》2015 年第 85 期。

③ 参见韩喜平、刘永梅《中国共享发展理念的价值创新》，《理论学刊》2016 年第 3 期。

④ 参见王冠贤、朱倩琼《广州市村庄规划编制与实施的实践、问题及建议》，《规划师》2012 年第 5 期。

⑤ 参见赵民《"社区营造"与城市规划的"社区指向"研究》，《规划师》2013 年第 9 期。

体，从而难以实现产业特、农民富、集体强的目标。①

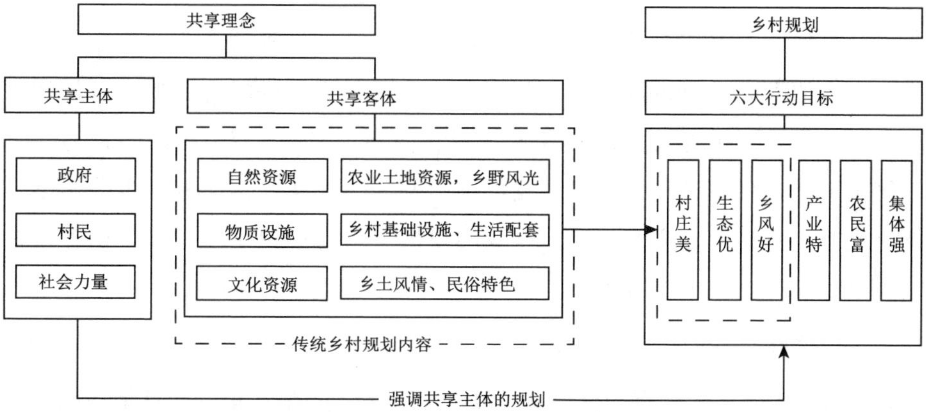

图1　基于共享理念的乡村规划要素

二、村庄规划建设的共享实践案例

（一）高莲村基本情况

高莲村位于广东省仁化县董塘镇，距离董塘镇驻地东部4.2公里、仁化县城西南11.4公里。高莲村有高坝村、老鸦山、莲塘坝、信红4个自然村。村民小组10个，全村共有农户366户，当地常住人口1608人，外出务工人口595人，全村70%—90%为农业人员，村庄以种植业为主，主要种植水稻、花生等，其中水稻种植面积2200亩、花生1000多亩、淮山400多亩。高莲村的旅游资源包括自然风光，如天然竹林、田园荷塘等。绿树环绕的“小洋楼”、矗立在村头巷尾的水墨文化墙、丰富的农作物种植等都构成了独具自身特色与魅力的高莲村景。

（二）高莲村规划设计的问题认知

1. 产业较为单一

在村集体经济方面，集体资产收入单一、后劲不足，收入来源主要依靠第一产

① 参见南刚志《中国乡村治理模式的创新：从“乡政村治”到“乡村民主自治”》，《中国行政管理》2011年第5期。

业发展为主，第二、第三产业发展相对薄弱，村庄产业结构不均衡，不利于今后的产业的可持续发展。目前看来村庄产业发展支柱为台商投资的水稻和即将投产的贡柑，水稻产业仅仅支持了村庄集体收入，而村民自身的产业主要还是即将投产的贡柑。如果仅以贡柑作为唯一的产业，将不利于村庄的稳定地、可持续性地发展，一方面是贡柑种植的风险较大（患黄龙病后需要大面积砍伐）；另一方面是销售渠道和销量波动较大，容易受市场影响。因此高莲村还需要进一步结合本地特色优势，推动第二产业、第三产业的发展，为村民提供就业岗位，丰富村集体收入渠道。

2. 村庄物质空间环境品质较低

高莲村作为移民村，空间建设从20世纪60年代开始，相较于其他传统村落有较好的基础设施条件，在空间上，居民在刚搬迁来时呈现聚居的形态，但随着人口的增多，在区域承载力有限的情况下，居民开始逐渐扩散至周边地区，空间分散、整体利用的不经济性也变得明显。

图2　院落闲置空间

全域看来，村庄存在的主要空间问题还是集聚性差。问题主要体现在三方面：首先，集体资产产权拥有者过多过杂，在集体资产的合理运用方面，较难以统一所有产权拥有者意见，导致较为代表当地风貌和历史的长屋除局部用于供奉祭祀，大部分空间均处于闲置状态，利用率低，保护力度不足；其次，私占土地情况严重，由于缺乏系统的规划和严格的管理，分户较为随意，大部分村民都以院墙、围栏等形式将住宅周围的大片空地圈为自家宅院；最后，土地利用属性不明，空间秩序混乱，也正是由于私占土地情况严重，村民自家宅院与道路用地的界线不清，村庄大量道路并非“断头路”，而是由于村民私圈宅院将道路包裹进院内，以致空间缺乏秩序，出现不知不觉走入别人院内的情况。

3. 村民参与意识淡薄，参与积极性不高

在与村民的沟通与交流中，我们的团队成员普遍发现，高莲村的村民整体参与意识淡薄，主要体现在经常以被动的方式参与村集体活动，不爱主动参与到村集体的活动当中，当我们就某一问题向他们询问时，他们大部分表现为随大溜的心态，只有少数几个人愿意发表自己的看法。其次就是对于村集体的利益漠不关心，但对于自身的利益又很积极，村民认为他们的想法无法在最终村庄实施的公共政策中体现出来，一些村民由于长期依靠政府的财政补助，甚至形成了“等、靠、要”的依赖思想，完全丧失了参与村庄建设的能力及意识。这种心态是高莲村自我提升建设的最大障碍。

对于高莲村而言，前几年政府是推动高莲村产业发展与村庄规划建设的主体，关于村庄规划与建设的决策绝大部分通过自上而下确定，村委会及村民也只是象征性的参与。与此同时，政府忽略了对村民参与村庄规划意识的培养，当我们的规划团队进入村庄与村民交流时，发现高莲村的基层民主建设薄弱，虽然村庄流传过来的宗族自治模式仍然存在，但效果已经微乎其微。村民民主意识薄弱，公众参与、政治民主往往被形式化的投票、公示替代，民主环境及氛围缺乏，这在很大程度上影响着村民的参与意识。

4. 村庄发展规划实施缺乏后评估机制

在调研中我们发现，无论是高莲村的公共政策，还是产业发展政策或空间规划，都无法在实施后进行有效的评估。在评估中定性标准的确定比较容易，定量标准的确定在一些政策评估中有较大难度，这使得政府或村庄管理者往往只重视定性

标准而忽视定量标准，导致评估标准模糊。也许有些政策或是规划确实让村庄得到了好处，在短期内确实让村庄和村民得到了利益，但从长远角度来看，这些收益的具体衡量标准是什么，怎么比较其短期收益与长期收益的多少。

三、高莲村共享规划设计发展路径

（一）资源产业整合共享再导向

产业是乡村振兴的基础，乡村问题的根源是产业落后，应以产业转型带动村民生产方式转变、乡村新型业态发展。结合村庄功能结构布局的调整，完善乡村产业结构，有重点、有针对性地发展特色产业，将生产和经营的产业资源转化为乡村景观要素，促进乡村经济社会生态可持续发展。①

以高莲村为单位成立农民专业合作社，社员按照出资比例或交易额比例获得合作社收益权，可以让散户转变为利益共同体，提高整体效益。同时采用统一作业、分户作业结合的管护机制，并由合作社为农户种植统一提供物资和技术。对于已有的种植大户，结合合作社各户情况，可合作保证供应弹性，并起到带头作用，协同村庄精英寻找市场建立合作关系。合作社入股村民可利用现闲置集体资产建设加工坊，组织生产果汁、罐头、皮渣等加工产品。同时政府应允许专业合作社进行小额贷款，并组织村集体与专业公司接洽合作，形成“公司 + 合作社 + 农户”的生产模式。

高莲村的主导产业虽然仍为农业，但无论贡柑、水稻、花生，都可以对产业链进行补充和延长。贡柑种植可以延伸出水果半成品制作，制作过程可以让游客加入；水稻是良好的自然景观；花生同样可以做各类副食品。通过对农产品各个阶段的利用与延伸，可以将单一产业延伸出多种产业，让农民共享参与到市场当中。

（二）打造共享乡村环境

根据高莲村第一产业的优势，深入挖掘农垦文化，扩大农作物种植等现有特色

---

① 参见王景新、支晓娟《中国乡村振兴及其地域空间重构——特色小镇与美丽乡村同建振兴乡村的案例、经验及未来》，《南京农业大学学报》（社会科学版）2018 年第 2 期。

图3　老鸦山环境

产业，对广泛宣传效应的农业文化产品进行宣传推广，提升自身的文化内涵，打响特色文化牌。以农场、农民、当地居民等经济组织和利益群体为主要载体，通过租赁合作、股份合作、生产合作、劳务承包或务工参与等方式，共建合作机制，让各经济组织和利益群体充分参与和受益。发挥政府的监督协调作用，形成农民、市民、企业、政府等各方多赢的格局。

村内的老鸦山作为高莲村内少有的高地，与平坦的农田相互呼应，是村内较好的景观位置，同时与山脚老鸦山村组在地形上契合共存，可将老鸦山建设为生活性公园，以观光健身为主要用途。同时村民可根据自我意愿进行民宿建设，在当前对高莲村的整体整治构想中，老鸦山作为民宿建设是可行并有必要的，建议老鸦山村组对建筑外立面进行修整，并结合灯光设计，塑造有层次性的夜间景观，与老鸦山形成较好的景观层次关系。

（三）多元化主体共享参与

在此次村庄规划中，政府和基金会调动包括规划组在内的五个组织一起协力进行高莲村自我提升建设，参与方式包括专家研讨会、走访调查、村民参与建设等。

在这次村庄自我提升过程中，村社共治是我们提出的主要想法，即通过合作社组织参与乡村社会治理，试图在村域层面建构起“多方参与、多元治理主体‘合作共治'”的治理机制。协调多元主体的共同参与，以各方利益最大化为主要的目标，形成政府引领推动、规划师总领协调、村民和村委配合、社会组织进场支持的多元参与管理方式。从立项阶段、规划前期制定、方案设计、公众参与、项目实施，到后期的管理和反馈阶段，各方面主体都有意见表达的渠道，培养村民的自主参与村庄规划的意识，提供在地化的规划指引，通过专家咨询、入户访谈、专题研讨、方案公示、公开投票等多种途径，改变规划原有的直线型流程，形成滚动循环、多方协作的机制，让多元主体公平公正地参与到整个规划程序中。

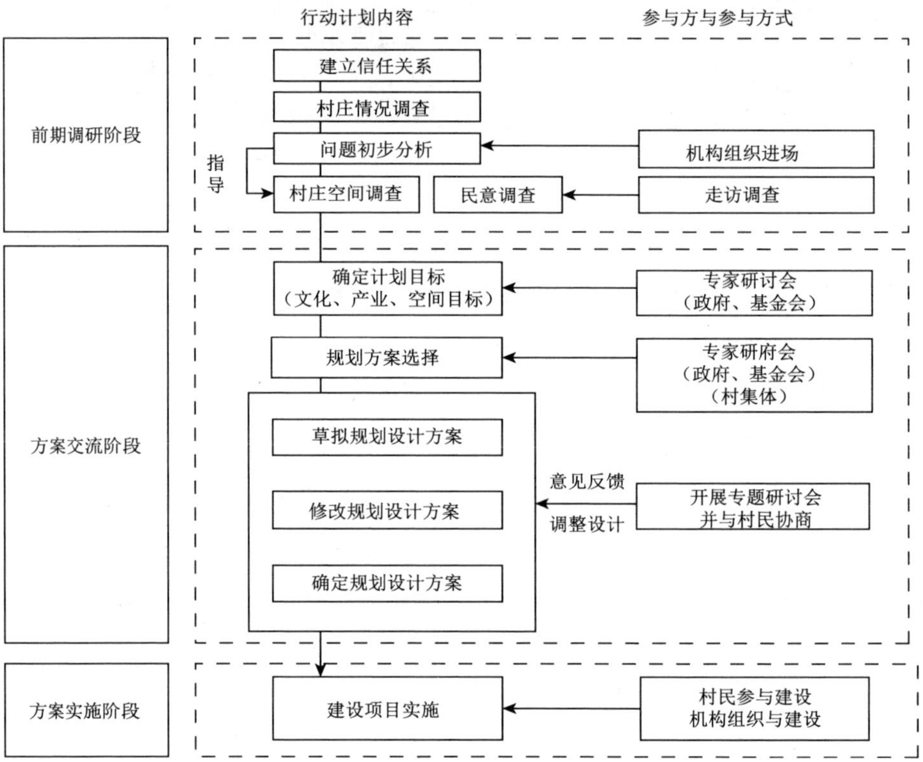

图4　行动计划策略

(四) 物质空间的共享提升改造

在物质空间规划中，从三个不同层面综合进行共享提升改造。

宏观层面，瞄准高莲村自身的土地利用分布特点，对村庄土地进行综合整理，将人口较少的村庄进行迁并，使公共服务设施供应效益更大化，提升村庄凝聚力；

设置到达各处农田的边界道路，确保农民便捷到达农田生产；成立产权评估组织，将非法占用土地收回集体重新分配。

中观层面，重点关注高莲村内的主要公共空间，明确哪些公共空间是可以改造提升的，唤醒村民的共享参与意识，在和村民进行交流协调后，对被围墙围起的私人用地的一部分对外开放转换为公共空间，塑造变化的街道界面。

微观层面，营造宅院空间的公共性，将闲置的集体资产转换为共享公共建筑使用，增加公共空间比例；对私人宅院提倡降低围墙高度、增加围墙通透设计、退让围墙距离，让农民和游客共享院落空间，增加生活性互动，并在邻里间形成公共空间；新建房屋鼓励沿街形成“灰空间”，并鼓励自建过程中预留空间，便于形成宜私宜公的弹性空间。通过“建设管理公约”等形式约束规划实施与建设行为，以促进村庄振兴与可持续发展。

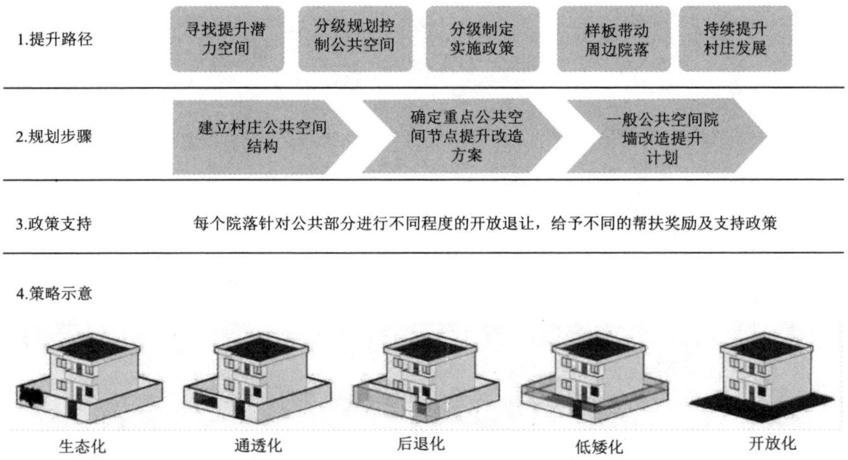

图5　公共空间提升导则

四、结语

在对中国乡村认知的共识中，青山绿水无论是在诗词中还是在书画中，都是中国乡村的典型印象，而随着改革开放和现代化的推进，乡村发展的逻辑不再是延续了千年的宗族制，乡村的人们同样向往着丰富而现代的生活，所以“空心化”“人口流失”“乡村衰败”等字眼，总是出现在我们的视野中，我们恐惧失去“梦里故乡”与“田园牧歌”，于是“美丽乡村建设”和“乡村振兴”策略应运而生，而现实呢？大量的规划师、建筑师、经济学者涌入乡村，想要尽绵薄之力保住一份乡愁，而农民们仍然在涌入城市、村宅仍在不断衰败。

本文从韶关市仁化县高莲村的村庄共享规划设计的实践出发，以产业、空间、社会三个角度探索村庄提升改造方法，强调对村庄自身所拥有的自然禀赋资源的注重，唤醒村民的共享共建意识，提出村民共同参与、规划、建设村庄的方式，以此来对乡村振兴的规划方法提出自己的建议，为村庄建设的规划设计方式进行具有参考意义的探索以及尝试。

文化景观视角下的杭州西湖历史空间演变与文化属性分析

侯轶平[①]

摘　要：在巴黎举行的第35届世界遗产大会上，通过审议表决，杭州西湖正式列入《世界遗产名录》。世界遗产委员会认为，“杭州西湖文化景观”是文化景观的一个杰出典范。本文将该典范置于文化景观的视角下对西湖历史发展脉络进行梳理，对西湖文化景观的普世价值进行解读，力争探索出西湖文化景观中人与自然与文化之间的关联，总结西湖申遗经验，提出我国文化景观保护和申遗的粗浅建议。

关键词：杭州西湖；文化景观；世界遗产

世界历史遗产向来都是一个庞杂的体系，有别于其他历史文化体系，在经历了成百上千年自然的洗礼和人工的雕琢后而形成较强的地理差异与地域特色。按照笼统的分类，学界和业界将遗产的构成在认识上分为自然遗产和文化遗产两大类，文化遗产又细分为有形遗产和无形遗产两大类，但是随着对世界遗产研究和保护的深入，粗暴地将世界遗产依照“自然”和“文化”区分为相互独立的两大类已经满足不了纷繁多样的世界遗产类型，文化景观这一特殊遗产类型呼之欲出，应运而生。追本溯源可以发现文化景观的提出，具有多学科背景作为理论支撑，在不断的动态演进中发展至今。

---

① 侯轶平，华东理工大学硕士研究生。

一、文化景观的起源与发展

（一）景观内涵辨析

“景观”一词最早在文献中出现是在希伯来文本的《圣经》（*The Book Psalms*）中，用于对圣城耶路撒冷总体美景（包括所罗门寺庙、城堡、宫殿在内）的描述，他的这个观点也许与他的犹太文化背景有关。“景观”在英文中为“landscape”，在德语中为“landschaft”，法语为“paysage”。在中文文献中最早出现景观一词还没有人给出确切的考证。但无论是东方文化还是西方文化，“景观”最早的含义更多具有视觉美学方面的意义，即与“风景”（scenery）同义或近义。文学艺术界以及绝大多数的园林风景学者所理解的景观也主要是这一层含义（俞孔坚，1987），也正是因为景观一词的不确定性，在地理学界曾引起了不少混乱，有的苏联学者把景观定义为“自然地域或水域综合体”，可用于任何等级分类单元；而伊萨钦科等则把景观视为有一定分类等级的单元。Walmsley 等把景观理解为人们周围观察到的连续平面，它是人类利用环境的一种产物。

在地理学中，由自然景观和文化景观组成的地理综合体，兼具经济、生态和美学价值。目前，由于历史上人类活动的广泛性，自然景观中越来越多地融入了人文的元素，因此在地理学中许多场景下使用的“景观”字眼，几乎都是在文化景观的语境中展开的，可见在地理学中文化深入景观内涵，具有举足轻重的地位。

（二）文化景观起源

苏尔是 20 世纪最有影响的文化地理学家之一。1925 年他阐述了自己的地理概念框架和文化对景观的影响。接着，他又花了几十年时间继续研究文化地理。正是他开创了文化地理学的伯克莱学派。苏尔的学生 Whittlesey 首创“相继占用”（sequent occupance，国内有学者将其译为“文化史层”）① 一词，并分别用一个模型和一个实例研究来说明他的相继占用概念。他在新英格兰地区的实例研究中创立了一个形式—— 阶段序列：印第安人居住时为从事采集的原始森林；欧洲迁移来的农民

---

① UNESCO, *The Convention for the Safeguarding of the Intangible Cultural Heritage*, 2003, https: // ich. unesco. org / en / convention.

把低地开发为农田，在山坡草场养牲口；现代因经济改变又把它盖上森林（次生）并养些牲畜；他预言第四阶段将以林业为主要活动。① 在他看来，每一个阶段或人类占用世代都与人类的祖先和后代联系在一起，并认为阶段演化是内因作用的结果，类似一个活细胞的发展和死亡。在这一阶段序列式的演化历程中，自然为人类的活动和文化的发展提供了背景和场所，让人在自然的环境中生产生活，人类生产生活的活动也直接作用于自然环境中，随着历史的推移，不同类别的活动留下的印记在自然环境中层层叠加，类似活细胞的发展与死亡，同时不同于细胞死亡后的荡然无存，上一阶段的活动形式或许消失了，但活动承载的文化印记依然保留下来了，这也正是文化景观的研究意义的依存，是文化景观保护价值的所在。从伯克莱学派的文化景观理论成果中不难看出，人类生产生活活动对自然的影响和改造，是文化景观产生的基础条件，所以人类活动的差异也造就了文化遗产的丰富性，作为一种人与环境互动的遗产对象，必然折射出塑造其历史面貌的文化类型。20 世纪 80 年代后现代文化地理学文化景观理论的崛起，启发了进入迷惘的世界遗产保护事业。

1992 年世界遗产委员会将文化景观正式列入世界遗产的范畴，规定这类遗产地由国际自然及自然资源保护联合会（IUCN）和国际古迹遗址理事会（ICOMOS）两个国际机构共同审议。因此，"文化景观"的定义为"自然与人类的共同作品，它表现出人化的自然所显示出来的一种文化性，也指人类为某种实践的需要有意识地用自然所创造的景象"。目前全球已有 55 处文化景观列入世界遗产。文化景观遗产的确立正是诠释了《保护世界文化和自然遗产公约》中阐述的"从历史、审美、人种学或人类学角度看具有突出的普遍价值的人类工程或自然与人工联合工程以及考古地址等地方"这一条对文化遗产的定义，正如上文所言文化景观具有多重文化属性带来的多样性，可将其划分为不同类型。

二、文化景观的类型划分

世界遗产委员会成立于 1976 年 11 月，由 21 名成员组成，负责《保护世界文化

① Australia ICOMOS, *Burra Charter: The Australia ICOMOS Charter for Places of Cultural Significance*, 2013, http: //australia. icomos. org /wp - content/uploads /The - Burra - Charter - 2013 - Adopted - 31. 10. 2013. pdf.

和自然遗产公约》的实施。文化景观的定性、分类、保护等长期以来都是以西方国家的价值取向为主导，欧美国家在这一方面的研究相对来说更加深入。我国在遗产保护、文化景观等方面的研究于近几年也取得了显著的进步，得到了学界广泛的认可，2017 年 11 月 14 日，联合国教科文组织《保护世界文化和自然遗产公约》缔约国大会在巴黎总部举行，中国当选世界遗产委员会委员，任期 4 年。

（一）分类方法

文化景观的分类是基于对文化景观“真实性”的理解。文化景观的 3 种类型与文化景观的“真实性”的 3 个基本组成方面互有清晰的指向。

世界遗产的“真实性”是评估其突出普遍价值的有机组成部分，文化景观的真实性可以看成遗产地传递其突出普遍价值的能力。尤卡·朱吉莱托认为真实性由 3 个基本方面组成——创造性过程、记录性证据及社会环境，并由此产生了 3 种类型的真实性：创造艺术的真实性、历史物质的真实性及社会化的真实性。创造艺术的真实性主要指设计及技术方面，历史物质的真实性主要指材料与实体的真实，社会化的真实性主要指遗产的传统和其非物质元素。[①] 对于人类有意设计和建造的景观，其真实性的重点在于最初的设计理念、景观功能、技术等方面是传统的，对应了创造艺术的真实性；有机演进类景观其真实性的重点在于有形的景观和无形的土地的利用方式、传统生活方式一直存续或演变的印记都得以存留，对应了历史物质的真实性；关联性景观其真实性的重点在于人、环境及联系这两者的力量。这三大要素的动态互动产生的显著文化回应的持续性，对应了社会文化的真实性。文化景观的 3 种类型与其真实性的 3 个类型是相互对应的，内含明确的逻辑。

（二）以世界遗产委员会的标准划分

按照世界遗产委员会公布的《实施世界遗产保护的操作导则》（*Operational Guidelines for the Implementation of the World Heritage Convention*），文化景观的评定采用文化遗产的标准，同时参考自然遗产的标准。为区分和规范文化景观遗产、文化遗产、文化与自然混合遗产的评选，《实施保护世界文化与自然遗产公约的操作

---

① 参见赵晓梅《活态遗产理论与保护方法评析》，《中国文化遗产》2016 年第 3 期。

指南》对文化景观的原则进行了规定：文化景观“能够说明为人类社会在其自身制约下、在自然环境提供的条件下以及在内外社会经济文化力量的推动下发生的进化及时间的变迁。在选择时，必须同时以其突出的普遍价值和明确的地理文化区域内具有代表性为基础，使其能反映该区域本色的、独特的文化内涵”。文化景观可以分为 3 个主要类别①：

1. 由人类有意设计和建筑的景观（designed landscape）。包括出于美学原因建造的园林和公园景观，它们经常（但并不总是）与宗教或其他概念性建筑物或建筑群有联系。

2. 有机进化的景观（organically evolving）。它产生于最初始的一种社会、经济、行政以及宗教需要，并通过与周围自然环境的相联系或相适应而发展到目前的形式。它又包括两种次类别：一是残遗物（化石）景观，代表一种过去某段时间已经完结的进化过程，不管是突发的或是渐进的。它们之所以具有突出、普遍价值，就在于显著特点依然体现在实物上。二是持续性景观，它在当地与传统生活方式相联系的社会中，保持一种积极的社会作用，而且其自身演变过程仍在进行之中，同时又展示了历史上其演变发展的物证。

3. 关联性文化景观（associative landscape）。这类景观列入《世界遗产名录》，以与自然因素、强烈的宗教、艺术或文化相联系为特征，而不是以文化物证为特征。此外，列入《世界遗产名录》的古迹遗址、自然景观一旦受到某种严重威胁，经过世界遗产委员会调查和审议，可列入《处于危险之中的世界遗产名录》，以待采取紧急抢救措施。

（三）以美国国家公园管理局的标准划分

在当今世界的自然与文化遗产保护中，美国的国家公园颇具代表性。经过一个多世纪的发展，美国构建起了兼容并包的国家公园体系，将几乎所有重要的、具有国家代表性的遗产都纳入其保护范围。美国国家公园管理局根据其所管辖的文化景观的特征，明确地将其划分为 4 种类型：

1. 文化人类学景观（ethnographic landscape）：人类与其生存的自然和文化资源

---

① World Heritage Centre, *Operational Guidelines for the Implementation of the World Heritage Convention*, World Heritage Centre , 2008, http: //whc. unesco. org / archive /opguide 08 - en. pdf.

共同构成的景观结构，如宗教圣地。

2. 历史的设计景观（historic designed landscape）：由历史上的建筑师、工程师等有意识地按照当时的设计法则建造，能够反映传统形式的人工景观，如历史园林。

3. 历史乡土景观（historic vernacular landscape）：被场所的使用者通过他们的行为塑造而成的景观，它反映了所属社区的文化和社会特征，功能在这种景观中扮演了重要角色，如历史村落。

4. 历史场所（historic site）：联系着历史事件、人物、活动的遗存环境，如历史街区、历史遗址。

美国国家公园体系是美国历史文化发展的产物，反映了美国人对自然、历史、文化的认知与态度。国家公园体系在美国社会中扮演着多重角色，发挥着重要作用。它们实现了对珍贵的自然和文化遗产的保护，填补了原有遗产保护内容的空缺，将印第安人保留地、少数民族聚居地、南方种植园景观、中西部大牧场景观等层叠的具有文化属性和自然本质的珍贵遗产纳入了保护和发展的体系，同时为国家和民众提供了一个难得的复合型空间，同时满足科学研究、自然保护、历史传承、旅游休闲的功能，值得推广和学习。我国杭州西湖风景区文化景观的漫漫申遗之路，也正是向国外先进国家文化遗产研究保护能力学习并发展的道路。

三、杭州西湖景观自然空间演变

（一）地形地貌塑造期

基于地形地貌变迁推论、文字记载与绘图证据，我们已知西湖“两堤三岛、三面云山一面城”的空间形态，是在历经长期、反复、多次的以疏浚为主要目的的建设基础上形成的。[①] 唐朝李泌，开凿六井，引西湖水入城有效地解决了居民的用水，解决了杭州城雨洪灾害及千顷良田灌溉。唐朝白居易修筑白公堤；疏通淤塞湖井水；长堤配备调控水闸，同时白堤的修筑划分了西湖水面，成为第一条西湖淤泥堆筑的长堤，造就了西湖主要的风景格局。北宋苏轼，疏浚西湖，筑“苏堤”，建石塔，

---

① 参见陈同滨、傅晶、刘剑《世界遗产杭州西湖文化景观突出普遍价值研究》，《风景园林》2012 年第 2 期。

同时禁止种桃植柳。苏堤的建筑有效处理了西湖葑草淤泥的积累，沟通了西湖南北交通，创造了西湖十景中的“苏堤春晓”“三潭印月”。明朝聂心汤，治理西湖淤泥，在原三塔处清除了西湖淤泥，营造了西湖岛屿景观围筑放生池，形成了著名的“湖中之湖”。明朝杨万里，将浚湖淤泥堆筑放生池北，形成了著名的“田”字形格局的水上园林侧外堤“小瀛洲”。清朝阮元，湖底清淤，在小瀛洲北侧堆筑成岛，后人称为“阮公墩”。西湖岛屿景观营造的重要举措，最终形成了“两堤三岛”的风景园林格局。

（二）城市化改造期（1907—1976）①

对西湖风景形态产生较大影响的城市化建设，始于清末，由西湖与城市关系的巨变所引起。以 1911 年辛亥革命后“拆撤旗营”为契机，杭州城西面城墙被打开，创造了西湖与城区直接相邻并置的条件。利用这个机会，地方政府有计划地通过 3 次近代城市规划建设的尝试（分别是 1914 年的“建设新市场”、1920 年的“建筑西湖环湖马路之计画”、1922 年提出计划并在 1929 年得以具体实施开办的“西湖博览会”），将近代城市化建设从杭州城与西湖紧邻的湖滨地区开始，逐渐延伸并扩展到了西湖全域。西湖通过逐步建设获得与城市良好的接续关系，被渐进地纳入杭州城区，成为构成现代“城湖一体”城市骨骼的重要构成部分——城市风景区。随后 1932—1976 年，西湖始终作为城市风景区被规划建设，其中公园、休疗养宾馆等具体项目的不断落地和建成，使得西湖一侧的城市化空间要素不断增加，旧有风景意象不断弱化。到了 20 世纪六七十年代，由于政治运动的影响，西湖作为旧时代文化产物被批判，空间形态进一步遭受了较大的破坏。

（三）恢复与保护期（1976—2007）

到 20 世纪 70 年代末期，时局渐行稳定，西湖一侧开展了恢复性建设。到 1984 年，基本恢复了西湖的空间格局，并在一些旧址上建设了新景点。这轮恢复建设的成果主要反映在 1983 年评选的新西湖十景中。而同一时期，由于改革开放带来的经济发展，杭州城市也进入了高速建设期。1978—1983 年，触发了几次关于是否应

---

① 参见傅舒兰《杭州风景城市的形成史》，东南大学出版社 2015 年版。

在西湖景区内建设高层旅馆的学术论争，并因此注意到城市化改造与城区内建设也会对西湖风景带来负面影响，认识到保护西湖的必要性，开始运用规划的手段加强保护。之后，由于2000年西湖申报世界文化遗产的决定，西湖的恢复和保护工作得到进一步推进。2002年完成西湖风景区保护规划的同时，也全面展开西湖综合整治与保护工程。这次建设除开辟6条隧道，除进一步加强了城湖联系的空间结构性调整之外，还外迁并拆除了许多前一时期进驻西湖的单位和建筑，通过考证开辟了西湖西侧淤积部分，向西拓展水面，修复了环湖多处老建筑，复原了多处旧址。这轮建设的成果集中反映为2007年评选的新西湖十景，并通过2011年西湖世界文化遗产的成功申报，将这些成果划入保护区范围内得到认定与保护。

通过以上3个时期的梳理，可以看到，伴随杭州城市的发展，西湖从未停止在空间形态上的变化，而其风景特征也不断通过各个时期和阶段造景活动进行巩固强化并获得进一步的发展。

文化景观之于自然景观的差别就在于，文化属性对自然变迁的影响，文化在人与自然互动的历史进程中起到了联系的纽带作用，人类改造适应自然，自然回应人类的改造，在这种相互影响的结果下，文化景观应运而生。

四、杭州西湖景观文化属性形成

西湖自唐宋以来，便是江南最负盛名的山水名胜园林。西湖地处平原、丘陵、湖泊与江海相衔接的地带，东邻城区，三面环山，构成了“三面云山一面城”的格局。① 西湖作为著名的风景名胜区，有着极其丰富的历史文化内涵。西湖以得天独厚的自然山水风貌和深厚的历史文脉，赢得了世人的高度关注。西湖得天独厚的自然山水风貌和深厚的历史文脉很好地契合了文化景观概念“表征自然环境与人持续互动共生”的核心思路，将其归入“文化景观”类别进行的“世界文化遗产”申请获得了成功。

自古以来，西湖的湖光山色引得无数文人骚客、艺术大师吟咏兴叹、泼墨挥毫。景区内遍布庙宇、亭台、宝塔、园林，其间点缀着奇花异木、岸堤岛屿，为江

① 参见赵荣、王恩涌、张小林等编著《人文地理学》，高等教育出版社2006年版。

南的杭州城增添了无限美景。数百年来，西湖景区对中国其他景区乃至日本和韩国的园林设计都产生了影响，在景观营造的传统文化中，西湖是对“天人合一”这一理想境界的最佳阐释。换言之，这句话无非是在说：西湖地理位置优越，自然资源丰富，其本身原始的自然山水条件就已经称得上甲以天下，加以杰出的景园规划、建构筑物设计和文人骚客的吟咏兴叹，使之在漫长岁月中人与环境持续互动的雕琢（文化要素、人、环境持续互动的力量）生发显著的文化回应（产生文化属性），这一互动的机制也反映了中国传统文化中“天人合一”的哲学思想，成为中国文化的象征。

（一）西湖文化景观构成要素

文化景观既是一种实体对象，又具有相应的人文内涵。在此，根据文化景观的特点，用演绎的方法从其所呈现出的物质形式和表达的文化内涵两个方面进行分析，将其构成要素划分为“物质”和“价值”两个系统。① 不同类型的文化景观都由这两大系统所构成。文化景观的意涵是以物质载体为媒介在人类社会历史中传承的，即使相同的文化内涵也会有不同的表现形式。文化景观物质系统的构成要素按照特点和空间规模可具体分为 5 种。

1. 行为：指土著居民（原住民）语言、风俗、饮食、着装形态的表现，它可被视作地域心理文化的直接显示和书面文化的外在形态。② 在文化景观中，长期的历史习惯代代相传积淀下来，形成社会惯性、思维方式和风俗习惯的外在体现，包括日常行为、节庆仪式和传统技艺等。

2. 建筑：保留至今的古代建筑物、构筑物以及遗址反映了地域的建筑文化、社会属性，是历史事件和历史人物发生活动的背景和场所，是文化景观的重要载体形式。

3. 空间：由山体、水体、植被等自然要素或建筑、构筑物等人工要素所围合或限定的物质空间，具有材料、形状、质感和色彩等性状。它不仅意味着抽象的地点，而且是关于环境特征的一个具体表达。

4. 结构：聚落、街巷、建筑群、山体、水系等自然和人工要素构成的整体格局

---

① 参见单霁翔《“活态遗产”：大运河保护创新论》，《中国名城》2008 年第 2 期。

② 参见王志芳、孙鹏《遗产廊道—— 一种较新的遗产保护方法》，《中国园林》2001 年第 5 期。

和秩序，不仅反映了文化景观空间布局的基本思想，更印刻着一定地理、历史条件下人们的心理、行为与自然环境互动、融合的痕迹。

5. 环境：指文化景观中的山川、农田、果园、植被等自然环境要素，是文化景观生成和发展的背景与基础，并且融入景观的整体构成之中。

表 1　杭州西湖文化景观构成要素（笔者改绘）

景观元素	类型	形成动因
唐长庆二年至四年（822—824）白居易居官杭州，疏浚西湖建筑长堤 唐代宗时期李泌“开凿六井” 北宋元祐五年苏轼居官杭州，疏浚西湖建筑苏堤 明正德年间，疏浚西湖西部水域，形成湖心亭、小瀛洲 清雍正、嘉庆年间，疏浚西湖分别筑金沙堤、阮公墩	人工疏浚	人
雷峰塔遗址、六和塔、净慈寺、飞来峰造像、灵隐寺、岳飞墓、文澜阁、钱塘门遗址、清行宫遗址、舞鹤赋刻石、西泠印社、龙井	文化遗迹	
南山峰峦系列 北山峰峦系列	山体	自然
先秦至西汉，潟湖形成 东汉年间，筑海防大塘，西湖形成淡水湖泊 现代西湖水域（外湖、西里湖、小南湖、岳湖、北里湖）	水体	
唐末五代，吴越国钱氏政权建都杭州。在西湖周边大兴佛寺、建佛塔、开石窟 南宋王朝高宗举国南迁，将杭州升为临安府。西湖周边建造大量宅院和佛寺	宗教遗迹	人与自然互动的持续力量

续表

景观元素	类型	形成动因
北宋文人交往品茗，影响西湖“茶禅文化”的发展 南宋题名景观产生——西湖十景：苏堤春晓、平湖秋月、曲院风荷、断桥残雪、柳浪闻莺、花港观鱼、双峰插云、三潭印月、雷峰夕照、南屏晚钟。同期西湖引发大量文学和书画作品 南宋在西湖畔建岳飞墓，为西湖景观的文化内涵增添“忠孝文化传统” 明代西湖景观对东亚地区产生广泛影响	文化审美产物	人与自然互动的持续力量

（二）杭州西湖文化景观普遍价值

凯文·林奇在研究城市空间形态时注意到“社会文化和空间现象是相互关联的……两者之间的相互影响是通过人这个变因而产生的，两者都有复杂的内在逻辑”①。文化景观作为特殊的遗产类型，既具有社会文化属性，也具有物质空间属性。文化景观遗产最核心的要素是人与环境持续互动的力量，这个最核心要素是否具有突出普遍价值是衡量某遗产是否能够成为文化景观的标准。或许此要素在有些遗产地包含的要素中也有，但并不具备突出普遍价值，就不能称之为文化景观，比如世界文化和自然混合遗产“峨眉山和乐山大佛”。景色秀丽的峨眉山，以其物种繁多、种类丰富的植物而闻名天下，突出的自然环境使其成为自然遗产地，自公元1世纪以来山上建造的一座座佛教寺院和摩崖石像使之成为佛教的主要圣地之一，特别是堪称世界之最的乐山大佛，突出的佛教文化遗存使其被冠以文化遗产地。因此，峨眉山和乐山大佛拥有突出普遍价值的要素分别是自然和人。虽然人在建造和雕刻过程中一定会和自然发生联系互动，但未由此生发长期的互动关系，文化景观核心要素——人与环境持续互动力量的价值并不突出，所以不能称之为文化景观。也就是说，文化景观可能符合多项世界遗产评价标准，但至少要符合其“人与环境持续互动的力量”有“突出普遍价值”这一项。西湖文化景观正是这一价值的完美诠释，其人与自然的互动力量从古延续至今。突出普遍价值并不是泛泛而谈的概念，其受具体框架评估，《保护世界文化和自然遗产公约》采用同一套价值评价标

① ［美］凯文·林奇：《城市形态》，林庆怡、陈朝晖、邓华译，华夏出版社2001年版。

准衡量文化景观、自然遗产、文化遗产的“突出普遍价值”如表2中所列。

表2 世界遗产“突出普遍价值”评判标准（笔者改绘）

标准一	代表人类创造精神的杰作
标准二	体现了在一段时期内或世界某一文化区域内重要的价值观交流，对建筑、技术、古迹艺术、城镇规划或景观设计的发展产生过重大影响
标准三	能为现存的或已消逝的文明或文化传统提供独特的或至少是特殊的见证
标准四	是一种建筑、建筑群、技术整体或景观的杰出范例，展现历史上一个（或几个）重要发展阶段
标准五	是传统人类聚居、土地使用或海洋开发的杰出范例，代表一种（或几种）文化或者人类与环境的相互作用，特别是由于不可扭转的变化的影响而脆弱易损
标准六	与具有突出的普遍意义的事件，文化传统、观点，信仰、艺术作品或文学作品有直接或实质的联系
标准七	是地球演化史中重要阶段的突出例证，包括生命记载和地貌演变中的地质发展过程或显著的地质或面貌特征
标准八	突出代表了陆地、淡水，海岸和海洋生态系统及动植物群落演变、发展的生态和生理过程
标准九	是生物多样性原地保护的最重要的自然栖息地，包括从科学或保护角度具有突出的普遍价值的濒危物种栖息地
标准十	绝妙的自然现象或具有罕见自然美的地区

五、结语

通过对文化景观起源和发展的梳理，对杭州西湖自然格局的演变、文化属性衍生的研究可以看出，西湖无论在外显的空间形态，还是在反映其核心文化内容的文化景观资源包括其从古至今主导西湖变迁发展人群阶层上，都在不同时期出现了变化与发展。从文化景观的视角，结合成因及其依存的城市背景和历史进程来看，西湖不仅是典型的设计结合自然，“天人合一”文化遗产的良好范本，也是我国文化景观遗产在国际舞台上的弄潮儿，为我国众多的文化遗产的申遗和保护工作提供了宝贵的实际经验和理论依据。

生态文明视角下五峰村旅游发展策略研究

郭芮君[①]

摘　要：五峰村有着丰富多样的自然资源、文化资源，并支撑乡村旅游产业发展，但其资源开发缺乏合理规划发展停滞，加上水源地保护制约着村庄的建设等问题，认清乡村旅游发展和生态文明建设之间的关系有利于村庄进一步发展提升。因此，本文以乡村旅游和生态文明的共生关系为基础，分析五峰村乡村旅游发展现状及问题，在生态文明视角下，为五峰村村庄建设、旅游发展提供理论指导。

关键词：乡村旅游；生态文明；五峰村；发展策略

一、研究背景

（一）乡村旅游和生态文明

宏观国家政策近年来逐步向农村全面倾斜，为村庄规划建设提供了强有力的政策支持，对村庄发展给予巨大的外部推动力。党的十九大报告中提出"实施乡村振兴战略"，以乡村振兴战略统领未来国家现代化进程中的农业农村发展，旨在"产业兴旺、生态宜居、乡风文明、治理有效、生活富裕"。

乡村振兴战略的基本内涵在于追求乡村全面协调可持续，推动新时代农村第一、二、三产业融合发展和农业农村现代化。其基本内涵决定了乡村振兴内容的丰富性和多样性，而乡村旅游产业作为社会经济发展的产物，充分利用乡村优美的田园环境、质朴的民居建筑和鲜活的农副产品等要素为城市居民提供回归自然的机会，通过结合地方特色文化、自然资源，可以有效促进地方传统经济转型发展，增

---

① 郭芮君，华侨大学建筑学院硕士研究生。

加就业机会，留住青年劳动力，改善当地居民生产生活，从而带动农村地区的可持续发展，这成为当下实现乡村振兴战略的重要路径和抓手。

乡村振兴不仅是乡村和乡村产业的振兴，也是生态文明的振兴，以生态文明建设作为推动乡村振兴的源泉。随着生活水平的不断提升和城市病等问题的日益凸显，生态文明是人们生态意识提高和当今生态环境态势的客观要求，是新时期经济、社会发展的大趋势，也是人类社会发展的必然选择。①

（二）乡村旅游和生态文明的共生关系

共生理论概念来源于生物学，是指不同生物之间相互利用对方的特性以达到相互生存的现象。共生理论包括共生单元、共生环境和共生模式。乡村旅游的发展离不开乡村良好的生态环境；乡村生态文明建设若没有旅游业的促进发展就会受限，两者之间是相辅相成、和谐共生的关系。在融合发展系统中，共生单元是乡村旅游开发和生态文明建设，共生环境是乡村，两者之间互惠、协同、可持续的发展的模式即是共生模式。

乡村旅游开发与生态文明建设之间是相辅相成的关系。乡村旅游开发是生态文明的重要内容和社会经济建设的重要组成部分，由于旅游业主要是直接再生性地利用自然资源和人文资源，乡村旅游是与环境保护、生态文明建设紧密相连的产业之一，符合科学发展观、可持续的旅游开发方式，可以有效地促进乡村生态文明建设②；反过来，乡村生态文明建设水平越高，越可以提升其旅游吸引力和竞争力。乡村旅游与乡村环境、乡村旅游开发与乡村生态文明建设在本质上是共生共荣、双向互动的和谐统一关系。

---

① 参见蔡克信、杨红、马作珍莫《乡村旅游：实现乡村振兴战略的一种路径选择》，《农村经济》2018年第9期。

② 参见许黎《乡村旅游开发与生态文明建设融合发展评价研究》，硕士学位论文，武汉科技大学，2018年。

二、五峰村乡村旅游发展现状

（一）五峰村概况

五峰村位于厦门市同安区汀溪镇北部，南邻溪东水库，北靠云顶山，村庄因被五座山峰环绕，因而被命名为五峰村。汀溪镇生态环境优美，植被覆盖率高，建立“河长制”的管理机制，现辖区内各条河道水流清澈，达到三类水质，是我国首批中国特色小镇，也被称为“厦门生态第一镇”。其中五峰村作为城郊型村庄交通便捷，同时乡村自然景观、古建筑景观、民俗文化景观类型多样，风景优美，资源丰富，具有乡村旅游发展的良好基础。五峰村依托当地的德安古堡、梳妆楼、鸑峰禅院、贞节牌坊等发展乡村旅游，2008 年被评选为厦门市首批“乡村旅游示范点”。在美丽乡村项目建设下，打造现代休闲观光农业旅游，2018 年开始投资建设禾沣（五峰）农业文旅生态园高端农业种植基地。五峰村的古堡民俗游、禅院游览、生态农场等旅游产业一定程度上带动了五峰村的经济发展。

（二）五峰村旅游资源开发情况

五峰村境内山区面积大，四溪流贯全境，有相当丰富的旅游资源，以德安古堡、贞节牌坊、珍珠潭、汀溪水库、溪东水库、农家乐、荷花池、闽南婚俗表演、嘉腊鱼宴等著名。其中以德安古堡、梳妆楼等历史遗迹最具有代表性。闽南古厝的红砖黑瓦，鞍形屋脊，精致的木雕、贴瓷和彩绘随处可见，与当地秀美的自然风光和悠久的民俗文化传统交相辉映。根据《旅游资源分类、调查与评价》（GB/T18972－2017）标准将五峰村旅游资源可以分为地文景观、水域风光、生物景观、建筑与设施、旅游商品和人文活动等 7 个主类、9 个亚类、20 个基本类型。结合实际情况，可罗列出五峰村的旅游资源分类表。

表1　五峰村旅游资源分类表①

<table>
<tr><th>主类</th><th>亚类</th><th>基本类型</th><th>主要资源</th></tr>
<tr><td rowspan="3">A 地文景观</td><td rowspan="2">AA 自然景观综合体</td><td>AAA 山丘型景观</td><td>五峰、乌石岩、内田寨、大帽山寨</td></tr>
<tr><td>AAC 沟谷型景观</td><td>八怪谷</td></tr>
<tr><td>AC 地表形态</td><td>ACD 沟壑与洞穴</td><td>五峰仙姑洞</td></tr>
<tr><td rowspan="3">B 水域景观</td><td rowspan="2">BA 河系</td><td>BAA 游憩河段</td><td>双溪、荷花池</td></tr>
<tr><td>BAB 瀑布</td><td>双娇瀑</td></tr>
<tr><td>BB 湖沼</td><td>BBB 潭地</td><td>珍珠潭</td></tr>
<tr><td rowspan="2">C 生物景观</td><td rowspan="2">CA 植被景观</td><td>CAB 独树与丛树</td><td>龙眼树、荔枝树、杧果树、柠檬树、梨树、香蕉树、桃树、大榕树、夹竹桃、竹、富贵籽</td></tr>
<tr><td>CCD 花卉地</td><td>荷花</td></tr>
<tr><td rowspan="7">E 建筑与设施</td><td rowspan="7">EB 实用建筑与核心设施</td><td>EAG 宗教与祭祀活动场所</td><td>仁主尊王庙、鹫峰禅院</td></tr>
<tr><td>EBB 特性屋舍</td><td>闽南大厝、五峰古民居</td></tr>
<tr><td>EBE 桥梁</td><td>五峰溪口桥</td></tr>
<tr><td>EBJ 陵墓</td><td>五峰烈士墓</td></tr>
<tr><td>EBK 景观农田</td><td>稻田</td></tr>
<tr><td>ECF 碑碣、碑林、经幢</td><td>《邑侯邬示》碑、晃岩檀樾发愿碑</td></tr>
<tr><td>ECG 牌坊牌楼、影壁</td><td>贞节牌坊</td></tr>
<tr><td>F 历史遗迹</td><td>FA 物质类文化遗存</td><td>FAA 建筑遗迹</td><td>德安古堡、后坪梳妆楼、五峰当铺、汀溪古道遗址、后坑42号邱氏民居、觉园书院、当店江氏贞寿坊</td></tr>
<tr><td rowspan="2">G 旅游购品</td><td rowspan="2">GA 农业产品</td><td>GAA 种植业产品及制品</td><td>岩葱、地瓜、荔枝酒</td></tr>
<tr><td>GAE 养殖业产品及制品</td><td>高山土鸡蛋、同安封肉、炸枣、粽子</td></tr>
</table>

① 《乡村振兴战略下的城郊型乡村综合发展研究——以五峰村为例》调研报告，2019年6月。

续表

主类	亚类	基本类型	主要资源
H 人文活动	HA 人事活动记录	HAA 地方人物	许尚官、彭德清、李剑光、易答、陈兆麟
		HAB 地方事件	五峰出嘉腊、古堡文化、农耕文化、红色革命文化、禅寺文化、青瓷文化、茶文化

（三）五峰村旅游资源定性评价

五峰村自然资源丰富，拥有五峰、双溪、双娇瀑、珍珠潭、乌石岩等自然景观，资源各自发展缺乏合理联系、规划，总体呈现混乱状态；人文旅游资源丰富，但深度挖掘不够。五峰村文化底蕴浓厚，许尚官、彭德清、李剑光、易答、陈兆麟等名人使得五峰山的人文旅游资源优势凸显，但目前对人文旅游资源的挖掘还稍显不足，一方面尚有众多文化遗存散落在乡野、民间，有待进一步挖掘、征集、考证、保存。另一方面非物质文化遗产的整体情况、存在种类数量、消失状况等亟须进一步调查、记录、整理、存档、展示；服务设施、基础设施差，接待能力有限。五峰村范围内现状旅游配套缺口较大，不仅数量不足，已有配套质量也有待提升。在住宿方面，德安古堡及荷花池周边有木屋民宿，环境及特色较好，但品质有待提升，其他自然村内有部分农家民宿，但品质较差；在出行方面，缺乏内部旅游交通，且停车设施缺口较大，周末及节假日经常出现拥堵现象；在游玩方面，虽五峰村范围内旅游资源禀赋较好，但未经系统梳理和开发，所以知名度及可玩性不高；在购物方面，仅有为村民服务的便利店和在自家售卖的当地土产，尚没有专门售卖的当地特色纪念商品配套设施。基于此，目前五峰村接待能力十分有限，环境等条件不理想。

三、五峰村乡村旅游发展问题分析

五峰村利用资源特色为村庄发展取得了一定成绩。2018 年，五峰村休闲农业和乡村旅游接待人数为 10000 人次，但由于身处水源保护区限制开发建设以及旅游发展体系不够完善，旅游管理机构不健全，当地的乡村旅游发展面临一系列问题，目前基本处于停滞状态。

（一）水源二级保护地，建设发展受限

由于五峰村周边自然资源丰富且位于汀溪水库上游，村庄处于生态控制区和水源二级保护区，为了防止水源污染开发建设受到限制，村庄实际控制建设范围减半。周边山林围绕，村域内居民点分散布局，中间的基本农田占去大量村庄较平缓土地，村庄可建设开发土地十分有限。村庄发展根据《中华人民共和国水污染防治法》提出，禁止在饮用水水源二级保护区内新建、改建、扩建排放污染物的建设项目，禁止在饮用水水源准保护区内新建、扩建对水体污染严重的建设项目；改建建设项目，减少排污量。此前依靠德安古堡、鹫峰禅院游览催生的农家乐民宿等旅游服务产业由于五峰村进入全面污水治理阶段，禁止建设并部分拆除，旅游产业发展受限。

图 1　五峰村村庄控制范围图

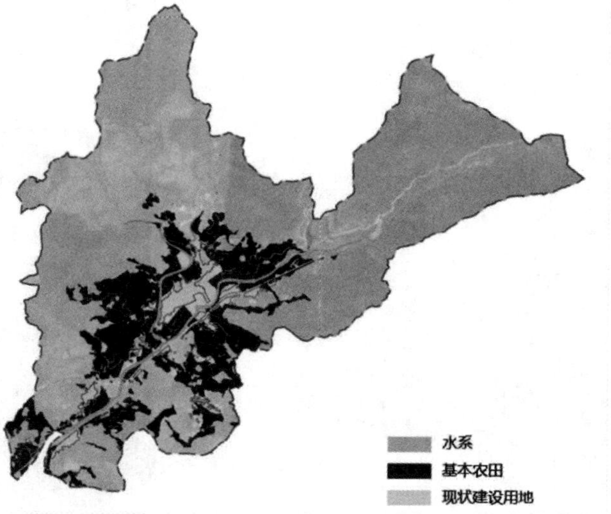

图2　五峰村基本农田分布图

（二）传统产业开始衰退，空心化现象凸显

目前村庄依然以第一产业为主，以种植农业为基础，以农业劳动为主的经营模式。在水源地保护的政策下，全面实行生猪禁养，进而影响第一产业收入。产业停留在粗放发展阶段，大量的年轻劳动力进城务工经商，劳动力的流失使得五峰村出现空心化现象。近年来在乡村振兴战略和美丽乡村政策下，政府推动村庄农业现代化建设，但由于五峰村条件的局限性，利用工程技术手段和工业化生产方式的现代设施农业仍是空白。传统产业缺乏吸引力，人力和智力支持发展受限，乡村发展缺乏核心驱动力。旅游产业与第一产业缺少联合发展，大量旅游资源整合缺乏动力。

（三）旅游资源各自发展，区域整合力度欠缺

五峰村占地面积35.42平方千米，自然生态和人文资源丰富，但主要人文遗迹分布较为集中于北侧居民点，沿路散落分布，并且如古厝群、梳妆楼、鹫峰禅院等特色空间距离村庄主路较远，加上道路环境较差，降低了游览观光的可达性，同时削弱了各景点的空间联系。同安区自然旅游资源集中在生态观光和温泉产品，旅游资源品质较高，但产品类型较少，无法满足体验经济时代下游客对于创新型旅游产品的需求，需补足精致体验型旅游产品。现有的生态乡村旅游产品，因开发水平

低，服务设施较差，接待能力有限，导致旅游吸引力不足，与当地居民的融合性不够，从而对当地乡村的带动性并不明显。

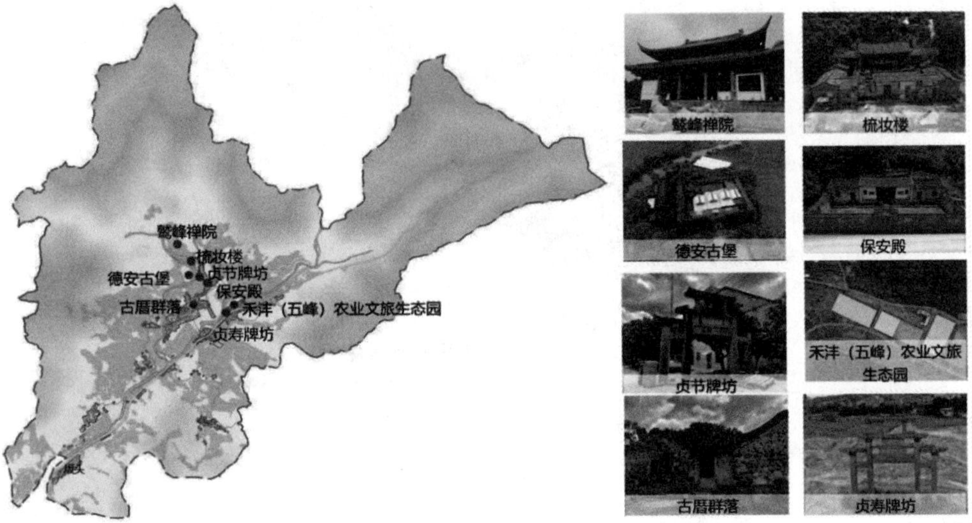

图3　五峰村主要旅游资源空间分布图

（四）乡村文化出现断层，乡村景观风俗消逝

随着城市化进程的加快，乡村新生代更多接受现代社会文化、政治文化教育，使得传承了几千年的乡村文化传统出现代际割裂，乡村文化出现断层。五峰村有大量的民俗文化遗存，呈现出一个多样的综合性的古文化集群，因而奠定了五峰村浓厚的文化底蕴。但在旅游组织中五峰村历史悠久的古堡文化、禅寺文化体现不足，以德安古堡为例，遗迹是鹅卵石垒砌的建筑，由于战争其主体被损坏，现只保留古堡外墙和环廊。在作为旅游景点开发后，古堡内部简单布置民俗景观，墙报形式的文化介绍，旅游活动以参观为主，缺少通常旅游景区的体验和参与感，旅游活动缺少文化融入。

居民自发翻新搭建的现代建筑破坏乡村景观，影响传统风貌的传承和延续。闽南侨乡大厝建筑是闽南文化的主要载体，前埕后厝、中庭宽阔、护厝比肩、红砖白石的风格组成闽南传统建筑风貌。村庄经济水平提升发展，村民生活水平提高后对居住环境的需求提升，纷纷建起二三层楼房，随意建造破坏了村庄建筑肌理，居住建筑新旧散乱且朝向不一，导致许多住宅间距狭小，无法满足基本的日照、采光及消防要求。村民自发建设多沿进村道路或村庄外围建设，导致村庄建设用地无制约扩张，造成土地资源的浪费。

图4　德安古堡内部布置展示

图5　年久失修的古厝

图6　三层高现代建筑

四、五峰村生态保护下的旅游发展策略

（一）着重水源保护理念，并行产业经济发展

饮用水水源保护区作为特殊的生态功能区，在承担着重要的供水任务的同时，为保护饮用水源水质，其社会经济发展规模和速度受到严格限制，与周边地区发展水平差距显著。[①] 探索一条水源保护与经济发展并重，促进水源保护区可持续发展的道路是水源保护区最迫切的任务。可以通过采取生态技术措施改善保护区农业生态环境，促进农业产业结构优化。保护区农业生产结构的调整，主要是指种养产业调整为绿色种养业，为进一步促进生态休闲观光旅游产业的发展打下坚实基础。同时保护区建设中要重点解决农村生活污水和垃圾循环利用，居住环境清洁无污染，解决水源保护区基础问题。

（二）加强产业融合发展，培育新产业新模式

把握城乡发展格局发生重要变化的机遇，打造农村产业融合发展新载体新模式，推动要素跨界配置和产业有机融合，让农村第一、二、三产业在融合发展中同步升级。顺应城乡居民消费拓展升级趋势，增加乡村生态产品和服务供给，与农业结合催生休闲、景观、采摘、体验等农业产业形式，持续加快禾沣现代农业建设，形成生产效益。支持开展农产品生产加工、综合利用关键技术研究与示范，实现农产品多层次、多环节转化增值。同时结合旅游服务产业转型催生产业链，提供多种就业岗位防止劳动力流失。

（三）注入生态旅游理念，提升旅游文化价值

依据现有文化旅游资源，发展生态旅游，整合现有资源，包装打造乡村旅游精品线路，夯实乡村旅游发展基础，打造特色乡村旅游项目，分批次对乡村旅游特色村周边基础服务设施进行提升改造，完善游客集散、旅游厕所、便捷交通等旅游服务体系。针对五峰村发展提出发展文化生态旅游，打造多元文化体验品牌，摆脱单

---

① 参见褚艳玲、吴锋、胡晓婉《深圳市水源保护区环境与经济协调发展对策研究》，《安徽农业科学》2012 年第 7 期。

纯依靠有形旅游资源发展，挖掘深层次的文化内涵，转变生态文化旅游为新的方向。在此基础上提出以下六点思路：一是挖掘德安古堡文化内涵与历史，提升现有景点环境与品质，形成旅游品牌。二是利用德安古堡周边优美环境，打造品茗、书画、古琴、陶瓷、茶道等大师协会，形成国粹文化大家的汇聚地，以此吸引和运营相关文化活动，配套精品民宿，形成德安古堡文化交流基地。三是以鹫峰禅院为核心，利用周边山林溪水的优美环境，打造禅养文化中心，吸纳中医人才，发展禅修医养文化。四是以禾沣农业文旅生态园为基础，发展同安以至厦门著名的青少年课外教育基地，与厦门市各大中小学合作，形成稳定业务，吸引短途亲子休闲度假。五是以牧野行歌为品牌，发挥城市与农村连接平台的慢生活概念，打造农业文化度假区。六是深度挖掘五峰村本地文化、民俗和传说故事，串联古厝、古山寨、牌坊等旅游资源。

（四）守住乡土文化风情，传承闽南传统风貌

旅游型乡村注重乡村肌理保护和传统文化回归，着重开发民风、民俗、民情等非物质文化遗产以及古厝、古祠堂等物质文化遗产，焕发乡村韵味。五峰村散落的居民点里分布大量成片古厝，红砖墙红瓦顶、飞檐斗拱、雕梁彩绘、古朴庄重。通过建筑评价后对建筑质量高、与村庄整体环境不冲突的予以保留和维持现状；拆除简陋的、质量较差的或对村庄整体风貌有较大影响的建筑，以提高村庄居住环境质量。整体形态应基于村庄整体风格、村民的生活习惯、地形条件与外部环境、传统文化等因素的影响，确定建筑风格及建筑布局形式，对原有建筑肌理进行延续和发展。对于新建建筑，其风格应与原有整体风貌协调统一，并最大限度地利用当地建筑材料，而不是简单的现代风格。[①] 修缮后的古厝通过注入民宿、零售等业态功能，作为旅游资源配套服务设施，提高了土地使用效率，形成了鲜明的地方特色。

① 参见王婧媛《美丽乡村规划中村庄肌理的保护更新研究》，载中国城市规划学会编《新常态：传承与变革——2015 中国城市规划年会论文集》，中国建筑工业出版社 2015 年版。

第五编

塘岐后沃历史空间研究

冈丘连沙的岐海湾澳：空间性视角下塘岐后沃的自然空间特色

许婉俐①

摘　要：位于闽江海域的北竿大塘岐地区（塘岐后沃地区）虽是边陲之地，却具有丰富的自然资源。从后现代地理学之空间性的角度来说，即是具有特属于地方之历史社会得以独特开展的自然空间条件。本文即是对大塘岐这一自然空间的观察与描述，除了在浩瀚的相关自然科学研究成果中配合实地的田调访谈等以勾勒其一般性的特色外，更着重对其总体性之掌握，除了用以揭示大塘岐地域历史何以如此开展、地域性何以如此积累所具有的自然地理基础外，更期待因此而能为大塘岐地域以物色体验为主的地方创生奠立坚固的基石。

关键词：北竿塘岐后沃；历史地理建筑学；自然空间；空间性；地域性

一、以“空间性”（spatiality）视角审视大塘岐自然空间的意义

诚如人文地理学者爱德华·索雅（Edward W. Soja）等所启示的，应该从“空间性”的角度去认识地域空间，以便能深度地掌握地域性（locality），并在此基础上对地域进行创造性改造。索雅等承继了列斐伏尔一脉的空间论述，认识到空间不只是静态的存在，更有与历史、社会辩证存在的动态面向。同时，空间也不只是实质的存在，更有看不见的属于生活的、想象的部分。如此空间性话语，诚如夏铸九等在阐述公共空间生产时所示，乃是认知到借由空间性概念在“想象空间”（imag-

---

① 许婉俐，台湾中华地方美学建筑协会副理事长，台湾华梵大学“北竿乡塘岐后沃文化资源调查暨前期规划”专案研究助理。

ined space)、“生活空间”（lived space ）与“自然/实质/物理空间”（natural/physical space）三个向度上之开展，研究者将可掌握人类作用者主体在空间生产论述实践的社会历史过程中，纠葛的“空间的表征”（representation of space)、“表征的空间”（representational space）与“真实空间”（real space）三者间的多重复杂关系，并借由对这些复杂关系的梳理，介入各个地域空间性的生产 。①

诚如索雅所示，任何一处人文地域作为空间性的整体呈现，皆有其自然/实质空间的面向，而且正是在此真实存在的空间的基础上，人类方得以展开其主体性的活动并建构出整体空间性。是以，作为一处“第二自然”（the second nature)，地域自然总是在与人类的特殊互动过程中，成为文化地景形构不可或缺的坚固磐石。循此观点，所谓的自然空间当不只是过往吾人所认知的、割裂于历史社会等脉络的独立性自主实体，而系有其深蕴的脉络性意涵。事实上，作为一种看似自然可以度量的“物理/实质空间”，一种一般的地理学描述性空间，自然空间实则为一种“第二自然”，其表面上虽是独立而客观地存在于社会历史之外，却是不折不扣的政治经济与意识形态等运作之脉络性产物。其作为人为自然/意识劳动作用的可能对象之一，人类实践铭刻其上的痕迹并非全然既定而独立的，其往往提供了空间性差异实践可以滋长的地方，累积了生活的气味与符号，也经常被当作“文本”[text；事实上应该是一种“伪正文”（pseudo－text)]，成为不同脉络心灵空间驰骋想象的意欲对象。由于其貌似自然而客观存在，在过往，其基本上被当作“空间实务”操作的技术性领域（经常包含各种积累有成而被视为当然之“专业技术”的操作，泛指一整套面对特定问题的“操作性”规范及手法），不仅极易简化地方空间营造过程中丰富的人文意义面向，也容易造成各地风貌千篇一律的窘状，因而无法达到乡村振兴所欲追求的文化自明性营造与地方创生效果。

有鉴于此，在大塘岐的文化资源研究中，从“空间性”视角重新审视大塘岐的自然空间实在深具意义，亦即要从人文空间性的角度去爬梳并掌握自然空间的特质，方可整体地把握其所具有的文化特性。事实上，大塘岐地区具有相当丰富的自然资源，不管是海洋、岩礁、沙滩等，皆具有鲜明的风貌，乃是自然空间重要的元

---

① 参见夏铸九《再理论公共空间》,《城市与设计学报》1997 年第 2、第 3 期；王志弘《后现代的空间思考：爱德华·索雅（Edward W. Soja）思想评介》,《空间》1993 年第 53 期；萧百兴《“建筑＝空间”的系谱考掘》,《华梵学报》2002 年第 8 卷。

素，只不过，对其之把握不应仅局限于过去的一般性地理描述，而应掌握其文化总体性，解析相关自然空间特色与脉络间所可能牵扯的种种根源。而此，将成为以“历史地理建筑学”（Architecture of Historical Geography）① 为基础所进行之地方“修补式”魅力再造实践的基础，不仅将可作为掌握大塘岐生活空间与想象空间的基础，也将有益于借着对自然空间的规划设计介入并催动大塘岐的历史与社会再造。

---

① “历史地理建筑学”是一种期待以“历史地理”为内核、着重历史地理与建筑相互辩证、将“地域性”（“locality”而非仅是“region”）作为研究实体与知识工具，并强调理论与实践相互辩证的建筑学。其主要认为，一方面，“地域性”作为一种空间“伪正文”（pseudo - text）乃是历史与社会汇聚、辩证发展出的地理现实；另一方面，乃是“空间性”在区域/地域层次的特殊展现。其作为地域空间的“整体”展现，一方面具有丰富的“异质性”而展现为各个具有差异的“部分”（parts），却总是与“意义镜像”恒常处于辩证发展中而具有了文化总体特质；另一方面，由于地域性的形成乃是深植于复杂的历史社会脉络之中，甚至其本身就是所处脉络的一部分，故而，任何地域，都将以空间文脉，亦即“文化地景”（cultural landscape）的方式而呈现自身，并让己身拥有了特殊的空间结构、空间形式与空间意义。换句话说：应认识到“历史地理”是为“建筑”产生的脉络及内核，同时“建筑”也是参与“历史地理”构成的一部分。其次，也应掌握到，“建筑”研究与实践的对象是“空间”，所谓的“建筑”不等同于“建筑物”，而是广义的“空间性”（spatiality）指称，具有“室内空间”“建筑空间”“都市空间”“聚落空间”等不同层次，更可广到指涉东北角这样的“地域”或“区域”本身，而此，其实也是传统历史地理研究关注的对象。再者，“建筑”作为一种“空间的文化形式”（cultural form of space），不仅指涉了实质存在，亦即“实质空间”（physical space），亦含纳了生活面向，亦即“生活空间”（lived space）与想象面向，亦即“想象空间”（imagined space）。这些，莫不纠缠在历史社会的制度性脉络之中，也承载了不同阶段社会主体的心态结构与生命经验。最后，则应体认，建筑物作为一种“造物”，如同其他的自然或人文造物，皆是历史地理的空间性产物（product），也是促成历史地理进一步发展的“中介”（medium）。在此状况下，其既重视聚落等地域空间的主体生命经验，也强调将之置于制度性等脉络差异下进行观照，俾能在充分理解地方文脉并掌握地域总体特质的前提下，针对聚落之文化地景，借由修补式规划设计进行地方魅力营造。简言之，即是要深度地去掌握“地域”等空间，认识到其所具有的“地域性”以及在其中诸如建筑物等人文自然造物的生成逻辑，以作为地方营造的重要基础。参见萧百兴《催生“历史地理建筑学”：呼唤地域研究及其实践的文化总体性——以泰顺、石碇等地的考察、实践经验为例》，《温州大学学报》（社会科学版）2010 年第 5 期。

二、空间性视角下大塘岐自然空间的几方面特色爬梳[①]

北竿连同着南竿以海岛的形式共同悬立在闽江口外，自古即是独特的地理存在，其中，包含了塘岐与后沃的大塘岐地域，坐拥着沙海湾澳，是一显要之处。诚如“塘岐”之“岐”意指“近江有山”“水路分岐”之意[②]，包含后沃在内之大塘岐湾澳所在区域自古以来即具有独特的自然地理，是北竿乃至整体马祖至为重要的文化资源。基本上，位于北竿塘山（延续了闽东之俗，当地人称岛为“山”）的东北方，这是一处拥有着一湾绵长浅沙的美丽湾澳，经常被潮水淹没的沙滩不仅联系了壁山与大沃山两处布满了花岗岩石的山丘，以及山脚下的塘岐及后沃村落，也形成了“马鼻湾”与“沪里”两处前、后港澳，而接续了被当地人称为“海”（相对于海之外则为波涛汹涌的“洋”）的水域。前后两港所形成的湾澳今日看似不大，然在泥沙淤积、人为更动地形以兴建机场等设施之前[③]，却曾沿着壁山山脚一线而

---

① 本节相关资料主要参见萧百兴主持，王礼俊、邱锐泽协同主持《北竿乡塘岐后沃文化资源调查暨前期规划结案报告》2019 年，台湾华梵大学承接，连江县政府文化处委托。其中，相关资料汇整自《连江县志・地理志》《北竿乡志》；杨雅心《马祖地区地名的意涵：一个关于环境识觉的研究》，硕士学位论文，台湾师范大学，2005 年；范素玮《盛夏马祖纪行——漫谈马祖的植群》，《自然保育季刊》2017 年第 97 期；王花俤提供之生态与地质调查资料：《壁山步道滨海植物》（图文摘录自《北竿岛海洋动物学习手册》）、《大海雕塑家：北竿岛地质与海岸地形景观调查》（调查主持人/研究员：董德辉）；徐晓晖、陈坚、赖志坤《GIS 支持下近百年来闽江口海底地形地貌演变》，《台湾海峡》2009 年第 4 期；陈坚、余兴光、李东义、赖志坤、徐晓晖、黄财宾《闽江口近百年来海底地貌演变与成因》，《海洋工程》2010 年第 2 期；王永顺等《沙滩那头好村庄：后沃村落史》，连江县北竿乡后沃社区发展协会 2007 年；北竿乡塘岐社区发展协会、连江县政府等《寻访 50 年代壁山下的塘岐》；另亦参考相关访谈记录：“塘沃访谈记录陈先妹老太太 20180802”“塘沃访谈记录陈赛金老太太与王天寿 20181104”“塘沃访谈记录王花俤 20180930”“塘沃访谈记录王花俤 - 0420180930”“塘沃访谈记录周起财 20180802”“塘沃访谈记录袁衣兰老太太 20180806”“塘沃访谈记录陈兆喜 20190220”“塘沃访谈影片记录黄善学 20190219”“塘沃访谈记录陈玉麟后沃村长 20180801”“塘沃访谈记录吴洪官 20181004”“塘沃访谈记录王好莲 20180803”“塘沃访谈记录陈香莲 20181103”。

② 王花俤指出，塘岐后沃一带“水路分歧，又有沙洲，所以叫作岐”。参见“塘沃访谈记录王花俤 - 0420180930”。

③ 王花俤指出，曾有相当大幅度的地形改动。参见王花俤 2019 年 1 月 25 日于连江县文化处就“北竿乡塘岐后沃文化资源调查研究暨先期规划”审查会中的发言。

浮漫了广大的水域①，而让此处配合着春雾等季节的变化而呈现出一幅水路迷离的特殊景状。这是一处“冈丘连沙的岐海湾澳”，独特的自然地理具有重要的形构特征，不仅在过往为诸如史前塘岐人、汉晋时期漂泊寄宿的船民、至迟于宋元以筑塘为田方式入垦的沿海汉人、明清在此竞逐的官府、海民与倭盗等陆续在此生存拓展的诸路先民，提供了独特的自然土壤，也在今日积淀为独特的文化资源，而成为得以美赏与利用的重要资产。

1. 远距台湾、处于并屏蔽闽江口的独特地理区位

大塘岐地域所在的北竿岛（连同南竿岛等马祖岛屿）在政治上虽属台湾地区管辖，就地理现实而言，却是位于闽江口外的东海之中（北竿岛位处马祖列岛四乡五岛的中心位置）。经过百度地图测距显示，其距离台湾本岛的基隆港大约 212 公里，距离闽江口（长乐马尾一带）则只有大约 39 公里，而若是到更近的北茭半岛上的黄岐港则只有 16 公里。

因此，就地缘而言，大塘岐地区基本上具有远距台湾本岛、处于闽江口的独特区位，而且，从既往相关历史文献可知，其非仅位于闽江口，更具有连同白犬、南竿、东涌等环抱、屏蔽与护卫闽江口（包含鳌江口）的特殊地理形势。② 特别是，其所在之北竿塘与南竿塘上下联结、互为犄角，正是闽江口外重要的前哨环卫之处。

正因如此，大塘岐地区大约在 1946 年、1947 年以及马祖于 1956 年进入军管之前，基本上与闽地有着千丝万缕的关联，是闽地生活与文化圈的一环。事实上，早在史前时期，史前塘岐人所显示的文化遗址即与邻近的昙石山文化层有着亲近性的关系，而后，闽海一带活动的船民更把此处当成了寄泊之处，说明了地缘对历史与

① 根据（清）陈寿彭《新译中国江海险要图志》中所附英国人于 19 世纪 40 年代所测绘之图可知，宋元时代大塘岐地区夹在塘岐与后沃两村所在冈丘间的地域实为一片广阔的内海，其范围不仅不会比英国人于道光年间所测者小，而且海岸线弯折、水路极为复杂，不管是前港还是后港，皆存在着大大小小的湾澳，远非今日所呈现出的模样。参见（清）陈寿彭译《新译中国江海险要图志》，经世文社 1901 年版。

② 《天下沿海形势录》：“闽之海，内自沙埕、南镇、烽火、三沙、斗米、北茭、定海、五虎而至闽安，外自南关、大嵛、小嵛、闾山、芙蓉、北竿塘、南竿塘、东永而至白犬，为福宁、福州外护左翼之藩篱；南自长乐之梅花、镇东、万安为右臂，外自磁澳而至草屿，中隔石牌洋，外环海坛大岛。闽安虽为闽省水口咽喉，海坛实为闽省右翼之扼要也。”“东永”即东涌，为今东引。参见（清）陈伦炯《海国闻见录》，台湾省文献委员会 1996 年版，第 3 页。

文化空间形塑建构的支配性影响。台湾对大塘岐的影响主要在军管之后，在这期间（特别是在两岸停止炮击后），大塘岐地区连同马祖其他地方因地缘之便与闽地有了更进一步的发展，隐然再度形成了一种生活上的联结。

2. 泥海聚沙浮起岩岛成山而化为岐澳的独特地质与地形

除了礁岩海岸外，北竿是一处被周遭泥沙缀布的花岗岩海岛，海水夹杂着泥沙形成沙线，或隐或现缀布在岛屿的周边，形成独特的景致（南北竿地形为大陆棚边缘，海底广阔浅平，兼具礁岩及沙泥两种栖地底质，也是寒暖流随季节交会之处。其除了近岛外，西侧海域为大陆黄岐湾，附近海域水深约 20 米，东侧面对大洋岛屿，东侧近岸水深约 30 米，其中南竿岛与北竿岛以马祖海峡相隔，水深为 30—50 米）。

如此景致在塘岐后沃所在的大塘岐湾澳至为明显，是为“海积地形”：泥海在此聚沙形成了在历史中逐渐淤积的岐岔湾澳（根据杨雅心《马祖地区地名的意涵：一个关于环境识觉的研究》中的调查，有后澳、陇里、长岐、芹角、补鼎仔、蛇沙、塘岐头等处），并被随潮水或隐或现的连岛沙洲分成了前、后两处港澳（马鞍澳/马鼻湾/麻璧克湾、八使澳/沪里），撑起了环抱在两侧的两处冈岩——位于塘岐一侧的加沙/加拉（壁山）以及位于后沃一侧的后澳山/北面（大澳山/大沃山）。这两处岩岛以灰白色花岗岩为主，夹杂着少量的闪长岩、火成岩的属性让其显得异常刚硬，形成了马祖人眼中浮在“海”上的“山”，并环抱着位于山脚下与“海”接壤的水路复杂迷离的岐岔湾澳。事实上，塘岐后沃地区等马祖人视南竿北竿一带岛屿间的水域为海，其连接了闽江与鳌江（连江）的“江”，浮起了诸山、拥抱了大塘岐这类湾澳而为当地人自远古以来即已习惯水居的生活水域。海之外则为洋，乃是风浪渐大之处［“亮岛”原称“浪岛”“横山”，是浪大之处；“东引”原称“东涌”（古字为“东涌”或“东甬”），异名“东永”“东引山”，亦是近洋之处］，充满了不测的重大风险。

简言之，远看塘岐后沃，乃是一处经常在平静的泥海中浮起的山海世界，蓝绿的海水之上浮立着由灰白花岗岩以及少量闪长岩形成的坚硬岛屿，童山濯濯，炽阳烈烈，唯竿芒一类植物易生，形成了马祖人认知中的山。海水之下岛屿的周围布满了泥滩，成为过往可以泊船的沙线；而源于闽江长年冲刷所带来的大量泥沙沉积，加以潮流的影响，以及塘田的不断开垦，塘岐后沃地区湾澳海岸线一直在改变，从原本的湾海地形逐渐演变成今日的泥沙遍布的平原之地，拥有着马祖列岛最大的一块沙洲平原，而成为聚落发展重要的物质依靠。

3. 洋流与潮水汇聚的礁海变幻景象

一如马祖其他地方，大塘岐湾澳所在的海域洋流与潮水汇聚，海象多变，形成礁沙与流动的气海冲击交会的变幻景象。事实上，大塘岐湾澳等马祖地区因特殊地理环境，海潮流之流动除了基本的天体引力作用外，还受季节与海底地形变化等因素影响，流向多变。

一方面，沿岸涨退潮与闽江口类同，高潮前四五个小时及高潮后1—5小时间的潮流流向西，高潮后1—5小时至下次高潮前的四五个小时间为退潮，潮流流向东（潮水平均流速约为0.75米/秒，最高流速亦不超过1.0米/秒），转流时间则约在最高（低）潮后的1—2小时。涨退潮以后港沪里至为明显，潮差可达5米，形成了广阔而可逐潮戏水的潮间带（不过，接近铁拳山沪窟一带较为危险，此处为后港澳口，往外则为气海流动之处，乃是当地民俗所称“抓交替”之处，严禁小孩到此戏水）。

另一方面，海流则主要受大陆沿岸流及南海西南季风流影响，强度及流向受季节影响而异：春夏两季流向北，秋冬两季则流向南，而外海的海流流向则均为向北，流速主要受季风流而影响。凡此种种，让大塘岐湾澳承受了海潮流所带来的影响：马鼻湾虽为比较平静宽阔之海域，但仍有气动回旋之状，其远望除了位于西南的南竿外，便是接壤了大洋的台湾海峡；至于后沃后澳山周边从蛇沙、塘岐头而逆时针绕后到八使陇与沪里澳口一线布满礁岩的海蚀地形则往往更受气海的冲击，形成了变幻莫测的景象。

4. 马鼻湾的连岛滩沙

沉淀了多少岁月的冲积，大塘岐为加沙（壁山）与后澳山护拥的湾澳拥有着一道由沉积沙粒构成的隆起沙滩，沙滩平滑地划过了海湾的中间，奇妙地联结了位于两旁的塘岐村（壁山下）与后沃村（后澳山下）。从陈寿彭一书中的图可知，至迟到了清道光年间此一沙线即已存在，而从明清海防述“长岐澳泊北风舡二十只”①、

---

①（明）邓钟：《筹海重编》（福建八）图，载李仕德《追寻明清时期的海上马祖》。

“马鞍澳泊北风船四十余”① 这类史料看来，甚至明代以前就已经可能有沙澳的存在。

这道被塘岐人称为“后澳沙”、后沃人称为“塘岐沙”的塘后沙滩，犹如海中平原，是北竿岛最大沙滩，其绵延数百米，在塘后道修筑之前，日复一日承迎着潮水的冲刷，在风浪大时、潮水大涨时，每每被来来往往的潮水淹没，故而有“潮来路隐、潮退滩显”的美丽景致（现已不复存在），既承载了当地居民儿时上学协力同行或为风雨阻隔的动人景象，也铭刻了躲炮弹或军队营训的历历过往，乃是当地牵动心愫而令人流连萦回的一道记忆中的美丽风景，以至于地方政府有恢复塘后沙滩以重现旧有美丽记忆之议。

事实上，此道沙滩的确美丽，除了潮来汐往的流动之美外，石英质晶莹洁白的粒沙，让沙滩在阳光下呈现出黄白如玉的细柔之感，以至于激起了时人对其惊呼为“糖沙”之誉。这柔细的滩沙，连接塘岐村和后澳村的连岛沙洲，北面乃是潮水涨落明显的后港沪里（古称八使澳），属泥质沙滩的湿地，布满了较多的砾石，藏隐了诸多的贝类，是玩沙、亲水拾贝、观察潮间带生物的美好去处；而南面的前港马鼻湾，虽在夏季南风强袭时浪头较高不宜踏浪，但广阔的沙野，绵延接连了海天，予人以扬帆渺远的广阔之感。

5. 四季分明的季节变化

大塘岐湾澳一如马祖其他地区，属于亚热带海洋型气候区，受海洋洋流之影响，四季季候变化显著而分明。整体地区因纬度较高，年均温度大约在20℃，气温明显较台湾本岛低，而且四面环海，早晚温差非常大。虽属海岛，但全年雨量不多，年平均雨量约在1000毫米，限制了淡水的提供。

基本上，春季（3月至5月）为多雾季节，且接逢梅雨（4月至6月），淫雨绵绵而甚为潮湿。2月至5月经常笼罩的平流雾虽经常中断空中交通，却也让大塘岐所在湾澳等马祖地区呈现出一份有如仙境般缥缈唯美的灵致气质。事实上，这迷蒙的雾在当年可是为岐澳增添了水路迷蒙的特质。夏季（6月至8月）为南南西风与西南风吹拂的季节，炽热阳光经常晒得冈顶的岩石与滩海的细沙在海水的映衬下，

① （清）杜臻：《粤闽巡视纪略》卷5，台湾商务印书馆1983年版，第53页，转引自何孟兴《明代福州海防要地“竿塘山”之研究（1368—1456年）》，《止善》2009年第7期。

呈现出闪烁亮白的感觉，以至于炽坪会以炽而得名，铭刻了先民对于烈阳地景所带来的温度的鲜明感受。夏天还经常是台风来临的季节，除了豪雨外，台风过后带来的南风（回南）更是具有强大的威力，而让具有优越条件的后港（沪里）汇聚了南北竿各湾澳到此躲避台风的渔船，形成了渔船满澳的难得盛况。

秋季（9 月至 11 月）的天气一般较为平稳，绿带萧瑟的鲜明景物，朗净的海空配上圆明的秋月，为塘岐湾澳增添了一份难以言喻的气质。入冬之后（12 月至 2 月）则来到了温度最低的时节，加以北北东或东北季风伴随冷气团南下，为大塘岐湾澳带来强势、潮湿而冷冽刺骨的劲风，往年甚至还曾降下冰雹或漫雪，虽为大塘岐湾澳户外活动带来了严酷的考验，却也为人们提供了以深邃回甘的温酒滋味温润人心的绝妙机会。简言之，雾春、阳夏、瑟秋、风冬，鲜明的四季既是大塘岐湾澳独特的自然地理，也构成了一幕幕各自色彩的绝妙风景，而成为旅游人士得以经心品赏的文化资源。

6. 明烁的日月与星辰

大塘岐地区长期处于军管之下，并没有过度的开发，加以 20 世纪 70 年代后人口的日渐迁出，保存了较为原生态而少有光害的环境，而这恰恰为夜空中明烁的日月与星辰提供了粉墨登场的机会。

夏天被冈岩反射的烈阳虽令人不时兴起藏躲于屋内的念头，然到了朝日与夕阳之际，却往往为平静的澳海与村落带来了霞虹绚烂晕染的美丽景致。相较之下，经常在秋冬至春季挂上夜空的明月似乎更诉说了大塘岐湾澳独特的衷曲，令人想起了曾经碇泊蛇沙等湾澳船民结婚时必须在船上游月殿的动人风俗，也令人想起了元宵夜月圆时所传达出的对于宁静与圆满的根本冀盼。

当然了，满空的星斗也是常见之事，塘后沙滩上每每抬头不难看到硕亮的星辰在不同季候中高挂在村落的夜空。

7. 独特的闽江沿岸海岛生态

大塘岐湾澳置处闽江口，深受闽江所带来之充沛有机质及营养原的滋养，展现为闽江沿岸独特的海岛生态体系。大塘岐湾澳接海，海域宽广，而周遭海域富含旺盛的藻类及浮游生物，为海中生物提供丰富的食物，是以海洋生态复杂，鱼类资源过往十分丰富，洄游性鱼类、河口性鱼类、岩礁性鱼类等在此汇聚，曾经发展出依季节而变化的渔业。梅花人、当地渔民流连于三连屿一带、马鼻湾澳口、沪里港外、补鼎仔与蛇沙外以及塘岐头外捕捞诸如虾皮、螃蟹、墨鱼、丁香、白鲳、白力鱼、鳀鱼、黄鱼、带鱼等，蔚为一大盛况。

由于海岸曲折复杂，礁石嶙峋，后港沪里与蛇沙与塘岐头一带海域潮间带诸如贝类、螺类、淡菜、海菜等生物丰富，加以又有营养盐流过，利于浮游生物和表层性小鱼滋生，因而引来了包含黑嘴端凤头燕鸥（神话鸟）在内的各种美丽的燕鸥，成为赏鸟之地，也引来了诸如黄鸡鱼、黑鲷、黑毛、鲈鱼、黄鱼、黄鳍鲷、嘉纳、红甘等大鱼，而于近年成了春秋两季的矶钓天堂；壁山与后澳山原为童山濯濯之貌，除了茅竿、地瓜、豆类与少数蔬菜等农作以及曾经遍植的罂粟外，少有植被。①

直到展开造林时，相思、黑松、乌桕等树种伴随着酢浆草、黄鹌菜、狗牙根、竹叶草与野菊等逐渐出现，开满了山坡，生态于是为之丕变，成为今日站在壁山鸟瞰时，随风展现了一片苍茫辽阔之感的关键元素。值得一提的是，据说缘于抗战时日本人带来的种子，塘后沙滩上开始出现了月见草，并蔓延了全岛，而成为今日海滩上常见的美丽景色。

三、代结论：与众不同的自然地理，是大塘岐历史得以独特开展、地域性得以秀异积累的基础

以上，即是笔者从空间性角度对大塘岐自然空间所进行的特色爬梳，经由这样的描述可以获知，大塘岐地区的自然空间作为一种文化资源的确丰富而具有鲜明的总体特色。可以这么说，这是一处占据了北竿优越区位条件的自然区域。大塘岐地区不仅具有屏蔽福州闽江口的独特地缘区位，其作为一处“连岛沙洲”，乃是北竿甚至整体马祖列岛中少见的平坦地区，拥有极为优质的沙滩与潮间带资源；加之，水路曲折复杂，在四季分明气候的映衬下，格外显得迷离，让冈岩到沙海间的整体区域，具有空间上极为丰富的层次；尤其是该地区还坐拥双港，不仅可避不同的季风，还因不同的潮差与地形产生了礁海繁复的生态系，而成为造化在此自然搬演的最佳场所。

最后必须指出的是，这是一处在历史中一直淤积并改变形貌的海湾，从远古史前塘岐人出现在此处甚至更早以来，时间的力量，伴随着物理与人为的力量，总是

① 参见范素玮《盛夏马祖纪行——漫谈马祖的植群》，《自然保育季刊》2017 年第 97 期。

在默默地改变着这处湾澳的自然风貌。就军管后通过机械大规模改变地景之前而言，至迟到了宋、元之际闽地汉人的入垦乃是关键的一刻，沿袭自长乐一带筑塘堰以围海为田的开垦模式，在此独特的湾澳找到了适合发展的空间，并反过来成了改造当地自然空间的重大力量，而在清末并随着海沙淤积等可能的因素，共同催动了自然空间的大改变，而让炽坪这类立基于海埔新生地的小聚落出现在历史舞台之上，不仅代表了历史空间的发展，也标志着自然空间的改变。

事实上，当时随着闽江漂沙、堤塘开筑下海埔新生地的形成①，被称为“小塘岐”的“炽坪”亦已出现，不仅有船民上岸居住，而且搭起屋厝、横寮，设置了粪池，而成为可以“翻犁耕作”的沙园②，翻吹着吴洪官所述的风吹沙与莿球。③ 大塘岐的自然空间于是展示为一处总是随着时间的推移一直在淤积，而弥漫了沙草风野且濡染了原始神秘性的崎岖冈丘海湾，而在各个不同的历史阶段，接纳了不同的社群，展开了特属大塘岐地域的鲜活历史。也因如此，这处看似自然的湾澳，总是充斥了不同的风水地理话语（例如，将壁山称为加沙、加拉；将后来被军方铲平的铁拳山称为弥勒腹等），诉说着最原始而素朴的欲望。简言之，与众不同的自然地理，正是大塘岐历史社会得以独特开展、地域性得以秀异积累的基础，而对其之深度掌握，自然也是大塘岐借由地域性之文化再造以迈向地方创生不可或缺的必要举措！

---

① 徐晓晖等指出，“闽江河口属山溪性强潮河口，水动力条件复杂，其水流悬沙含量很高”，长年处在漂沙淤积之状况。亦即，基本上通过陈坚等所说“北出南支”，以及河口泥沙再浮悬方式向海输送大部分泥沙，不仅形成了河口一带显著淤积的情形，也为塘岐后沃所在的后港带来了显著的泥沙，以至于19世纪40年代在英国海军记录中还呈现为海面的炽坪一带，到了光绪年间竟已成陆地，而成为农渔入垦的新生之地。参见徐晓晖、陈坚、赖志坤《GIS支持下近百年来闽江口海底地形地貌演变》，《台湾海峡》2009年第4期；陈坚、余兴光、李东义、赖志坤、徐晓晖、黄财宾《闽江口近百年来海底地貌演变与成因》，《海洋工程》2010年第2期。

② 王花俤提供的清光绪三十四年（1908）“陈木朋炽坪沙园的立缴典契”显示，当时的炽坪已经开辟了一些沙园（典契中载有“金焕园”“大火园”“登登园”“承书园”“浦浦园”“虫足园”），搭起了屋厝、横寮，设置了粪池，而成为可以“翻犁耕作”之处。

③ 参见“塘沃访谈记录吴洪官20181004”。

沙丘岐澳间的水缘生活空间

——塘岐后沃历史空间研究（一）：从史前到“科蹄时期”

王礼俊　许婉俐　陈柏霖　周永俊　简妏霖　萧百兴①

摘　要：北竿大塘岐地区（塘岐后沃地区）虽是闽江海域边陲的蕞尔之地，却非素来所认为只是一与“冷战”攸关的战地，而是曾经在长远的历史发展中积累了深厚的空间文化，具有相当的潜力。从相关的考古发现与文献记载可知，其历史不仅可以上溯至宋代汉人的入垦，更可远追至“史前塘岐人”在此地区的活动，以及汉晋以降船民的湾泊舟宿。这些大塘岐地区的原始先民倚据沙丘岐澳，善用特属于北竿东南角的自然洋海条件而开展出具有亲水性的水缘生活模式，从而为自身取得了生命得以立足的依据，也发展出了与闽江有关却特属于大塘岐地区的空间文化，乃是“大塘岐性”得以积累不可或缺的基础。本文即是针对大塘岐地区从史前时期以迄“科蹄时期”的历史空间研究，期待在“历史地理建筑学”视野审视下，通过实地田野调查、访谈及历史文献的爬梳，对此一历史空间的发展及展现做出深刻的爬梳与掌握，除了作为大塘岐地区，以至北竿以及整体马祖历史空间研究得以进一步深入探寻、开展的基础，更期待借此而能有助于探寻大塘岐性，俾便有助于地方创生的开展。

关键词：北竿塘岐后沃；历史地理建筑学；聚落史；地域性；史前到“科蹄时期”

---

① 王礼俊，台湾华梵大学建筑学系研究生；许婉俐，台湾中华地方美学建筑协会副理事长，台湾华梵大学“北竿乡塘岐后沃文化资源调查暨前期规划”专案研究助理；陈柏霖、简妏霖，台湾华梵大学智慧生活设计系空间设计组研究生；周永俊，台湾华梵大学建筑学系大学部学生；萧百兴，台湾华梵大学智慧生活设计系空间设计组/建筑学系教授。

一、历史空间深度研究下的大塘岐：新认识与新定位①

包含塘岐后沃地区（以下简称“大塘岐地区”）在内之既有马祖区域对于地方的想象以及愿景投射多局限于从“战地”以及与“冷战”攸关的主题出发。以笔者们近期所曾参与的“北竿乡塘岐后沃文化资源调查暨前期规划”［缘于台湾文化部门推动之“连江县（马祖）再造历史现场”项下子计划之一］，原意即是将马祖依托在“冷战岛屿的重生”的定位下，针对北竿塘岐、后沃地区进行文化资源梳理，且理所当然地期待导向以“冷战岛屿、军旅市街记忆”为主题的文旅计划。

然而即便与“干戈”相关的卫戍等生活是塘岐后沃的重要历史经验②，却也不仅仅限于军队转进以及战后战地政务的“冷战”时期；文献数据显示明清时期马祖列岛就是福建、浙江沿海重要的海防关隘，其间对抗倭寇及海盗等海上势力，也交互扮演着不同角色。经过团队成员借由深度空间及历史调查研究后发现，塘岐后沃以至北竿以及整体马祖的地域特色与文化资源，在更早历史不同阶段发展的航海、贸易、渔业、农垦等生活主题与塘岐后沃居民长期的生活与历史经验更是息息相关，其文化脉络无声地散落在当代的生活空间，有待进一步爬梳整理。

值得一提的是，研究发现塘岐村与后沃村当前虽分属两个行政区，但在过往大部分的时间内，却是以大塘岐整体区域的方式积累、呈现，其地域与文化特质远超出过度简化作为“冷战岛屿”的思考与理解。经过历史空间的深度爬梳，北竿

① 相关观点参见萧百兴、许婉俐、王礼俊《深度历史空间与文化地景研究对乡村振兴的重要性：以马祖北竿大塘岐地域的深度研究与规划设计实践为例》，“第七届两岸文教发展论坛”会议论文2019年（福建师范大学、中国艺术研究院、福建社会科学院和台湾世新大学等联合主办；中国艺术研究院文化发展战略研究中心、福建省海峡文化研究中心、福建师范大学海峡两岸文化发展协同创新中心、闽台区域研究中心、两岸关系和平发展协同创新中心联合承办；时间：2019年6月17日—19日；地点：福建师范大学）。

② “大塘岐地区”在国民党军队撤退到马祖地区并于1956年成立“马祖战地政务委员会”实施战地政务后，进入了当代以军事发展为主的“冷战岛屿”历史时期，这不算短的雷厉风行、军政合一生活现实，也成为日后烙印在20世纪70年代以前出生的大塘岐等马祖居民挥之不去的历史记忆。

大塘岐地区的空间性内容与故事实可溯至史前时期①，根据考古相关资料显示，其在距今5000年至6000年前的史前时期即曾以“沙澳贝丘”的形态出现在历史上，而后更经历了湾澳遍泊白水郎的“科蹄时期”（约汉魏—晋唐），凡此，蔚成了一定的历史积淀，而成为当前大塘岐地区文化空间特色得以形成的重要元素。本文即是从历史地理建筑学（Architecture of Historical Geography）之视角②，针对史前与“科蹄时期”大塘岐地区空间文化的展现与变迁进行论述，以作为掌握大塘岐地区整体特色并启动指向地方创生之相关文化建设的基础。

---

① 以北竿大塘岐地区的空间性发展可分为如下几个阶段，其在距今5000年至6000年前的史前时期即曾以“沙澳贝丘”的形态出现在历史上，而后更经历了湾澳遍泊白水郎的“科蹄时期”（约汉魏—晋唐）；而到了宋元之际更进入了汉人进驻的“塘澳聚落”时期，从而为明—清中叶海上竞逐时期作为朝廷与海民、倭盗角力的折冲要地以及清中叶至清末进入农渔航海稳定发展时期作为福州的半港等奠定了雄厚的基础，并借由贸易、航海、虾皮等渔业、农垦、鸦片种植等的交相蓬勃发展，而绽露出具有独特浑杂魅力的瑰异色彩，呈现出大塘岐地区等马祖居民冒险而坚毅维生的传奇风采。

② “历史地理建筑学”是一种期待以“历史地理”为内核、着重历史地理与建筑相互辩证、将“地域性”（“locality”而非仅是“region”）作为研究实体与知识工具并强调理论与实践相互辩证的建筑学。其主要认为，一方面，“地域性”作为一种空间“伪正文”（pseudo - text）乃是历史与社会汇聚、辩证发展出的地理现实；另一方面，乃是“空间性”在区域/地域层次的特殊展现。其作为地域空间的“整体”展现，一方面具有丰富的“异质性”而展现为各个具有差异的“部分”（parts），却总是与“意义镜像”恒常处于辩证发展中而具有了文化总体特质；另一方面，由于地域性的形成乃是深植于复杂的历史社会脉络之中，甚至其本身就是所处脉络的一部分，故而，任何地域，都将以空间文脉，亦即“文化地景”（cultural landscape）的方式而呈现自身，并让己身拥有了特殊的空间结构、空间形式与空间意义。换句话说：应认识到“历史地理”是为“建筑”产生的脉络及内核，同时“建筑”也是参与“历史地理”构成的一部分。其次，也应掌握到，“建筑”研究与实践的对象是“空间”，所谓的“建筑”不等同于“建筑物”，而是广义的“空间性”（spatiality）指称，具有“室内空间”“建筑空间”“都市空间”“聚落空间”等不同层次，更可广到指涉东北角这样的“地域”或“区域”本身，而此，其实也是传统历史地理研究关注的对象。再者，“建筑”作为一种“空间的文化形式”（cultural form of space），不仅指涉了实质存在，亦即“实质空间”（physical space），亦含纳了生活面向，亦即“生活空间”（lived space）与想象面向，亦即“想象空间”（imagined space）。这些，莫不纠缠在历史社会的制度性脉络之中，也承载了不同阶段社会主体的心态结构与生命经验。最后，则应体认，建筑物作为一种“造物”，如同其他的自然或人文造物，皆是历史地理的空间性产物（product），也是促成历史地理进一步发展的“中介”（medium）。在此状况下，其既重视聚落等地域空间的主体生命经验，也强调将之置于制度性等脉络差异下进行观照，俾能在充分理解地方文脉并掌握地域总体特质的前提下，针对聚落之文化地景，借由修补式规划设计进行地方魅力营造。简言之，即是要深度地去掌握“地域”等空间，认识到其所具有的“地域性”以及在其中诸如建筑物等人文自然造物的生成逻辑，以作为地方营造的重要基础。参见萧百兴《催生“历史地理建筑学”：呼唤地域研究及其实践的文化总体性——以泰顺、石碇等地的考察、实践经验为例》，《温州大学学报》（社会科学版）2010年第5期。

二、岐海沙澳中善用自然地理的亲海生活及空间展现：大塘岐发展历史初探——从史前时期到“科踣时期”①

北竿大塘岐地区乃是一处冈丘连沙的岐海湾澳，其虽为蕞尔之地，却早在史前时期便有人类利用湾海沙澳地形缘水居住，展现了与福建海洋文化的特殊关联，并延续为汉晋以降船民“浮家泛宅”“以船为居”，甚或“寓庐海旁”的特殊空间生活文化，而为大塘岐地区倚靠岐港冈澳而居、具有浓烈亲海性的空间文化奠定了深厚的根基。

1. 北竿大塘岐地区：冈丘连沙的岐海湾澳

诚如“塘岐”之“岐”意指“近江有山”“水路分歧”之意，包含后沃在内之大塘岐湾澳所在区域自古以来即具有独特的自然地理，乃是重要的文化资源。基本上，位处于北竿塘山（延续了闽东之俗，当地人称岛为“山”）的东北方，这是一处拥有着一湾绵长浅沙的美丽湾澳，经常被潮水淹没的沙滩不仅联系了壁山与大沃山两处布满了花岗岩石的山丘以及山脚下的塘岐及后沃村落，也形成了“马鼻湾”与“沪里”两处前、后港澳，而接续了被当地人称为“海”（相对于海之外则为波涛汹涌的“洋”）的水域。前后两港所形成的湾澳今日看似不大，然在泥沙淤积、人为更动地形以兴建机场等设施之前，却曾沿着壁山山脚一线而浮漫了广大的水域，而让此处配合着春雾等季节的变化而呈现出一幅水路迷离的特殊景状。这是一处位于闽江口、鳌江口一带水域中的“冈丘连沙的岐海湾澳”，独特的自然地理，自然成了与闽粤人攸关之史前塘岐人以及浮泛在闽江口沿岸船民寻找生存与生活依靠的可能空间，是以，不仅在过往为包含史前塘岐人与船民等陆续在此生存拓展的诸路先民提供了独特的自然土壤，也在今日积淀为独特的文化资源，而成为得以美赏与利用的重要资产。

---

① 本节相关历史资料主要参见萧百兴主持，王礼俊、邱锐泽协同主持《北竿乡塘岐后沃文化资源调查暨前期规划结案报告》2019 年，台湾华梵大学承接，连江县政府文化处委托。

图 1　大塘岐鸟瞰：随着时间推移一直在淤积，弥漫了沙草风野且濡染了原始神秘性的冈丘湾澳，可遥想当年沙丘岐澳的可能景象

2. 沙澳贝丘：史前时期

北竿岛虽属闽江口不利农作之岛屿，但根据考古发现，塘岐后沃区域早在5000— 6000 年前的史前时期即曾发现人类居住、活动的迹象。2000 年 12 月起由“中研院历史语言研究所”执行的“台闽地区考古遗址普查计划第六期”，即在马祖地区发现北竿塘岐、南竿福澳与东莒科蹄湾三处史前遗址；另外，2011 年“马祖亮岛考古队”更在亮岛发现了三处遗址［距今 7500—7900 年间的“岛尾 I 遗址”；距今 7500—7700 年的“岛尾 Ⅱ 遗址”以及明清年间（1628—1852）的“百胜港遗址”］。其中，位于本计划区域的“塘岐遗址”（大致范围包括仍在使用的小靶场中间凹地以及靶场下方原为露营区现为游泳池后方之地块；而以前者为核心区），即

采集到了包含石器、石片与陶片在内的遗物与纹样。①

从陈仲玉等学者根据陶器遗留所做的推断可知，塘岐遗址基本上归属于距今6000年左右同样位于闽江口一带的史前时代“昙石山下层类型”（相当于中原的仰韶文化中后期；昙石山遗址位于福建闽侯县甘蔗镇昙石村），可见，至迟到了5000年至6000年前，塘岐后沃地区已经有人类居住的迹象，或可暂称为“史前塘岐人”，不无可能即是属于汉人进驻福建之前当地“闽越族”（百越族之一）的先祖。其被发现之处虽位于塘沃沙澳地区，却揭示了北竿岛整体在史前时期人类可能聚居的情形。而由其被断定属“昙石山下层类型”而言，极可能与闽江口一带其他同时期的史前人类具有一定的关联，可能是当时闽江口一带史前人类活动的一个分支？

塘岐遗址虽因未采集到石器与贝冢，因此较难透过既存实物去推断史前塘岐人的社会生活形态，但通过与“昙石山下层类型”一脉相承的“昙石山文化”的比对性研究②，却可进行一定程度的复原生活想象。根据甘满堂、王敦辉在《昙石山文化的亲水特征与福建海洋文化之间关系》一文中的研究，昙石山相关遗址文化堆积层、墓穴、灰坑与贝丘堆积物中曾经发现大量蛤蜊壳、经常性食物海蛎、鱼骨、海龟与海鳖等海洋生物遗骸以及网坠、鱼镖之类捕鱼工具；显示昙石山史前文化已

---

① 陈仲玉：“塘岐遗址出土遗物以红褐色夹细砂陶为主，淡褐色夹中砂陶次之，外表大部分因侵蚀而脱落，但仍可见少数拍印绳纹，器型以侈口鼓腹圜底罐形器为主。未采集到石器，也未见贝冢，生活型态不易推之。从陶器而言，大抵相当于闽江下游，昙石山下层类型，年代在距今5000—6000年的早期阶段。”参见陈仲玉《马祖列岛的史前文化与南岛语族的扩张》，“普通高中课程海洋教育资源中心种子教师暨研发小组增能研习”讲义2014年版，研习日期：2014年7月1日—7月3日，研习地点：马祖南竿、北竿。http：//163. 20. 87. 3/ocean/2014download/0701/2. pdf，2018年11月24日。从陈文可知，塘岐遗址之遗物包含以红褐色夹细砂陶为主、淡褐色夹中砂陶为次的陶片。其外表大部分虽因侵蚀而脱落，却仍可见少数的拍印绳纹，而器型则以侈口鼓腹圜底罐形器为主。值得注意的是，陈文指出，并未采集到石器，此与邱新福《北竿乡志·第一章：北竿开发史》中在塘岐遗址中，“考古学家采集到类似史前石器石片”（http：//board. matsu. idv. tw/board_ view. php? board = 24&pid = 23130&link = 23130&start = 0，2018年11月20日）的记载明显相异。参见邱新福撰述《北竿乡志》，连江县北竿乡公所2005年版，http：//beigan. matsu. idv. tw/history/index. htm，2018年11月20日。塘岐遗址之范围主要根据邱新福《北竿乡志·第一章：北竿开发史》之记载。

② 昙石山遗址有下层、中层及上层三种类型。“昙石山文化”根据陈仲玉主要指“昙石山中层类型”，距今4000—5000年前，其文化内涵与早期的昙石山下层类型相较虽有一定之改变（显示受到外来文化的影响，而且生活形态越趋复杂），但可视为是早先阶段的进一步发展。（陈仲玉《马祖列岛的史前文化与南岛语族的扩张》）唯在甘满堂、王敦辉等论述中，“昙石山文化”则有更广泛意义，包含了昙石山遗址本身下、中、上三层彼此相继发展的整体，也包含了附近闽侯的庄边山遗址以及白沙溪头遗址等几处遗址所整体呈现的文化特征。

经出现了比较发达的原始渔业活动，具有相当程度的亲水性。① 据此进一步推论，同在闽江口的史前塘岐人极可能也是居住在沙澳小丘之上。② 他们基本上懂得利用红色与淡褐色陶器以贮存食物，不仅靠蛤蜊与海蛎等海洋生物维生，运用鱼骨、海龟与海鳖等海边陆生海产资源过着以渔猎采集为主的原始生活③，而且已知使用拍印绳纹做出印记，或作为生活经验之记录，或视为召唤凝结之图腾，或作为符号遂行与神秘世界之沟通，展现了塘岐以至北竿史前人类善用塘沃沙澳贝丘人文地理资源以奋斗求生的特殊面貌。换句话说，岐海湾澳冈丘连沙的特殊自然地理提供了他们得以亲近海洋、借由海洋相关资源而获得生存资材、展开独特生活的关键条件，值得进一步通过实质的挖掘、考证，来一窥塘岐史前人类的生活面貌，以及与邻近区域史前文化的源流及关联性。

3. 湾澳遍泊白水郎：约汉魏—晋唐

告别了史前阶段，闽江口一带等福建地区进入了闽越人（或说闽族）活跃的时代，闽越人是否曾经来过塘岐后沃所在的马祖北竿等地，虽因没有相关记载与发现而无从得知，但与闽越人有关联之船民，可能在汉魏至晋唐之际便已活跃在北竿等

---

① 甘满堂、王敦辉：“昙石山文化各个遗址的文化堆积层中充斥着大量的蛤蜊壳，而且在墓穴与灰坑中也堆积着大量蛤蜊壳，可见其数量之巨。另外，遗址还出土的大量动物尸骨化石及陶器、石器、骨器、贝器，经上海博物馆热释光测定，距今4340年左右。贝丘堆积物中除有少量淡水蚬、蚌外，以经常性食物海蛎为主，并有为数极大的鱼骨及海龟、海鳖遗骸。可以看出水生物种在福建先民的生活中的重要位置。从昙石山文化遗址出土的工具来看，出现了很多的网坠、鱼镖等捕鱼工具，由此可以反映出当时的先民具有比较发达的原始渔业。朱维幹先生在其《福建史稿》推断‘昙石山人’的生活情景时，也认为当时已有比较发达的原始农业和渔业。那么，昙石山先民为什么倾向于捕鱼活动呢？这个问题的逻辑起点是当时先民具体的生活环境状况。根据地质学家的考察，当年闽江的入海口就在今天的甘蔗白沙一带，出土遗物证实了5000年前昙石山曾是闽江口与海洋交汇地，而如今的闽江口已向东南后退了80余公里。因此，昙石山文化具有亲水性特征是毋庸置疑的。”参见甘满堂、王敦辉《昙石山文化的亲水特征与福建海洋文化之间关系》。

② 根据比对陈寿彭描摹英国人于1840年前后记录之海图，塘岐遗址所在之处（大致范围包括仍在使用的小靶场中间凹地以及靶场下方原为露营区现为游泳池后方之地块；而以前者为核心区）在清中叶时期大约在海岸线一带，假若根据推断此地在史前系为沙澳小丘之地，则地理形貌可能经过一定程度之改变。此点经王花俤证实，除了原先海沙淤积外，在进入战地政务时期后，曾有相当大幅度的地形改动。参见王花俤2019年1月25日于连江县文化处就“北竿乡塘岐后沃文化资源调查研究暨先期规划”审查会中的发言。

③ 陈良源指出，当时，“受限于技术或工具，恐无法从事海上渔捞，而是以海边陆生海产为主的渔猎采集定居生活方式”。参见陈良源《明清以降政策变迁下马祖地区文化发展》，《海洋文化学刊》2007年第3期。

马祖地方。① 事实上，唐代刘禹锡即曾诉说了对闽地船民的观察："闽有负海之饶……家桴筏者，与华言不通"②，而南宋孝宗淳熙年间（1174—1189）《三山志·卷第六·地理类六》③ 亦有"白水郎，夷户也，亦曰游艇子，或曰卢循余种，散居海上。唐武德中，王义童招其首领周造、麦细陵等，授骑都尉"④ 之记载，其中，宋代被福建地方志称为"卢循余种""夷户"的水居船民"白水郎"⑤，诚如陈良源等研究指出，即是古称的"蜑族"，因其以船为家，双腿弯曲，故除了"船民""船人"之称外，岸上住民常以闽东福州话辱称为"曲蹄""屈蹄"，或写为"科题"

① 从南宋孝宗淳熙年间（1174—1189）《三山志·卷第六·地理类六》中攸关于"白水郎，夷户也，亦曰游艇子，或曰卢循余种，散居海上。唐武德中，王义童招其首领周造、麦细陵等，授骑都尉"的记载可知，这些被称为"白水郎"的水居船民，至迟在唐代即已活跃在闽江一带［唐武德八年，置泉州都督府，治在闽县（相当于今天福州一带），领泉州、建州、丰州。王义童任都督］。事实上，有几个时间点水居船民极可能已来到北竿所在的马祖一带地域：闽越人活跃于闽江流域的汉魏甚至更早（春秋战国楚灭越而越人南迁）之际，闽越人正是船民组成的重要成分。参见李健民《闽东疍民的由来与变迁》，《宁德师专学报》（哲学社会科学版）2009 年第 2 期。另外，则是汉武帝灭闽越国其族人"亡入海"或居"沼泽中"后，或者东晋元兴二年至义熙元年（403—405）卢循带领的农民起义军败退后即已活动于此。参见刘传标《闽江流域疍民的文化习俗形态》，《福建论坛》（经济社会版）2003 年第 9 期。按《三山志·卷第六·地理类六》中所称的"卢循余种"即东晋元兴二年至义熙元年（403—405）的卢循农民起义军"水师"的后裔。据此，陈良源、杨雅心等人认为，马祖列岛自东晋或东晋末年以降即成为水上人家的游牧空间据点之一。参见陈良源《明清以降政策变迁下马祖地区文化发展》，《海洋文化学刊》2007 年第 3 期；杨雅心《马祖地区地名的意涵：一个关于环境识觉的研究》，硕士学位论文，台湾师范大学，2005 年。

② （唐）刘禹锡：《唐故福建等州都团练观察处置使福州刺史兼御史中丞赠左散骑常侍薛公神道碑》，载《刘禹锡全集》（卷三），上海古籍出版社 1999 年版，第 20 页。

③ 根据"国学导航—淳熙三山志"：《三山志》（或称《淳熙三山志》）系南宋时期福州的地方志。此书虽由梁克家署名，却是陈傅良等撰写，于淳熙九年（1182）成书。书名中的"三山"系为福州的别称。由于福州五代时曾一度升为长乐郡，故此书又名《长乐志》。编者主要采择了北宋庆历三年（1043）由林世程纂修的福州志相关资料，并增补加入了庆历三年至淳熙九年（1043—1182）共计 139 年事，共四十卷；分为地理、公廨、版籍、财赋、兵防、秩官、人物、寺观（末附山川）、土俗九门。所记为五代十国之事迹，可补正史之缺失。其中的版籍、财赋两门，系由通判陈傅良执笔，内容翔实，有较高的参考价值。此书是传世的南宋地方志佳作，乃是研究福州地方史和宋史的重要史料。其在明清之际罕有流传。原本四十卷。今本四十二卷，为后人所增补。现有华东师范大学图书馆藏明崇祯十一年（1638）本、清乾隆张德荣抄本及四库全书本。http：//www. guoxue123. com/shibu/0301/00ssz/000. htm，2018 年 11 月 29 日。

④ （南宋）梁克家：《三山志》卷二，得山林弘衍重刊本 1638 年版，第 9 页。

⑤ 据徐晓望研究，"白水郎"之称系源于闽东白水江而得名。参见徐晓望《从福建霞浦县松山天后宫挂图看闽东妈祖信仰的中心文化》，载林美容、张珣、蔡相辉主编《妈祖信仰与现代社会国际研讨会论文集》，台湾宗教学会 2003 年版，第 240 页。

“科蹄”等。[①] 根据刘传标田调研究发现，这些科蹄“并非单一族源……既有福建原住民（闽族）的血缘，又有楚灭越后‘会稽南下的客族（越族）’，同时又因秦汉以降随汉族入闽，也吸纳南下汉族中破落之户”[②]。无论如何，汇聚了闽越历史上各种族源的船民毕竟在历史中形成了，不仅活跃在福州所在的闽东流域[③]，而且借由地缘关系与相近生活空间环境，也来到了包含塘岐后沃在内的马祖海域各处湾澳。

从马祖相关的地名、命名、传说可知，马祖列岛向来与生活在闽江流域等地的船民密切相关，也曾经是他们活动的水域。例如，南竿岛即存有“科蹄澳”、而东莒岛亦有“科蹄湾”之地名；本计划范围中塘岐后沃所在的“炽坪”据悉即有上岸的船民[④]，其水部尚书信仰亦引自福州船民聚集的台江地区。另，蚌山西侧亦存在有“曲蹄礁”的命名[⑤]，根据陈先妹老太太口述，系船民停泊之处。[⑥] 而综合对陈赛金老太太等人的访谈可知，当地一些上了年纪的居民多曾目睹船民停泊在螺蚌山、芹角与沪里后港一带，并上岸到塘岐、后沃、拢里等地唱歌的经历。[⑦] 可见，《三山志·卷六·地理类六》所称“散居海上”的船民一向活跃在此地区，不仅在历史中曾与塘岐后沃等地的马祖居民发生过密切的生活关联，而且在汉人于宋代以降入垦、驻军于马祖北竿等地之前，可能曾是塘岐后沃等马祖地方的最主要居民。

船民在汉人尚未来到马祖定居之前到底如何活动虽无文献及遗物可探，唯根据邻近闽江周边地区对于船民文化的考察，可略窥梗概。诚如许多研究者指出，闽东

---

① 参见陈良源《明清以降政策变迁下马祖地区文化发展》，《海洋文化学刊》2007 年第 3 期；李健民《闽东疍民的由来与变迁》，《宁德师专学报》（哲学社会科学版）2009 年第 2 期；徐晓望《从福建霞浦县松山天后宫挂图看闽东妈祖信仰的中心文化》，载林美容、张珣、蔡相辉主编《妈祖信仰的发展与变迁：妈祖信仰与现代社会国际研讨会论文集》，台湾宗教学会 2003 年版。

② 参见刘传标《闽江流域疍民的文化习俗形态》，《福建论坛》（经济社会版）2003 年第 9 期。

③ 闽东船民除了福州所在的闽江流域外，主要分布是在“‘官井洋港’‘松山港’和‘沙埕港’一带，即包括今之宁德、福安、霞浦、福鼎的整个闽东沿海。其中‘官井洋港’的溪船乘潮可到达长溪水域腹地的沿溪村镇，长溪干流自斜滩以下、支流穆阳溪（古称廉溪）自穆阳以下，都有疍民的分布。而且闽东疍民与福州地区的疍民（《三山志》称‘水居船’）也有着密切的来往，活动范围延伸到福州南面的福唐，即今之福清、平潭两县兴化湾以北的广大水域”。参见李健民《闽东疍民的由来与变迁》，《宁德师专学报》（哲学社会科学版）2009 年第 2 期。

④ 参见王礼俊转述袁孝文之讲话，袁孝文“直接指炽坪有水上人家”，而此事塘岐人基本上都知道。（通讯记录 20190625）

⑤ 参见王永顺等《沙滩那头好村庄：后沃村落史》一书中的附图“后沃村落区块与岩礁地名位置标示图”。参见王永顺等《沙滩那头好村庄：后沃村落史》，连江县北竿乡后沃社区发展协会，2007 年印。

⑥ 参见“塘沃访谈记录陈先妹老太太 20180802”。

⑦ 参见“塘沃访谈记录陈赛金老太太与王天寿 20181104”。

船民延续了闽越人善舟楫亲海洋的惯习，主要散居于闽海中各湾澳，为此，清代郑祖庚《侯官县乡土志》记载说道："江干海澨，随处有之，虽浮家泛宅，无一定所，而各分港澳。"① 因此，以塘岐后沃所在的北竿诸岛位于闽江口的地利，当即为船民借助湾澳而泊水寄宿之处。我们从陈寿彭所誊绘的英国人测绘的地图可知，当年塘岐后沃一带大部分属海湾，水路极为复杂，不管是前港还是后港，皆存在着大大小小的湾澳，适足以作为船民泊水之处。而其泊宿方式，诚如《三山志·卷第六·地理类六》等所述，系"以船为居，寓庐海旁"（乐史《太平寰宇记》："其居止常在船上，兼结庐海畔，随时随徙，不常厥所。"②）。借用刘传标在《闽江流域疍民的文化习俗形态》一文中的记述，主要表现为两种住屋空间形式：其一系"以舟为居"，亦即"以船为车，以楫为马"，将水上的交通工具"连家船"直接作为男婚女嫁养生送死的生活居住所在，随水漂泊、遇澳而居；③ 有时则也会出现在以船为居的同时亦"寓庐海旁"，亦即以岸边滩涂上的"居家船"或"干栏式"之类建筑方式作为民居的状况。前者，系"直接将其生产工具、破旧'连家船'抬到岸边的滩涂上，以短木为基柱（前中后三组），将旧船架在这木柱上，成为居所……家人就生活在这竹篷下"④；后者则是"在江畔、港湾滩涂上以短木檀基（高出地面90厘米左右），在木桩上横木架，然后再铺设地板。下部留空通风、防潮水、洪水或

---

① （清）郑祖庚《侯官县乡土志》："县有一种人，以舟为居，能久伏深渊，俗称曲蹄［以处舟中，其脚常弯曲不舒放。或作乞黎，贱视，如浙之堕民，不齿齐民，不通昏媾］，盖即蜑户也［蜑亦省作蛋］。江干海澨，随处有之，虽浮家泛宅，无一定所，而各分港澳。姓多取翁［义取渔翁］、欧［义取鸥鸟］、池、浦、江、海［以地为姓］。诸氏间有登陆结庐者，然亦不习工商，仍供贱役［娼家多讹托之］。其人皆蛇种。《说文》谓'闽，蛇种'，实专属蜑民一族而已，与全民人士悉从中原迁来无涉。"（［］内文字系原注）

② （宋）乐史《太平寰宇记》"明州"篇指出："东海上有野人，名曰庚定子……土人谓之白水郎。脂泽悉用鱼膏，衣服兼资绢布，音讹亦谓之卢亭子。"同书"泉州"篇亦载："泉郎，即州之夷户，亦曰游艇子，即卢循之余。……其居止常在船上，兼结庐海畔，随时移徙，不常厥所。船头尾尖高，当中平阔，冲波逆浪，都无畏惧，名曰'了鸟船'。"（宋）乐史：《太平寰宇记》，台湾文海出版社1963年版，第16页。

③ 刘传标指出："闽江流域疍民的'连家船'长五六米，宽约三米，船首尾翘尖，中间平阔。船头是其生产劳动的场所；船中央的征篷遮掩体下既是他们的仓库又是一家的卧室，专营运货渡人的'连家船'甚至还是货仓、客仓；船后舱（高出船中央些许）既是床铺又是饭桌及盘腿而坐之地；船尾既是厨房又是拉撒之处，甚至其狭窄的船舷也成为其挂养家禽的地方。……闽江流域有民谣唱曰：'破船挂破网，常年江上漂，三代祖孙住一舱，半年粮食半年糠'就是其真实的生活写照。"参见刘传标《闽江流域疍民的文化习俗形态》，《福建论坛》（经济社会版）2003年第9期。

④ 参见刘传标《闽江流域疍民的文化习俗形态》，《福建论坛》（经济社会版）2003年第9期。

喂养禽畜，上部居人的……建筑”①。这种地基不落的建造方式承传了闽越族的文化习惯，一直到20世纪六七十年代仍可见之。其外表多漆以黑、红或蓝红色油漆，室内则每日须洗刷地板与杉木墙板一次，进屋亦须换鞋或赤脚，整体而言纤尘不染而十分干净，并影响了福州地区汉人的住屋空间情状。② 就北竿塘岐后沃当时的状况而言，以船为居大约是可以确定的，至于是否曾在滩涂岸上营构居宅则不可考，不过，根据陈良源曾有船民聚居东引之说③所示，当年或有船民在此营构居宅也不无可能。事实上，相关数据显示，到了清末炽坪聚落形成时，已有船民上岸定居，成为在世居民。④ 难怪，炽坪所供水部尚书公会引自福州台江水部尚书公庙（万寿尚书公庙），福州台江正是船民聚居之处。借此，这些视蛇为始祖、自称龙种的船民展开了“以船为屋，以水为田，捕鱼度活”⑤、习惯“跣足不冠”、“生食或半生食水产”（食物中有“蛤鲜”“虾鲜”“蟹鲜”等“鲜”食，亦包含现今熟知的马祖名产“淡菜”）为主的生活，交织了独特的贺年等活动（正月初三至元宵、二月初二、三月初三挨家挨户“扣竹节而歌”、唱俗称“曲蹄曲”的“讨海歌”等渔歌小曲）、“坐轿船”的古朴婚俗（“雅贼”“骂亲家”“游月殿”等）以及诸般禁忌（“忌人从船头经过”“忌救落水者”“忌说‘退’或‘横’等词”“忌见一切反复之物”“忌吃动物尤其是有如‘龙目’‘神目’之鱼的眼睛”）⑥，而让塘岐后沃地区在历史上展开了另一页神秘的文化秀异篇章。

三、代结论：在原始的沙澳亲水性基础上探寻“大塘岐性”

马祖北竿虽只是蕞尔小岛，而大塘岐地区更只是其中的一处岐海沙澳，然而，

---

① 参见刘传标《闽江流域疍民的文化习俗形态》，《福建论坛》（经济社会版）2003年第9期。

② 根据刘传标“习惯也影响福州地区汉人，福州地区汉人室内较卫生”。参见刘传标《闽江流域疍民的文化习俗形态》，《福建论坛》（经济社会版）2003年第9期。

③ 根据陈良源所述，“东引岛的燕秀（旧称燕岫）据称昔曾有‘曲蹄仔’数十户居住”，船民还曾居住在马祖列岛上。参见陈良源《明清以降政策变迁下马祖地区文化发展》，《海洋文化学刊》2007年第3期。

④ 参见王礼俊转述袁孝文之讲话，袁孝文“直接指炽坪有水上人家”，而此事塘岐人基本上都知道。（通讯记录20190625）

⑤ 福安市甘棠镇乌山尾临江处妈祖庙中立于道光六年（1826）的石碑，眉头横勒“立碑示禁”四个大字。参见李健民《闽东疍民的由来与变迁》，《宁德师专学报》（哲学社会科学版）2009年第2期。

⑥ 以上船民习俗主要引自或参考刘传标《闽江流域疍民的文化习俗形态》，《福建论坛》（经济社会版）2003年第9期。

若能超越既有将马祖只是视为战地的视野，借用诸如历史地理建筑学的视角，当有机会从考古、文献及田野等史料中，爬梳、建构出古往历史空间可能的面貌。就此而言，经过吾等研究，大塘岐地区的发展其实可远溯史前时期，在宋人梁克家撰述《三山志》写下了"桑屿、东路、上下干塘在海中"这般文字以及汉人于宋代进垦之前，大塘岐地区其实已经展开了悠远的历史空间发展进程，并遗留了相关的人文史迹而直至当代，成为地方得以形塑特色的重要文化空间资产。

首先出场的是距今5000年至6000年前出现的"史前塘岐人"，不无可能即是属于汉人进驻福建之前当地原生住民"闽越族"（百越族之一）的先祖。经比对"昙石山文化"，他们极可能居住在沙澳小丘之上，运用海边陆生海产资源过着以渔猎采集为主的原始生活，且已知使用具有拍印绳纹印记的红色与淡褐色陶器以贮存食物，借之，史前塘岐人可能遂行了对于生活经验的记录，亦可能视之为图腾而召唤凝结了社群，或与神秘世界进行了沟通，可说展现了大塘岐地区原始人类依靠自然求生存的特殊面貌。而后，则是与闽粤人有关联之船民至迟于汉晋年间的到来，史前时期之后闽粤人是否曾经来到马祖以及北竿大塘岐地区虽不可考，但从相关文献及田野资料可知，擅长舟楫的船民确实来过大塘岐湾澳的，大塘岐所在的北竿诸岛得益于位居闽江口的地利，成了船民借助湾澳的泊水寄宿之处。经常迁徙的他们倚靠湾澳浮家泛宅而居，更至迟到了清末上岸定居，成为炽坪等地的在世居民。习惯"跣足不冠""生食或半生食水产"的他们不仅以水为田，捕鱼度活，发展出了独特的文化，在当地老人家的记忆中，更曾上岸到塘岐、后沃、拢里等地唱歌、说好话并向居民要地瓜签等，而以实际的民俗实践参与建构了特属于大塘岐地区的文化，与史前塘岐文化共同构成了汉人进垦前大塘岐地区空间文化不可忽视的篇章。

综而言之，不管是史前塘岐人还是船民，这些属于大塘岐地区的原始先民展现了与环境互动而求生存的智慧，巧妙利用了岐海沙澳特殊的自然条件发展出了以亲水生活为主的空间模式，不仅求得了生存的契机，更形成了丰富而特殊的生活文化，而成为大塘岐地区空间文化依据岐海沙澳具有亲水性特色之所以积淀的关键基础，乃是继续深入探寻大塘岐地区"地域性"（亦即"大塘岐性"）不可疏漏之重要环节。凡此，是吾人通过历史地理建筑学进行深度空间研究所获之成果，借之，吾人或将有机会对当地甚具原始亲海性之地域特色与文化地景有更为深刻之理解，而此，不仅将让马祖大塘岐地区的整体历史找到初步得以衔接延伸的引线，也让当代狭隘的战地马祖史观，能更为从容而自信地进行解读、挖掘属于自身独特魅力的大塘岐历史，并蔚为未来乡村振兴与地方再生的可能发展的康庄大道。

干塘乍现

——塘岐后沃历史空间研究（二）：汉人进驻的塘澳聚落时期（约宋、元）

王礼俊　萧百兴①

摘　要：北竿大塘岐地区（塘岐后沃地区）虽是闽江海域边陲的蕞尔之地，却非素来所认为只是一与“冷战”攸关的战地，而是曾经在长远的历史发展中积累了深厚的空间文化，具有相当的潜力。根据相关史料推断，汉人至迟到了宋代已入驻大塘岐区域所在北竿等马祖丘澳之地，并以筑堤为塘的开垦模式形成了赖以居住的聚落形态，并配合壁山特殊地形成为航路指标的优势，而成为北竿乃至南竿命名的缘由。凡此种种，见证了“地景命名”实为“大塘岐性”形塑至为关键的内涵，而北竿塘也因此具有了作为南北竿甚至马祖地区心灵故乡的潜力，因此，值得就此段历史空间发展的特殊过程借由历史地理建筑学的视野做一深度空间的整体爬梳，俾有助于地方创生的开展。

关键词：北竿塘岐后沃；历史地理建筑学；聚落史；地域性；汉人开垦

一、历史空间深度研究下的大塘岐：新认识与新定位②—— 宋代“干塘”开垦具有的特殊意义

既往对于大塘岐地区（亦即塘岐后沃地区③）的空间发展想象，大多局限在将

---

① 王礼俊，台湾华梵大学建筑学系研究生；萧百兴，台湾华梵大学智慧生活设计系空间设计组/建筑学系教授。

② 相关观点参见萧百兴、许婉俐、王礼俊《深度历史空间与文化地景研究对乡村振兴的重要性：以马祖北竿大塘岐地域的深度研究与规划设计实践为例》，“第七届两岸文教发展论坛”会议论文 2019 年（福建师范大学、中国艺术研究院、福建社会科学院和台湾世新大学等联合主办；中国艺术研究院文化发展战略研究中心、福建省海峡文化研究中心、福建师范大学海峡两岸文化发展协同创新中心、闽台区域研究中心、两岸关系和平发展协同创新中心联合承办；时间：2019 年 6 月 17 日—19 日；地点：福建师范大学）。

③ 研究发现塘岐村与后沃村当前虽分属两个行政区，但在过往大部分的时间内，却是以大塘岐整体区域的方式积累、呈现，而其地域与文化特质也远超出过度简化作为“冷战岛屿”的思考与理解。

其视为实行军管阶段的“冷战战地”，并期待在此定位下进行愿景的发想与空间等的改造。[①] 然而，大塘岐地区的空间性内容与故事实有更为广阔与更为久远的内涵。从《沙丘岐澳间的水缘生活空间——塘岐后沃历史空间研究（一）：从史前到“科蹄时期”》等文可知，其在距今5000年至6000年前的史前时期即可能曾以“沙澳贝丘”的生活空间形态出现在历史的舞台上，而后，更经历了湾澳遍泊白水郎的“科蹄时期”（约汉魏—晋唐），大塘岐地区与闽海攸关的原始先民凭借着沙丘岐澳的特殊自然地理条件，运用智慧开展了亲近海洋的水缘生活，从而让倚据岐海沙澳所形成的亲水性成了大塘岐地域性形构不可或缺的基础。

有意思的是，历史的巨轮总是滚滚向前的，随着汉人开垦于唐宋年间在福建的进展，至迟到了宋代即有汉人入驻北竿等马祖丘澳之地，并形成了赖以居住的聚落形态。从此，原本以船民为主、借由舟楫迁徙所建构出的水缘空间遂逐渐让位于汉人借由农渔聚落所营构出的生活空间，其中，大塘岐地区在此过程中无疑扮演了至为显要的角色，其通过马祖列岛当年仅见的堤塘海田开垦模式，标志了北竿等马祖地区已步入了以汉人农渔生活、聚落定居为主的历史进程，而成就了北竿等马祖地区开发历史璀璨的一页。值得一提的是，大塘岐地区不仅因为堤塘为主的开垦模式而让所在的北竿获得了开垦的重要性，更凭借地区内壁山这座特别高耸的特殊地理形胜（今之“壁山”地方上称为“加沙”“加拉”）而成为航海的重要指标。因为大塘岐地区堤塘开垦而得名的北竿塘（当时称为“干塘”）成为南北竿人文地理的重心，而以“干塘”（可能为“上干塘”或“下干塘”[②]）之名被记载于南宋梁克家的《三山志·卷二·地理类二》中，成为大塘岐地区与南北竿以至整体马祖有所

① 包含塘岐后沃地区在内之既有马祖区域对于地方的想象，愿景投射多局限于从“战地”，以及与“冷战”攸关的主题出发。以吾等近期所曾参与的“北竿乡塘岐后沃文化资源调查暨前期规划”［缘于台湾文化部门推动之“连江县（马祖）再造历史现场”项下子计划之一］，原意即是将马祖依托在“冷战岛屿的重生”的定位下，针对北竿塘岐、后沃地区进行文化资源梳理，且期待导向以“冷战岛屿、军旅市街记忆”为主题的文旅计划。

② 参见（南宋）梁克家《三山志》卷二，得山林弘衍重刊本1638年版，第6页。向来学者多认为，北竿是下竿塘、南竿是上竿塘（《连江县志·历史志》主纂李仕德倒是持传统地图南下北上之方位观而认为上竿塘为北竿塘），不过，从几幅明代及清代的地图中之文字可知，那倒未必。至于说是否因为南竿离福州比较近所以称为上竿塘，其实也是存疑。因为清代有幅图，南竿（图面上标为上竿塘）就画得离福州闽江口比较远。南北竿被称为上下竿塘多半可能还是从海上往闽江口一带看的结果。因此，梁克家文中虽指出了“上下干塘在海中”，但并没有明确能断定何者为北竿，因此，有可能为“上干塘”，亦有可能为“下干塘”。

关联的“记忆空间”“想象空间”，其作为一种无形的文化资产，实为未来重构南北竿乃至整体马祖文化认同的关键基石。有鉴于此，本文拟通过历史地理建筑学（Architecture of Historical Geography）的视野[①]，对大塘岐地区于宋元这段时期所曾展开的开垦历史及其空间文化建构进行深度爬梳，以作为掌握大塘岐地区整体特色之基础，俾便能启动相关文化建设以迈向地方之创生。

二、汉人进垦与塘澳聚落的出现：大塘岐发展历史爬梳[②]

北竿大塘岐地区乃是一处冈丘连沙的岐海湾澳，其虽为蕞尔之地，却至迟到了宋元之际即有汉人入垦，以邻近闽地长乐一带“兴修海堤为田”的方式营造了适合农、渔发展的空间，不仅蔚成了聚落，驻守了兵汛，而且成为北竿以至南竿被命名为“干塘”的重要缘由。可以这么说，宋元时期大塘岐地区的开垦关系到了南北竿

---

① “历史地理建筑学”是一种期待以“历史地理”为内核、着重历史地理与建筑相互辩证、将“地域性”（“locality”而非仅是“region”）作为研究实体与知识工具并强调理论与实践相互辩证的建筑学。其主要认为，一方面，“地域性”作为一种“空间伪正文”（pseudo - text）乃是历史与社会汇聚、辩证发展出的地理现实；另一方面，乃是“空间性”在区域/地域层次的特殊展现。其作为地域空间的“整体”展现，一方面具有丰富的“异质性”而展现为各个具有差异的“部分”（parts），却总是与“意义镜像”恒常处于辩证发展中而具有了文化总体特质；另一方面，由于地域性的形成乃是深植于复杂的历史社会脉络之中，甚至其本身就是所处脉络的一部分，故而，任何地域，都将以空间文脉，亦即“文化地景”（cultural landscape）的方式而呈现自身，并让己身拥有了特殊的空间结构、空间形式与空间意义。换句话说：应认识到“历史地理”是为“建筑”产生的脉络及内核，同时“建筑”也是参与“历史地理”构成的一部分。其次，也应掌握到，“建筑”研究与实践的对象是“空间”，所谓的“建筑”不等同于“建筑物”，而是广义的“空间性”（spatiality）指称，具有“室内空间”“建筑空间”“都市空间”“聚落空间”等不同层次，更可广到指涉东北角这样的“地域”或“区域”本身，而此，其实也是传统历史地理研究关注的对象。再者，“建筑”作为一种“空间的文化形式”（cultural form of space），不仅指涉了实质存在，亦即“实质空间”（physical space），亦含纳了生活面向，亦即“生活空间”（lived space）与想象面向，亦即“想象空间”（imagined space）。这些，莫不纠缠在历史社会的制度性脉络之中，也承载了不同阶段社会主体的心态结构与生命经验。最后，则应体认，建筑物作为一种“造物”，如同其他的自然或人文造物，皆是历史地理的空间性产物（product），也是促成历史地理进一步发展的“中介”（medium）。在此状况下，其既重视聚落等地域空间的主体生命经验，也强调将之置于制度性等脉络差异下进行观照，俾能在充分理解地方文脉并掌握地域总体特质的前提下，针对聚落之文化地景，借由修补式规划设计进行地方魅力营造。简言之，即是要深度地去掌握“地域”等空间，认识到其所具有的“地域性”以及在其中诸如建筑物等人文自然造物的生成逻辑，以作为地方营造的重要基础。参见萧百兴《催生“历史地理建筑学”：呼唤地域研究及其实践的文化总体性——以泰顺、石碇等地的考察、实践经验为例》，《温州大学学报》（社会科学版）2010 年第 5 期。

② 本节相关历史资料主要参见萧百兴主持，王礼俊、邱锐泽协同主持《北竿乡塘岐后沃文化资源调查暨前期规划结案报告》2019 年，台湾华梵大学承接，连江县政府文化处委托。

空间命名及相关地域特性与意义的形成，而其也反过来回注大塘岐地区以空间的重要性，成为大塘岐地区大塘岐性形塑的必要元素。

1. 宋、元阶段的北竿大塘岐地区：冈丘连沙而湾海尚未淤积的岐海湾澳

大塘岐地区经过了军管时期的整地以及北竿机场的扩建，现今虽仍可见前后两处湾澳，但已非过去海水漫延之面貌。① 根据陈寿彭《新译中国江海险要图志》②中所附英国人于19世纪40年代所测绘之图可知，宋元时代大塘岐地区夹在塘岐与后沃两村所在冈丘间的地域实为一片广阔的内海，其不仅范围不会比英国人于道光年间所测者小，而且海岸线弯折、水路极为复杂，不管是前港还是后港，皆存在着大大小小的湾澳，远非今日所呈现出的模样。

正因如此，塘岐一地会以"岐"而得名，"岐"非仅意指"近江有山"，而且诚如王花俤所说，更有"水路分歧"③ 之意，而此，无疑标志了包含后沃在内之大塘岐湾澳所在区域自古以来即具有的独特的自然地理，乃是一处冈丘连沙而湾海尚未淤积的岐海湾澳。基本上，位于北竿塘山（延续了闽东之俗，当地人称岛为"山"）的东北方，这是一处拥有着一湾绵长浅沙的美丽湾澳，经常被潮水淹没的沙滩不仅联系了壁山与大沃山两处布满了花岗岩石的山丘以及山脚下的塘岐及后沃村落，也形成了"马鼻湾"与"沪里"两处前、后港澳，而接续了被当地人称为"海"（相对于海之外则为波涛汹涌的"洋"）的水域。

诚如上述，前后两港所形成的湾澳今日看似不大，然在泥沙淤积、人为更动地

---

① 王花俤指出，进入战地政务时期后，曾有相当大幅度的地形改动（参见王花俤2019年1月25日于连江县文化处就"北竿乡塘岐后沃文化资源调查研究暨先期规划"审查会中的发言）。

② 清道光二十年（1840）左右，英国海军即曾派舰测绘马祖列岛分布情形，为外国人对于大塘岐一带等马祖地形调查记录之伊始。（据悉，鸦片战争之前英人即派舰在中国沿海测绘海图，1842年《南京条约》开放五口通商后，福州为对外口岸之一，马祖列岛成为洋船等候进入闽江或是避风的洋面，1843年2月到4月，英国海军派舰测绘中国东海岸的岛屿险礁，时英人测得马祖列岛。资料来源：马祖资讯网）清末，福建陈寿彭则将英国海军海图官局1894年第三版之 *China Sea Directory* 译成《新译中国江海险要图志》。陈寿彭在青年时期花了五年的时间在福州马尾船政学堂修习英文和驾驶技术，并在上船实习两年后出游欧洲，但自海外归国后却落落无所适，仅在清光绪己丑科（1889）得了一个副贡头衔，光绪二十四年（1898）陈寿彭到杭州任储才学堂西文教习，次年（1899）译成《新译中国江海险要图志》，由上海经世文社出版［清光绪二十七年（1901）经世文社石印本］。此文中即列有英国人于道光年间所测绘之地图，可据以了解清中叶之前大塘岐、北竿以及整体马祖之海岸线情形，可说是珍贵的文化遗产。参见（清）陈寿彭译《新译中国江海险要图志》，经世文社1901年版。

③ 王花俤指出，塘岐后沃一带"水路分歧，又有沙洲，所以叫作岐"。参见"塘沃访谈记录王花俤-04 20180930"。

形以兴建机场等设施之前，却曾沿着壁山山脚一线而浮漫了广大的水域，而让此处配合着春雾等季节的变化而呈现出一幅水路迷离的特殊景状。这是一处位于闽江口、鳌江口一带水域中的“冈丘连沙的岐海湾澳”，独特的自然地理自然成了宋元以降擅长渔农之汉人继史前塘岐人与船民后前来寻找生存与生活依靠的可能空间，是以，不仅在当年为入垦的诸路汉人先民提供了独特的自然土壤，也在今日积淀为独特的文化资源，而成为得以美赏与利用的重要资产。

2. 汉人进驻开垦形成了塘澳聚落：约宋、元时期

根据相关资料推断，汉人至迟在宋代已经入驻北竿等马祖丘澳之地，并形成了长期赖以居住的聚落形态，其中，塘岐后沃区域在此过程中扮演了相当显要的角色。诚如《北竿乡志》所述，“中研院”的考古学者曾在北竿坂里（坂里小学对面坂里56、58、60号民宅后方菜圃里）采集到历史时代的陶片及瓷片，而根据这些出土的青瓷碎片，他们推断早在宋、元时期即已有人长期居住于北竿地区。本研究所关注的塘岐后沃地区虽没有直接发现宋代的遗迹，但以湾澳满布而拥有一定沙丘腹地的独特地理条件（今日更成为马祖列岛面积最大的一块沙洲平原），早在史前便是塘岐人活动之区域，是以，当也是汉人移入进行垦殖的适宜之地。就此，南宋孝宗淳熙年间梁克家于《三山志》中攸关于南北竿的描述提供了得以印证的可能线索。《三山志·卷二·地理类二》中述及“桑屿、东路、上下干塘在海中，关岭、蛤沙、北交旧有镇今废，大小亭山，昔黄氏兄弟载宝没于此，遂二处立庙”①。其中，在海中的“上下干塘”赫然在列，显然被当成航海的标志，乃是南、北竿岛第一次以文字的方式见诸史册。“干塘”即是后来的“竿塘”，攸关于此名称之由来，《连江县志·历史志》与《连江县志·地理志》作者皆指出了“塘”字系与筑海为

① （南宋）梁克家：《三山志》卷二，得山林弘衍重刊本1638年版，第6页。

塘的特殊开垦方式有关。[①] 在此基础上，《连江县志·地理志》论及“塘岐村”地名由来时还特别指出了“塘极有可能于宋代即已兴筑，竿塘一名或缘于此”，亦即，干塘/竿塘之所以得名，系源于塘岐独特人文地理之缘故。就此，杨雅心在马祖逐地深入踏查后，于硕士学位论文《马祖地区地名的意涵：一个关于环境识觉的研究》中针对先前相关的观点进行讨论后做出了肯定的论断：姑且不论竿塘是否真由甘棠演替而来，但至少竿塘之得名，据清初杜臻《粤闽巡视纪略》与张书才《马祖列岛开发历史初探》所言，应与当地植被相与居民之经营开发方式有关。而研究后文考证，塘之经营开发，疑仅起源自其中一岛，即今北竿岛塘岐村之早期拓垦设施而得……简言之，竿塘一名“塘”之由来，并非缘自两岛皆有之特征，而是得名自北竿岛的拓垦设施，另南竿岛“竿塘”之名则由其扩大指称之。[②]

这些研究指出，塘岐后沃等北竿地区至迟到了宋代（甚至更早的唐代）即有汉人移入进行拓垦，从而在宋元时期形成了长期赖以居住的聚落形貌[③]，而这，其实也符应了唐、宋以来福建地区日益繁盛的开发态势。事实上，自西晋永嘉五胡乱华年间汉人南渡“八姓入闽（晋安郡）”后，福州（当时名称迭有变异，例如唐代时曾经一度

---

① 《连江县志·历史志》：“竿塘之得名或许与筑海为塘或官兵汛地有关。”参见《连江县志·历史志·第二篇·第二章〈粤闽巡视纪略〉与〈新译中国江海险要图志〉上的马祖》，http://gov. matsu. idv. tw/lienchiang/history. html，2018 年 10 月 10 日。《连江县志·地理志》：“旧连江县志第三册编著者陈国土提道：‘拢里位在今体育场上方，昔内堤塘称鲤鱼塘，船舶可驶入……至十一早到白犬……’宋《元祐港纪略》也有‘埠海为塘，画塘为田’之记载，故塘极有可能于宋代即已兴筑，竿塘一名或缘于此。综上所述，本澳最早旧名应为塘岐，后‘塘’转音为‘长’。至于‘岐’乃闽东地区常见地名用词，其义为‘近江有山’处。今中正路，昔日为一天然小溪流，且该溪流源自壁山、雷山间之鞍部，蜿蜒于塘岐聚落而注入海，‘岐’一字可能因以得名。”《连江县志·地理志·第八篇·第三章〈聚落地名由来与行政沿革〉》，http://board. matsu. idv. tw/board_ view. php?board = 138&pid = 69200&link = 69200&start = 42，2019 年 9 月 22 日。

② 参见杨雅心《马祖地区地名的意涵：一个关于环境识觉的研究》，硕士学位论文，台湾师范大学，2005 年。

③ 《北竿乡志》作者则引述宋代对海外经略，以及明代兵备等之状况推论北竿在宋元之际已经形成聚落：“从宋朝对海外的经略上，来看北竿的开发，最迟应在北宋中期就有所作为。……北竿也应在这波开发中，逐渐聚集人口。”又说：“明朝弘治四年（1491），黄仲昭的《八闽通志》的山川篇中叙及：‘下竿塘山突出海洋中，与上竿塘并峙，山形峭拔。中有白沙、镜睦七澳，上二山在二十六郡。洪武二十年，以防倭，故尽徙其民附城以居。’这份文献说明，在明朝初年时，政府为了对抗海盗集团，实行海禁，将人民迁入内地。而人口聚落的形成绝非短短一二十年可以完成。据此推论，在宋元之间，北竿岛应已形成聚落。”最后，据此总结说道：“种种史料显示，远在北宋中期，连江、长乐等县的贫苦农民和渔户，当已涉海来到竿塘岛上居住谋生，持续开发至元朝末年，呈现‘居民聚集，垦土成田，颇成繁盛’的景况了。”参见邱新福撰述《北竿乡志·第一篇：历史篇·第一章：北竿开发史》，福建连江北竿乡公所 2005 年版，第 10—11 页，http://beigan. matsu. idv. tw/history/frame01. htm，2018 年 10 月 10 日。

称为“泉州”“丰州”“闽州”①）即日益有所发展，而在隋唐之际取代闽北成为福建的政治中心，其后经闽国、南唐与吴越统治的五代阶段而日有扩张，直至宋代终于进入了历史上的黄金时代，不管是人口、经济与文化都达到空前的高峰。而这，支撑了闽江口干塘等地的开发，也是北竿等马祖列岛得以步入汉人开垦历史舞台的重要基础。可以这么说，北竿塘岐后沃所在的马祖地区在宋、元之际的发展除了是航路的指引外，乃是汉人入闽农渔甚至商贸经营的一环，具有与邻近的闽江长乐地区类似的与海争地、兴修塘堰的开垦作为。梁克家在《三山志·卷十六·版籍类七》中即对当时长乐兴修海堤以为农渔开垦的状况有所描述：

长乐十里有海堤，大和七年〔833〕，令李茸筑立十斗门以御潮，旱则潴雨，雨则泄，旁皆成良田，（武德六年〔623〕析闽置长乐，则二邑也而皆筑于茸之手，相距才四年，必是吏牢，不然则摄篆也），盖长乐滨海，山浅而泉微，故潴防为特多，大者为湖，次为陂为圳，捍海而成者为塘，次为堰。②

---

① 维基百科“福州市”谈到了福州地名来源：“‘福州’之名始于唐开元十三年（725），因州郡西北有座福山的缘故，而改原闽州都督府为福州都督府。然而唐代福山位置确切的所在，至今仍无定论。清代乾隆年间刻印的《福州府志》指出长乐的董奉山旧名福山，但因董奉山位置并不在福州城西北，有人便认为福山是福州西北的莲花山（又名永福山），还有人认为福山可能是福州西郊的保福山。”

维基百科“福州市”又指出福州名称之变迁：历史上，尤其是在宋代以前，福州的名字曾经历过多次变迁。福州最初为公元前202年建立的闽越国的都城冶，又称东冶。西汉始元二年（前85），设冶县。东汉建安元年（196），冶县改为侯官县。西晋太康三年（282），设晋安郡，析侯官县的东部地置原丰县为郡治。陈永定元年（557）设闽州，为福建单独建州之始，侯官县和原丰县为州治。陈天嘉六年（565），撤闽州，光大二年（568），复设原闽州为丰州，侯官和原丰仍为州治所。

隋开皇九年（589），因丰州境内有泉山，改名泉州，而隋开皇十二年（592），原丰县改称闽县。隋大业二年（606），泉州改名闽州，大业三年（607），废闽州，改名建安郡，郡治在闽县。

唐武德元年（618），改建安郡为建州。武德六年（623），建州析部分地置泉州（即今福州），州治在闽县。武德八年（625），改名丰州，置丰州都督府。贞观元年（627），丰州改称泉州，属岭南道。景云二年（711），改泉州（即今福州）为闽州都督府，唐开元十三年（725），闽州都督府因州西北有福山，改称福州都督府，属江南东道，福州之名自此始。天宝元年（742），改称长乐郡。乾元元年（758），复称福州都督府。此后，后唐长兴四年（933），闽国王延钧称帝，曾升福州为长乐府。945年，闽王王延政曾以福州为东都。

南宋景炎元年（1276），宋端宗赵昰在福州即帝位，曾升福州为福安府，定为行都。明洪武元年（1368），设福州府。南明隆武元年（清顺治二年，1645），朱聿键在福州即帝位，定都福州，称福京，福州府更名天兴府。清顺治三年（1646），天兴府复称福州府。

1913年府制撤销，1946年，福州市政府成立。https：//zh. wikipedia. org/wiki/福州市，2018年11月29日。

② 〔〕中文字为后加；参见（南宋）梁克家《三山志》，得山林弘衍重刊本1638年版。

文中所提到的“埕海而成者为塘，次为堰”，主要指筑堤成塘、堰以捍御咸潮，而使原有的海水区域成为可以生产的农渔之地。有意思的是，这样的开垦方式恰恰可以在北竿塘岐后沃地区见之，并诚如杨雅心等所指出的，成为“上下干塘”获致地名的重要来源。事实上，诚如旧《连江县志第三册》编著者陈国土所述，当前的塘岐地方过往有一处名为“拢里”（即陇里）的小聚落，即曾经存有一道被居民称为“鲤鱼塘”的内堤塘（“拢里位在今体育场上方，昔内堤塘称鲤鱼塘，船舶可驶入……”）。就此，《连江县志·地理志》作者推论道：“文中的塘，是筑堤围海而成的水域，早在明万历年间黄承玄之擒倭报捷疏中即已存在：‘……次日午时，又督各船驾至竿塘地方，突遇飓风大作，又令捕盗陈应、吴光先、宋华三船收泊上塘。至十一早到白犬……’宋《元祐港纪略》也有‘埠海为塘，画塘为田’之记载，故塘极有可能于宋代即已兴筑，竿塘一名或缘于此。”简言之，《连江县志·地理志》作者认为，塘岐后沃所在的地区在宋代当已出现堤塘之开垦方式而形塑为特殊的地景风貌，并成为宋代“干塘”（或之后的“竿塘”）命名的根本来源。事实上，也正因为这种类同长乐，但在马祖列岛因地形而只见于塘岐后沃一带的堤塘开垦设施的存在，让杨雅心在踏遍诸岛后也立下了竿塘之名系源自塘岐村之早期拓垦设施而得的论断。

可以这么说，在闽东福州、长乐一带汉人进驻的宋元时期，塘岐后沃区域已逐渐形成一处“塘澳聚落”，入垦的汉人借由堤塘的兴筑形塑了诸如鲤鱼塘这类海田的存在，其后，诚如“燕里”这类地名的存在所示，当地更有堤堰的开筑（王花俤指出，塘岐另一小聚落“燕里”即由“堰里”地名转化而来）①，而在田野调查过程中，亦发现后沃的后港沪里其实也曾有堤堰的设置。这些塘堰的修筑，逐渐让原为浪涛拍打的潮海之地在时间的变迁中转化为可供养殖甚至农作的海埔新生之地，连同了可能存在于山坡上作为简易农耕或薪材供应的其他土地利用，为入驻的汉人提供了近海渔业以外可供生活利用的宝贵资材。其形式，可能就地取材垒石为之，亦可能施以简易的土堆，总是伴随着人与海争地的过程而日益推衍，以至于在战后转进之际由美军所拍摄的地景照片中仍可见大略的痕迹，从而与当时山上可能已经满茂的茅草、茅竿（据信此为“竿塘”之所以得名的重要来源，不过，“竿塘”一

---

① 参见“塘沃访谈记录王花俤－04 20180930”。

词可能要到明代才出现①，若此，则无法绝对证明宋元之际北竿塘岐后沃附近山上已经布满茅草、茅竿；至少，当时的人还没有观察或意识到此一地景的重要性)，共同蔚为塘岐后沃区域发展中一道出色的风景。

这种以临海陆居为主的生活方式，显然迥异于前一阶段湾澳遍泊白水郎时所展现出的“以船为居”“随时随徙，不常厥所”的生活样貌，诚如陈良源研究指出，由于“无朝廷明显的政策导入”，加以“渔源丰饶”，因而“吸引有地利之便的闽江口一带如长乐、连江、罗源等县渔民到此从事渔捞活动，从依附湾澳作为渔捞的休憩场所，慢慢演化成长住的渔村聚落，渔暇辅以农耕的自然移民聚落文化发展”②。塘岐后沃地区于是从一处科蹄人海上游牧的空间据点转变为汉人借由塘澳聚落形式以栖息、以滋养生息的重要基地③；甚至诚如《连江县志·历史志》作者根据“塘”历来与军事设险有关之史实所推测，已经随着民居的拓展而成为“官兵的汛地”④，既呼应了《北竿乡志》作者的类似看法⑤，更符应了《三山志》中将南

① 谭其骧主编《中国历史地图集》中的“福建路”［南宋嘉定元年（1208）］地图虽首次出现了“上、下竿塘”名称，但毕竟为谭氏指导所绘，在谭氏所据来源没能进一步确定下，无法说其是宋代已经使用之名称。参见谭其骧主编《中国历史地图集》，台湾晓园出版社有限公司 1991 年版，第 67— 68 页，转引自陈良源《明清以降政策变迁下马祖地区文化发展》，《海洋文化学刊》2007 年第 3 期。

② 陈良源：《明清以降政策变迁下马祖地区文化发展》，《海洋文化学刊》2007 年第 3 期。

③ 塘岐后沃地区成为塘澳聚落的状况亦可从《连江县志·大事记·元朝大事记》对竿塘整体开发状况的描述得到一定的印证：“闽浙滨海渔民以竿塘群岛天然港澳可资避风、汲水，遂利用为渔舟泊憩之所，斯地渐增居民。” http：//gov. matsu. idv. tw/lienchiang/event. html，2019 年 1 月 10 日。

④ 《连江县志·历史志》：“中国是以农立国的社会，筑塘凿圳等水利工程为地方官员的施政要项，因此以塘作为地名在明清时期甚为普遍，旧福州府地区以塘作为地名的渊源更早……捍海为塘原是筑堤成塘以捍御咸潮，明朝信国公汤和经略东南时曾借海塘堤防以设险，而明清时期官兵泛地以塘为名者甚多，以此推论竿塘之得名或许与筑海为塘或官兵汛地有关。”参见《连江县志·历史志·第二篇·第二章〈粤闽巡视纪略〉与〈新译中国江海险要图志〉上的马祖》，http：//gov. matsu. idv. tw/lienchiang/history. html，2018 年 10 月 10 日。

⑤ 《北竿乡志》：“北竿旧称下竿塘……《三山志》也提及北宋时设置官兵，驻防于此：‘元丰二年，添设巡检一员于连江官澳。寻以逼近西洋、闽安，遂移置南匿屿，以七十人为额，管福清海道。’此段记载，大陆学者张书才从地理位置的相近，与当时设置巡检多在海岛上，认为此处的官澳应是竿塘的别称。……从宋朝对海外的经略上，来看北竿的开发，最迟应在北宋中期就有所作为。嘉祐八年（公元 1063 年）设沿海六县巡检一员、拨兵级三百人、造刀渔船十只，在长溪、罗源、宁德、连江、长乐、福清六县海上游巡，收捕盗贼；元丰二年（1079）移置烽火澳，改称烽火巡检，管长溪、宁德的海道。同年并在连江县之西洋山置巡检一名，管连江、罗源海道；元丰七年提刑司李茂直以‘西洋于巨海中，行部非便’，奏请移役于罗源县之南湾巡检。同时，连江县的官澳也增设巡检一名。这些官兵的设置，可以说明宋代政府对于这些海岛的重视，并且可以看出既设官兵，理应有相当的人口。北竿也应在这波开发中，逐渐聚集人口。”参见邱新福撰述《北竿乡志·第一篇：历史篇·第一章：北竿开发史》，福建连江北竿乡公所 2005 年版，第 10—11 页。

北竿称为“上下‘干’塘”、而带有巩固卫戍之义的命名（“《尔雅·释言》干，扞也。《注》相扞卫。《疏》孙炎曰：干盾，自蔽扞。《诗·周南》公侯干城。《疏》干城者，言以武夫自固，为扞蔽如盾，为防守如诚然”①）。在这种状况下，塘岐后沃的地方设施会成为北竿岛以及南竿岛名称之来源就不难理解，这说明了，自干塘之名在宋代出现在历史舞台上时，塘岐后沃地区其实也已获得其在历史地理中的独特重要性，是北竿以至整体南北竿当时多数聚落中最受瞩目的标的之处（陈良源根据对《八闽通志》的研究指出，“在明初实施‘海禁’前的马祖地区光南竿、北竿两岛，已发展形成 13 个湾澳聚落，并有建庙祭祀的民间信仰”②，其应“已纳入行政区管理”③，且参照南竿、东莒岛上唐宋古币与中统钞出土之情形，极可能也已经有了“以货币作为交易的商业行为”④）。难怪，明代茅元仪所辑《武备志》中《郑和航海图》会将“官塘山”字样直接标在北竿岛上⑤，而清末陈寿彭在标注、诠释英国人于 1840 年前后所测绘之地图时，会直接将“塘岐”的同音字“唐岐”（Tang ki）标作为北竿岛的名称（同时，也指出其又称“中唐岛”）⑥，而让塘岐一地的地名成为北竿整个岛的名称。⑦ 简言之，塘岐后沃自汉人于宋元之际入垦后，实已因塘澳甚至兵汛聚落的形成而蔚为北竿岛上最为重要的聚居之地，一直延续至今。

---

① 《康熙字典》“干”之词条。http://www.zdic.net/z/19/kx/5E72.htm，2018 年 10 月 10 日。

② 陈良源：《明清以降政策变迁下马祖地区文化发展》，《海洋文化学刊》2007 年第 3 期。

③ 陈良源：《明清以降政策变迁下马祖地区文化发展》，《海洋文化学刊》2007 年第 3 期。

④ 陈良源：《明清以降政策变迁下马祖地区文化发展》，《海洋文化学刊》2007 年第 3 期。据《马祖日报》，南竿、东莒曾发现“嘉熙通宝”“开元通宝”“大观通宝”“太平通宝”等唐、宋古币；而南竿乡仁爱村大王宫墙上亦发现残留石碑记载了喜舍币值为元代的中统钞。另《连江县志·大事记·元朝大事记》：“南竿仁爱村‘大王宫’石碑刻有：‘林酉才喜舍中统钞二十贯’等字，据许雪姬教授研究，中统钞发行于元世祖中统元年（1260），1287 年发行至元钞，表示元朝期间，南竿已有聚落形成。”http://gov.matsu.idv.tw/lienchiang/event.html，2019 年 1 月 10 日。

⑤ 明万历四十七年（1619）茅元仪（1594—1640）所辑《武备志》中的《郑和航海图》（一）中可见“官塘山”字样；而且“官塘山”字样标在北竿岛上。参见李仕德《追寻明清时期的海上马祖》，2006 年，第 19 页。明朝茅元仪在万历四十七年（1619）付梓的《武备志》，书中二百四十卷有《自宝船厂开船从龙江关出水直抵外国诸番图》，一般称之为《郑和航海图》。《郑和航海图》分刻成四十余幅图，其中两幅画有东涌山、龟屿、官塘山及东沙等岛屿的影像，在连江、长乐外海和马祖列岛之间标示有针路。

⑥ 参见（清）陈寿彭译《新译中国江海险要图志》，经世文社 1901 年版。

⑦ 据此，以过去塘岐的地名当作北竿整岛的名称极有可能，故而，若回推，塘岐原来即称为“干塘”或者“竿塘”等也说不定。

三、代结论：地景命名成为“大塘岐性”形塑至为关键的内涵——北竿塘具有作为南北竿甚至马祖地区心灵故乡的潜力

北竿大塘岐地区（塘岐后沃地区）虽是闽江海域边陲的蕞尔之地，却非素来所认为只是一与“冷战”攸关的军管战地，而曾经在长远的历史发展中积累了深厚的空间文化，具有相当的潜力。根据相关史料推断，汉人至迟到了宋代已入驻大塘岐区域所在北竿等马祖丘澳之地，从事渔、农的他们，先是季节性往来，而后逐渐定居，并形成了赖以居住的聚落形态，而让大塘岐区域在此过程中扮演了至为显要的角色。当时，大塘岐所在的“上下干塘”已出现在梁克家的《三山志》中，揭示了干塘（而后改为竿塘）乃是作为航海指标而存在，而其得名，系源于大塘岐独特的人文地理之缘故，显示了“塘”极有可能于宋代即已兴筑，符应了唐、宋以来福建地区日益繁盛的开发态势。事实上，乘着福州在隋唐之际取代了闽北成为福建政治中心，并于宋代进入黄金时代，大塘岐所在的北竿等马祖列岛也进入了汉人农渔移垦甚至商贸经营的进程，具有与邻近的闽江口长乐等地区类似的与海争地、兴修塘堰的开垦作为（“埋海而成者为塘，次为堰”）。

其形式，可能就地取材垒石为之，亦可能施以简易的土堆，总是伴随着人与海争地的过程而日益推衍，以至于在战后转进之际由美军拍摄的地景照片中仍可见大略迹痕，从而与当时山上可能已经满茂的茅草、茅竿，共同蔚为大塘岐发展中一道出色的风景。大塘岐地区于是从一处船民海上游牧的空间据点转变为汉人借由塘澳聚落形式以栖息、以滋养生息的重要基地；其甚至可能已经随着民居的拓展而成为“官兵的汛地”。处此状况，大塘岐地方设施会成为北竿与南竿名称来源就不难理解，这说明了，自“干塘”于宋代出现后，大塘岐其实已获得历史地理的独特重要性，是北竿乃至整体南北竿最受瞩目的聚落标的。难怪，明代茅元仪所辑《武备志》中的《郑和航海图》会将“官塘山”之字样直接标注在北竿岛上，而清末陈寿彭在标注、诠释英国人于1840年前后测绘之地图时，会直接将北竿标为“唐岐”（Tang ki；与“塘岐”同音），而让塘岐成为北竿整个岛的名称。简言之，大塘岐自汉人于宋、元之际入垦后，不仅因为拥有高大的壁山而成为航路的地标，也因塘澳甚至兵汛聚落的形成而蔚为北竿最重要的聚居地，一直延续至今。

凡此种种，具是吾人通过历史地理建筑学以“深度空间”之视野对大塘岐地区进行细致考察所获之成果。其一方面印证了，历史中的大塘岐地区并不只是一处“冷战”视角下的军管战地，而是拥有更为广阔与长远之历史内容。其不仅是史前塘岐人生活的贝丘沙澳所在，也不仅是汉、晋年间船民赖以海上游牧的空间据点，而更以引自长乐地区兴修塘堰而与海争地的独特方式（“埕海而成者为塘，次为堰”）而牵涉了汉人移垦借由农渔以开展生活并成为航海路标的历史。大塘岐湾澳于焉成为一处拥有海田的塘澳聚落，充满了塘、堰的痕迹，也成了地方命名的重要来源。事实上，塘岐之“塘”，原称堰里之燕里的“燕/堰”，以及陇里前曾经存在的“鲤鱼塘”，即铭刻了这般的开垦历史的迹痕，而拥有鲤鱼塘的陇里也因而成了汉人始建聚落的最可能落脚之地，拥有了聚落探源的神秘魅力。在此状况下，诚如上述，大塘岐地区成了北竿与南竿命名的缘由，成了北竿、南竿乃至整体马祖地区空间意义形塑并持续积累的根源。换句话说，大塘岐乃是南北竿会被命名的最根本缘由，也是南北竿乃至马祖找回整体地域特色至为关键的依据。从此角度反思，关联于塘田开垦的地景命名无疑乃是“大塘岐性”形塑至为关键的内涵，而得益于如此因缘，北竿塘在当前其实具有作为南北竿甚至马祖地区探寻自我身世根源而成为心灵故乡的无限潜力。若能如此，吾人或将可以借之而展开一条特色心灵重建的康庄大道，让马祖在联系到“干塘”与“竿塘”的历史线索中，借由大塘岐地区独特地域性的浮显，重新建构其所可能联系到先民缘海迁徙拓垦所曾积累的特殊空间意涵。

禁山张弛下的海运关童

——塘岐后沃历史空间研究（三）：朝廷与海民及倭盗的海上竞逐时期（明—清中叶）

许婉俐　萧百兴[①]

摘　要：北竿大塘岐地区（塘岐后沃地区）虽是闽江海域边陲的蕞尔之地，却非素来所认为只是一与“冷战”攸关的战地，而是曾经在长远的历史发展中积累了深厚的空间文化，具有相当的潜力。事实上，即便论及干戈经验，早在明代至清代中叶乃至宋元之际，大塘岐地区即已有了相关的历史经历。其中，至为明显的即是明清之际，因为抗倭御盗政策执行之故，大塘岐成为海防前哨的禁山，乃是朝廷与海民与倭盗折冲之处。正因如此，大塘岐地区积累了与海上竞逐攸关的独特而曲折的历史经验与心态结构，而且展现了与干戈攸关的相关空间迹痕，乃是“大塘岐性”积累不可或缺的基础。本文即是针对大塘岐地区明代至清中叶海上竞逐时期的历史空间研究，期待在“历史地理建筑学”视野审视下，通过实地田野调查、访谈及历史文献的爬梳，对此一历史空间的发展及展现做出深刻的爬梳与掌握，除了作为大塘岐地区，乃至北竿以及整体马祖历史空间研究得以进一步深入探寻、开展的基础，更期待借此而能有助于探寻大塘岐性，俾便有助于地方创生的开展。

关键词：北竿塘岐后沃；历史地理建筑学；聚落史；地域性；明代至清中叶的海上竞逐时期

---

① 许婉俐，台湾中华地方美学建筑协会副理事长，台湾华梵大学“北竿乡塘岐后沃文化资源调查暨前期规划”专案研究助理；萧百兴，台湾华梵大学智慧生活设计系空间设计组/建筑学系教授。

一、历史空间深度研究下的大塘岐：新认识与新定位[①]——明代至清中叶“竿塘”历史发展所具有的特殊意义

包含北竿在内的南北竿塘在宋代被梁克家所发现时原称为“上下干塘”[②]，至明代时又称为“上、下竿塘”[③] 等，并逐渐分出“北竿塘”“南竿塘”之名。在此地名演化过程中，诚如《干塘乍现——塘岐后沃历史空间研究（二）：汉人进驻的塘澳聚落时期（约宋、元）》一文所述，大塘岐地区以其自宋代以来引自长乐一带筑堤为塘、围海为田的独特开垦方式（连同了地方倚坐壁山这座独特高耸的航海地标），不仅成就了北竿独特而具有代表性的农渔塘澳聚落地景，而且成为地方命名的主要来源。就此而言，其实显示了大塘岐地区虽为蕞尔小岛上的边陲之地，但其有更为久远及宽广之内涵，值得进一步进行细究。

从既有的研究可知，其在宋代汉人开垦之前，即曾凭借着独特的冈丘连沙的岐海地理而成为史前塘岐人滨海生活之地，也曾是汉、晋之时船民海上漂泊游牧的寄宿栖息之处；而在汉人于宋、元迁入建立聚落后，到了明、清，更曾卷入帝国抗倭的特殊进程，而有了独特的历史发展展现。由此观之，素来所认为、涉及“干戈”相关的卫戍等生活即便是大塘岐地区重要的历史经验，也不应仅限于军队转进以及战后战地政务的“冷战”时期，而更可远溯明清甚至宋元时期。从相关文献可知，

① 相关观点参见萧百兴、许婉俐、王礼俊《深度历史空间与文化地景研究对乡村振兴的重要性：以马祖北竿大塘岐地域的深度研究与规划设计实践为例》，“第七届两岸文教发展论坛”会议论文 2019 年（福建师范大学、中国艺术研究院、福建社会科学院和台湾世新大学等联合主办；中国艺术研究院文化发展战略研究中心、福建省海峡文化研究中心、福建师范大学海峡两岸文化发展协同创新中心、闽台区域研究中心、两岸关系和平发展协同创新中心联合承办；时间：2019 年 6 月 17 日—19 日；地点：福建师范大学）。

② 参见（南宋）梁克家《三山志》卷十二，得山林弘衍重刊本 1638 年版，第 6 页。

③ 明代基本上开始出现“上竿塘”“下竿塘”等与“竿塘”有关之说法，例如万历四十一年（1613）刊刻《福州府志》卷之五《舆地志五・山川下・连江县》中，即载道：“上竿塘山，有竹扈、湖尾等六澳。下竿塘山，有白沙、镜港等七澳。居民皆以渔为业。洪武二十年徙其民于（连江）县，（竿塘）二山遂废。”参见（明）喻政主修《福州府志》卷五《舆地志五・山川下・连江县》，中国书店 1992 年版，第 12 页。另，虽说谭其骧《中国历史地图集》中的《福建路》［南宋嘉定元年（1208）］地图上首次出现了“上、下竿塘”名称，但毕竟为谭氏指导所绘，在谭氏所据来源没能进一步确定下，无法说其是宋代已经使用之名称。参见谭其骧《中国历史地图集》，台湾晓园出版社有限公司 1991 年版，第 67—68 页，转引自陈良源《明清以降政策变迁下马祖地区文化发展》，《海洋文化学刊》2007 年第 3 期。

明、清时期马祖列岛就是福建、浙江沿海重要的海防关隘，其中，大塘岐地区在对抗倭寇及海盗等海上势力上，即曾扮演着至关重要的角色。在此状况下，其历史空间不仅因应着明清帝国特殊的海防思维与政策而有所改变，更积蕴了朝廷与海民及倭盗相互竞逐下的特殊生活迹痕，而见证了地方居民身处边陲之地周旋在不同势力之下以求生存的特殊智慧与表现，值得进一步予以深掘，以明了大塘岐地域的空间文化特质。毕竟，竿塘作为关童之地的特殊生命经验积累，其实已内化成为大塘岐地域性（大塘岐性）积累所无法忽视的环节，对其之深致掌握将有助于吾人后续对大塘岐地区之整体掌握与再造。

而此，即是本文所以书写的重点，本研究将援引历史地理建筑学（Architecture of Historical Geography）的视角①，在深度空间的理论基础上致力于对明代至清中叶时期大塘岐地区历史空间的发展做一爬梳，除述明牵涉到朝廷、海民与倭盗间彼此竞逐的相关历史外，亦将阐述其导致的空间发展过程，并点明其所可能具有的空间

---

① “历史地理建筑学”是一种期待以“历史地理”为内核、着重历史地理与建筑相互辩证、将“地域性”（“locality”而非仅是“region”）作为研究实体与知识工具并强调理论与实践相互辩证的建筑学。其主要认为，一方面，“地域性”作为一种空间“伪正文”（pseudo - text）乃是历史与社会汇聚、辩证发展出的地理现实；另一方面，乃是“空间性”在区域/地域层次的特殊展现。其作为地域空间的“整体”展现，一方面具有丰富的“异质性”而展现为各个具有差异的“部分”（parts），却总是与“意义镜像”恒常处于辩证发展中而具有了文化总体特质；另一方面，由于地域性的形成乃是深植于复杂的历史社会脉络之中，甚至其本身就是所处脉络的一部分，故而，任何地域，都将以空间文脉，亦即“文化地景”（cultural landscape）的方式而呈现自身，并让己身拥有了特殊的空间结构、空间形式与空间意义。换句话说：应认识到“历史地理”是为“建筑”产生的脉络及内核，同时“建筑”也是参与“历史地理”构成的一部分。其次，也应掌握到，“建筑”研究与实践的对象是“空间”，所谓的“建筑”不等同于“建筑物”，而是广义的“空间性”（spatiality）指称，具有“室内空间”“建筑空间”“都市空间”“聚落空间”等不同层次，更可广到指涉东北角这样的“地域”或“区域”本身，而此，其实也是传统历史地理研究关注的对象。再者，“建筑”作为一种“空间的文化形式”（cultural form of space），不仅指涉了实质存在，亦即“实质空间”（physical space），亦含纳了生活面向，亦即“生活空间”（lived space）与想象面向，亦即“想象空间”（i-magined space）。这些，莫不纠缠在历史社会的制度性脉络之中，也承载了不同阶段社会主体的心态结构与生命经验。最后，则应体认，建筑物作为一种“造物”，如同其他的自然或人文造物，皆是历史地理的空间性产物（product），也是促成历史地理进一步发展的“中介”（medium）。在此状况下，其既重视聚落等地域空间的主体生命经验，也强调将之置于制度性等脉络差异下进行观照，俾能在充分理解地方文脉并掌握地域总体特质的前提下，针对聚落之文化地景，借由修补式规划设计进行地方魅力营造。简言之，即是要深度地去掌握“地域”等空间，认识到其所具有的“地域性”以及在其中诸如建筑物等人文自然造物的生成逻辑，以作为地方营造的重要基础。参见萧百兴《催生“历史地理建筑学”：呼唤地域研究及其实践的文化总体性——以泰顺、石碇等地的考察、实践经验为例》，《温州大学学报》（社会科学版）2010 年第 5 期。

意义与启发，以作为地方深度研究及实践开展的基础。

二、朝廷与海民、倭盗海上竞逐角力下的大塘岐的历史空间发展：大塘岐明代至清中叶发展历史爬梳[①]

西晋以降“八姓入闽”、闽东日益发展，塘岐后沃地区虽在宋、元时期从一处船民的海上游牧据点转变成为汉人赖以滋养生息、遂行兵汛的塘澳聚落，然到了明清之际，却因抗倭御盗政策的执行，而成为海防前哨的“禁山”，以至于聚落文化受到了严重破坏。当时，从陈寿彭《新译中国江海险要图志》[②] 中所附英国人于19世纪40年代所测绘之图可知，明代至清中叶年间大塘岐地区夹在塘岐与后沃两村所在冈丘间的地域仍为一片广阔的内海。整体大塘岐地区呼应了当今被呼为“岐”的命名，不仅“近江有山”，而且海岸线弯折、水路极为复杂，不管是前港还是后港，皆存在着大大小小的湾澳，远非今日所呈现出的模样，乃是一处冈丘连沙而湾海尚未淤积的岐海湾澳，其在特殊气候助长下，极适合于明代至清中叶活动于海上海民与倭盗之藏身，也必然引来官兵的戍防，从而以此地为焦点展开了一段彼此竞逐的历史空间故事！也赋予这处蕞尔小岛上的边陲之地一缕丰富的传奇性色彩，而蔚为当前值得深度挖掘的文化宝藏。

---

① 本节相关历史资料主要参考萧百兴主持，王礼俊、邱锐泽协同主持《北竿乡塘岐后沃文化资源调查暨前期规划结案报告》2019年，台湾华梵大学承接，连江县政府文化处委托。

② 清道光二十年（1840）左右，英国海军即曾派舰测绘马祖列岛分布情形，为外国人对于大塘岐一带等马祖地形调查记录之伊始。（据悉，鸦片战争之前英人即派舰在中国沿海测绘海图，1842年《南京条约》开放五口通商后，福州为对外口岸之一，马祖列岛成为洋船等候进入闽江或是避风的洋面，1843年2月到4月间，英国海军派舰测绘中国东海岸的岛屿险礁，时英人测得马祖列岛。资料来源：马祖资讯网）清末，福建陈寿彭则将英国海军海图官局1894年第三版之*China Sea Directory*译成《新译中国江海险要图志》。陈寿彭在青年时期花了五年的时间在福州马尾船政学堂修习英文和驾驶技术，并在上船实习二年后出游欧洲，但自海外归国后却落落无所适，仅在清光绪己丑科（1889）得了一个副贡头衔，光绪二十四年（1898）陈寿彭到杭州任储才学堂西文教习，次年（1899）译成《新译中国江海险要图志》，由上海经世文社出版［清光绪二十七年（1901）经世文社石印本］。此文中即列有英国人于道光年间所测绘之地图，可据以了解清中叶之前大塘岐、北竿以及整体马祖之海岸线情形，可说是珍贵的文化遗产。参见（清）陈寿彭译《新译中国江海险要图志》，经世文社1901年版。

图 1　明《倭寇图卷》局部，绢本设色

1. 倭患迭起，大塘岐成为朝廷与海民、倭盗角力的折冲要地（明代至清中叶）

回顾历史，早在 14 世纪初元末顺帝年间，日本由于进入南北朝后政治社会的动荡以及气候变冷粮食减产引发了饥荒等原因，破产武士、溃兵与败将等流亡海上，在陆上大名等支持下展开了对朝鲜半岛以及中国沿海的掠夺，而蔚为“北虏南倭”困扰明庭的两大外患之一。[①] 终明一代，倭患较严重者有二：一为明开国至永乐十七年（1368—1419）间，主要为延续元末的倭盗，其与盘踞海岛的张士诚、方国珍余党[②]，对东部海疆造成重大威胁；二为在明嘉靖三十一年至四十三年（1552—1564）。其成员虽有东洋倭寇与葡萄牙人，但大多数为沿海居民（头目则为富豪），侵扰以苏、浙、闽等沿海为主，性质已大为转变，乃是民间反海禁斗争之

① 韩庆指出：“倭寇在元末已经出现。时值日本处于南北朝（1336—1392）时期，南北双方互相攻伐，大批破产的武士、溃兵、败将流亡海上，劫掠商船，当时得到国内部分封建主的支持，气焰比较嚣张，加上元朝两次伐日的失败，也使他们小觑明廷，逐渐倭患延至中国沿海。”参见韩庆《明朝实行海禁政策的原因探究》，《大连海事大学学报》（社会科学版）2011 年第 5 期。另，当时日本气候变冷导致粮食减产而引发饥荒之类原因参见马光《开海贸易、自然灾害与气候变迁——元代中国沿海的倭患及其原因新探》，《清华大学学报》（哲学社会科学版）2018 年第 5 期。

② 《明史纪事本末》第 55 卷指出：“张士诚、方国珍余党导倭寇出没海上，焚民居，掠货财，北自辽海、山东，南抵闽、浙、东粤，滨海之区无岁不被其害。”（明）郑茂在《靖海纪略》附《全城志》中亦说：“国初，既降张士诚，灭方国珍，其余烬亡入海者，每诱岛倭入掠”，“高皇特遣重臣视要地，筑城严防戍”。转引自韩庆《明朝实行海禁政策的原因探究》，《大连海事大学学报》（社会科学版）2011 年第 5 期。

具现。[1] 延烧甚烈的嘉靖倭患要到明嘉靖四十三年（1564）俞大猷与戚继光荡扫闽中、潮州一带后，方才大抵平息。即便如此，一直到明亡，闽海犹仍可见倭船侵扰，特别是与马祖地区攸关的倭患，除出现在嘉靖年间外，不少系出现于永历年间。[2] 至于永乐十七年（1419）至嘉靖倭患再起的百余年间，则为海疆相对平静之

---

① 反海禁斗争参见韩庆《明朝实行海禁政策的原因探究》，《大连海事大学学报》（社会科学版）2011年第5期；韩毅、潘洪岩《明代海禁政策变迁中的博弈：从双边分歧到多边促成》，《山东师范大学学报》（人文社会科学版）2018年第6期。其中，相当有名者乃是嘉靖初年罢市舶司后一度盘踞舟山双屿与漳州浯屿的东、西洋倭番，他们在居民导引下，将两岛当作走私据点，“人口曾多达三千有余，甚至还有行政、立法机构、医院和教堂，犹如国中之国”。参见黄丽生《明代中期的岛屿议题：以〈明实录〉为中心》，《南海学刊》2016年第1期。黄丽生指出：“日本和葡萄牙等外寇概通过中国商家、巨室以取私贸之利，其盘踞海岛勾结生计困迫的海民、失职的衣冠之士和不得志的生儒为之向导，且不时侵犯沿海郡县。”当时，正德九年（1514）即已次地东来的葡萄牙人在嘉靖二年（1523）“西草湾之战”战败后已暂时舍弃广东而北上福建、浙江以求发展。值得一提的是，约莫同时，葡萄牙人于嘉靖三十二年（1553）亦以“借地晾晒水浸货物”为借口通过贿赂获准在古称“蚝镜澳”（后改为“濠镜澳”）的澳门半岛暂居，澳门开始成为葡萄牙的租地。

另外，则有番倭遭剿败走后转以五岛列岛（日本九州岛西海岸外属长崎）为根据地的王直集团（明史作“汪直”集团），活动于北至长江口附近、南至浙江沿海一带，如入无人之境。参见［日］山根幸夫《明代倭寇问题研究》，邱明译，《黄淮学刊》1992年第1期。其部众在王直伏诛［嘉靖三十六年（1557）］近一年后更曾造船移泊浯屿，流劫于闽浙之间，至嘉靖三十八年（1559）方为临海知府谭纶擒斩尽绝。参见黄丽生《明代中期的岛屿议题：以〈明实录〉为中心》，《南海学刊》2016年第1期。

② 嘉靖倭患后生倭侵扰马祖相关记录：嘉靖四十四年（1565），“四月　倭犯小埕，把总蒋伯清等击败之。官兵搜山剿捕”。万历八年（1580），“八月　倭寇自北洋出没东涌，欲图联势劫掠，官兵奋勇剿灭，擒斩倭贼三十余人”，“九月　倭寇复犯东涌”。万历十年（1582），“伙船出没东涌，欲图联势劫掠”。万历四十四年（1616），“五月十六日　琉球来报，日本德川幕府长岐代官村山等率船十三艘，众二三千人，大举南侵台湾。有两艘窜入东涌，福建巡抚黄承玄重金招募士人董伯起为侦探官，自管头起帆，前往东涌侦倭”。万历四十五年（1617），“五月十五日　沈有容获生倭六十九名于东沙（今东莒岛）之山”，“六月二十七日　海贼船只三十余艘突袭小埕水寨，水寨把总李应龙出海追贼，追至竿塘大洋时，为贼众三十余船围住，李应龙所率官船六只、军器一百五十余件以及火药旗帜等，悉被海盗烧废无存，哨兵一百二十名则被焚溺而死，李应龙被海盗掳走，后海贼知李应龙系朝廷钦依把总，将之送到竿塘山上放生，四天后才从海上招到渔船渡归定海所”。崇祯八年（1635），“七月二十八日　海盗刘香部众聚集于竿塘，明军海坛把总李应祥督率官兵，在竿塘海域将海贼刘香二十余船击沉，斩首级二百余颗，夺获刀械一百余件”。以上记录为嘉靖年间一起、万历年间六起、崇祯年间一起。将近八十年间共有八起记录。参见《连江县志·大事记·明朝大事记》，http://gov.matsu.idv.tw/lienchiang/event.html，2019年1月10日；亦参见（明）黄俣卿《倭患考原》，书目文献出版社1993年版。

际，其间，虽有小股倭寇侵扰，但已不见大批来犯之情形。①

面对如此情势，明廷早已展开因应举措。为了肃清盘踞海岛的张、方遗孽并因应倭寇渐强的袭扰，明太祖除了遣使赴日、施行“厚往薄来”的外交政策②以期日本能主动肃倭外，亦在洪武三年（1370）逐步施行海禁③，并加强部署④，而成为明代海疆治理的大体政策。就此，黄丽生说道⑤：宋元的“海贸航路”自明代洪武以降，部分已转型为“海防—朝贡体系”，明廷在沿海要地设立卫所、墩台、水寨

① 由于明廷与朝鲜（1392 年，高丽将军李成桂推翻高丽王国，建立了朝鲜王国）合力，1419 年倭寇遭受重大打击。一方面，明朝取得了“望海埚大捷”；另一方面，朝鲜则攻击了倭寇盘踞的对马岛，亦即“己亥东征”。自此，倭寇被大部分歼灭，受到了严重打击。正因如此，永乐之后的宣德、正统、景泰、天顺、成化、弘治与正德年间，倭扰大减。百余年间，虽有小股倭寇侵扰，但已不见大批倭寇来犯。参见韩庆《明朝实行海禁政策的原因探究》，《大连海事大学学报》（社会科学版）2011 年第 5 期。

② 明太祖遣使赴日（最早其实是到了日本的南朝）主要是希望在恩威并济下，让日本主动肃倭。唯当时日本南朝虽在逐渐了解明廷后前来朝贡而建立起外交关系，但因处于南北朝动荡之际，自顾不暇，因此肃倭成效不彰。另，明洪武十六年（1383），明太祖在“厚往薄来”外交政策的基础上进一步命礼部给诸藩属国颁发“勘合文册”而发展成为终明一代的“勘合贸易”，亦即“朝贡贸易”，此一朝贡贸易事实上亦是海禁政策之一环。参见徐泓《二十世纪中国的明史研究》，台湾大学出版中心 2011 年版，第 105—108 页；宋海洋《朱元璋的抗倭斗争与明初中日关系》，《遵义师范学院学报》2013 年第 4 期；韩庆《明朝实行海禁政策的原因探究》，《大连海事大学学报》（社会科学版）2011 年第 5 期。

③ 明洪武年间与海禁有关之措施举例如下：洪武三年（1370），明政府“罢太仓黄渡市舶司”（《明太祖实录》卷四九）。洪武四年（1371），实施海禁“……且禁沿海居民私自出海”。洪武七年（1374），明政府下令撤销自唐朝以来就存在的负责海外贸易的福建泉州、浙江明州（今宁波）、广东广州三个市舶司，只允许周边国家到中国进行朝贡贸易。洪武十三年（1380），因宰相胡惟庸勾结日倭谋反，再颁令“严海禁、海防”。洪武十四年（1381），朱元璋以“倭寇仍不稍敛足迹”，又下令“禁濒海民私通海外诸国”（《明太祖实录》卷一三九）。洪武二十三年（1390），朱元璋再次发布“禁外藩交通令”。洪武二十七年（1394），为彻底取缔海外贸易，又一律禁止民间使用及买卖舶来的番香、番货等。洪武三十年（1397），再次发布命令，禁止中国人下海通番。以上资料，参见韩庆《明朝实行海禁政策的原因探究》，《大连海事大学学报》（社会科学版）2011 年第 5 期；陈良源《明清以降政策变迁下马祖地区文化发展》，《海洋文化学刊》2007 年第 3 期。

④ 宋海洋指出：原先朱元璋系想通过朝贡外交恩威并施宣令日本协助遏止倭患，但实际上没有效果，后来“随着朱元璋对日本态度的巨大转变，对于倭患问题，明朝政府在军事上也做积极的准备，命令沿海各将领主动出击，逐剿倭寇，对于防范不力的官吏予以严惩。与此同时在倭患严重的地区设立卫所，整饬海防，比如，洪武二十年（1387），命令周德兴前往福建，‘民户三丁取一，以充戍卒，乃筑城一十六，增巡检司四十五，得卒万五千余人’。随后又命令汤和等到浙江加强防范，‘乃筑城五十九，民户四丁以上者以一为戍卒，得五万八千七百余人，分戍诸卫，海防大饬’。同年六月，‘敕福建都指挥使司备海舟百艘，广东倍之，并具器械、粮饷，以九月会浙江，候出占城捕倭夷’”。参见宋海洋《朱元璋的抗倭斗争与明初中日关系》，《遵义师范学院学报》2013 年第 4 期；‘’内文字为宋海洋引自（清）张廷玉《明史》，中华书局 1974 年版。

⑤ 参见黄丽生《明代中期的岛屿议题：以〈明实录〉为中心》，《南海学刊》2016 年第 1 期。

等海防设施，建立严密的“巡检”制度，致力于整饬海防。此外，又屡申“通番禁令”，规定除部分国家或部族得以“朝贡”的方式进行贸易外，其他私人海外贸易一律禁止。虽然郑和七下西洋贯穿并维护了东亚和西亚的海上交通，建立了许多中国海商据点，使中国商人掌握了海上丝绸之路的优势，也持续使沿岸岛屿成为郑和所行“西洋航路”上的关键性地标，但在郑和之后，明朝官方大规模的远航活动也告终止，取而代之的是海防、海禁、治倭以及有限的朝贡贸易。

必须指出的是，虽说是海禁，但政策时有张弛。永历之后，虽仍屡申“严私通番国之禁”，但已日渐松弛①，难怪正德年间会核准市舶司征税办法，激发了海商集团的形成。② 只不过，明嘉靖二年（1523）“争贡之役”③ 后海禁又雷厉风行，但反倒激起反抗而爆发了更为严重的倭患。尔后，由于海商集团已然壮大④，到了倭患大体平息的隆庆年间，海禁已无法维持，于是批准福建巡抚都御史涂泽民建议，开放海禁，准贩东、西二洋，以征收商税，增加财政收入。即便如此，出海贸易仍有种种限制，日本亦在禁止通商之列，是以，依然严重制约了海外贸易的发展。等到

① 不仅范围逐渐缩小，对于朝贡贸易与私通番国之类违禁事件的处置也都采取比较宽容的态度。参见韩庆《明朝实行海禁政策的原因探究》，《大连海事大学学报》（社会科学版）2011 年第 5 期。

② 正德年间，海禁松弛，市舶司的征税办法亦在明正德三年至四年（1508—1509）间经广东右布政使吴廷举倡议后，得到了明政府的正式核准，一律征收 20% 的实物税。韩庆指出，“从明代海外贸易政策的角度来看，这无疑是一件极有意义的大事。它标志着明王朝在经历了一个半世纪之后，才在海外贸易中有了真正的税收。同时，它也标志着明代的朝贡贸易体制发生了实质性的变化。这种政策的变化必然导致朝贡贸易的进一步衰落，私人海外贸易的进一步活跃，逐渐形成了一大批专门从事海外贸易的海商集团”。参见韩庆《明朝实行海禁政策的原因探究》，《大连海事大学学报》（社会科学版）2011 年第 5 期。

③ 明嘉靖二年（1523）争贡之役（亦称宁波之乱、明州之乱、宗设之乱），起源于日本细川氏和大内氏两派大名势力争相派遣贸易使团赴明州（宁波）贸易后，因勘合符效力之辩所引发的冲突。当时，大内氏代表谦道宗设等人由于生愤而追杀理亏的细川氏代表鸾冈端佐等人，却沿路殃及宁波一带居民，并导致明朝追击官兵的伤亡（备倭都指挥刘锦与千户张镗等战死）。其不仅使得明廷废除了福建与浙江两处市舶司（仅留广东市舶司），也导致日明间贸易途径的断绝，为后来嘉靖年间的“东南倭祸”埋下伏笔。

④ 当时，海禁非但没能遏止私人海外贸易的发展，反而逼使了正德年间出现的正常贸易转为走私贸易，而且，因为获利巨大，人员争相加入，海商集团日益壮大。参见韩庆《明朝实行海禁政策的原因探究》，《大连海事大学学报》（社会科学版）2011 年第 5 期。

清兵入关后，为了肃清东南沿海的反抗并阻断台湾郑成功势力，再次施行了海禁①，直至清康熙二十三年（1684）平定台湾后才大体开放②，并一路张弛到道光年间鸦片战争后被迫开放通商为止。③

处于如此海上竞逐之历史大潮，塘岐后沃乃至整体南北竿地区的发展自亦受到影响，可说是明、清朝廷（官商）与海民（包含私人海商）、倭盗（包含外商、海盗）进行角力的折冲之地。一方面，官方亟思控制、管理以便绥靖海疆维持有效的治理，故而有海禁（甚至迁界）、布兵等措施；另一方面，倭盗则伺机骚扰、劫掠，甚至趁官方力有未逮时据为活动基地。至于地方居民，则经常在政策张弛变动的夹缝中来来往往、伺机而动，或农渔栖居，或参与海运，或加入兵汛，或协助倭盗，而取得生存的立足点，毕竟，当时的塘岐后沃，实为北竿（连同南竿）作为“禁山”张弛变动下的海运关童，是明清朝廷与海民、倭盗进行角力折冲并展开海上竞逐之地。

2. 禁山张弛下的海运关童：明廷海禁政策下福州防卫体系中的大塘岐

（1）明廷配合海禁政策营构福州防卫体系

就此而言，明廷配合海禁政策亟思营构的福州防卫体系具有重大影响。当年，塘岐后沃所在的北竿（连同南竿），由于位于闽江口外不远海域中，为倭寇等外敌进犯福州省城要冲之地，故而，是被视为大福州防卫体系之一环而进行布防的。历

---

① 自清顺治十二年（1655）至康熙十四年（1675），清廷先后五次颁布“禁海令”，规定“寸板不许下水”，严禁官民人等出海贸易。顺治十七年（1660）至康熙十七年（1678）间，又三次下达“迁海令”严行近海迁界，将广东、福建、浙江、江苏、山东沿海等，以及长江下游镇江以下沿江三十里以至五十里以内的人民，全部迁入内地，房屋一概烧毁。参见王玉婷《康熙年间海禁政策初探》，《求知导刊》2018 年第 6 期。

② 开放海禁后，清康熙二十四年（1685），又规定江苏松江、浙江宁波、福建泉州、广东广州为对外贸易口岸，分设江、浙、闽、粤四海关，制定开海征税则例，派设监督管理海外贸易事务，海禁政策正式废除。参见王玉婷《康熙年间海禁政策初探》，《求知导刊》2018 年第 6 期。

③ 尽管如此，清康熙五十六年（1717）亦曾因满蒙贵族对汉人与海外人民的猜忌而颁布“南洋禁海令”，禁止商船出海南洋进行贸易。参见王玉婷《康熙年间海禁政策初探》，《求知导刊》2018 年第 6 期。而到了乾隆年间，更因西方列强经常在宁波、厦门等地从事非法活动，引起清廷警惕，故而在清乾隆二十二年（1757）下令关闭相关口岸而只留广州，直至道光年间发生鸦片战争等而被迫签订不平等条约开放五口通商为止。参见王戎笙《清代简史》，辽宁人民出版社 1997 年版，第 263 页。

史显示，作为省城的福州向来是外敌觊觎的对象①，毕竟，“海在福建，为至切之患”②，满布了崇山峻岭的福建陆路极难行走，唯有从海路进入最为便捷，事实上，诸多战史也显示，一旦自明州等循海路攻下福州，整个福建也就囊中在握③，难怪，清徐景熹《海防》说：“邑之隶郡〔福州府〕者十，海之环邑者五……海定而闽无不定矣，而必以都会为之枢。”④ 福州省城连同闽江口近海整体区域以及与福建整体沿海连成一气的防卫体系因而成了历来闽兵备布防最被看重之事。

可以这么说，明廷（乃至清廷）已意识到，必须借由整体海防布局以防卫福州、俾巩固闽海的必要性。然而，福州以及整体闽地之防卫并不容易。毕竟，福州不仅位置偏居闽地东北，且离海甚近，地理上有“偏残浅露”⑤ 之缺点；加以闽在岐海中，岐中又有岐⑥，“外敌自海入闽，无处不可入”⑦，因此，必须考虑实际，别出心裁，方能致效。为此，除加固福州城防外⑧，明太祖更在听取方鸣谦献上沿

---

① 嘉靖倭乱年间的确发生了倭寇攻陷福清、袭扰泉州与同安以及长乐与漳州而后进逼福州城之事。参见边艳艳《仁义之师增援福建》，载《抗倭将领戚继光》，台湾千华驻科技出版有限公司 2018 年版。

② 参见天龙长城文化艺术公司编《闽海》，载《海疆史志》第 23 册“守江海要略”卷下，全国图书馆文献缩微复制中心 2005 年版，第 117 页。

③ 何孟兴引述《海疆史志》第 23 册“防守江海要略”卷下《闽海》第 117 页指出，历来从海路取福州甚至进而平定八闽的战事有：“汉元封初，伐东越，遣横海将军韩说出句章（句章，浙江慈溪县），浮海从东方往，遂灭闽越。……隋开皇十年，泉州王国庆作乱，自以海路艰阻，不设备，杨素泛海奄至，击平之。五代汉初，吴越遣将余安自海道救李达（达，即闽叛将李仁达，时据福州，为南唐所攻），遂有福州。宋德祐二年，张世杰等共立益王昰于福州，蒙古将阿剌罕自明州海道来袭，福州旋陷”；另“洪武元年（1368）时，明将汤和与廖永忠率军南下伐陈，舟师亦自浙江明州（今日宁波）出发，由海道乘风抵达福州闽江海口之五虎门，驻军南台，进围闽江岸边之福州城，敌窘被迫投降，明军顺利入城，接着，又分兵扫荡兴化、漳、泉及福宁等地，进拔延平，陈友定被逮送回南京，八闽遂悉平定”。括号内文字系原书之按语。参见何孟兴《明代福州海防要地“竿塘山”之研究（1368—1456 年）》，《止善》2009 年第 7 期。

④ 参见（清）徐景熹修《福州府志》（乾隆十九年刊本）卷十三，台湾成文出版社 1967 年版，第 1 页。

⑤ （明）顾祖禹：《福建读史方舆纪要叙》，载《读史方舆纪要》，台湾新兴书局 1956 年版，第 3960 页。至于整体福建，顾祖禹说道：“福建僻处海隅，褊浅迫隘。用以争雄，则甲兵糗粮，不足供也；用以固守，则山川间阻，不足恃也。”（第 3959 页）

⑥ （清）徐景熹修《海防》：“《山海经》所谓：‘闽，在岐海之中’……岐之中又有岐也。”参见（清）徐景熹修《福州府志》（乾隆十九年刊本）卷十三，台湾成文出版社 1967 年版，第 1 页。

⑦ （清）蓝鼎元：《福建全省总图说》，载《鹿洲全集 鹿洲初集》卷十二，厦门大学出版社 1995 年版，第 238 页。

⑧ 参见陈怡行《明代的福州：一个传统省城的变迁》，硕士学位论文，台湾暨南国际大学，2005 年。

海设置卫所巡司并于海上置水寨备战船之策后①，改变了仅只遣将率船出海巡捕之做法，而派遣江夏侯周德兴于洪武二十年（1387）赴闽展开以“海上”为主的备御工作：首先，周氏亲自勘查闽海地理形势后将卫所调移到了沿海要塞之地，筑造了16座堡城，并增设45处巡检司。借此，形成了拒敌陆外的一道防线。其次，则在岸岛上设置“水寨”，让兵船巡哨守卫于外，拒来犯者于洋外，形成另一道防线，而与沿海错落之砦垒形成共同抵御的双重防线。这些水师兵船基地最初虽只有设于福宁的烽火门水寨、兴化的南日水寨以及泉州的浯屿水寨，但后来又增设了位于定海的小埕水寨与漳州的铜山水寨，而形成了所谓的福建“五水寨”②，并随着游兵

① 方鸣谦，出身海岛，为方国珍之侄，后随父伯归降获重用。其建议明太祖，应以海上防御为重点，于“沿海”而非陆地每隔六十里设立一个“军卫”，三十里处设一个“守御千户所”，并在卫和千户所缝隙间增设“巡检司”，部署民兵（亦即弓兵）用以策应卫、所。在此同时，并于海洋三大山处设立水寨、部署战船。此外，并就民户四丁抽一以为军而戍守新设的卫、所及其堡城，以便借由“砦垒错落”之空间布局，总体达成“倭不得入海门，入亦不得傅岸”之效果。参见何孟兴《明代海防指导者方鸣谦之初探》，《止善》2012年第12期。

② “水寨”即沿海水师的兵船基地。何孟兴指出：“明时，在福建边海共设有五座水寨，由北而南依序为福宁的烽火门水寨、福州的小埕水寨、兴化的南日水寨、泉州的浯屿水寨和漳州的铜山水寨，明、清史书常称其为福建‘五寨’或‘五水寨’。五水寨创设于明代前期，起初仅有烽火门、南日、浯屿三寨，代宗景泰时增设小埕、铜山而为五。”参见何孟兴《明代海防指导者方鸣谦之初探》，《止善》2012年第12期。另，陈宗仁指出：“明朝在东南沿海设立卫所，置舟师出海巡逻，其年代可追溯至明初，福建沿海亦先后设立烽火门、小埕、南日、浯屿、铜山等五寨。到了16世纪中叶，沿海各省因倭乱而加强海上军事力量，嘉靖四十三年（1564）福建巡抚谭纶重建海防体制，厘订沿海五寨员额、职责，如每寨设兵船40只，各分信地，建立会哨之制。”参见陈宗仁《明朝晚期〈福建海防图〉的绘制及其时代背景》，《台湾史研究》2016年第3期。何孟兴认为小埕水寨最有可能在景泰年间设立，王日根与黄友泉亦持此议，指出系在景泰三年（1452）。参见王日根、黄友泉《海防地理视域下的明代福建水寨内迁》，《明史研究论丛》2014年第2期。不过，从万历年间闽县人董应举在《福海寨游说》中所言，似乎应在明朝初年即有小埕水寨之设：“国初，只设烽火、小埕二寨而海得无事者，寨之兵船多，得以驱使远汛于外海也。”参见（明）董应举《崇相集选录》，台湾省文献委员会1994年版，第62页。另，《连江县志·历史志》中对于五水寨成立时间的看法似乎与何孟兴不太相同，反而认为是在景泰年间废除：“明代在福建设立的五个水寨在景泰年间（1450—1456）废除，至嘉靖晚期因福建巡抚谭纶之请，再度恢复五寨旧法。”参见《连江县志·历史志·第二篇·第三章明清时期海防上的马祖》，http：//board. matsu. idv. tw/board_ view. php？ board = 134&pid = 69043&link = 69043&start = 0，2019年4月10日。而《连江县志·兵事志》则认为设在正统年间：“正统年间（1436—1449年），焦宏兼管福建，提出于连江定海所前设置‘小埕水寨’，统以指挥一员。”参见《连江县志·兵事志·第一篇·第一章〈明代〉》，http：//gov. matsu. idv. tw/lienchiang/military. html，2019年4月20日。

的增加而在万历晚期（1610）形成了五寨七游格局。① 其中，“小埕水寨”位于连江北方岸边的小埕澳（今连江县筱埕），主要以保卫福州城为目标，在五水寨中具有首屈一指的军事地位。再者，则是大举推动按籍抽丁，并展开沿海岛屿的“墟地徙民”工作，将原本的海禁措施②纳为军事防卫布局的一环。总体来看，可说体现了明代海防期待借由“海中腹里”“箭在弦上”与“岛民进内陆、寨军出近海”③之类空间架构以增强效果的思维。

如此布局，落实到福州地区之守卫而言，具有严守城防、控扼重要据点的考虑：一方面，明廷于洪武四年（1371）即设置福州都卫指挥使司，洪武八年（1375）改为福建都指挥使司④，并置福州左、右二卫，各辖左、右、中、前、后、中左六个千户所以护卫福城⑤；另一方面，江夏侯周德兴于洪武二十年（1387）又在福州府沿岸增建了“福州中卫”“福宁卫”与“镇东卫”三个军卫指挥使司以及“万安千户所”“大金千户所”“定海千户所”与“梅花千户所”四个守御千户所以

---

① 五水寨加上隆庆、万历年间因应水寨后撤必须补充兵力而新设的海坛、浯铜、玄钟（南澳）、台山、嵛山（裁撤后部分兵力改为礵山）、湄洲与澎湖七游，在万历晚期（1610）形成了五寨七游或八游的格局。陈宗仁指出：“到了隆庆、万历年间又因战防需要，先后设立海坛、玄钟〔南澳〕及浯铜等三游，又再增设台山、嵛山、湄洲、澎湖等四游，到了万历晚期，即1610年时，整个福建海防共设置五寨、七游。”参见陈宗仁《明朝晚期〈福建海防图〉的绘制及其时代背景》，《台湾史研究》2016年第3期。不过，根据何孟兴观点，嵛山游兵于万历四十年（1612）左右裁撤，剩余部分兵力成立礵山游，而且游兵的数目似乎不止于此，至少还有万历三十年（1602）成立的五虎游兵，若加上此游则有八游。参见何孟兴《镇海壮举——论明天启年间荷人被逐后的澎湖兵防布署》，《东海大学文学院学报》2011年第52卷；何孟兴《明代福州海防要地“竿塘山”之研究（1368—1456年）》，《止善》2009年第7期；何孟兴《明末浯澎游兵的建立与废除（1616—1621年）》，《兴大人文学报》2011年第46期。

② 洪武四年（1371）“12月朝廷颁布禁海令，沿海居民片板不许入海”。参见《连江县志·大事记·明朝大事记》。

③ “海中腹里”，指介于陆地上卫所司防线与水寨所在近海岛屿之间的海域，敌船若进入此区域，可以沿海卫所由内向外、近海岛中的水寨兵船由外向内形成内外合击之势，将之歼灭；“箭在弦上”，乃是一种有关于配布的想象性展现，具有象征意义，系将五水寨比拟为“矢箭”，其搭在弧形的“弯弓”（指闽地由东北向西南延伸的海岸线）上，将借由满载军事张力的“弦线”（指沿海驻援水寨的各卫所所形成的线），将之射向大海中，歼灭入侵的敌人；“岛民进内陆、寨军出近海”，指借由“墟地徙民”让沿海岛民回到陆地，而“外建水寨”则让戍卫的寨军来到海岛，一进一出间，水寨军取代了原先的渔户而成为新岛民。参见何孟兴《海坛游兵：一个明代闽海水师基地迁徙的观察》，《兴大历史学报》2007年第19期。不过，这样的战术并非没有缺点，王日根、黄友泉即曾对之作了检讨。参见王日根、黄友泉《海防地理视域下的明代福建水寨内迁》，《明史研究丛刊》2014年第2期。

④ 参见张德信《明朝典章制度》，吉林文史出版社2011年版，第408页。

⑤ 参见黄仲昭《地理 建置 沿革 福州》，载《八闽通志》卷一，书目文献出版社1988年版，第9页。

强化福城南方的防御强度。① 这些卫所与后来设立的小埕水寨等，呼应了明万历年间闽县人董应举所称对“省城门户，以闽安镇南出之琅琦门、东出之五虎双龟门为两喙，以梅花、定海为两臂”② 的地理认识，可说牢牢控制了“闽安镇”（水口咽喉）③、“五虎门”（门户）④ 与“南北竿塘”这三处福州地区最重要的海口要冲，而提供了安全的保障。

其中，塘岐后沃所在的南北竿塘赫然在列，其位于“自南关、大嵛、小嵛、闾山、芙蓉、北竿塘、南竿塘、东永而至白犬”⑤ 一线岛屿之上，乃是福宁州与福州府“外护左翼之藩篱”中重要一环，与五虎门一内一外，在定海与梅花作为左右两臂拱卫下，共同扼控着闽江出海口。在此同时，其正对着鳌江下游近河口处、“形如倚镜”的“东岱”（今连江县东岱镇，是连江县外通大海之咽喉），可说连同了“下目”（今高登）共同控扼了外洋进入连江的要点。正因如此，倭盗入侵福州常会以东岱为切入点，并以竿塘作为跳板。⑥

（2）大塘岐所在的竿塘成为军事布防、水师巡哨的备御要地

塘岐后沃所在的南北竿塘位置如此重要，自然引得兵家在此布局。据悉，洪武

---

① 三个军卫指挥使司为位于福城的“福州中卫”、福州府北面的“福宁卫”和南面濒海的“镇东卫”（清时名“镇东寨”，今名海口镇），各辖有五六个千户所；四个守御千户所为位于镇东卫南面的“万安千户所”、福宁卫南面的“大金千户所”与“定海千户所”，以及于洪武二十一年（1388）增设的“梅花千户所”（位于镇东卫北面、闽江出海口处南岸）。参见何孟兴《明代福州海防要地“竿塘山”之研究（1368—1456 年）》，《止善》2009 年第 7 期。

② （明）董应举：《崇相集 · 漫言》，转引自陈宗仁《明朝晚期〈福建海防图〉的绘制及其时代背景》，《台湾史研究》2016 年第 3 期。

③ “闽安镇”位在闽江下游近海口处，为“水口咽喉”。其所在闽江海口处两侧布有重兵：北岸的定海守御千户所（约 1500 兵力）与南岸的梅花守御千户所（约 1500 兵力）；定海所之旁则设置了“小埕水寨”，以利水师兵船巡弋福州海域进行侦防；梅花所南面岸边则有镇东卫，系福州府陆地首屈一指的海防重镇（约 5000 军力），可有效防御福城南面之安全。参见何孟兴《明代福州海防要地“竿塘山”之研究（1368—1456 年）》，《止善》2009 年第 7 期。

④ “五虎门岛”为闽江口海口要冲，其地“两山对峙，势甚雄险；又有巨石绵亘入海，如五虎蹲踞中流，实闽省门户也”。参见郁永河《稗海纪游》卷下，台湾省文献委员会 1996 年版，第 41 页。

⑤ （清）陈伦炯于雍正八年（1730）《天下沿海形势录》：“闽之海，内自沙埕、南镇、烽火、三沙、斗米、北茭、定海、五虎而至闽安，外自南关、大嵛、小嵛、闾山、芙蓉、北竿塘、南竿塘、东永而至白犬，为福宁、福州外护左翼之藩篱；南自长乐之梅花、镇东、万安为右臂，外自磁澳而至草屿，中隔石牌洋，外环海坛大岛。闽安虽为闽省水口咽喉，海坛实为闽省右翼之扼要也。”“东永”即东涌，为今东引。参见（清）陈伦炯《海国闻见录》，台湾省文献委员会 1996 年版，第 3 页。

⑥ 例如（明）嘉靖四十二年（1563）十一月倭寇入犯，便有“倭舟五艘约贼三百余徒，从竿塘、定海澳，突至连江东岱澳，登岸南奔”。参见刘聿鑫、凌丽华《戚继光年谱》卷四，山东大学出版社 1999 年版，第 97 页。

初年即曾在竿塘设置埠寨。[①] 而根据林金炎主纂《连江县志・兵事志》所述，明洪武二十五年（1392）更可能曾在北竿“设埠寨，派兵把守，盘诘往来商旅，防备贼外患，后废”。[②] 以明清海防述及竿塘时曾述及“长岐澳泊北风舡二十只”[③]“督各船驾至竿塘地方……又令……三船收泊上塘”[④]“马鞍澳泊北风船四十余”[⑤] 等史料看来，其若属实，则当在塘岐后沃。洪武初年所设埠寨在洪武二十年（1387）“墟民迁地”以抗倭盗时遭到裁撤，但洪武二十五年（1392）所设埠寨何时撤废则不得而知[⑥]。有意思的是，洪武二十年（1387）时埠寨虽遭裁撤，却“于南、北竿塘冲要之地，设烟墩了望；最北的东涌，也设远哨”[⑦]。《连江县志・兵事志》亦指出：“洪武至嘉靖间，在上、下竿塘沿海山巅设置多处示警墩台或了望台……严密海防布置，从府民户中每户凡三丁者抽取一人，为沿海卫所戍兵，以防御倭寇。”[⑧] 自此直到清代，南北竿塘“相度地方距离之远近”[⑨] 多设有烟墩（烽燧、烽堠或墩台），

---

① 何孟兴说是位于南竿，但若据林金炎之述亦可能是位于北竿。而若是位于北竿则最可能设于塘岐后沃所在之地。参见何孟兴《明代福州海防要地“竿塘山”之研究（1368—1456 年）》，《止善》2009 年第 7 期；林金炎主纂《连江县志・兵事志・第一篇・第一章〈明代〉》。

② 此资料引自《大陆连江县志军事设施》，参见《连江县志・兵事志・第一篇・第一章〈明代〉》。

③ （明）邓钟：《筹海重编・福建八》图，载李仕德《追寻明清时期的海上马祖》。

④ （明）黄承玄《擒倭报捷疏》：“次日午时，又督各船驾至竿塘地方，突遇飓风大作，又令捕盗陈应、吴光先、宋华三船收泊上塘。”载《明经世文编选录》第 2 册（台湾文献丛刊第二八九种），台湾银行经济研究室 1971 年版，第 60 页。文中“收泊上塘”之塘，《连江县志・地理志》主纂杨雅心认为即指塘岐。参见《连江县志・地理志・第八篇・第三章〈聚落地名由来与行政沿革〉》，http：//board. matsu. idv. tw/board_ view. php？ board = 138&pid = 69200&link = 69200&start = 42，2019 年 9 月 22 日。

⑤ （清）杜臻：《粤闽巡视纪略》卷五，台湾商务印书馆 1983 年版，第 53 页，转引自何孟兴《明代福州海防要地“竿塘山”之研究（1368—1456 年）》，《止善》2009 年第 7 期。

⑥ 《连江县志・兵事志》记载，永乐元年（1403）“5 月命福建都司造海船 137 艘，本县海岛派有卫所制的部队屯兵戍守”，不知此部队戍守是否在先前的埠寨内。参见《连江县志・兵事志・第一篇・第一章〈明代〉》。

⑦ 参见《连江县志・大事记・明朝大事记》。另，亦参见《北竿乡志・第三篇・第一章〈地名及村落概况〉》，http：//beigan. matsu. idv. tw/history/frame02. htm，2018 年 9 月 22 日。

⑧ 此资料引自《大陆连江县志军事设施》。参见《连江县志・兵事志・第一篇・第一章〈明代〉》。

⑨ 何孟兴：《明代福州海防要地“竿塘山”之研究（1368—1456 年）》，《止善》2009 年第 7 期。

“以侦候敌人踪迹之处所，具有侦察报警之功能”[①]。其中，北竿烟墩除了嘉靖年间曾设于芹山外，根据王花俤等考察研究，以设于壁山最有可能，因为要能同时面对闽江口与北茭等地，而此处若从桥仔（清代亦为水师汛港之一）与塘岐往上所费时间基本上亦差不多。[②]

此外，塘岐后沃所在的南北竿更成了水师兵船巡哨之汛地，而就相关资料分析，塘岐后沃当为北竿最主要汛地。根据《连江县志·兵事志》所述，至迟在洪武二十年（1387）时，明廷即“福建都指挥使司设镇东卫和梅花千户所，分配哨船，贴驾出洋”[③]，其“前哨汛北茭、西洋山，后哨汛竿塘、白犬山，左哨汛竿塘、下目山，右哨汛上下竿塘山，远哨汛东涌山，北与福宁烽火寨，南与兴化、南日寨会……管辖本区沿岸及各列岛”[④]。可见，在这朝向东北方以北茭、西洋山与东引（东涌山）为前方，而以南竿岛与东西莒（白犬山）为后方的水域巡防空间中，塘岐后沃所在的北竿乃是左哨与右哨交会的巡卫之地，左、右两哨一突前［北竿连同高登（下目山）］、一划后（接续南竿岛），便汇聚于塘岐后沃所在的北竿塘，北竿塘一带海面（连同了塘岐后沃所在湾澳）俨然成了会哨的重心空间。此一状况在小埕水寨设立后仍被维系，并延续到有清一代。据悉，当年小埕水寨抽调自邻近镇所

---

① 何孟兴：《明代福州海防要地“竿塘山”之研究（1368—1456年）》，《止善》2009年第7期。何孟兴指出明代抗倭名将戚继光认为，烟墩“原则上大约以十里之内设立烽堠一座，难以了探敌情的地方则三或五里便设一座，至于容易了探者十里以上设一座即可”。参见何孟兴《浯屿水寨：一个明代闽海水师重镇的观察（修订版）》，台湾兰台出版社2006年版，第71页。至于清代于北竿岛上设烟墩之资料如下：“南、北竿塘，县东北大海中，距八十余里，冲要海汛。南竿塘属闽县，北竿塘属连江县。北竿塘设烟墩了望”，清乾隆十九年（1754）《福川府志·卷十三·海防·防御要冲》，转引自何孟兴《明代福州海防要地“竿塘山”之研究（1368—1456年）》，《止善》2009年第7期。“《重纂福建通志》谓‘北竿塘在东北大海中，距县八十里，与闽县南竿塘对峙，冲要海汛，设烟墩了望。有八使澳、下目、白沙、镜港等澳，中有进屿门’。”陈寿祺等编纂《重纂福建通志》，同治十年（1871）刊印，转引自《连江县志·历史志·第二篇·第二章〈粤闽巡视纪略〉与〈新译中国江海险要图志〉上的马祖》，http：//gov. matsu. idv. tw/lienchiang/history. html，2018年10月10日。

② 参见“塘沃访谈记录王花俤－04 20180930”。《连江县志·兵事志》：“嘉靖一朝倭寇横行，官府在北竿芹山、南竿烟台山设了望台，布哨防犯，建烟墩报警。”参见《连江县志·兵事志·第一篇·第一章〈明代〉》。

③ 此资料引自嘉庆《连江县志·兵制》，转引自《连江县志·兵事志·第一篇·第一章〈明代〉》。

④ 此资料引自嘉庆《连江县志·兵制》，转引自《连江县志·兵事志·第一篇·第一章〈明代〉》。

的兵力曾有4300多名，战船也曾有四十六艘[①]，其每年三月十五日至六月十五日为“大汛”，九月十五日到十一月十五日为“小汛”，春秋两汛，小埕寨军便兵分五路航船至福州外海要地屯戍巡哨[②]，其中，塘岐后沃所在的北竿塘便是其巡哨的“备御要地”[③]。当时，在“海岛养兵，粮饷靠军屯制度”[④] 的前提下，诚如明黄仲昭撰《八闽通志·海防篇》所载，“小埕兵船二艘，一艘屯西洋，一艘屯竿塘”[⑤]，且耕且战。其中，所谓的“竿塘”，从明万历四十七年（1619）茅元仪所辑《武备志》中《郑和航海图》可知，主要即指北竿岛[⑥]，相较之下，诚如清光绪二十八年（1902）《福建沿海图说》“长门附近海岛表”所载，南竿塘则被称为“铁板山”或“马祖澳山”[⑦]。在此状况下，拥有史料所载“长岐澳”［甚或“马鞍澳”“麻克璧

① 曹刚等：“水军：明初为小埕水寨……递年春、冬二汛。春为大汛，起三月十五日，讫六月十五日，防东南风；冬为小汛，起九月十五日，讫十一月十五日，防东北风。巡抚调福州左卫官十一员领旗军一千三百八十九名，调镇东卫梅花、万安二所官十七员（梅花所在长乐，万安所在福清）领旗军二千五百四十二名，调福宁卫定海（所官四员领旗军四百名），押送赴寨，分配各船，匀五哨，贴驾出洋。前哨汛北茭、西洋山，后哨汛竿塘、白犬山，左哨汛竿塘、下目山，右哨汛上、下竿塘山，远哨汛东涌山。北与福宁烽火寨，南与兴化南日寨会。”参见曹刚等修《连江县志》卷16，台湾成文出版社1967年版，第8页。李仕德：“水寨由钦依把总领军，其中小埕水寨配船只四十六艘，须定期与烽火门与南日两寨会哨。”参见李仕德《追寻明清时期的海上马祖》。

② 参见何孟兴《明代福州海防要地“竿塘山”之研究（1368—1456年）》，《止善》2009年第7期。另，《连江县志·兵事志》记载：“水寨信地，南则哨至白犬山，北则哨至西洋山，上、下竿塘皆属其汛地。”又说：“明海岛养兵，其粮饷靠军屯制度，且耕且战。……春汛和秋汛派出兵船分头哨守自己所辖海域，轮流到水寨值勤。”参见《连江县志·兵事志·第一篇·第一章〈明代〉》。

③ 何孟兴：《明代福州海防要地“竿塘山”之研究（1368—1456年）》，《止善》2009年第7期。

④ 《连江县志·兵事志·第一篇·第一章〈明代〉》。

⑤ 《连江县志·兵事志·第一篇·第一章〈明代〉》。

⑥ 明万历四十七年（1619）茅元仪所辑《武备志》中的《郑和航海图》（一）中可见“官塘山”字样，而且“官塘山”字样便明明白白标在北竿岛上。参见李仕德《追寻明清时期的海上马祖》。明朝茅元仪（1594—1640）在万历四十七年（1619）付梓的《武备志》书中二百四十卷有《自宝船厂开船从龙江关出水直抵外国诸番图》，一般称之为《郑和航海图》。《郑和航海图》分刻成40余幅图，其中两幅画有东涌山、龟屿、官塘山及东沙等岛屿的影像，在连江、长乐外海和马祖列岛之间标示有针路。

⑦ 杨秉训等指出：“清光绪二十八年（1902）《福建沿海图说》‘长门附近海岛表’载曰：‘南竿塘，一名铁板山，又名妈祖澳山，译名妈祖岛。’”《连江县志·经济财税志·第三篇〈交通建设〉·第二章〈海上交通〉（一）》，http：//board. matsu. idv. tw/board_ view. php？ board =139&pid =70103&link =70103&start =28，2019年5月5日。

湾”(Magpie)①] 所在的塘岐后沃以其“水路分歧”② 的优势符应了依赖地形以屏障军船的要求，显然占有关键的位置，乃是北竿最重要的水师泊船屯戍之地，当设有简易营寨，以为汛兵屯船镇守巡防之用。毕竟，诚如王日根、黄友泉研究指出：“在火炮技术引入港区防护之前，军港对战船的防护在很大程度上依赖于地形的屏障，这也正是《海防志》所说的‘有曲港、深渊可以围舟结砦’的道理所在。对此，杜臻亦指出，‘盖海之险，在水有澳曲可以藏舟’。相反，缺乏地形屏障的保护，将船队直接裸露于敌方是相当危险的。……有地形屏障的纵深港澳对船队的防护有着重要意义”③，而当年湾澳崎岖、水路复杂的塘岐后沃，其实正符合了这样的条件。相较之下，清康熙十七年（1678）首次出现在史料中的“桥子澳”在清代虽与塘岐后沃同为水师汛地之一④，不过，作为军事用途，当没有后者来得重要。

明成化（1465—1487）之后，小埕水寨一如其他水寨虽因宦官专权、海防凋敝

---

① “麻克璧湾”（Magpie）一词见（清）陈寿彭《新译中国江海险要图志》（上海经世文社 1901 年版）。有关于麻克璧湾，张登杰有一段考证之讨论，指出其为大陆所称的“鹊石湾”。张登杰“认为军方命名‘马鼻’之源，应早于 1949 年国军来马之空照图，其可能追溯自 1894 年的英国海军出版之 *The China Sea Directory*。……马鼻湾之位置在大陆方面亦有‘鹊石湾’之称呼。…… 1894 年的英国海军出版之 *The China Sea Directory* 称马鼻湾现地为 Magpie，Magpie 之‘音译’‘意译’却巧合地联结两者，提供了可能的解答。……光绪年间陈寿彭翻译英国海军海图官局（Great Britain Hydrographic Dept）之 *The China Sea Directory* 第 3 版，并于 1899 年完成《新译中国江海险要图志》。根据该书第 57 图，可见‘麻克璧湾’（Magpie）即今马鼻湾之位置。……Magpie，读音为［ˋməeg.paɪ］，意思为‘鹊鸟’，因此笔者认为 Magpie 其以音译地名即为‘麻克璧湾’或‘马鼻湾’，而其意译则成为大陆所称之‘鹊石湾’。至于英国海军为何称（或译）马鼻湾现地为 Magpie，则尚需进一步考证。另外，李仕德副教授撰写之《追寻明清时期的海上马祖》一书第 101—103 页，有关‘麻克璧湾’‘麻克璧石’之论述，出现三个小错误，其一为引用‘麻克璧湾’‘麻克璧石’误写为‘麻克璧湾’‘麻克璧石’，与陈寿彭原著不合；其二为将‘麻克璧湾’英文误拼为‘Magphie’，查陈寿彭原著可见应为‘Magpie’……其三为误将‘水过其上’3 呎之燕石（Swallow rock）认为是现今之鹊石，而高于海平面 35 呎的麻克璧石却不见了，无法对照指出现地。在陈寿彭书中第 57 图虽未标出麻克璧石，但根据原著第 45 图，可以明显查出蛤蜊岛东南为麻克璧石，再其南才为水过其上 3 呎的燕石，因此高 35 呎的麻克璧石应为今之鹊石。”参见“马祖资讯网《讨论与交流》生活文化”中张登杰之发言（20110528），https：//www. matsu. idv. tw/print. php? f = 4&t = 90385&p = 1，2019 年 5 月 1 日。

② 王花俤指出，塘岐后沃一带“水路分歧，又有沙洲，所以叫作岐”。参见“塘沃访谈记录王花俤 - 04 20180930”。

③ 王日根、黄友泉：《海防地理视域下的明代福建水寨内迁》，《明史研究论丛》2014 年第 2 期。

④ 《平闽纪·康熙十七年八月二十九日·飞报出洋等事疏》：“随拨总兵官黄镐带领该标副将辛启佑等带领各船只，具由桥仔澳、竿塘水洋而进，以堵逆贼去后……”参见《连江县志·地理志·第八篇·第三章〈聚落地名由来与行政沿革〉》，http：//board. matsu. idv. tw/board_ view. php? board = 138&pid = 69200&link = 69200&start = 42，2019 年 9 月 22 日。

而有军备废弛之状（小埕原本就建于陆地，没有像其他水寨内迁①），但在嘉靖倭患平定后的嘉靖四十四年（1565）则改设游兵，连同万历三十年（1602）所增设的五虎游兵以增补闽江的防卫。② 其功能在清代顺治年间实施海禁后主要由绿营水师闽安协水师营所代替，以巡洋会哨为主要任务，并在平定郑氏势力后，在海岛设汛置塘分兵屯守③；康熙至道光年间则以南边的海坛总兵与北边的福宁总兵定期进行巡洋会哨，而北竿塘正是二镇会哨之处④；嘉庆六年（1801），闽安水师更于梅花所、定海所各设一营以因应渐起的盗乱。⑤ 基本上，不管如何改变，塘岐后沃以其拥有湾澳岐岔、水路复杂的相对优越的地理条件，皆是戍防至为重要之处。

3. 大塘岐所在的竿塘几度沦于倭盗之手及其空间遗迹

即便如此，塘岐后沃所在的竿塘岛仍几度沦于倭寇或海盗之手。诚如上述，成化之后，小埕一带闽江防务渐弛，嘉靖年间更爆发激烈倭患，此时，面对“南风汛，则由广而闽、而浙、而直达江洋；北风汛，则由浙而闽、而广、而或趋番国”⑥的倭寇，官兵显然撤守包括竿塘在内的诸多海岛，以至于浙江福建海道巡抚王忬借《条处海防事宜仰祈速赐施行疏》说道：“臣访得，番徒、海寇往来行劫，须乘风候……在闽，则走马溪、古雷、大担、旧浯屿、海门、浯州、金门、崇武、湄州、旧南日、海坛、慈澳、官塘、白犬、北茭、三沙、吕磕、嵛山、官澳……皆贼巢也。”⑦ 显见，塘岐后沃所在的竿塘岛已沦为倭寇伺机占领补给取水而抢进内陆的跳板。另外，从万历四十五年（1617）“海贼船只三十余艘突袭小埕水寨，水寨把总李应龙出海追贼，追至竿塘大洋时，为贼众三十余船围住……李应龙被海盗掳走，

① 参见王日根、黄友泉《海防地理视域下的明代福建水寨内迁》，《明史研究论丛》2014 年第 2 期。

② 《连江县志·大事记·明朝大事记》：嘉靖四十四年（1565），“四月倭船犯小埕，把总蒋伯清等击败之。同时官兵赴沿海岛屿搜山剿捕。是年，巡抚谭纶请复五寨，铜山、小埕为游兵，设把总分汛地明斥堠严会哨。”参见《连江县志·大事记·明朝大事记》。五虎游兵，参见何孟兴《明代福州海防要地“竿塘山”之研究（1368—1456 年）》，《止善》2009 年第 7 期。

③ 或 5 名，或 10 名，或 20 名。

④ 参见李仕德《追寻明清时期的海上马祖》。

⑤ 参见《连江县志·兵事志·第一篇·第二章〈清代〉》，http：//gov. matsu. idv. tw/lienchiang/military. html，2019 年 4 月 21 日。另，清乾隆十九年（1754）刊刻《福州府志》卷十三《海防·防御要冲》一节“闽县”条：“南竿塘，冲要海汛，与连江北竿塘毗连。南、北竿塘，兼白犬、东沙，置战船四，拨千、把总一员巡防，南竿塘设烟墩了望。”

⑥ （明）王忬：《条处海防事宜仰祈速赐施行疏》，载《明经世文编选录》，台湾银行经济研究室 1971 年版，第 64 页。

⑦ （明）王忬：《条处海防事宜仰祈速赐施行疏》。

后海贼知李应龙系朝廷钦依把总，将之送到竿塘山上放生，四天后才从海上招到渔船渡归定海所”、崇祯八年（1635）“海盗刘香部众聚集于竿塘”为海坛把总在竿塘海域记载可知①，当时，塘岐后沃所在的竿塘仍旧为倭盗出没之地，并一直延续到清中叶大海盗蔡牵纵横浙、闽一带海疆之际［乾隆五十九年（1794）— 嘉庆十四年（1809）］。据贺广义等研究，人称海皇帝的蔡牵即曾泊船竿塘洋面往来掳掠，不过，渔民只需向其缴交“规钱”即可免遭掠劫。嘉庆十年（1805）“蔡牵为积蓄与闽浙水师周旋的力量，曾在北竿芹角搭寮设厂，制办火药、米粮与蓬索”②。当时，“蔡牵令……〔民人〕在外洋竿塘、芹角山内搭盖寮房，合造火药，购办篷索、食米，收取各渔户澳规钱文……〔民人〕即令伊弟大目池往沿海各处零星购买硝磺、竹篾、篷料等物，到厂囤积，以备蔡牵随时遣人赴厂运至盗船济用”③。芹角即位于塘岐后沃区域内短坡山（芹团）一带，而其会被蔡牵相中，估计也是因为湾澳岐岔、多有沙丘山岗，加上春季不时有大雾，水路复杂迷离，地形上有利于屏蔽之故。正因如此，地方上百年来流传有顺口溜：“芹团芹连连，七缸八钵九排连；大水密卖着，小水密鼎墘；谁人得的去，快活千万年。”可说借由空间密码，承传了地方对于大航海时代官兵与盗寇追逐曾经积累巨大财富的记忆，与戚继光剿灭倭寇所遗留的“继光饼”（现今塘岐街上的鲜美联饼店仍在生产）等，皆是珍贵的文化遗产，值得加以保护与发扬。

4. 湾澳小聚落在与官兵、倭盗、航海者等折冲的缝隙中成长

处此大时代中，塘岐后沃的聚落民居虽有发展，但建了又废，反反复复，可谓迭遭波折。根据记载，“太祖洪武元年（1368）……〔已〕有福州府连江、长乐二县渔民迁来北竿岛居住”④。可惜的是，这一势头却为随之而来的禁海令［洪武四年（1371）规定“沿海居民片板不许入海”⑤］、与墟地徙民政策所挠阻，以至于聚落发展遭到了严重打击。就此，喻政万历《福州府志》描述道：“上竿塘山，有竹

---

① 两事例俱参见《连江县志·大事记·明朝大事记》。

② 贺广义:《源生号与桥仔海洋时代》,“马祖新闻”网，http://www.matsu-news.gov.tw/news_info.php?CMD=open&UID=108901，2018年10月7日。

③ 另，“吴性弟一犯，籍隶长乐，先后代盗买米四次，运往竿塘芹角挂网”。“郑连、柯哲、李定、曾逊、陈东五犯，讯系具在竿塘芹角挂网，被蔡牵伙盗逼胁代挑淡水一次。”原文及以上事件皆参见《台案汇录辛集》卷五，https://ctext.org/wiki.pl?if=gb&chapter=355664，2019年1月5日。

④ 何孟兴:《明代福州海防要地“竿塘山”之研究（1368—1456年）》，《止善》2009年第7期。

⑤ 参见《连江县志·大事记·明朝大事记》。

扈、湖尾等六澳。下竿塘山，有白沙、镜港等七澳。居民皆以渔为业。洪武二十年徙其民于县，（竿塘）二山遂废。”① 简言之，在北竿塘成为“禁山”② 之下，塘岐后沃诸聚落被废弃了，而代之以戍守的水兵。之后，随着海禁渐开、防务管制日弛，据悉，塘岐后沃所在地区与其他海岛一般，亦有些闽东沿海的居民前来采捕、开垦，并周旋在官兵与倭盗之间。③ 而等到嘉靖倭患肃清后的万历二十年（1592），福建巡抚许孚远甚至上奏朝廷，“建议在闽浙两省开垦荒岛，（于是）福建沿海渔民来到竿塘岛上，初则搭寮暂住，鱼汛过后载鱼回乡，继则携家移居岛上，披荆斩棘，垦土种植，逐渐形成聚落”④。估计，塘岐后沃此时应曾得到比较大的发展，以后沃来说，诚如王花俤研究指出，与杨公八使庙攸关的“八使澳”地名早在明朝末年版的《福州府志·卷十二·海防篇》即已出现，可见，杨公八使庙应已兴筑⑤，而后沃聚落更当早已存在。另外，在明末清初，为北竿渔业做出重要贡献的梅花人亦已来到了塘岐与桥仔，每年季节性的往来，不仅为北竿带来捕虾皮的荣景，也成为大塘岐湾澳人文地理形塑的重要力量。⑥

入清之后，由于再度受到清廷颁布禁海令的影响，塘岐后沃的聚落发展再次受到重挫，顺治十八年（1661）颁布的迁界令即规定“离海三十里村社舍田宅悉皆焚弃”，“空其土而徙其人寸板不准下海”，并“筑短墙立界碑拨兵戍守出界者死”，包括塘岐后沃在内的竿塘两山及其他各岛居民因而再度内徙⑦，“竿塘房屋焚毁，塘田废弃，遂为荒岛”⑧。而后，康熙二年（1663）“总督李率泰复请放弃诸岛，移民

---

① （明）喻政主修：《福州府志》卷5《舆地志五·山川下·连江县》，万历癸丑刊本，中国书店1992年版，第12页。载《八闽通志》：“二山在二十六都，洪武二十年以防倭，故尽徙其民附城以居。”（明）黄仲昭：《八闽通志》卷四，第24页。（清）杜臻：“竿塘……先有居民，洪武（年）间内徙。”（清）杜臻：《粤闽巡视纪略》，第53页。

② 《连江县志·大事记·清朝大事记》，http：//gov. matsu. idv. tw/lienchiang/event. html，2019年1月10日。

③ 参见陈良源《明清以降政策变迁下马祖地区文化发展》，《海洋文化学刊》2007年第3期。

④ 《连江县志·大事记·明朝大事记》。

⑤ 参见王花俤《尬乩，百年传统从塘岐开始灵动》，“攀讲马祖”20170330贴文，https：//voiceofmatsu. tw/尬乩，百年传统从塘岐开始灵动/，2019年1月10日。

⑥ 参见“塘沃访谈记录周起财20180802”“塘沃访谈记录袁衣兰老太太20180806”“塘沃访谈记录陈兆喜20190220”“塘沃访谈记录王花俤－04 20180930”“塘沃访谈影片记录黄善学20190219”，https：//www. facebook. com/stevenphhsiao/videos/10215517609105860/。

⑦ 参见陈良源《明清以降政策变迁下马祖地区文化发展》，《海洋文化学刊》2007年第3期。

⑧ 《连江县志·大事记·清朝大事记》。

到界内守边"[①]，康熙十一年（1672）"清廷又调移海民于内地"[②]。可以这么说，即便康熙二十二年（1683）已"准许五百石以下的民间商渔船只出海贸易采捕。惟外洋各海屿仍然严禁，不许民人移居及搭寮，竿塘诸岛仍为'禁山'"[③]，事实上，即便到了离康熙二十三年（1684）开放海禁已有一段时间的雍正十三年（1735），仍未准许竿塘地区进行开垦[④]，甚至乾隆年间仍可见"严禁外洋孤山断屿，毋许搭寮挂网，以防盗匪潜踪也"[⑤] 之议。

只是，禁令尽管严厉，但闽东沿海居民为了生计显然仍是想尽办法来到了塘岐后沃所在的竿塘等岛以谋生，而且逐渐蔚为规模，以至于当杜臻于康熙二十二年（1683）奉诏前往广东、福建沿海一带巡视时会说："上竿塘，峰峦层曲，周三十余里，有竹扈、湖尾等七澳……下竿塘，周二十余里，有白沙、镜港等七澳，马鞍澳泊北风船四十余"[⑥]；之后，《福建省例》更说道："从前因奸民在彼搭寮窝置，曾经勒碑永远示禁……近来舟师懈弛，并不巡逻驱逐，印结亦属具文。如闽县五虎门外之南竿塘、沪澳、马祖澳、竿塘尖，连江县之上中竿塘、八使、下目、津沙、牛角、芹角各澳……东涌等处，奸渔搭盖寮屋，插椿卦网，在所不免……并竟闻有在彼常年居住，聚集人众，开园种山，不听驱离者。将来必为甫逃之薮，不可不及早驱除。"[⑦] 就此，历史中与塘岐后沃一带攸关的地名如"八使澳""芹角""马鞍澳"等已陆续浮出了台面，可见，在居民不屈不挠求生存的奋斗下，地方获得了一定发展。而正是在此基础上，乾隆九年（1744）起复有请垦、准垦之议，从而在乾

---

① 《连江县志·大事记·清朝大事记》。

② 《连江县志·大事记·清朝大事记》。

③ 《连江县志·大事记·清朝大事记》。

④ "闽浙总督郝玉麟及福建巡抚卢焯曾令各属查报依山濒海旷土，图设法布置开垦，其后闽县查报之下竿塘，连江县查报之上竿塘，以及长乐县查报之东狮、白犬等岛屿，都因各岛孤立洋中，唯恐奸民聚集生事，朝廷未许开垦之请。"此文中，上竿塘当指北竿岛。参见《连江县志·大事记·清朝大事记》。

⑤ 时间推测在乾隆中期。参见（清）《福建省例》，《台湾文献丛刊》第 199 种，台湾银行经济研究室 1964 年版，第 700—702 页。

⑥ （清）杜臻：《粤闽巡视纪略》卷五，台湾商务印书馆 1983 年版。

⑦ 时间推测在乾隆中期。参见（清）《福建省例》，台湾银行经济研究室 1964 年版，第 700—702 页。

隆十二年（1747）出现丈得竿塘“水旱田三十三顷”之状况。[①] 并在乾隆十九年（1754）的《福州府志》中浮现了与现今“塘岐”攸关的“塘崎”聚落之名：“北竿塘山　在县东北大海中。山形峭拔，与南竿塘并峙。中有白沙、镜港、埕村、芹石、塘崎、石尖、孟澳等七澳。”[②] 可想而知，通过搭盖寮屋、开园种山与插椿卦网种种“意不在山而在海”的生产性空间实践，塘岐后沃地区包含“塘崎”、“芹角”（芹石?）、八使（孟澳?[③]）等在内的大小湾澳聚落已现出雏形，并在清中叶与蔡牵、官兵、航海者等彼此周旋。

毕竟，经过宋元以来的发展，随着福州与海外的交往，海运已是当时塘岐后沃所在竿塘地区至为重要之事。其次，闽海传统有所谓“上北”和“下南”航线，闽南出发等往来南洋与北洋[④]间的官方或私人船舶，皆要经过闽江口；其次，明清时期，闽东的定海、壶江、连江、北茭与黄崎等澳均是盐运船帮要港，而其皆也以闽江口为主要活动区域；最后，与琉球首里（今那霸）间所建立的朝贡贸易航线，即以福州为最主要接待港口。回顾历史，明初虽实施海禁，但与琉球等地的朝贡贸易却开始盛行，加以郑和下西洋时曾驻泊长乐太平港作为出发起点，因此，与闽江口结为一体的福州向来是航运主要港口，而竿塘亦因此占有了重要位置。此一状况到了明中叶市舶司迁往福州后有了更为长足的发展。[⑤] 市舶司虽在万历八年（1580）撤废，但琉球与明廷以及清廷间的封贡关系仍然存在，首里与福州间的航线也犹存，一直维系到与清廷断绝属藩关系为止。这一因朝贡贸易而存在了大约五百年的航线，由于琉球居

---

① 乾隆九年（1744）“因福州、福宁二府士绅之请，福建巡抚周学建以沿海贫民生计维艰，奏请准许殷实士民开垦包括上下竿塘、东狮、白畎等在内的沿海岛屿”；乾隆十二年（1747）“七月　福州将军新柱题奏：前任抚臣周学建据神［福］宁二府绅士呈请开垦上下竿塘各岛一案，现在督抚委员丈勘，臣闻箪（竿）塘等十岛仅丈得水旱田三十三顷，与原报万一千六百亩之数太悬殊，良由认垦者驾词耸听，意不在山而在海”。参见《连江县志·大事记·清朝大事记》。

② 清乾隆十九年（1754）《福州府志·卷六·山川二·连江县·北竿》，https：//ctext. org/wiki. pl? if = gb&chapter = 513224，2019 年 3 月 20 日。

③ 经与王礼俊等地方人士讨论，福州话孟澳接近后澳，或许可能即为后沃之名。

④ 《洋政条款》：“闽洋上通江浙，下达广东，最为冲要。其间本有南北之分。如福宁、海坛会辖之磁澳、苦屿门以下，谓之南洋，以上谓之北洋。”参见（清）《福建省例·洋政条款》，http：// www. daizhige. org/史藏/政书/福建省例 – 96. html，2019 年 4 月 20 日。

⑤ 当时，逐渐兴起的海上私商利用月港等地进行走私，原设于泉州的福建市舶司无从管辖职能大为削弱，加以市舶司隶属位于省会福州的布政司，因此，为了行事方便，成化八年（1472）便将市舶司迁往福州，直至万历八年（1580）撤废而由福州府同知兼领为止。参见陈仲玉《古代福州与琉球的海上交通》，《“中央图书馆”台湾分馆馆刊》1998 年第 2 期。

间借机从事转口贸易，航线被延伸到了日本长崎与南洋等地，从而联系起福州闽江与这些地区的交往联系。[①] 处此大势，塘岐后沃以及其所在的竿塘地区向来具有重要的角色，也为塘岐后沃带来了与航运系连发展的机缘：首先，从《郑和航海图》《顺风相送》《指南正法》这类与航海攸关的记载可知，竿塘基本上是航路上重要指标，是以经常会出现“取官塘行船”“船平官塘山”等字眼，亦即“船头依针路方位朝向官塘”以及“船身正横经官塘而过”之意[②]，而这些来来往往经过竿塘的船只，据悉，常以北竿的壁山作为定位之标志，且不乏暂歇停泊于塘岐后沃以等待出发之记录。其次，竿塘连同东沙与东引经常是贡船前往琉球的重要候风出发点[③]，其中，从竿塘出发者多停留在能容大船的马鞍澳一带。最后，特别是在入清后，南北竿塘日渐成为船只进入福州前等候潮水或补给之场所，其中，拥有湾澳条件的塘岐后沃乃是重点之处。此外，由于地利之便，闽东盐运等船舶亦会来往塘岐后沃，也为此地增添了航运上处处帆影的历史盛况。

5. 竿塘的众多别名折射出大塘岐海上竞逐曲折历史的独特空间意涵

在此状况下，明代的竿塘会出现相当多别有意味的名称便发人深省。诚如诸多学者观察，原本在南宋梁克家《三山志》中主要被称为“上下干塘”[④] 的南北竿到了明清之际有了诸如“竿塘”“官塘”“官唐”“干唐”“干塘”“关同”“关童”“关潼”“关塘”等的称法，虽说诸位学者悉数认为，这是因为在书写时选择了与福州闽东话（或闽南话[⑤]）口音相近之字所导致之结果，然而，若从语言学、社会符号学角度视之，实则潜藏了非凡的弦外之音?! 毕竟，与“干”“塘”福州话（或闽南话）口音类同的字相当多，但所选之字却仍有一定限制，而且组合后更潜藏了与卫戍、关口、地貌、开垦、历史攸关的指涉？事实上，“干”字联系了卫戍、“官”

---

① 参见陈仲玉《古代福州与琉球的海上交通》,《“中央图书馆”台湾分馆馆刊》1998 年第 2 期。

② 参见邓钟《筹海重编·福建八》图，载李仕德《追寻明清时期的海上马祖》。

③ 参见陈仲玉《古代福州与琉球的海上交通》,《“中央图书馆”台湾分馆馆刊》1998 年第 2 期。

④ 《连江县志·大事记·宋朝大事记》指称，《三山志》中亦出现了将南北竿称为“官澳”的说法：“元丰二年（1079）宋人梁克家《淳熙三山志》卷 19‘南匿巡检’条：‘元丰二年十月，闾邱提刑孝直奏：添置巡检一员。初置连江官澳，转运钤辖司相度，以逼西洋、闽安，遂置南匿屿。以兵士七十人为额，管福清县海道。’官澳应是官塘，即现今南、北竿。”参见《连江县志·大事记·宋朝大事记》，http：//gov. matsu. idv. tw/lienchiang/event. html，2019 年 1 月 10 日。

⑤ 李仕德认为已知航海图经大都出自泉漳地区之海上舟人乡儒，比如竿塘会写成官塘，系闽南方言口音相近之故。参见李仕德《追寻明清时期的海上马祖》。

字联系了“官府”，而“关”字则透露了与关口的因缘；至于“塘”与塘田的开垦有关，“同”攸关了“合会”，“竿”“童”“潼”则遥指了与地形地貌攸关的意象，而“唐”则令人想起了闽粤素来被称为“唐山”① 以及明清海外华人事、物被称为“唐人”“唐船”“唐寺”“唐馆”“唐市”“唐话”等②的可能历史？这些字眼被组合起来，莫不指向了竿塘乃是一处草木稀少或者是长满了茅竿的丘冈塘田之地，具有与官府海汛及航运会合密切关联的关口作用，令人联想起与唐地攸关的堂皇大业?!而这联系并赋予塘岐后沃以特殊的文化意涵。或可这么说，正因为塘岐后沃独特的湾澳地理特质与历史演化，赋予了北竿乃至整体竿塘以特殊的空间历史特质，作为一处禁山张弛下的海运关童，塘岐后沃乃是一处朝廷与海民、倭盗角力的折冲要地，见证了明清海上竞逐时期竿塘乃至整体马祖所曾拥有的关键历史角色与光辉岁月。

三、代结论：边陲海地求生存的坚韧意志展现——与朝廷、倭盗周旋中的大塘岐

大塘岐地区虽在宋元时期成为汉人滋养生息、遂行兵汛的塘澳聚落，然到了明清，却因抗倭御盗政策的执行，而成为海防前哨的禁山，以至于聚落文化受到了严重破坏。处此海上竞逐大潮，大塘岐乃至南北竿的发展自亦深受影响，可说是朝廷（官商）与海民（包含私人海商）、倭盗（包含外商、海盗）进行角力的折冲之地：一方面，官方亟思控制、管理以便绥靖海疆，故而有以大福州为中心之闽海防卫为思考的海禁迁界、与整体布兵等措施，而大塘岐所在、位于闽江口的北竿（连同南竿），由于为外敌进犯省城要冲之地，自然成了设埠寨与烟墩以警戒、派兵船以会哨的“备御要地”。这是因为，大塘岐以其“水路分歧”的优势符应了依赖地形以

---

① 参见《台湾闽南语常用词辞典》“唐山”词条，https：//twblg. dict. edu. tw/holodict_ new/result_ detail. jsp? n _ no = 5827&curpage = 1&sample =?? &radiobutton = 1&querytarget = 1&limit = 100000&pagenum = 1&rowcount = 13258，2019 年 4 月 15 日。

② 当时以“唐人”“唐船”“唐寺”“唐馆”“唐市”“唐话”等字眼称呼汉人相关事物之情形，随着汉人赴东西洋进行海外通商、居住而日益兴起，例如《熹宗实录》即曾说道：“闻闽、越、三吴之人住于倭岛者，不知几千百家，与倭婚媾，长子孙，名曰唐市。此数千百家之宗族、婚识潜与之通者，实繁有徒。其往来之船名曰唐船，大都载汉物，以市于倭。”参见刘序枫《明末清初的中日贸易与日本华侨社会》，《人文及社会科学集刊》1999 年第 3 期。

屏障军船的要求，显然占有关键位置，乃是北竿最重要的水师泊船屯戍之地，当设有简易营寨，以为汛兵屯船镇守巡防之用。另一方面，倭盗（著名者如蔡牵等）则伺机骚掠，甚至据为基地，从而为地方上留下了种种传奇，可说承传了大航海时代官兵与盗寇追逐曾经积累巨大财富的记忆。

有意思的是，尽管处此复杂境遇，但地方仍旧有所发展。地方居民总是在政策张弛的夹缝中伺机发展，或农渔栖居，或参与海运，或加入兵汛，或协助倭盗，从而取得生存立足点。聚落因而反复建、废，可谓迭遭波折。当时，禁令尽管严厉，但闽东沿海居民仍想方设法来到竿塘等岛以谋生，初则搭寮暂住，鱼汛过后载鱼回乡，继则携家移居岛上，披荆斩棘，垦土种植，逐渐形成聚落。估计大塘岐此时曾有较大发展，以后沃来说，“八使澳”地名早在明末《福州府志・卷十二・海防篇》即已出现，可见，杨公八使庙应已兴筑，而后沃聚落更当早已存在。此外，在明末清初，梅花人亦已季节性来到塘岐与桥仔，不仅为北竿带来捕虾皮荣景，也成为塘岐湾澳人文地理形塑的重要力量。更为重要的是，乘着福州与沿海港澳以及琉球、东南亚与日本等海外交往的大潮，海运已是竿塘地区至为重要之事，拥有湾澳条件的大塘岐已成为各路航线暂歇补给、等候潮水与风向以启航的重要地点，扮演着关口的性质。难怪，原本在南宋《三山志》中被称为“上下干塘”的南北竿到了明清有了诸如“竿塘”“官塘”“官唐”“干唐”“干塘”“关同”“关童”“关潼”“关塘”等称法，指涉了竿塘作为“禁山”张弛变动下的海运关童，乃是一处草木稀少或者是长满了茅竿的丘冈塘田之地，具有与官府海汛及航运会合密切关联的关口作用，令人联想起与唐地攸关的堂皇大业?!

凡此种种，彰显了大塘岐地区在明代以迄清中叶实乃一处朝廷与海民与倭盗折冲之处，作为一处禁山张弛下的海运关童，其总是周旋在朝廷与倭盗之间，伺机取得了生存与发展的契机。海上竞逐时期大塘岐历史诉说的，于焉是一段当地居民在艰困的社会与地理环境中不折不挠、展露智慧以奋斗求生的空间传奇，有如为日阳晒出棱角的坚硬冈丘般，站立在洋海中，展现出边陲海地求生存的坚韧意志。当地的居民总是将对于地方自然条件等的特殊了解，转化为周旋的本钱，伺机选择不同的立场，抓住有如潮海般稍纵即逝的机会，凭借着长年积累的机敏经验与智慧，闯过一关关的考验，从而获得了成长的契机。而此，成了北竿大塘岐地区特殊的基因，一直留存至今，而成了地域性形塑的重要文化元素，值得深入地加以了解、掌握，以推进地方的创生发展。

海丝东路风帆汇聚的繁盛湾澳聚落

——塘岐后沃历史空间研究（四）：农渔航海稳定发展时期（清中叶—清末）

萧百兴　王礼俊[①]

摘　要：北竿大塘岐地区（塘岐后沃地区）虽是闽江海域边陲的蕞尔之地，却非素来所认为只是一处与“冷战”攸关的战地，而是曾经在长远的历史发展中积累了深厚的空间文化，具有相当的潜力，特别是，自史前塘岐人以来，此地已与洋海发生了密切的关联，而且除了农渔之外，日益发展成为一处与海运攸关的湾澳聚落。就此而言，倭盗被彻底肃清后的清中叶至清末乃是至为关键的时期，当时，农渔的稳定发展，不仅让聚落日益成形，而且巩固了自明代以来大塘岐作为海运关口而逐步纳入海丝航运东路的历史地位，终于成了一处风帆繁盛汇聚的重要半港。本文即是针对大塘岐地区清中叶至清末作为福州半港的历史空间研究，期待在“历史地理建筑学”视野审视下，通过实地田野调查、访谈及历史文献的爬梳，对此一历史空间的发展做出深刻的分析，除了作为大塘岐地区以至北竿以及整体马祖历史空间研究得以进一步深入探寻、开展的基础，更期待借此而能进一步探寻大塘岐性，俾便有助于地方创生的开展。

关键词：北竿塘岐后沃；历史地理建筑学；聚落史；地域性；清中叶至清末；农渔航海稳定发展时期

---

① 萧百兴，台湾华梵大学智慧生活设计系空间设计组/建筑学系教授；王礼俊，台湾华梵大学建筑学系研究生。

一、历史空间深度研究下的大塘岐：新认识与新定位[①]——清中叶大塘岐成为海丝东路重要聚落的重要性

自古以来，大塘岐（塘岐后沃）[②] 所在的“干塘”地区（包含北竿）即是与海运攸关之地，此一状况在闽地沿海渔民于宋元移垦所建立的聚落在明清因为施行海禁而遭遇波折时仍未中断，诚如《禁山张弛下的海运关童——塘岐后沃历史空间研究（三）：朝廷与海民及倭盗的海上竞逐时期（明—清中叶）》一文所述，当时，地方居民除了在政策张弛的夹缝中凭借农渔以伺机发展，也可能加入兵汛，或协助倭盗，更会参与海运而取得生存的立足点。历史的资料说明，乘着福州与沿海港澳以及琉球、东南亚与日本等海外交往的大潮，海运已是明代以降大塘岐所在竿塘地区至为重要之事，拥有湾澳条件的大塘岐已成为各路航线暂歇补给、等候潮水与风向以起航的重要地点，扮演着关口的性质。即便如此，大塘岐作为一处航海湾澳聚落的特殊地位仍要等到清中叶之际方才被巩固、确定，乘着蔡牵这等海倭盗寇的终被肃靖，从清中叶以迄清末的这段时间，大塘岐湾澳不仅农渔有了稳定的发展，近代聚落也随着海埔新生地的出现以及塘田与沙园的开垦而日益显形。同时，更抓住了海丝东路航运大发展的契机而成了福州半港，而为大塘岐湾澳以航海聚落之姿跃上历史舞台奠下了无可动摇的基础。

凡此，成为大塘岐地域性（大塘岐性）积累的关键内涵，也是当前聚落期待再发展所无法忽视的重要资源。有助于对现有大塘岐等北竿以至整体马祖地区比较受限的发展想象与愿景进行反思及超越。众所皆知，囿于既往对地方历史与地理等研究重要性认识与深度的阙如，大塘岐等北竿以至整体马祖地区对未来的想象基本上是以“冷战岛屿”为主调的，着重的主要是对于国军撤退转战以及军管之后战地生

---

① 相关观点参见萧百兴、许婉俐、王礼俊《深度历史空间与文化地景研究对乡村振兴的重要性：以马祖北竿大塘岐地域的深度研究与规划设计实践为例》，“第七届两岸文教发展论坛”会议论文 2019 年（福建师范大学、中国艺术研究院、福建社会科学院和台湾世新大学等联合主办；中国艺术研究院文化发展战略研究中心、福建省海峡文化研究中心、福建师范大学海峡两岸文化发展协同创新中心、闽台区域研究中心、两岸关系和平发展协同创新中心联合承办；时间：2019 年 6 月 17 日—19 日；地点：福建师范大学）。

② 自古以来，塘岐后沃连成一气，“大塘岐”即指塘岐后沃所在的整体地区。

活等历史经验的挖掘、研究与再现。这样的视野虽有其价值，但诚如吾等在《深度历史空间与文化地景研究对乡村振兴的重要性：以马祖北竿大塘岐地域的深度研究与规划设计实践为例》一文中所曾指出，显然无法真正而深刻地挖掘出大塘岐等北竿乃至马祖等地区的文化价值，因此，也无从有效地启动地方创生的落实再造。

有鉴于此，对于战地之前大塘岐地区相关历史空间的研究便显得重要，乃是揭示大塘岐海缘地域特色无法回避的工作。其中，与大塘岐承继了史前塘岐人以来水缘生活习惯攸关，进而发展成海丝东路农渔航海聚落的清中叶至清末阶段，便显得至为关键，值得花费精力对其历史空间发展进行爬梳。而此，正是本文书写的重点。在历史地理建筑学（Architecture of Historical Geography）① 视角的指引下，吾等除了援引深度空间理论对此一时期的历史空间发展进行描述与分析外，亦期待揭露此一发展所具有的深义，以作为深度掌握聚落特质、再造聚落未来发展的坚实基础。

---

① “历史地理建筑学”是一种期待以“历史地理”为内核、着重历史地理与建筑相互辩证、将“地域性”（“locality”而非仅是“region”）作为研究实体与知识工具并强调理论与实践相互辩证的建筑学。其主要认为，一方面，“地域性”作为一种“空间伪正文”（pseudo - text）乃是历史与社会汇聚、辩证发展出的地理现实；另一方面，乃是“空间性”在区域/地域层次的特殊展现。其作为地域空间的“整体”展现，一方面具有丰富的“异质性”而展现为各个具有差异的“部分”（parts），却总是与“意义镜像”恒常处于辩证发展中而具有了文化总体特质；另一方面，由于地域性的形成乃是深植于复杂的历史社会脉络之中，甚至其本身就是所处脉络的一部分，故而，任何地域，都将以空间文脉，亦即“文化地景”（cultural landscape）的方式而呈现自身，并让己身拥有了特殊的空间结构、空间形式与空间意义。换句话说：应认识到“历史地理”是为“建筑”产生的脉络及内核，同时“建筑”也是参与“历史地理”构成的一部分。其次，也应掌握到，“建筑”研究与实践的对象是“空间”，所谓的“建筑”不等同于“建筑物”，而是一广义的“空间性”（spatiality）指称，具有“室内空间”“建筑空间”“都市空间”“聚落空间”等不同层次，更可广到指涉东北角这样的“地域”或“区域”本身，而此，其实也是传统历史地理研究关注的对象。再者，“建筑”作为一种“空间的文化形式”（cultural form of space），不仅指涉了实质存在，亦即“实质空间”（physical space），亦含纳了生活面向，亦即“生活空间”（lived space）与想象面向，亦即“想象空间”（imagined space）。这些，莫不纠缠在历史社会的制度性脉络之中，也承载了不同阶段社会主体的心态结构与生命经验。最后，则应体认，建筑物作为一种“造物”，如同其他的自然或人文造物，皆是历史地理的空间性产物（product），也是促成历史地理进一步发展的“中介”（medium）。在此状况下，其既重视聚落等地域空间的主体生命经验，亦强调将之置于制度性等脉络差异下进行观照，俾能在充分理解地方文脉并掌握地域总体特质的前提下，针对聚落之文化地景，借由修补式规划设计进行地方魅力营造。简言之，即是要深度地去掌握“地域”等空间，认识到其所具有的“地域性”以及在其中诸如建筑物等人文自然造物的生成逻辑，以作为地方营造的重要基础。参见萧百兴《催生“历史地理建筑学”：呼唤地域研究及其实践的文化总体性——以泰顺、石碇等地的考察、实践经验为例》，《温州大学学报》（社会科学版）2010 年第 5 期。

二、大塘岐作为福州的半港：农渔航海稳定发展时期（清中叶—清末）①

嘉庆十四年（1809），自乾隆中期以来纵横东南沿海的大海盗蔡牵及部众，在福建提督王得禄、浙江提督邱良功的合围下，终于在浙江台州渔山外洋沉海而亡②，直到鸦片战争后列强东来方才再起波澜，大塘岐所在的南北竿塘也进入了农渔与航海稳定发展的时期。大塘岐这一阶段的发展，除了渔、农业（包含了梅花人季节性往来进行捕虾皮等）的成长外③，更与航海的进一步勃发脱不了关系，在前一阶段作为海防前哨关口的基础上，随着通往琉球与长崎的航运发展以及与台湾间对渡的开展，大塘岐以其所具有能避难北风、能泊众多大船的独特湾澳条件，在“同安船”之类帆船作为主要远洋载体的大航海时代，连同南竿的福澳，共同成为福州的半港，而且具有重要的地位。值得注意的是，此一阶段的大塘岐，诚如陈寿彭《新译中国江海险要图志》④ 中所附英国人于19世纪40年代所测绘之图所示，虽仍具有广阔的内海以及极为复杂的水路与弯折的海岸线，而为一处冈丘连沙的岐海湾澳，但从光绪末年攸关炽坪开垦的“陈木朋炽坪沙园的立缴典契”⑤以及闽江漂沙

---

① 本节相关历史资料主要参见萧百兴主持，王礼俊、邱锐泽协同主持《北竿乡塘岐后沃文化资源调查暨前期规划结案报告》2019年，台湾华梵大学承接，连江县政府文化处委托。

② 参见吴建升《嘉庆十年（1805）海盗蔡牵攻台行动之研究》，《昆山科技大学学报》2007年第4期；林文龙《金门浙江提督邱良功墓——兼谈平定海盗蔡牵史事》，《台湾文献馆电子报》2011年12月30日，http：//www. th. gov. tw/epaper/site/page/93/1265，2019年1月10日。

③ 参见“塘沃访谈记录周起财20180802”“塘沃访谈记录袁衣兰老太太20180806”“塘沃访谈记录陈兆喜20190220”“塘沃访谈记录王花俤20180930”“塘沃访谈影片记录黄善学20190219”。

④ 清道光二十年（1840）左右，英国海军即派舰测绘马祖列岛分布情形，为外国人对于大塘岐一带等马祖地形调查记录之伊始。（据悉，鸦片战争之前英人即派舰在中国沿海测绘海图，1842年《南京条约》开放五口通商后，福州为对外口岸之一，马祖列岛成为洋船等候进入闽江或是避风的洋面，1843年2月到4月间，英国海军派舰测绘中国东海岸的岛屿险礁，时英人测得马祖列岛。资料来源：马祖资讯网）清末，福建陈寿彭则将英国海军海图官局1894年第三版之*China Sea Directory*译成《新译中国江海险要图志》。陈寿彭在青年时期花了五年的时间在福州马尾船政学堂修习英文和驾驶技术，并在上船实习二年后出游欧洲，但自海外归国后却落落无所适，仅在清光绪己丑科（1889）得了一个副贡头衔，光绪二十四年（1898）陈寿彭到杭州任储才学堂西文教习，次年（1899）译成《新译中国江海险要图志》，由上海经世文社出版［清光绪二十七年（1901）经世文社石印本］。此文中即列有英国人于道光年间所测绘之地图，可据以了解清中叶之前大塘岐、北竿以及整体马祖之海岸线情形，可说是珍贵的文化遗产。参见（清）陈寿彭译《新译中国江海险要图志》，经世文社1901年版。

⑤ 光绪三十四年（1908）“陈木朋炽坪沙园的立缴典契”为王花俤提供。

的相关研究①等资料可知，却已日渐在淤积中，可说是转战后大力改造地形前较为重大的地貌转变，而此，在犹仍不影响航海之利的前提下，提供了农渔劳动的可能空间，从而成了此一阶段大小湾澳聚落得以稳健发展的基础。

1. 明代海丝东路在琉球的中介导引下，逐渐重新兴起

(1) 明初以降“海防—朝贡体系”下福州与琉球的海运发展

回顾历史，大塘岐所在的竿塘早在南宋甚至唐五代时即已因闽江口一带航运发展之故而被载入了史册，不管是梁克家《三山志》中攸关“上下干塘在海中”的记载，还是传说中闽王“甘棠港”的推测②，都折射、透露了大塘岐与福州地区航海间的可能关系。事实上，福州等闽海地区早在新石器时代（五六千年前）极可能已与琉球等地有了舟楫的往来，此后，等到其在唐宋取代闽北成为闽地重心之后，更随着海运的发展而展露了独特的城市欲求。③ 宋代之际，福州虽没像泉州、广州、明州（宁波）等设置了市舶司而成为对外贸易的巨港，却也因“互市”开放政策而成为商船往来的可能口岸，而展开了与日本等东洋以及西洋的往来④，并一直延

---

① 参见徐晓晖、陈坚、赖志坤的《GIS 支持下近百年来闽江口海底地形地貌演变》，《台湾海峡》2009 年第 4 期；陈坚、余兴光、李东义、赖志坤、徐晓晖、黄财宾《闽江口近百年来海底地貌演变与成因》，《海洋工程》2010 年第 2 期。

② 林金炎、张书才推测传说中与闽王王审知的“甘棠港”“甘棠岛”系为竿塘名称由来之因，唯杨雅心认为证据不足而持保留态度。参见杨雅心《马祖地区地名的意涵：一个关于环境识觉的研究》，硕士学位论文，台湾师范大学，2005 年。

③ 参见陈仲玉《古代福州与琉球的海上交通》，《“中央图书馆”台湾分馆馆刊》1998 年第 2 期；陈怡行《明代的福州：一个传统省城的变迁》，硕士学位论文，台湾暨南国际大学，2005 年。

④ 市舶司乃是中国古代对外贸易的管理机构，始置于唐代，设在广州，主要负责征收商税与专买专卖珠宝、香料等珍贵之商品。当时，市舶司长官称为“市舶使”。北宋初年，官方指定的外贸港为广州、明州（浙江宁波）、杭州，设有“提举市舶司”，简称为“市舶司”。之后，由于泉州外贸日益发展，又增设了泉州市舶司。再之后，密州（山东诸城）、秀州、温州、江阴（江苏江阴）也相继设置了市舶司。又在秀州（浙江嘉兴）、温州等港口设立二级机构“市舶务”，还在一些县镇设置三级机构“市舶场”。海商只要到这些机构登记，领取“公凭”，便可以贩运商货出海。而到了北宋末年，更把广州、泉州与两浙的市舶司改为了专职。必须指出，唐、宋虽然都设有市舶司对外贸易，而且路线远达红海，但两者之性质诚如吴钩所述乃是不同的，唐代乃是朝贡体制的鼎盛时期，宋代则转以“互市”为兴趣。吴钩说道：“在过去两千年中，中原王朝与海外诸邦的贸易关系，大体上被纳入两个系统中——朝贡系统与互市系统。互市是指两国平等、互利的通商；朝贡则是中原王朝安排天下秩序的机制，其中也包含了国际贸易的功能。从本质上说，朝贡贸易是一种具有‘双重不平等’的商贸关系：诸邦向天朝纳贡，中国获得四夷宾服、万国来朝的政治荣耀。这是政治上的不平等：天朝高于诸邦。经济上的不平等则反过来：中原王朝给予诸邦的回赐，其价值远远大于朝廷收到的贡品，诸邦在政治象征意义上表示臣服，但在经济上则得到了巨大的实惠。清王朝是朝贡体制的回光返照，鸦片战争之后，朝贡体制很快便被屈辱的条约体制所代替。一千年前的唐（转下页）

续到了明初，而在明成祖派遣郑和驻泊长乐太平港，自此扬帆下西洋时达到了巅峰。相关史料说明，承袭了三国、宋代造船的传统[①]，当时的福州已是造船业发达、航海技术先进之处，郑和用以远渡重洋的宝船即是采用了福州一带所造的福船。

（接上页）王朝才是朝贡贸易的鼎盛期，《新唐书》说：唐之德大矣！际天所覆，悉臣而属之；薄海内外，无不州县，遂尊天子曰‘天可汗’。三王以来，未有以过之。至荒区君长，待唐玺纛乃能国；一为不宾，随辄夷缚。故蛮琛夷宝，踵相逮于廷。诗人王维以富有感染力的诗句描绘了大唐朝贡贸易的盛况：‘九天阊阖开宫殿，万国衣冠拜冕旒。’这样的荣耀让明清两代的皇帝一直忍不住‘东施效颦’的冲动。所谓‘万国衣冠拜冕旒’的朝贡贸易固然可以满足中原王朝的政治虚荣心，但在经济收益上则是得不偿失的，用宋代苏轼的话来说，‘朝廷无丝毫之益，而远人获不赀之财’。不过这样的朝贡贸易格局在宋朝悄然发生了变化。宋政府对海外贸易采取了务实思路，对朝贡贸易加以抑制……与此同时，宋王朝对民间的互市表现出前所未有的兴趣。宋朝君主相信，‘市舶之利最厚，若措置得当，所得动以百万（贯）计，岂不胜取之于民？朕所以留意于此，庶几可以少宽民力’。宋人将从海路进行的互市称‘市舶’，发达的市舶，可以让政府获得丰厚的商税收入，何乐而不为呢？也正因为这样，宋王朝有意弱化了经济上得不偿失的朝贡贸易——显然，如果海外诸国得以朝贡的名义来华贸易，势必冲击民间的外贸总量，进而影响到朝廷的抽税。这是宋王朝不希望看到的……凭着遥遥领先世界的造船技术（宋朝船坞造出的多桅船，桅杆装有转轴，可以自由放倒、竖起，其中用于远洋航行的木兰舟，‘舟如巨室，帆若垂天之云，柂长数丈，一舟数百人，中积一年粮，豢豕酿酒其中’，船舱之内可以养猪；还有更大的巨船，‘一舟容千人，舟上有机杼市井’）、指南针技术与丰富的航海经验，宋朝海商将他们的商船开至南洋群岛，穿过马六甲海峡，驶入孟加拉国湾，然后入印度洋，经印度洋进入阿拉伯海与波斯湾，再沿着阿拉伯半岛海岸进入红海，或越过苏伊士地峡入地中海。原来由阿拉伯商人控制航线的印度洋，在十一至十三世纪时，已成了大宋商船的天下。宋政府也鼓励海商招徕蕃商来华贸易，‘蕃商有愿随船来宋国者，听从便’（但不允许‘擅载外国人贡者’，宋王朝轻朝贡、重通商的近代品质，从这里可见一斑）。对在海外招商做出大贡献的海商，宋政府还会赐予官职。当时整个大宋国的海岸线，北至胶州湾，中经杭州湾和福州、漳州、泉州金三角，南至广州湾，再到琼州海峡，都对外开放，与西洋、南洋诸国发展商贸。宋人描述说：‘岭以南，广为一都会，大贾自占城、真腊（今柬埔寨境内）、三佛齐、阇婆，涉海而至，岁数十柁。’这是广州港繁华商贸的写照。泉州港的繁荣不让广州，‘泉南地大民众，为七闽一都会，加以蛮夷慕义，航海日至，富商大贾，宝货聚焉’。”参见吴钩《涨海声中万国商——宋代：中国的大航海时代》，“吴钩的博客”2015－01－31 19：21：45 贴文，http：//blog. sina. com. cn/s/blog_636f644d0102vgyt. html，2019 年 5 月 1 日。另，攸关市舶司的相关研究参见如下文章：傅宗文《宋代泉州市舶司设立问题探索》，《福建论坛》1983 年第 3 期；陈尚胜《明代市舶司制度与海外贸易》，《中国社会经济史研究》1987 年第 1 期；陈尚胜《论明代市舶司制度的演变》，《文史哲》1986 年第 2 期。

① 福州在三国吴时即开始建立造船基地，唐代时则与泉州并成为国际贸易港。到了宋代，福州除了农业高度发展外，还是造船业中心。商品贸易发达，海外贸易迅速发展。参见 daquan《国家历史文化名城福州的主要内涵》，“福建文物网”2004－8－29 23：06：43 贴网，https：//web. archive. org/web/20160304124836/http：//www. fjww. com/old/shownews. asp？newsid＝458，2019 年 5 月 1 日。事实上，郑和七下西洋，都选择在长乐太平港驻泊，招募水手、修造船舶、补给粮草，并等候季风以适时扬帆出海。这大大促进了福州的海外贸易，在明成化年间，市舶司又从泉州迁到了福州，福州港的地位迅速回升。

事实上，明代官方虽致力打造“海防—朝贡体系”，采取了墟地徙民的海禁措施，并禁止私人前赴东西洋等进行海外贸易，但作为福建首府的福州，却因郑和曾经带动的航运大潮，以及与琉球间维系朝贡关系所进行的勘合贸易，仍旧维持了相当航海的盛况。诚如陈仲玉等研究指出，当时的琉球作为一个资源相当局促的小国，与福州有着密切的亲缘关系。① 琉球为了求取经济利益，异常重视前来明廷朝贡的机会，其在明初即经常每年再贡甚至三贡，而到了明中叶前来的次数虽日趋减少，但直至清代终藩前仍旧维持着一定来往的关系。② 基本上，明廷“对于琉球国王及朝贡使臣所附搭的货物，常常〔通过官设的牙行〕给予豁免和高价收买的优惠政策”③，而琉球也借由积极配合打击倭患、通过人员救难与遣返机会入贡而获得僦

---

① 明朝与琉球建交之初，有鉴于琉球来华使节海上航行所将产生的困难，明太祖于洪武二十五年（1392）特赐闽人（大部分为福州河口人）善于造船航海的技术者三十六姓人家移居琉球久米村，而成为琉球社会的中坚。事实上，他们不仅是善于操舟者，而且担负了通译以及其他与朝贡有关事务的任务。他们在琉球定居之后便成了代表明廷长期协助琉球，增进中琉关系的优秀人员。是故，琉球与福州间有着浓厚的亲缘关系。参见陈仲玉《古代福州与琉球的海上交通》，《“中央图书馆”台湾分馆馆刊》1998 年第 2 期。

② 陈仲玉指出：“中国自从与琉球建立封贡关系，在五百余年间彼此的关系密切友好，互派使臣往来频繁。在这期间曾经册封中山王共二十三次。琉球来华朝贡者，中山王自公元 1372 年到 1757 年，三百八十六年间有二百五十五次；山南王与山北王均自公元 1388 年首次来朝，至永乐二十一年（1423）均为中山王所并，这四十年间，山南王来朝贡二十一次，山北王有九次。可知双方使者络绎于途，尤其是在明太祖建交的初期，琉球中山王有时一年遣使朝贡达二三次。自洪武五年至三十一年，琉球三王入贡共五十六次……琉球是海外诸国入朝修贡最为频繁的国家……可见福州那坝间的这条航路，其时的盛况。”不过，琉球与明廷间的朝贡贸易倒也不是年年都是经常往来，例如，成化十年（1474），因为琉球使臣杀死怀安县民焚屋劫财之案，一度规定两年一贡，且只许一百人入贡，而除国王正贡货物外，不许夹带私货，但到了正德二年（1507）即因不堪其请求之扰而恢复一年一贡。之后，嘉靖元年（1522）复敕两年一贡，每船不过一百五十名。总之，明朝对琉球的贡期和人数的限制，经常反反复复，难以执行。此一官方航线最后因为明中叶后走私日盛而逐渐衰颓，到了万历年间之后，甚至实行十年一贡。不仅朝贡期间的间隔拉得越来越长，而且贸易额也不断下降。参见陈仲玉《古代福州与琉球的海上交通》，《“中央图书馆”台湾分馆馆刊》1998 年第 2 期。

③ 〔〕内文字为笔者所加，以下类同，不再赘述。参见陈仲玉《古代福州与琉球的海上交通》，《“中央图书馆”台湾分馆馆刊》1998 年第 2 期。另，陈仲玉又说：“明代在中琉贸易中，除朝贡贸易之外，不许可私人贸易的存在。由于这项措施，使得朝贡贸易必须在政府有效的掌握下进行，由福建市舶司主管这项事务。成化八年市舶司迁福州，二年后各种厅衙、宾馆（柔远驿）、进贡厂等建设始建成。有关这项贸易，自贡船到达、申报、停泊、检查、封仓、会盘、验看、勘合等程序均有规定场所和手续。至于贡使附带的货物，除大部分运送京师之外，部分也可以在福州市舶司内交易；但不能直接与中国商人会面，要由官设的牙行为中介，从中经纪。”

视其他藩属的诸多优遇①，并假朝贡之名而从事着转口生意，从日本与东南亚各地转运各式贡品以谋取丰厚的利益。

（2）琉球趁势在明中叶扮演了中介，促进明、日交往的角色

值得一提的是，琉球在明中叶时甚至还扮演了中介，促进明、日交往的角色，这是因为，自从嘉靖二年（1523）争贡事件后，明廷便加强海禁并于嘉靖二十八年（1549）贡船后因为日本内乱等原因停止了与日本间以朝贡为基础的勘合贸易，加以嘉靖之际抗倭战事日炽，明廷只能通过琉球“承制转谕日本”②，而前往册封的官员也趁机以货财往市日本。③ 另外，绝贡之后，日本也深受其苦，于是亟思通过琉球重启与明廷之贸易。毕竟，嘉靖倭患绥靖后的隆庆年间，明廷虽开放了海禁，但与日本间的通商却犹在禁止之列，德川幕府④于万历三十一年（1603）掌权后亟思打破此一僵局，便于万历三十四年（1606）命萨摩藩岛津义久致琉球王欲通过琉球与明朝恢复贸易。事实上，日本历来对于明朝的物产多有需索，这也是当初怀良亲王会答应明太祖册封朝贡的重要原因，而绝贡以前与明廷的勘合贸易也的确给日

① 黄丽生根据对《明世宗实录》之研究指出：“和明朝有朝贡关系的琉球，在抗倭等相关事务上，其立场与韩国类似，主动协助明朝，中国也与之维持对应的关系。嘉靖三十五年（1556），倭寇自浙直败还入海至琉球国境，中山王世子尚元，遣兵邀击尽歼之，得中国被虏人金坤等六名，乃于嘉靖三十七年（1558），派遣陪臣蔡廷会等员入贡，并献还金坤等人。其言曰：琉球乃远夷穷岛，入贡之使须乘夏令，遇南风迅始得归国；乞请依嘉靖三十四年（1555）往例，听任使者于福建海口，每岁自行修买归舟，不候题请。明世宗嘉其忠顺，许之；并赐敕奖谕，赏银五十两，彩币四袭，获功人马必度及廷会等，具厚赐遣之。由此可见，在朝贡关系之下，琉球抗倭固为保卫国土，亦借此通过人员救难和遣返机会入贡，除获得厚赏外，并得以留滞较长时间从事经营。”参见黄丽生《明代中期的岛屿议题：以〈明实录〉为中心》，《南海学刊》2016 年第 1 期。

② 黄丽生根据对《明世宗实录》之研究指出：明廷对琉球的“优遇，与强于侵寇却苦于绝贡的日本，形成强烈对比。正因日本不在此朝贡体系之中，在抗倭战事未息之际，明朝君臣即使有意遣使日本交流，并开日本国通贸贡之途，亦非直接遣使，而是命朝鲜、琉球二国，承制转谕日本。因此，万历以后，倭寇转以侵占朝鲜为主，也象征对此差序有别的朝贡关系的挑战，中、朝、日三方，也都为此付出庞大的代价。”参见黄丽生《明代中期的岛屿议题：以〈明实录〉为中心》，《南海学刊》2016 年第 1 期。

③ 明郑舜功于《日本一鉴》卷六《穷河话海》指出，嘉靖十三年（1534），陈侃担任册封使出使琉球，同行福建官员从日本僧人处听得日本可以做生意之讯息，遂以货财往市日本，获得甚大利益。郑氏认为此为福建人赴日通商开始之点，但刘序枫则指出此说并不一定正确。参见郑舜功《日本一鉴》卷六，“中央研究院”历史语言研究所复印件 1939 年版，第 2a 页；刘序枫《明末清初的中日贸易与日本华侨社会》，《人文及社会科学集刊》1999 年第 3 期。

④ 德川幕府（1603—1868），又称江户幕府。明万历三十一年（1603）由德川家康就任征夷大将军而在江户（今东京）所建立的幕府。至清同治七年（1868）德川庆喜被迫开城为止，共经十五代征夷大将军，历时 266 年，是日本历史上最强盛也是最后的武家政治组织。庆长为日本天皇年号。

本输入了丰富的物产，带来了极大财富，并因此引发了不同大名间的明争暗斗。[①]

（3）闽地海商集团的兴起与海丝东路的巩固成形：中、日间海运贸易的重新建立与蓬勃发展

正因日本对于生丝、丝绵、布、绵紬、锦绣、水银、针、铁链、铁锅、瓷器、古文钱、古书、画、药材、毡毯、漆器、醋等明朝物产的极度需求[②]，每每渡海运送货物几乎可得到十倍以上利润，加以可以从日本获得白银并经过精炼而赚取巨额价差[③]，因而正德年间海禁稍弛后，以福建为主的东南沿海海商集团会快速兴起，并在嘉靖施行海禁遭到打击后转入地下、成为走私集团甚至沦为拥有武力的盗寇，并一直延续到隆庆开放海禁之后。他们一开始先是到吕宋等东南亚地区与日本朱印船贸易商、西班牙商人等进行交易，后来更直接前往日本以获得更为丰厚的利润，并受到了日本各地大名的欢迎。[④]

相关资料显示，以福建为主的商人通过了地方行贿取得海外贸易之票引。他们建造了二桅大船等，借口赴台湾或他处贩卖，却私下从事比吕宋贸易更为有利的日本贸易，不仅突破了禁令，且掀起了私贩日本的高潮。事实上，勘合贸易断绝后，唐船私贩日本者日益频繁，他们所到之处，最初诸如被称为“西都”的平户[⑤]、京都、堺港（今大阪堺市）与九州的对马等岛皆可见明人来往。随后，长崎、萨摩（今鹿儿岛），亦可见明人踪迹。故而，在明船贸易于崇祯八年（1635）被限制在长崎一港之前，长崎、萨摩、平户、唐津、博多等九州各港，甚至本州之大阪、纪州

---

① 参见宋海洋《朱元璋的抗倭斗争与明初中日关系》，《遵义师范学院学报》2013年第4期；韩庆《明朝实行海禁政策的原因探究》，《大连海事大学学报》（社会科学版）2011年第5期。

② 这些物产乃是根据《筹海图编》卷二《倭国事略》中对于“倭好”货物的记载。参见刘序枫《明末清初的中日贸易与日本华侨社会》，《人文及社会科学集刊》1999年第3期。另，日本对于明朝物产的需要亦可参见谢国桢《明代社会经济史料选编》中册，福建人民出版社1980年版，第147页。

③ 刘序枫指出，银乃是16世纪末叶到17世纪期间日本对外输出最重要的货物，而最大的输出国即是明朝。当时，日本与明人的交易大多用现银交易，明人可借此获得利差。不过，日本输出的银中，主要为纯度较低的“丁银”（版银）而非借由明朝传入之“灰吹法”获得的纯度较高的“灰吹银”，因而明朝商人获得银后往往将之加以精炼而获取数倍利益。正因如此，当时福州商人前往日本的船只中即有银匠同乘。

④ 参见韩庆《明朝实行海禁政策的原因探究》，《大连海事大学学报》（社会科学版）2011年第5期；刘序枫《明末清初的中日贸易与日本华侨社会》，《人文及社会科学集刊》1999年第3期。

⑤ 一度曾为王直根据地的平户甚且因为商帆往来繁复而被时人称为“西都”。参见刘序枫《明末清初的中日贸易与日本华侨社会》，《人文及社会科学集刊》1999年第3期。

（今和歌山）附近均出现有明船航渡之记录。[①] 等到江户幕府为了政治稳定及经济专断之原因而于崇祯六年（1633）开始实施“锁国令”、于崇祯八年（1635）规定所有赴日的唐船（当时普遍称呼明船为“唐船”、明人为“唐人”，依此类推）必须集中于长崎进行贸易后[②]，在嘉靖四十一年（1562）即可见明船抵达记录，且于隆庆五年（1571）开港后明船已日益增多的长崎，自此成了明船唯一汇聚之港口。[③]自此之后，长崎成了唐人聚居的最主要地方，华侨社会也逐渐形成。事实上，不管是明末清初动乱，还是康熙二十三年（1684）开放海禁后远渡日本的大量商船，都为长崎的华侨社会带来了一定的新血，从而形成以福州帮、闽南帮与三江帮[④]为主的格局，而闽南人与福州人也在长崎开有“泰益号”（厦门商家）及“生泰号”（福州商家）之类重要商号，并设有唐三寺等相关设施，而维系了与原乡的一定关联（长崎福州人回福州故乡时甚至称“本国福州”）。相对之下，诸如平户与萨摩等日本其他地方原本虽也有唐人町之分布（以九州最多，本州也有一些），但在江

---

① 参见刘序枫《明末清初的中日贸易与日本华侨社会》，《人文及社会科学集刊》1999 年第 3 期。

② 江户幕府于崇祯六年（1633）至崇祯十二年（1639）间连续发布了五次给长崎奉行的对外法令，加上 1641 年所发布的令，是为锁国令。主要目的一来是为了禁止基督教的传播以免危害幕府的统治，二来亦具有独占市场、垄断贸易利益之经济考虑。德川幕府希望能抑制明朝生丝等进口货物价格，除了排除西、葡等船前去日本贸易外，亦禁止日本大名、富商朱印船的出海贸易。事实上，锁国令会发布有其历史脉络，自 16 世纪中叶起，葡、西、荷等西欧列强先后抵达日本传教与进行贸易，而给幕府带来了统治上的危机。德川幕府的第二代将军德川秀忠为了禁止天主教传播、防止商人富豪与幕府对立，以便巩固幕藩体制，整体对外政策开始向锁国方向转变：1616 年，规定欧洲船只只能在平户与长崎两港停泊交易；1624 年，拒绝与西班牙通商；等到 30 年代后，加快锁国步伐，则有锁国令之发布；直到 1854 年美国海军军官培里率舰叩关为止。参见许斌《日本锁国政策的由来》，“人民教育出版社”网页，http：//old. pep. com. cn/gzls/xs/lszs/201012/t20101213_ 986412. htm，2019 年 5 月 2 日；刘序枫《明末清初的中日贸易与日本华侨社会》，《人文及社会科学集刊》1999 年第 3 期。

③ 明船初次抵达长崎的时间甚至可能远推至郑舜功所述的陈侃出使琉球的嘉靖十三年（1534）。另，隆庆五年（1571）长崎开港，出入长崎的唐船日渐增多。唐船首度到长崎推测大约在长崎开港前后。参见刘序枫《明末清初的中日贸易与日本华侨社会》，《人文及社会科学集刊》1999 年第 3 期。

④ 或称福州帮、三江帮、泉漳帮、广东帮。中岛乐章指出，“在 17 世纪初叶，众多的华人海商渡海到长崎，并在此定居，形成了闽南、福州、三江三帮。关于这些在长崎的华人社会，遗留下了相当多的史料”。参见中岛乐章《十七世纪初九州岛中部海港与闽南海商网络——肥后地域之明人墓与唐人町》之“摘要”，“中研院”人社中心主办，“第四届国际汉学会议‘跨越海洋的交换：东亚海域中的人员移动、商品与文化交流’”会议发表资料，2012 年 6 月 20 日。http：//proj3. sinica. edu. tw/ ~icosas/download/summary/7_ CMH/CMH3. pdf，2019 年 5 月 2 日。另，许紫芬指出，日本江户时代长崎华商有三江帮、泉漳帮、福州帮与广东帮存在。参见许紫芬《近代中国商人的经营与帐簿：长崎华商经营史的研究》，台湾远流出版公司 2015 年版。

户幕府锁国政策下，除了长崎仍保有比较明显的特色外，其余皆已与日本同化。①

可以这么说，明末中日之间已经重新建立起贸易的往来，唐船往来于长崎与东南沿海之间络绎不绝，其虽曾在清初一度中断②，但在康熙二十三年（1684）重开海禁后，恢复了盛况，乘着清廷对商人前往海外采购铸造钱币所需铜材的鼓励，大批海船再度渡海来到了长崎。根据《华夷变态》［主要收录康熙十三年至雍正六年（1674—1728）之“风说书”］中的资料，从康熙二十三年到二十七年（1684—1688）短短四年间便从每年24艘增加到194艘③，逼得幕府不得不作出种种限制，方有明显减少，但数量仍在70艘至90艘，其出航地自然包括福州在内，毕竟，当时出航商船主要属福建地区，直到康熙三十六年（1697）后才明显被江浙出航的商船所超越。④ 等到康熙五十四年（1715）幕府发布“正德新例”加强对长崎进行贸易管理后，不仅整体唐船赴日数量减少，已被江浙超越的福建商船更是大幅降低，不过，这并不一定代表闽商势力已然衰颓，而有可能只是顺应了江浙作为经济重心

---

① 唐三寺指兴福寺（1623，俗称南京寺）、福济寺（1628，俗称泉州寺，后为漳州寺）与崇福寺（1629，俗称福州寺）。若加入圣福寺（1678，俗称广州寺），则为唐四寺。除了唐三寺、唐四寺外，近代有长崎福建联合会（1917，会址设于福建会所内）这类组织。参见福州市地方志编纂委员会《福州市志》，方志出版社1998年版；刘序枫《明末清初的中日贸易与日本华侨社会》，《人文及社会科学集刊》1999年第3期。

② 刘序枫根据对《华夷变态》中相关“风说书”中记载的研究指出，康熙二十二年（1683）之前尚属迁界与海禁时期，赴日船只平均每年只有二十多艘，且多为台湾郑氏船只。参见刘序枫《由〈华夷变态〉看清初东亚海域的海上交通情况（前篇）》，“搜狐网”20171204 20：25 贴网，http：//www. sohu. com/a/208403288_ 556522，2019年5月4日。

③ 刘序枫指出：“1684年赴长崎的中国贸易船仅有24艘，1685年达到85艘，1686年102艘，1687年136艘，1688年更高达194艘。”参见刘序枫《由〈华夷变态〉看清初东亚海域的海上交通情况（前篇）》。

④ 日本幕府自康熙二十四年（1685）即发布“贞享令”开始祭出相关限制规定。例如康熙二十八年（1689）即设立“唐人屋敷”（唐馆），强制限制前赴长崎的清朝商人与船员居住其处。另，刘序枫指出：贸易船出航地“其范围北起山东，南至东南亚，主要地点有山东、南京（江苏长江口附近地区），浙江之宁波、普陀山、舟山、台州、温州，福建之沙埕、福州、泉州、安海、厦门、漳州，广东之广州、潮州、高州，东南亚之安南、东京（Tonkin）、广南、占城（Champa）、柬埔寨（Cambodia）、暹罗（Siam）、马六甲（Malacca）、大泥（Pattani）、宋居朥（Songkhla）、六昆（Ligor）、咬留吧（Kelapa）、万丹（Banten）等地，除了西班牙统治下的吕宋被禁止外，含括了东亚各重要港市”。参见刘序枫《由〈华夷变态〉看清初东亚海域的海上交通情况（前篇）》。

的崛起而移转了贸易的基地。①

2. 福州在海丝东路中所占的重要位置

处此明清与琉球以及日本交通发展的历史大潮，福州自然拥有异常重要的地位，而这，影响了大塘岐所在竿塘地区的空间性发展。就明清与琉球的朝贡贸易而言，福州乃是官方认可的口岸，其不仅是出使册封的始发港，更是琉球使臣抵达的接待口岸，明朝官员须在此接待使臣，奏报京师与获送入京②，自然是重中之重。这种状况即便是福建市舶司于成化八年（1472）迁至福州之前的一百年间亦然，当时［洪武五年至成化七年（1372—1471）］，虽是从市舶司所在的泉州港至首里间的交通，但主航线其实是在福州与首里间的航程，“即使自泉州港出发或到达，中琉之间所有的船舶仍然要从福州出入。何况中琉之间的航路，不论是造船与航海的人员，均与明朝赐给琉球闽人善操舟者三十六姓有关，他们多是河口人，多利用闽江河又登岸。所以，中琉之间交通主航线，自始即在福州与……〔首里〕间”③。等

---

① 刘序枫指出：“在正德新例实施后，赴日的南京、宁波船长中，有许多本籍为福建者，只不过是将其贸易基地转移到宁波或上海附近，以南京、宁波船的名义渡航而已。而即使是领厦门或台湾名义之信牌，其出航地也不一定是在当地。以1717—1723年间渡日的福建商船为例，其最初的出航港有许多就是在上海或宁波，在当地采办福建、台湾的特产后，直接赴日。或是由台湾或厦门出发者，有许多中途也会停靠上海或宁波……至于东南亚船与广东船的情况亦相同，如1718年（日本享保三年）第38号咬留吧船（船长吴送观），前一年度亦为咬留吧船，1718年自长崎返航后，未回咬留吧，而直接驶向宁波。其后在上海采购咬留吧物产，同年再度驶往长崎。这显示出清朝开放海禁后，自十七世纪末开始，江浙地区已成为当时中国重要的商品流通及经济中心，很轻易地可收购到各地的物产，加上又是主要商品丝绸的产地，自然成为贸易商的集中地……进入乾隆年间（1736—1795）以后，由于日本对输出铜额的限制，加上贸易船数量亦逐年减少，日本进口的洋铜数量无法满足中国国内的需求。为此乾隆初年起，清政府不断进行铜政改革，除致力于云南铜山的开发外，在1755年时将日本铜的采办改由指定的官商和民间的额商负责，同时明令不许其他的民间商人（含闽、粤洋商）赴日。对日贸易船的进出口岸亦由以往的宁波与上海，集中至浙江嘉兴府平湖县辖下的乍浦港。”参见刘序枫《由〈华夷变态〉看清初东亚海域的海上交通情况（前篇）》。

② 徐恭生说道：“每当贡年季节快到的时候，福建巡抚就派遣‘巡洋舟师’去闽江口海面迎候，负责护送贡船到福州水部，地方官员都要到那里，欢迎琉球国使者，并设宴招待。琉球使团成员、水手被迎住‘柔远驿’，贡品贮于‘进贡厂’。正使、副使等人按例由福建巡抚抽选得力精干的官吏和卫兵伴送进京，其路线是福州—浦城—清湖—杭州—苏州—扬州—淮安—张河湾—北京。沿途跋山涉水，十分劳累。”参见徐恭生《福州与那霸关系史初探》，《福建论坛》1981年第5期。

③ 陈仲玉：《古代福州与琉球的海上交通》，《“中央图书馆”台湾分馆馆刊》1998年第2期；陆韧《论市舶司性质和历史作用的变化》，《海交史研究》1988年第1期；沈玉水《略论福建市舶司的迁司问题》，《海交史研究》1988年第1期；朱振声《从福州的几处古迹看古代中琉关系》，《海交史研究》1981年第3期。

到市舶司迁至福州后，福州港更是繁盛一时，直至漳州的月港兴起。①

至于东南沿海对日本长崎等地之走私贸易，其起讫点虽遍及以闽海为主之诸港，而且以漳州海澄的月港最为昌盛，但由于贸易透过琉球中转者仍不在少数，故而福州仍具有相当分量［李仕德指出，有些乃是从东涌（东引）为放洋起始点②］。毕竟，诚如李仕德指出，“船只到达琉球那霸港后，另有沿琉球群岛向北航行到长崎、平户及兵库港等日本港口之针路”③。为此，陈仲玉研究指出：福州通往首里的“航线甚至增进了闽人赴日通商的方便，为他们开辟了由福州经台湾海峡和琉球群岛前往日本的新航线，以取代原走朝鲜半岛的海面往日本，或经浙江宁波东渡的路线。也可以看出这条航路促成琉球与日本和东南亚诸国转口贸易，受益更大”④。当时，诚如陈明德研究指出：福建与琉球的贸易从实质上看，是中国与朝鲜、日本，以及东南亚诸国间的贸易……琉球在中国与朝鲜、日本及东南亚之间扮演中介贸易的角色，琉球入贡中国的目的是“欲贸中国之货以专外夷之利”……福州港虽只接琉球贡船，但贸易的范围却不止琉球一国，间接涉及朝鲜、日本及东南亚各国，从而提高福州对外贸易的历史地位。明成化年（1465）以后，直至隆万年间开海禁，漳州月港的兴起这一历史时期，福州港对外贸易因琉球“一岁数贡”而成为当时中国最有活力的港口，福建市舶司也是中国最为繁忙的市舶司。⑤

必须指出的是，月港兴起后其盛况尽管超越了福州（当时，因朝贡次数的减少以及走私的兴起而迫使官方设置的市舶司不得不退出历史的舞台），但由于与琉球间封贡关系仍在以及琉球人从事（与日本等）转口贸易，加以与东南亚等地的航运，福州港事实上仍维系了相当的热度，而且，至少在清代中前期，仍旧是全国重

---

① 明中叶，官方管辖势力薄弱的地方如月港等地即已成为海商集团重要走私港口，后来，海禁开放后更是日渐发展，以至于万历二十七年（1599）明廷会于月港设“督饷馆”开“洋市”，正式将之纳入管理（当时浙、闽两省市舶司已废，唯广东市舶司不废，但性质也已转变）。参见李庆新《明代市舶司制度的变态及其政治文化意蕴》，《海交史研究》2000年第1期；陈自强《论明代漳州月港的历史地位》，《海交史研究》1983年总第5期；陈仲玉《古代福州与琉球的海上交通》，《“中央图书馆”台湾分馆馆刊》1998年第2期。

② 参见李仕德《追寻明清时期的海上马祖》。

③ 李仕德：《追寻明清时期的海上马祖》。

④ 陈仲玉：《古代福州与琉球的海上交通》，《“中央图书馆”台湾分馆馆刊》1998年第2期。参见陈自强《略论明代中后期福建的对日交通》，《海交史研究》1985年第2期。

⑤ 参见陈明德《试论明代福建市舶司移置福州的原因及其影响》，《福建论坛》（人文社会科学版）1999年第6期。

要的海洋贸易中心，有许多福州府人借此移民琉球和日本。事实上，即便明朝覆灭，但清廷自顺治四年（1647）即谕旨依旧例赐封，并遣使前往册封。[①] 故而，“直到琉球为日本吞并为止，双方使臣一直使用这条航线”[②]。加以，“自明万历年间，私商在海上贸易事业的兴起，琉球人善于做中国与日本和东南亚之间的贸易，福州与那坝〔首里〕之间的航路仍然维持了相当长的时间，直到中国与琉球关系的中断为止”[③]。

根据明清时期的海道针经《顺风相送》和《指南正法》以及明清派往琉球册封使臣等所记录的针路可知，这条自福州至首里的航路，“大致是从福州闽江口五虎门，或梅花千户所，或是定海千户所放洋，过东引或东沙（马祖群岛）后，即以小琉球山，鸡笼屿，花瓶屿，彭加山，黄尾屿，赤屿，姑米山，马齿山等诸岛屿一线，而入那坝港”[④]。由于出航的帆船必须借助风力航行，要选对季风与海流，例如，根据《顺风相送·福建往琉球》，北风与南风可从东涌开洋，正南风则从梅花开洋。[⑤] 而且去程与回程也可能有不同的依据：“自福州往那坝要利用夏季五月、六月间的西南风，东南风或南风，配合西南往东北风向海流。那坝至福州返程，则要利用十月、十一月间的东北风，西北风或北风。航行的针路指针是往程时航路的北边一线，朝向浙江温州海岸的南杞山，凤尾山，台山，里麻山（霜山）等岛屿，再

---

① 例如顺治十一年（1654）即曾派遣张学礼作为使臣前往琉球，册封中山世子尚质为琉球国中山王，双方使臣一直使用福州至首里的这条航线，直到断绝关系。参见松浦章（Matsuura Akira）《15 世纪以来中国帆船的航海记录》，《海洋文化学刊》2011 年第 10 期；徐玉虎《琉球人对“明清册封使所乘海舶”称谓考》，《政大历史学报》1987 年第 5 期；徐玉虎《明朝与琉球王国封贡制度之建立》，《历史月刊》1993 年第 61 期；徐玉虎《明代册封琉球“航海针路”之诠释》，《政治大学边政研究所年报》1978 年第 9 期；吴怀民《清代中国对琉球的册封》，《福建师范大学学报》（哲学社会科学版）1992 年第 3 期。

② 陈仲玉：《古代福州与琉球的海上交通》，《“中央图书馆”台湾分馆馆刊》1998 年第 2 期。

③ 陈仲玉：《古代福州与琉球的海上交通》，《“中央图书馆”台湾分馆馆刊》1998 年第 2 期。

④ 徐玉虎：《明代册封琉球“航海针路”之诠释》，《政治大学边政研究所年报》1978 年第 9 期。参见李仕德《追寻明清时期的海上马祖》。

⑤ 《顺风相送·福建往琉球》：“北风东涌开洋，用甲卯取彭家山，用甲卯及单卯取钓鱼屿。南风东涌放洋，用乙辰针取小琉球头，至彭家花瓶屿在内；正南风梅花开洋，用乙辰取小琉球，用单乙取钓鱼屿南边，用卯针取赤坎屿，用艮针取枯美山，南风用单辰四更，看好风单甲十一更取古巴山，即马齿山，是麻山赤屿，用甲卯针取琉球国为妙。”转引自李仕德《追寻明清时期的海上马祖》。

沿温州海岸南下至闽江口。”① 而其天数，则参差不一，自福州往首里，多则二十三天少则四天即可抵达；返程则在十天至十五天之间。②

3. 位于福州闽海区域内的大塘岐以其特殊地理条件成为福州的半港

有意思的是，诚如李仕德研究指出，由于必须等风候、看洋流，因此包括大塘岐在内的竿塘等马祖岛屿乃是此一航线中的必经之途，而且，不只是通往琉球，“直至清朝乾隆年间……马祖列岛……（亦）被认为是中（指闽、台、粤等地）日传统航线……（常）经之地”③，当时学者仍谓：“日本：古倭奴国；在台海东北。由大鸡笼经关潼（竿塘）、白畎（白犬）过尽山、花鸟屿放船（尽山一作秦山，与花鸟屿具在舟山群岛一带），水程五十九更可至长岐港（日本长崎）。长岐者，日本互市地也。”④ 正因如此，诚如其他资料显示，往来的帆船经常会停泊于马祖各岛进行补给以待扬帆。其中，尤以竿塘为甚，特别是塘岐后沃所在的大塘岐湾澳（马鞍澳/麻克璧湾/马鼻湾），以其拥有的湾泊宽广与能避北风等独特条件，具有重中之重的地位。事实上，从乾隆十七年（1752）王必昌纂辑《重修台湾县志·卷二·山水志》、道光十二年（1832）陈淑均修纂《噶玛兰厅志·卷五（上）·风俗（上）·海船·附考》、道光十九年（1839）周凯编纂《厦门志·卷四·（附）北洋海道考》与道光二十年（1840）周玺修纂《彰化县志·卷一·封域志》诸志书中之描述可知，当时的大塘岐所在的南北竿，已是福州的“半港”：复沿海行，经东西洛至磁澳，回望海坛诸山，环崎南日古屿之东，出没隐现，若近若远。再过为白畎，为关潼，可泊船数百，乃福省半港处。入内即五虎门。由关潼一潮水至定

---

① 徐玉虎：《明代册封琉球“航海针路”之诠释》，《政治大学边政研究所年报》1978年第9期。至于琉球贡使抵达福州后，则是走陆路和河道将贡品送至北京。其路线大致为福州—浦城—清湖—杭州—苏州—扬州—淮安—张河湾—北京。参见徐恭生《福州与那霸关系史初探》，《福建论坛》1981年第5期。

② 参见徐玉虎《明代册封琉球“航海针路”之诠释》，《政治大学边政研究所年报》1978年第9期；陈仲玉《古代福州与琉球的海上交通》，《“中央图书馆”台湾分馆馆刊》1998年第2期。

③ 李仕德原文为“必”经之地，经查，当为常经之地。台湾至长崎不见得必须绕道马祖竿塘，可直接经琉球北上，故改之。参见李仕德《追寻明清时期的海上马祖》。

④ 引自刘良璧《重修台湾府志·卷十九》，http：//www. guoxue123. com/tw/02/074/040. htm，2019年5月5日；李仕德《追寻明清时期的海上马祖》文中亦从陈小法《明代郑若曾的日本研究》（http：//www. ch. zju. edu. cn/rbs/shuoshilunwenjiCHENXIAOFA. htm）转引此段话。参见李仕德《追寻明清时期的海上马祖》。

海，可泊船百余，复经大埕、黄岐至北茭，为连江县界。①

复沿海行，经东西洛磁澳，再去为白畎，关潼，可泊数百船（南旋时常于此候风，一夜可到），乃福省半港处。②

再过为白犬、为关潼，可泊船数百；乃福省半港处。入内，即五虎门山。关潼一潮水至定海，可泊船数百余。③

复沿海行，经东西洛滋澳，再过为白亩关潼，可泊数百船，乃福省半港处；入内即五虎门。由关潼一潮水至定海可泊数百船。④

竿塘所具有如此地理优势，早在康熙二十二年（1683）杜臻奉旨巡视时即已有所掌握，他不仅看到占据闽江口关键位置的上下竿塘拥有可以停泊的湾澳，而且具有独特的石峰（竿塘杙），可对淡水、鸡笼、琉球与日本放哨指路。《粤闽巡视纪略》说道："〔竿塘〕二岛，南至南茭，北至北茭，西至定海，东南至白犬，西南至

---

① 参见（清）王必昌纂辑《重修台湾县志·卷二·山水志》，台湾银行经济研究室 1961 年版，第 61 页。参见"中研院台湾文献丛刊资料库系统"，http://tcss.ith.sinica.edu.tw/cgi-bin/gs32/gsweb.cgi/ccd=XUGd5f/record?r1=4&h1=0，2019 年 5 月 5 日。亦参见"富凯利国学"，http://www.fukaili.com/tw/03/113/012.htm，2019 年 5 月 6 日。之后嘉庆十二年（1807）谢金銮所修《续修台湾县志·卷一·地志》中有类似说法："复沿海行，经东西洛至磁澳，回望海坛诸山环峙南日、古屿之东，出没隐现，若近若远。再过为白畎、为关潼，可泊船数百，乃福省半港处；入内即五虎门。由关潼一潮水至定海，可泊船数百余。"参见（清）谢金銮纂辑《续修台湾县志·卷一·地志》，台湾银行经济研究室 1962 年版，第 36 页。参见"中研院台湾文献丛刊资料库系统"，http://tcss.ith.sinica.edu.tw/cgi-bin/gs32/gsweb.cgi/ccd=XUGd5f/record?r1=3&h1=3，2019 年 5 月 5 日。另，清李元春辑《台湾志略·卷一》有几乎类似的叙述："复沿海行，经东西洛至磁澳，回望海坛诸山，环峙南日、古屿之东，出没隐现，若近若远；再过为白畎、为关潼，可泊船数百，乃福省半港处，入内即五虎门。由关潼一潮水至定海，可泊船数百余。复经大埕、黄岐至北茭，为连江县界。"参见（清）李元春辑《台湾志略·卷一》，台湾银行经济研究室 1958 年版，第 21 页。参见"中研院台湾文献丛刊资料库系统"，http://tcss.ith.sinica.edu.tw/cgi-bin/gs32/gsweb.cgi/ccd=XUGd5f/search?s=(%231)%20and%20tic%3D%22台湾志略%22.&searchmode=basic&，2019 年 5 月 5 日。亦参见"国学导航"，http://www.guoxue123.com/tw/01/018/002.htm，2019 年 5 月 5 日。

② 参见（清）陈淑均修纂《噶玛兰厅志·卷五（上）·风俗（上）·海船·附考》，台湾银行经济研究室 1962 年版，第 217 页。参见"中研院台湾文献丛刊资料库系统"，http://tcss.ith.sinica.edu.tw/cgi-bin/gs32/gsweb.cgi/ccd=XUGd5f/record?r1=1&h1=3，2019 年 5 月 5 日。

③ 参见（清）周凯编纂《厦门志·卷四·（附）北洋海道考》，台湾银行经济研究室 1961 年版，第 149 页。参见"中研院台湾文献丛刊资料库系统"，http://hanji.sinica.edu.tw/index.html?tdb=%BBO%C6W%A4%E5%C4m%C2O%A5Z，2019 年 5 月 5 日。亦参见"国学导航"，http://www.guoxue123.com/tw/02/095/014.htm，2018 年 10 月 18 日。

④ 参见（清）周玺修纂《彰化县志》，台湾银行经济研究室 1962 年版，第 23 页。参见"中研院台湾文献丛刊资料库系统"，http://tcss.ith.sinica.edu.tw/cgi-bin/gs32/gsweb.cgi/ccd=XUGd5f/search?s=(%231)%20and%20tic%3D%22彰化县志%22.&searchmode=basic&，2019 年 5 月 5 日。亦参见"国学大师"，http://m.guoxuedashi.com/a/5867q/64795k.html，2019 年 5 月 4 日。

五虎各一潮水，相近一石峰，高可六十余仞俗呼‘竿塘杙’，凡哨探淡水、鸡笼、琉球、日本，俱从此放洋，认此收澳。”①竿塘杙是哪座山诚如李仕德所述并没有明说，但若以大塘岐所在北竿壁山“峭拔”之山形看来，倒十分符合其所隐约指涉作为标杆以指引航船的特征，相较之下，南竿云台山则较低且“峰峦屈曲”，显然没有壁山来得适合，而这，极可能便是茅元仪所辑《武备志》中《郑和航海图》会将“官塘山”字样标在北竿岛的缘由。不过，竿塘一带多云雾，且帆船航行多有不同接近的方向，以竿塘两岛彼此相邻之状况，比较可能的情形当是两山交互为用，视天候与航向而将最有利于判别者当作为航路之指标。而这，大约符合了风帆年代针路图将海上之岛视为山、以形势“取竿塘”而前行的具体状况。

必须指出的是，南北竿塘共同作为福州之半港虽说除了大塘岐所在的湾澳外也有几处港澳可资停泊，例如杨雅心参考朱正元《福建海岛表之长门附近海岛表》［光绪二十八年（1902）］等资料即指出，“兵商轮船之由津沪前来闽江口候潮……东风泊南竿塘妈祖澳、西南两面之风泊清水澳〔竹扈澳〕”②，呼应了《指南正

① （清）杜臻：《粤闽巡视纪略》卷五，台湾商务印书馆1983年版，第53页。转引自何孟兴《明代福州海防要地“竿塘山”之研究（1368—1456年）》，《止善》2009年第7期。杜臻：“竿塘（山），两山相连，在海中，以多茅竿（草），故名。先有居民，洪武（年）间内徙。上竿塘［按：即今日南竿岛］，峰峦层曲，周三十余里，有竹扈、湖尾等七澳，镜澳（可）泊南、北风船十余（艘），竹扈澳（可）泊南风船三十余（艘），长箕澳（可）泊北风船三十余（艘）。下竿塘［即今日北竿岛］，周二十余里，有白沙、镜港等七澳，马鞍澳（可）泊北风船四十余（艘），但苦泥滑，下椗易移。（竿塘）二岛，南至南茭、北至北茭、西至定海、东南至白犬、西南至五虎（门）各一潮水，（二岛）相近一石峰，高可六十余仞俗呼‘竿塘杙’，凡哨探淡水、鸡笼、琉球、日本，俱从此放洋，认此收澳。倭寇至竿塘（山），亦必泊而取水焉。”（）中文字为何孟兴所加；［］中文字为何孟兴所写按语。

② 杨雅心：《马祖地区地名的意涵：一个关于环境识觉的研究》，硕士学位论文，台湾师范大学，2005年，第78页。“妈祖澳”即马祖港，原为南竿对外门户。杨秉训主纂《连江县志·经济财税志》说道：“马祖港：位南竿岛西，坐东朝西。清乾隆二年（1737）《福建通志》图，南竿塘岛上画有妈祖庙，岛之西南载有妈祖澳。光绪二十八年（1902）《福建沿海图说》则载：‘南竿塘，一名铁板山，又名妈祖澳山，译名妈祖岛。’下注：‘妈祖澳，因有妈祖庙得名。’光绪二十五年（1899）《新译中国江海险要图志》，已称南竿岛为马祖岛，并称附近诸岛为马祖群岛。福澳港未建前，此为马祖最重要港口，既是军港，亦是渔港、商港。”另清水澳约当竹扈澳，乃是今天福澳港之一部分。杨秉训主纂《连江县志·经济财税志》说道：“清水港：位南竿岛北，坐南朝北。因澳口甚深，原名深水澳，后转为清水澳。”又说：“福澳港：位南竿岛北，坐东南朝西北。明清之时，称为竹扈澳、竹户澳、扈澳，后扈澳转音为福澳。1978年，勘选福澳，计划兴建深水浅水登陆码头各一座。翌年秋动工，1984年冬竣工启用。马祖南竿对外门户原在马祖港，此后福澳港跃居台马及岛际交通主要港口。2001年元月，开辟马祖福澳至马尾航线，福澳港之海运地位更为屹立。”参见《连江县志·经济财税志·第三篇〈交通建设〉·第二章〈海上交通〉（一）》，http://board.matsu.idv.tw/board_view.php?board=139&pid=70103&link=70103&start=28，2019年5月5日。另，亦参见（清）朱正元《福建沿海图说》，载丁凤麟等主编《中国华东文献丛书·第三辑·华东史地文献》第35卷，学苑出版社2010年版。

法·敲东山形水势》“竹户澳抛南风”[①] 的说法，但大塘岐所在港澳却具有湾域广大、能避北风等的独特优势，难怪杨雅心会继续说道：“若转北风可移泊北竿塘长岐澳。”[②] 事实上，马祖列岛每年皆要承受几乎长达大半年东北季风的吹拂，而对于仍旧是以风帆为航海动力的年代来说，冷冽强劲的北风经常会对船只带来严重的干扰或破坏，是必须被尽量避免之事，是以，许多航海论述多会注意对湾澳可避北风的描述。例如邓钟《筹海重编·福建八》图即描述“长岐澳泊北风舡二十只”，《指南正法·敲东山形水势》亦说：“官唐……长箕澳抛北风”[③]，而杜臻《粤闽巡视纪略》更说“马鞍澳泊北风船四十余”[④]，指出了大塘岐所在湾澳在秋冬时期所独占的优势。事实上，南竿当年虽说也有能避北风的港澳，但腹地较小且多礁岩故所泊有限，不若大塘岐马鼻湾宽阔的沙线能停泊上百艘的风帆。[⑤] 难怪，杨雅心会说道“北竿塘略如初月形，缺处向南，故避北风最宜”[⑥]，而陈寿彭于清光绪二十七年（1901）《新译中国江海险要图志》中对于北竿亦说道“当东北风时可避其间”：唐岐 Tang ki 一作中唐岛……岛之东北有沙滩陆地黏之以为护卫停泊所甚善。名曰麻克璧湾。Magpie 当东北风时可避其间。泊在深四柘半处。底为泥质。以唐岐之巅。名曰唐岐头 Tang kitao 者。作为东南偏东四分向之三相隔五缆远。[⑦]

陈寿彭此段文字对于马鼻湾“底为泥质”之特性以及其可供航船“泊在深四柘半处”以避东北风之状况有相对清楚的描述，其中，更出现了地方上经常出现的“唐岐头”地名（地方上指称其即为蚌山；王花俤则认为系在蚌山外面海域），符合了当地耆

---

① 《指南正法·敲东山形水势》，转引自李仕德《追寻明清时期的海上马祖》。

② 杨雅心：《马祖地区地名的意涵：一个关于环境识觉的研究》，硕士学位论文，台湾师范大学，2005年，第78页。

③ 《指南正法·敲东山形水势》，转引自李仕德《追寻明清时期的海上马祖》。

④ （清）杜臻：《粤闽巡视纪略》，台湾商务印书馆1983年版，第53页。

⑤ 塘岐后沃马鼻湾能停比较多的船洲文献中屡有记载，而根据对黄善学、陈兆喜等地方人士的访谈可知，当年马鼻湾风帆云集，停泊船只可达上百艘之盛况。参见“塘沃访谈记录陈兆喜20190220”（< iframe src = " https：//www. facebook. com/plugins/post. php? href = https% 3A% 2F% 2Fwww. facebook. com% 2Fstevenphhsiao% 2Fposts% 2F10215532551039399&width = 500" width = " 500" height = " 870" style = " border：none；overflow：hidden" scrolling = " no" frameborder = " 0" allowTransparency = " true" allow = " encrypted – media" > </iframe >）、“塘沃访谈影片记录黄善学20190219”。

⑥ 杨雅心：《马祖地区地名的意涵：一个关于环境识觉的研究》，硕士学位论文，台湾师范大学，2005年，第78页。

⑦ （清）陈寿彭：《新译中国江海险要图志》，经世文社1901年版。

老指称，外来航船主要泊在塘岐头，并沿港澳沙滩一线往五沙（午沙）方向一直延伸、可达上百艘的说法。① 而从陈寿彭所附的图来看，此一湾澳有南北两道沙线（其间亦即塘后沙滩），北面一线连同两侧山峦圈出了后沃沪里（繁体写为“滬裡”，即八使澳）空间，而南侧一线则一直延伸到北竿岛西南角的“蛤蜊”一带，绵长的沙线倚靠着山峦带出了宽广的“浅地”②，显示了可供大量航船停泊的可能空间。③ 而这，其实也是为什么马鼻湾虽有杜臻所谓的“苦泥滑，下椗易移”④ 之缺点，仍旧会成为当日风帆竞相汇聚停泊处所的重要原因。话说回来，东西南风时航船虽可泊南竿妈祖澳与清水澳，但亦能停泊在马鼻湾，毕竟，东西南风除了台风之类的巨大风暴外其实较不若冬季的北风会造成比较致命的影响，事实上，根据访谈，马鼻湾基本上在夏季也是停泊了许多船只的。更何况，作为一处拥有南北双重港湾的湾澳，大塘岐的后港（亦即沪里、八使澳）其实还是躲避台风防止“回南”的绝佳港口。⑤ 凡此种种说明了，当年大塘岐湾澳的独特性，正因如此，其能够担负起作为福州半港重要口岸的地位而浮现于历史舞台，而让北竿以“竿塘”（“官塘”“干

---

① 参见“塘沃访谈记录陈兆喜20190220”（<iframe src=" https：//www. facebook. com/plugins/post. php? href=https% 3A% 2F% 2Fwww. facebook. com% 2Fstevenphhsiao% 2Fposts% 2F10215532551039399&width=500" width=" 500" height=" 870" style=" border：none；overflow：hidden" scrolling=" no" frameborder=" 0" allowTransparency=" true" allow=" encrypted-media" ></iframe>）、“塘沃访谈影片记录黄善学20190219”、“王花俤于‘北竿乡塘岐后沃文化资源调查暨先期规划’审查会之发言20190125”。

② （清）陈寿彭：《新译中国江海险要图志》“麻克璧石”条目。

③ 相较之下，被称为“马祖”或南唐岛的南竿上的妈祖澳（即文中“马祖路”）虽也画出了沙线，但腹地相对较小。参见（清）陈寿彭《新译中国江海险要图志》中五十七图“马祖群岛”。陈寿彭的译文指出：“马祖 Matsu（一作南唐岛）……可供停泊之善地有二……一是岛屿西边的马祖路（Matsu road）〔当今马祖港〕，其地尤牢而善。”另，陈的译文亦指出“北边的巴母利澳（Pirie bay），为最好之避风所”（第101页）。就此李仕德小结说道“英人声称船只在东北季风或西南季风时，马祖山西岸（当即今马祖港）均可以下锚，唯西南季风时以选择北岸（当即今福沃港）为善，而这两处海湾均可取得淡水”。必须指出，英国人会做此陈述，可能与其所驶已是大型的铁壳轮船有关。否则，根据其他文献，早期的清水澳其条件是比马祖澳差的，马祖澳方是当时南竿的对外门户。转引自李仕德《追寻明清时期的海上马祖》；李仕德小结文字引自第103页。

④ （清）杜臻：《粤闽巡视纪略》。

⑤ 台风后刮起的巨大南风造成损害地方上称为“回南”，参见“塘沃访谈记录陈玉麟后沃村长20180801”“塘沃访谈记录陈兆喜20190220”“塘沃访谈影片记录黄善学20190219”。

塘”“关潼”“关童”“关同”“关塘”“干唐”）等之名而荣显于世。①

4. 清中叶，福州与台湾对渡贸易的兴起支撑了大塘岐作为福州半港的持续运作

必须指出的是，大塘岐所在竿塘湾澳能在清中叶期间成为福州半港，除了主要承袭了先前福州与琉球通使以及与日本等地贸易之外，也与五虎门在乾隆五十三年（1788）与台湾八里坌以及道光六年（1826）与噶玛兰（宜兰）乌石港开始展开对渡贸易脱不了关系。福州与琉球及日本的交通往来虽曾盛极一时，但到了清中叶时已呈衰颓之势（当时，与琉球交通已不若先前繁盛，而对日贸易的重心也已转至江浙），所幸，与台湾对渡贸易的开展恰好补上了此一缺口，而与来往于东南亚等其他地方的贸易航船，共同让包含南北竿在内的福州港，依旧维系了相当的荣景。毕竟，诚如林玉茹研究指出，台湾在清代中、末叶与大陆沿岸贸易的地点，北至天津南至香港等地，但是互动最为频繁的地区依序是泉州和福州。② 回顾历史，台湾自清康熙二十三年（1684）收归版图以来，以台湾府城（台南）为中心所主导的区域发展，随着民间拓垦经济的崛起，到了雍正、乾隆之际有了全然不同的景象。当时，经历了朱一贵事变冲击，清初基于防患台湾沦为逋逃渊薮所颁布的渡台禁令尽管有日益严厉之现象，但移民浪潮却有增无减，反倒推到了高潮，并挟着其所获得

---

① 相较之下，从史料可知，南竿塘则更被称为“铁板山”或“马祖澳山”。杨秉训等指出：“清光绪二十八年（1902）《福建沿海图说》‘长门附近海岛表’载曰：‘南竿塘，一名铁板山，又名妈祖澳山，译名妈祖岛。’”《连江县志·经济财税志·第三篇交通建设·第二章海上交通（一）》，http://board. matsu. idv. tw/board_ view. php? board = 139&pid = 70103&link = 70103&start = 28，2019 年 5 月 5 日。

② 林玉茹指出，“19 世纪中叶，依据港口规模与地域经济发展程度之差异，台湾形成南北两个双核心国际港、正口及小口等三层港口系统，且彼此存在市场圈相互从属，却又各自直接对外贸易的分立关系。每个港口的进出口商品和贸易网络，也因地域差异而略有不同。大致上，国际港埠的贸易范围扩及世界各地，传统港的贸易网络虽北至锦州、天津、宁波、上海，南至香港，但仍集中于福建各港。北部港的贸易地点，以福州、泉州为主；中部以泉州为中心；南部地区则以厦门、汕头居多”。又据荒井贤太郎研究说，“据 1897 年调查，台湾地区与大陆沿海帆船贸易的航线，大概以中部鹿港、梧栖为界，鹿港以南地区各港主要与泉州、厦门、汕头各港贸易较频繁；鹿港以北各港则多至泉州、福州及温州。淡水、基隆以及苏澳的帆船也常至宁波”。参见林玉茹《开港前后台湾南北双核心区域型经济区的形成与发展（1851—1895）》，《地域文化研究》2017 年第 3 期。另，参见林玉茹《从属与分立：十九世纪中叶台湾港口城市的双重贸易机制》，《台湾史研究》2010 年第 2 期；荒井贤太郎《台湾经济事情视察复命书》，日本大藏理财局 1899 年版，第 63—65 页。

的经济成果而反向影响了台湾空间的变迁。[①] 渡台移民不仅突破了清廷所设立的界线，纷纷向中北部草莱，甚至山野进逼，持续借由拓垦而累积了生产实力。同时，借由诸多水利设施的陆续兴筑以及耕种技术的改良，直接带动了不同区域及其以稻米为主之经济成长：以北路而言，诸罗地区即乘康熙末年水利之兴修而在雍正年间崛起，成为全台产米重心；其后，除了彰化地区在乾隆年间成为新兴米仓外，淡水地区也在乾隆末叶逐渐展现了繁荣的景象，到了嘉庆、道光年间，吴沙更入垦噶玛兰，而让后山也变成了农产丰地[②]；当时，稻作的增产甚至丰产已成为事实，而开始展现了反向补运内陆的实力。[③] 正因如此，乾隆末年，清廷会在原来"一正口时期"（1684—1783）以鹿耳门作为正口与厦门进行对渡的基础上，陆续开放鹿港及八里坌作为正口而展开与晋江蚶江及五虎门的对渡［鹿港—蚶江，乾隆四十九年（1784）；八里坌[④]—五虎门，乾隆五十三年（1788）］，并于嘉庆十五年（1810）允许台闽六处正口可自由通航，从而促成了嘉庆、道光年间"三正口时期"（1784—

① 清廷虽将台湾收归版图，却是基于治安管制而非经济发展的理由。由于不欲台湾沦为逋逃渊薮，清廷设置了种种管制，希望将民间社会控制在国家的管制下，从而与日益发展的民间力量产生了扞格，由"罗汉脚"及豪强所组成的莽野社会透过大垦户带垦、将领或地方官员招佃等形式，不仅一再挑战、突破了清廷的禁令，逐步往荒埔、番地进垦，同时也反过头来逼使清廷中央承认既成现实，并在修正了自身对台的认识后，企图透过建置的更动以重新掌握民间的秩序。整个清代台湾人文地理空间的扩张，于焉在皇权国家政治军事意欲与豪莽社会拓垦经济现实两造彼此冲突的辩证循环间，持续地前进、发展。参见萧百兴《从海音澎湃的莿桐城到骚乱混现的神仙府：清代台南城市（台湾府城/台南府城）的时空发展及美学表征初探》，载戴浩一、颜尚文主编《台湾史三百年面面观》，中正大学台湾人文研究中心 2008 年版，第 1—132 页。1995 年度中正大学台湾人文中心研究专案补助"清代以前台南城市（台湾府城/台南府城）的时空发展及美学"研究案研究成果。

② 彰化县、淡水厅设置于雍正元年（1723），澎湖厅设置于雍正五年（1727），噶玛兰厅设置于嘉庆十七年（1812）。

③ 渡台汉人在此蕃产交易前导下，以台湾府为中心，循着官方招佃或垦户带垦等模式快速地向南北两路展开了拓垦进程。当时，受迫于生计而陆续渡台的闽粤移民纷纷向草莱甚至山野进逼，一再突破了清廷划下的界线：康熙四十三年（1704）左右垦殖范围已超过了斗六门；康熙四十九年（1710）左右更越过了大肚溪以北；而康熙五六十年间，竹堑一带则已是"鹿场半被流民开"［（清）阮蔡文《竹堑纪行诗》，康熙五十二年（1713），"极目良田"的景况］。参见黄叔璥《台海使槎录》，台湾银行经济研究室 1957 年编印，第 135、65 页；曹永和《台湾早期历史研究》，台湾联经出版事业公司 1981 年版；陈美铃《嘉义平原的聚落发展》，博士学位论文，台湾师范大学，1998 年；洪美龄《清代台湾对福建供输米谷关系之研究》，硕士学位论文，台湾大学，1978 年；萧百兴《清中叶（嘉庆、道光、咸丰年间）台湾"府城"空间变迁的论述——"台湾府"作为"内地意识"萌芽下经济富厚的文治中心》；萧百兴《前进于蛮荒的远望、监控与宣示及其流演：清代嘉义筑城的空间意义初探》，载颜尚文主编《嘉义研究——社会、文化专辑》，中正大学台湾人文研究中心 2008 年印，第 87—184 页。

④ 八里坌指今八里，19 世纪 30 年代后改为沪尾。

1825），北、中、南三个与大陆对渡连接的经济及市场体系的逐渐成形，以及一府二鹿三艋舺城镇格局跃上历史舞台。[①] 事实上，不只三正口，道光六年（1826）由于噶玛兰（宜兰）开垦完成后亦形成了独立的经济体系，清廷亦开乌石港为正口而与五虎门等展开以米产为主要商品的对渡，同时，亦开云林五条港（海丰）与蚶江、五虎门等进行对渡，从而形成了“五正口时期”（1826—1859）对渡的盛况［直至咸丰十年（1860）因《天津条约》与《北京条约》开放淡水、鸡笼（今基隆）、打狗（今高雄）、安平四口为止］。此外，最迟到了咸丰年间，在台湾各地区陆续开发完成的前提下，诸如竹堑、后龙、大安、北港、盐水港、东港等沿岸的三级港口更开始陆续开放，称为“小口”，得以与大陆沿海直接互通，从而形成了往后台海与福建间频繁来往的情形。就此，林玉茹指出，清中叶至清末，台湾与大陆沿海帆船贸易的航线，大概以中部鹿港、梧栖为界，鹿港以南地区各港主要与泉州、厦门、汕头各港贸易较频繁；鹿港以北各港则多至泉州、福州及温州。淡水、基隆以及苏澳的帆船也常至宁波。而其中，除了泉州（包括当时犹属于泉州的厦门）之外，便属福州最为频繁。[②]

在此状况下，当年作为正口开港时犹带有一定运兵考量的五虎门，连同闽江口一带大小港口，与淡水八里坌、乌石港等台湾中北部口岸间的航运日益兴盛，毕竟，不只五虎门[③]所在的福州本身与台湾各港口进行贸易往来，五虎门附近的港口

---

① 参见萧百兴《从海音澎湃的莿桐城到骚乱混现的神仙府：清代台南城市（台湾府城/台南府城）的时空发展及美学表征初探》，载戴浩一、颜尚文主编《台湾史三百年面面观》，中正大学台湾人文研究中心2008年版，第1—132页；萧百兴《清中叶（嘉庆、道光、咸丰年间）台湾“府城”空间变迁的论述——“台湾府”作为“内地意识”萌芽下经济富厚的文治中心》；萧百兴《历史城市研究与空间美学实践的可能性——以清代台南府城为例》，《“都会空间、文化与历史研究——新问题与新方法”学术研讨会会议手册》，2017年，第100—115页；萧百兴《清代台湾（南）府城空间变迁的论述》，硕士学位论文，台湾大学，1990年。

② 参见林玉茹《开港前后台湾南北双核心区域型经济区的形成与发展（1851—1895）》，《地域文化研究》2017年第3期；林玉茹《从属与分立：十九世纪中叶台湾港口城市的双重贸易机制》，《台湾史研究》2010年第2期。

③ 《福建通志台湾府·海防》：“五虎门在治东大海中，冲险海汛（明初汤和由海道取福州由此入。洪武二年置官母屿巡检司于此，国朝因之）。南界长乐梅花汛，北界连江定海汛。洋中有进屿、芭蕉、虎橱、熨斗等屿。其熨斗、馆头、妈祖庙诸澳可泊舟（五虎门东向水洋四十里至南、北竿塘，南向水洋一百八十里至白犬、东沙，二百四十里至猫屿，北向水洋七十里至定海，一百三十里至黄岐。道光二十一年七月，英咭唎犯厦门登岸，夷船频至五虎门窥伺，福州戒严。二十二年议通市，安插南台，而夷船往往停泊内洋各口矣）。”参见（清）陈寿祺纂，魏敬中重纂《福建通志台湾府·海防》，台湾银行经济研究室1960年印，第350页；参见“中研院台湾文献丛刊资料库系统”，http：//tcss. ith. sinica. edu. tw/cgi－bin/gs32/gsweb. cgi/ccd＝KFLqq7/search#page－350，2019年5月5日。

如海坛、梅花、定海等，亦转由拥有半港的福州（不一定要驶入内港）而与台湾中北部各港口进行贸易往来，而这，自然为处于闽江口外大塘岐所在的湾澳带来了相当的发展。① 事实上，当年的白犬（东西莒）、南北竿等基本上皆因承载了如是的航运而发展繁盛。② 就此，李仕德说道：马祖列岛位于闽江外海，依清代船人经验，福州府外海“海潮之来，由南北竿塘大洋涌而汇于进屿门，俟定海洋面潮半，下目之水亦至洋面，仍入于连江福州二港，汐时亦由此出海”。进屿门当在今南北竿之间的海峡，下目即今高登岛，是故马祖列岛不但是航路上的指标，船只进出福州和连江亦在马祖列岛等候潮水，清末陈寿彭编译的《新译中国江海险要图志》亦云：闽江口附近之地有山。马祖群岛之西在其北，白犬群岛之西在其南，二者相距之间则为马祖群岛之东焉，其中之水道尤宜慎防，引水诸石尤宜谨避……定海与马祖停泊甚稳，以避烈风俟潮而后入江也。③

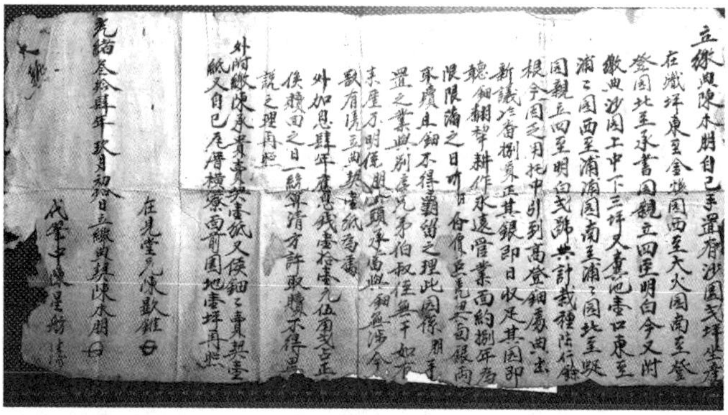

图1　光绪三十四年（1908）“陈木朋炽坪沙园的立缴典契”（王花俤提供）

---

① 参见“塘沃访谈记录陈兆喜 20190220”（< iframe src = " https：//www. facebook. com/plugins/post. php？ href = https% 3A% 2F% 2Fwww. facebook. com% 2Fstevenphhsiao% 2Fposts% 2F10215532551039399&width = 500" width = " 500" height = " 870" style = " border：none；overflow：hidden" scrolling = " no" frameborder = " 0" allowTransparency = " true" allow = " encrypted – medi a" > </iframe >）、“塘沃访谈影片记录黄善学 20190219”。

② 以白犬来说，《莒光乡志》即描述：“八里堡（台湾八里乡）与福州之五虎门对渡，由五虎门出海到白犬列岛为小洋，白犬到台湾称大洋，由闽至台湾称‘重洋’，由五虎门来的船只，称做五虎船，以闽海潮流，往淡水或八里堡或鸡笼，必须横流而渡，那时间白犬海域，商船幢幢。”参见林金炎总编纂《莒光乡志·历史篇·第四章·第一节迁界与复界》，连江县莒光乡公所 2006 年版，http：//board. matsu. idv. tw/board_ view. php？ board = 50&pid = 23870&link = 23870&start = 0，2019 年 5 月 5 日。

③ 参见《连江县志·历史志·第二篇·第一章〈航路上的马祖〉》，http：//board. matsu. idv. tw/board_ view. php？ board = 134&pid = 69048&link = 69048&start = 0，2019 年 4 月 10 日。

5. 大塘岐作为福州半港农渔聚落随着海埔新生地的出现而稳定发展

一言以蔽之，乘着福州港南来北往以及与琉球、日本、东南亚及台湾各处贸易航运的兴起，大塘岐所在的湾澳获得了发展的机缘，其除了因渔业的发展而聚集了渔民与前来捕虾皮的梅花人等外，亦出现了能导引船只进入闽江的“引水人”① 等，而与南竿其他湾澳共同担负起作为福州半港的角色。候潮水以进出闽江口的船只、不进闽江而在此暂歇补给以待扬帆的船只，为这个航海人眼中腹地广阔、可以避北风的港澳聚落增添了繁盛的景象，而蔚成了历史中璀璨的一页。

在此状况下，大塘岐一带几个最为重要的小聚落基本成形，而成为后续整体聚落发展的主要框架。一来，明代之前即已出现而湮灭在墟里徙民这类政策中的后沃（原称“后澳”，旧称“八使澳”）、陇里（繁体写为“隴裡”；亦写为“拢里”，繁体写为“攏裡”）等聚落重新聚集了人烟，展开了新的发展。在此同时，长岐聚落亦以“长箕”或“塘崎”之名，连同芹角而在明末清初至清中叶左右跃上了历史的舞台。等到清末，乘着海埔新生地的形成，被称为“小塘岐”的“炽坪”亦借由塘田沙园的开垦而出现在历史的舞台上，而且吸引了船民的上岸居住。根据资料，“闽江河口属山溪性强潮河口，水动力条件复杂，其水流悬沙含量很高”②，长年处在漂沙淤积之状况。亦即，基本上通过“北出南支”以及河口泥沙再浮悬方式向海输送大部分泥沙，不仅形成了河口一带显著淤积的情形③，也为大塘岐所在的

---

① 李仕德引 19 世纪 40 年代英国海军的报告指出，“英人亦谓唐岐山住有很多渔人，东北季风时在岛的南岸可以避风，而且岛上有舢舨船和小渔船往来闽江，有时候亦可在此间雇用进入闽江的引水人”。参见李仕德《追寻明清时期的海上马祖》；英国海军资料参见“Sailing Directions to Accompany seven charts of the coast of China, between Amoy bay, and the Yangtsz' kiang”, *The Chinese Repository*.

② “闽江河口属山溪性强潮河口，水动力条件复杂，水下地形变化多样，泥沙堆积作用强烈，汊道甚多，径流经梅花水道、川石水道、乌猪水道和熨斗水道入海。其水流悬沙含量很高，浅滩发育……1913—1950 年间，水道和河口区总体表现为淤积……河口三角洲前缘在河口南部以侵蚀后退为主，河口区北部以进积为主。”参见徐晓晖、陈坚、赖志坤《GIS 支持下近百年来闽江口海底地形地貌演变》，《台湾海峡》2009 年第 4 期。

③ 陈坚等以历史海图及 GIS 研究指出：“20 世纪上半叶，闽江口表现为较强的淤积……河口浅滩主要发育在河口区南部。闽江口南、北支河道具有不同的泥沙输送特征，基本可概括为‘北出南积’，即北支河道向海输送大部分径流和泥沙，泥沙沉积在河口及三角洲前缘地区，河口区泥沙可再悬浮，通过涨潮流向南支输送，与南支水道带出的泥沙一道促使了南支口外浅滩的发育。”而 20 世纪上半叶正是炽坪开垦之时。参见陈坚、余兴光、李东义、赖志坤、徐晓晖、黄财宾《闽江口近百年来海底地貌演变与成因》，《海洋工程》2010 年第 2 期。

后港带来了显著的泥沙，以至于19世纪40年代在英国海军记录中还呈现为海面的炽坪一带，到了光绪年间竟已成陆地，而成为农渔入垦的新生之地。前述光绪三十四年（1908）《陈木朋炽坪沙园的立缴典契》显示，当时的炽坪已经开辟了一些沙园（典契中所载有“金焕园”“大火园”“登登园”“承书园”“浦浦园”“虫足园”），搭起了屋厝、横寮，设置了粪池，而成为可以“翻犁耕作”之处，不过因是海埔新生的沙园之地，大约经常可见吴洪官所描述的风吹沙与刺球随风而飘的景况。① 凡此，再次见证了大塘岐所在竿塘人与海争地、化海为田的生存奇迹。

有意思的是，此时，每年五月至翌年三月间前来此处打虾皮的梅花人似乎已以石头厝等方式在“南排”（当时无街）盖起了临时居宿与盐米仓储之处，而把旧街（复兴路）后半一区作为最重要的聚居与处理相关事务之处，相对于位于现今台江饭店与公车总站一带以劳动者为主的鱼寮晒虾皮区，旧街南排大约也成了处理渔盐之类公共事务所在。② 是以，同治八年（1869）闽浙总督会在此立了配盐勒石告示碑（另外一处在桥仔，为列岛中仅见），严禁连江商帮恃强配盐。③ 相当重要的是，当今犹居住在旧街萧王府旁、旧称“北排”的袁、周、康三姓也在清末民初随着打虾皮的梅花人而来到了长岐，而成为老塘岐居民的骨干。另外，从光绪二十八年（1902）与光绪二十九年（1903）的两份地契可知，包含了“西面寮”与“中行”两部分的“五沙澳”（今“午沙”）小聚落也已出现，五沙地名的由来除了与村落面前一片黄金耀眼的沙滩有关外，根据杨雅心调访研究，与“五福天仙府”有五个神祇分布在村落中五个点［木鱼礋、蝙蝠礋、鸟嘴礋、状元帽礋、十八层（阶梯）］为宝而保佑村民有关。④ 简言之，当时的长岐、炽坪与五沙澳已经出现，而与先前已经出现在历史中的陇里、后沃共同成为大塘岐湾澳中农、渔与航海等生活

① 参见“塘沃访谈记录吴洪官20181004”。

② 参见“塘沃访谈记录周起财20180802”“塘沃访谈记录袁衣兰老太太20180806”。

③ 参见《连江县志·地理志·第八篇·第三章〈聚落地名由来与行政沿革〉》，http://board.matsu.idv.tw/board_view.php? board=138&pid=69200&link=69200&start=42，2018年9月22日。另，贺广义指出：“连江商帮陈建丰与长乐商帮在北竿一带采盐捕鱼，发生严重的产业纷争，双方未遵照官方章程规定，越界从事商业行为，造成利益摩擦，闽浙总督分别在长岐（现今的塘岐）与桥仔勒立石碑警告双方依界行事，严禁以身试法。石碑显示了当时桥仔与塘岐渔帆与商帮往来密切，经济应颇为可观。”参见贺广义《百年镜澳：芹壁村开发简史》，《北竿乡志》，http://board.matsu.idv.tw/board_view.php? board=24&pid=22973&link=22948&start=56，2018年10月7日。

④ 参见杨雅心《马祖地区地名的意涵：一个关于环境识觉的研究》，硕士学位论文，台湾师范大学，2005年，第82—83页；《连江县志·地理志·第八篇·第三章〈聚落地名由来与行政沿革〉》。

的生产居住之处。

三、代结论：遥想海丝东路运转之地风帆胜景的历史再现

清中叶大海盗蔡牵被歼后，海疆绥靖，直到鸦片战争后列强东来方才再起波澜，大塘岐所在的南北竿塘也进入了农渔与航海稳定发展的时期。此时除了渔农业（包含梅花人季节性捕虾皮等）的成长外，更与福州航运的勃发脱不了关系。在先前作为海防前哨关口的基础上，随着福州等地通往琉球与长崎等的航运发展以及与台湾间的对渡，大塘岐借由能避难北风、能泊众多大船的独特湾澳条件，连同南竿福澳等，共同成了福州的半港，而且具有比南竿福澳更为重要的地位。

当时，得益于朝贡贸易以及琉球人自日本、东南亚转运贡品的转口生意，福州与琉球间有了紧密往来，并延伸为与日本长崎等地的交往；而通过琉球的中介，绝贡后的日本也在正德后，借由与东南沿岸闽人为主的新兴海商集团的正式或走私往来，重新连上了关系，福州通往首里，继而向北航行到长崎、平户及兵库港等日本港口的航线，因而成为热门航路，一直维系到琉球与清廷断绝朝贡关系。在此同时，随着江南逐渐成为全中国经济重心，福州或闽南等地出发经过闽江口往舟山一带转往日本的航路亦在清中叶日益勃兴。此外，随着清廷于乾隆末年起陆续开放台湾八里坌、乌石港等与福州五虎门等的对渡，清中叶以降也出现鹿港以北港口帆船经常造访福州的盛况。福州一带闽海海域因而成了联系东洋等地重要的海丝之路，是帆影繁盛之境。

在此状况下，具有前后双港的大塘岐湾澳（连同南竿港澳）由于拥有的湾泊宽广以及最宜避北风等独特的地利之便，加以在夏季也能停泊许多船只，以及能躲避台风防止回南，于焉在清中叶成了福州的半港，成了这等必须候风、看洋流以前行之航线必经之途，而获得绝佳的发展机会，从而巩固了自明代以来即因作为海防前哨而慢慢获得的海运湾澳聚落之地位，而有了稳定的发展。大塘岐几个重要小聚落因而乘着海埔新生地逐渐浮现之势基本成形，并倚靠神明信仰、禁忌而形成了特殊的神圣空间结构。当时，除了明代前即已出现却因墟里徙民而一度湮灭而后重生的后沃、陇里外，长岐、炽坪与五沙澳等也已陆续出现，再次见证了竿塘人与海争地、化海为田的生存奇迹，它们共同成为大塘岐湾澳中农、渔与航海的生产居住之处。

凡此，彰显了承袭明代乃至先前海缘生活习惯所奠下的基础，清中叶至清末的大塘岐湾澳作为福州的半港，曾是一处海丝东路风帆汇聚的繁盛湾澳聚落，农、渔虽是地方上稳定发展的坚实基础，但海运无疑更是地方运作不可或缺的倚靠，是大塘岐之所以站上历史舞台、获得荣光而具有鲜明特性的最关键元素，是以必将是大塘岐地域性之所以形塑无法忽视的内核，值得深入地加以了解、掌握，以推进地方创生的发展。而此，即是吾人透过历史地理建筑学对大塘岐清中叶至清末聚落研究所获得的重要启示，经过如此研究，吾人大可超越既有对于大塘岐所在北竿乃至整体马祖作为“冷战”生活之地的愿景发想，而进一步将时空拉至其实不远的明清之际，遥想大塘岐当年所曾经拥有的海丝东路运转之地的风帆胜景，让这样的历史记忆，透过适当而具有创造性的挖掘与规划实践，再现成为当地未来可能的文化地景，从而召唤行旅深度体验的崭新梦想，让大塘岐踏上康庄再造的历史坦途。

边陲湾海劳动求生开出的童田异质之花

——塘岐后沃历史空间研究（五）：政治权力真空下贸易等发展时期（民初）

萧百兴　许婉俐[①]

摘　要：北竿大塘岐地区（塘岐后沃地区）虽是闽江海域边陲的蕞尔之地，却非素来所认为只是一处与“冷战”攸关的战地，而是曾经在长远的历史发展中积累了深厚的空间文化，具有相当的潜力。事实上，就在军管正式实施前不久的民国初年阶段，大塘岐所在的北竿等马祖地区仍过着以麻揽（航海贸易）为主串联起渔、农的特殊生活，他们总是在政治权力倾轧而未及全面落地掌控的真空中伺机回旋而展开了求生存的坚毅奋斗故事，从而借由渔、农（包含鸦片种植）与麻揽等的特殊劳动展现了生活的况味，也积累、形构了具有异质特色的空间，从而形构了最能够令人嗅得大塘岐自远古以来所积累的异质劳动生活之味的特殊文化资产，值得对其进行深度的爬梳与理解。本文即是针对大塘岐民初权力真空时期的历史空间研究，期待在“历史地理建筑学”视野的审视下，特别是通过耆老等的田野访谈以及历史文献的爬梳，对此一历史空间的发展做出深刻的分析、揭示其意义，除了作为大塘岐地区乃至北竿以及整体马祖历史空间研究得以深入探寻、开展的基础，更期待借此而能有助于探寻大塘岐性，俾便有助于地方创生的开展。

关键词：北竿塘岐后沃；历史地理建筑学；聚落史；地域性；民国初年的权力真空时期

---

① 许婉俐，台湾中华地方美学建筑协会副理事长，台湾华梵大学“北竿乡塘岐后沃文化资源调查暨前期规划”专案研究助理；萧百兴，台湾华梵大学智慧生活设计系空间设计组/建筑学系教授。

一、历史空间深度研究下的大塘岐：新认识与新定位[①]——军管前大塘岐湾澳聚落在权力真空下依旧坚韧发展的特殊意涵

大塘岐（塘岐后沃）[②] 地区素来被认为是一充满了军管生活记忆的文化宝库，地方社会及各级政府也都以此作为地方未来愿景想象建构的最根本基础，通过诸如“连江县（马祖）再造历史现场”等计划，展开大塘岐历史空间等的再造，并进而借由地方文化小旅行等的规划操作推动地方创生的开展。

然则，通过对地方居民的田野访谈、考古等历史资料爬梳后所进行的历史空间研究可知，大塘岐地区其实非仅是一处“冷战岛屿”，战地生活尽管有其重要性，对当代的居民也是切身的生命经验，然而，大塘岐的地方历史远不是“冷战岛屿”这样的生活场景可以概括，也不应只以此而作为整体愿景的设想基础。姑不论大塘岐地区在远古即有史前塘岐人在此缘海而生，而后更有船民、移垦的汉人（渔民、海民等）、倭盗、官兵、航海者等陆续在汉晋以迄清末之间踏上了这块蕞尔之地，遂行了与塘田洋海攸关的独特空间实践，即连在军管正式施行之前、权力基本处于真空的民国初年阶段，此地仍充斥着活生生的在夹缝中求生存的种种奋斗轨迹，不仅让这块看似不起眼的边陲之地沾染了超越于战地的特殊的气息，也蔚成了地方耆老记忆中最鲜活、最美丽甚至带有着几许荣光的动人故事。事实上，若不是军队突然转进到此而打断了原本的历史进程，这样仍历历在目而留存在老人脑海中曾经经历的生活样态反倒应是大塘岐所在北竿乃至整体马祖最切身的生活与生命经验，也应是大塘岐地域性（大塘岐性）赖以形塑所无法回避的内核。

有鉴于此，对民初大塘岐地区历史空间的深度研究便显得格外重要，特别是，这是一段到今天而言犹仍留存着耆老记忆可以追寻的年代，透过对地方耆老生活与

---

① 相关观点参见萧百兴、许婉俐、王礼俊《深度历史空间与文化地景研究对乡村振兴的重要性：以马祖北竿大塘岐地域的深度研究与规划设计实践为例》，“第七届两岸文教发展论坛”会议论文 2019 年（福建师范大学、中国艺术研究院、福建社会科学院和台湾世新大学等联合主办；中国艺术研究院文化发展战略研究中心、福建省海峡文化研究中心、福建师范大学海峡两岸文化发展协同创新中心、闽台区域研究中心、两岸关系和平发展协同创新中心联合承办；时间：2019 年 6 月 17 日—19 日；地点：福建师范大学）。

② 自古以来，塘岐后沃连成一气，“大塘岐”即指塘岐后沃所在的整体地区。

生命经验的深访，将有助于探究出大塘岐自远古以来借由洋海劳动所曾积累的生活与生命况味。而此，无疑是本文之所以书写的最主要意旨，本研究将援引历史地理建筑学（Architecture of Historical Geography）的视角，在深度空间的理论基础上致力于对民初权力真空阶段大塘岐地区历史空间的发展做一爬梳，除借由田野调查揭露渔、农（包含鸦片种植）、航海贸易（麻揽）等地方劳动生产等生活的运作情形外，亦将阐述其所导致的空间发展过程，并点明其所可能具有的空间意义，以作为地方整体深度研究及创生实践开展的基础。

二、麻揽串起渔获与农作荣耀的繁忙村澳：政治权力真空下贸易等发展时期（民初）①

根据史册，大塘岐所在的马祖地区早自南宋即已列为帝国版图，不过，明清之前岛上并未正式遣官设治，而只是派兵会哨屯戍，直至民国建立以后因应地方绥靖之需，保甲与乡治方才出现于马祖列岛之上。② 回顾历史，民国建立后，中国各地陷入割据，骚乱频仍，尤其是随着红军在闽浙等偏远山区的游击进展，各地多有战事。为因应战斗之需，福建省第一区督察专员遂于1934年编组各县保甲，在南竿牛角盐馆设立了“竿西联保办公处”，并于翌年随即移至了塘岐盐仓。③ 而后，1937年更因辖区过于广大（南竿、北竿、大坵、小坵、高登、西洋、东涌），将西洋、东涌另设一联保，南、北竿则改称为“竿塘联保办公处”，主要期待结合地方民力

---

① 本节相关历史资料主要参见萧百兴主持，王礼俊、邱锐泽协同主持《北竿乡塘岐后沃文化资源调查暨前期规划结案报告》2019年，华梵大学承接，连江县政府文化处委托。

② 《连江县志·历史志·第三篇·第一章》指出，“帝国时代的行政组织率因事设职，马祖列岛偏处外海，加上人烟不稠，明清时代除了基于海防设水哨巡防以外，岛上殆未派官设治，至民国创建后，列岛随民国政治起伏，直到国民政府北伐成功，保甲与乡治出现于马祖列岛”。参见李仕德等编纂《连江县志·历史志·第三篇·第一章》，http：//gov. matsu. idv. tw/lienchiang/history. html，2019年5月16日。

③ 邱新福等指出：“1934年，福建省连江县政府在南竿牛角盐馆设立‘竿西联保办公处’，派山陇乡绅陈通棋出任联保主任，1924年冬，陈通棋因病请辞，由北竿塘岐乡绅王宣猷继任联保主任，并将办公处迁至北竿塘岐盐馆。后因辖区过广，乃将西洋、东涌划编一联保办事处，设于西洋；南、北竿改称‘竿塘联保办公处’。”

以进行治理。① 联保办公处会选择设置于塘岐所在复兴路旧街上旧称“南排”处的盐仓，显见大塘岐所在南北竿等马祖列岛人烟已经日渐稠密，也印证了明清时期大塘岐地区在竿塘所具有的重要性。值得注意的是，这段时间马祖地方虽划设了建置，但来自县、行政督察区、道、省等上级②的管制却十分松懈，基本上处于“三不管”而由地方豪强（甚至被称为盗匪）各占地盘之状态。甚至，比明清未派官治理时可能都还来得自由，可说是一种权力真空的状况。

在此状况下，日本军舰虽曾于抗战期间短暂驻扎马鼻湾，且地方势力在外力支持下互有倾轧而肇至喋血后果③，但对居民生活其实影响不大，以至于在陈先妹、袁衣兰、陈兆喜等老人家的回忆中，那是一个有风险但却相当自由的年代。④ 而正

① 根据《北竿乡志》及《连江县志·大事记》，民国元年（1912）至1945年军队开始转进、以迄1949年马祖守备区指挥部成立之间与政治攸关的大事记约略如下（特别标注者为出自《连江县志·大事记》）：1934年福建省第一区行政督察专员王伯秋着手编组各县保甲，设“竿西联保办公处”于北竿之塘岐盐仓，管辖区域包括南竿、北竿、大坵、小坵、高登、西洋、东涌等岛屿；嗣以辖区过广，将西洋、东涌另设一联保；南、北竿改称“竿塘联保办公处”。《连江县志·大事记》记为1937年，http：//gov. matsu. idv. tw/lienchiang/event. html，2019年5月19日。1937年9月10日北竿、南竿被日军侵占，成为福建最早沦陷的岛屿。1938年4月26日日伪汉奸吴依恪带20多名海匪抢劫竿塘联保办公处，枪杀联保主任王宣猷，保长逃往筱埕；王诗芳继任竿塘区联保主任及渔会理事长。6月，竿塘保长翁成灿等联合渔商林义和（后为海匪）组织队伍潜入南竿，抓获汉奸吴依恪送县就地枭首。1949年竿塘联保办事处改制为乡公所，联保主任翁成灿接任乡长，未几连江县政府改派康姓人士接替。(《连江县志·大事记》) 1946年联保废除，芹壁村青年陈道锐出任北竿乡长。1947年连江县临时参议会成立，王诗芳任县议员，代表南北竿两乡。

② 民国建立后，建制变更频仍。“辛亥革命后，历届中央政权均置福建省。1913年，废除府、州制度，分设东、南、西、北四路观察使。1914—1927年改设闽海、厦门、汀漳、建安4个道；合并闽县、侯官为闽侯县，建安、瓯宁为建瓯县；改永春州、龙岩州为永春县、龙岩县；废除厅制，改平潭、云霄为县；析出同安县的厦门岛成立思明县。经过改革，全省计有4道、61县，仍然是省、道、县三级建制。1934年末，废除道的制度，成为省、县两级制；设10个行政督察专员区，分别驻长乐、福安、南平、仙游、同安、漳浦、龙岩、长汀、邵武、浦城等地。这是福建划分专区的开始。经过一段试行，又改划为7个行政督察区。在这前后，对县、市也作了调整。1928年，从龙溪县划出华安县；1933年，改思明县为厦门市；1934年，把光泽县划给江西省（1949年划回）；1940年，从沙县、明溪、永安县各划出一部分设立三元县，从建瓯划出一部分设水吉县；1945年，柘洋（原属霞浦）、周墩（原属宁德）两个特种区改建柘荣、周宁二县；1946年，把闽侯县的鼓楼、南台、仓山等地划出设立福州市。这样，1946年至1949年解放前夕，全省共分7个行政督察区、2市、67县。”《建置沿革》，“福建省情资料库－地方志之窗”，20151023上网，http：//www. fjsq. gov. cn/fjSituationDetailPage. aspx？key＝5a73888715c744b59f2191b2c1e25453，2019年5月19日。

③ 例如，1938年4月日军支持的吴依恪带20多名海匪抢劫竿塘联保办公处，枪杀联保主任王宣猷，保长逃往筱埕，而由王诗芳继任竿塘区联保主任及渔会理事长；6月，竿塘保长翁成灿等联合渔商林义和（后为海匪）组织队伍潜入南竿，抓获汉奸吴依恪送县就地枭首。

④ 参见“塘沃访谈记录陈先妹老太太20180802”“塘沃访谈记录袁衣兰老太太20180806”“塘沃访谈记录陈兆喜20190220”。

是在这样得以冒险、充满一定机会的空间中，大塘岐经常来往于原乡的居民①延续了先祖所曾开拓的基业，持续展开了他们以渔、农以及麻揽（航海贸易）为主的生产生活。先说渔业，以梅花人为主，每年前来桥仔与长岐所从事的冬緇作业（马祖地方称为“打虾皮”，附带打带鱼等）最为兴盛②，蔚为两岸断绝往来前大塘岐湾澳渔业生产的盛况（大塘岐捕虾皮的渔场主要在三连屿一带），并在进入军管时期之后由桥仔、芹壁等渔民承接而成为20世纪五六十年代北竿的主要产业③，直至70年代方才式微。就此，袁衣兰老太太回忆道：“梅花人以前〔农历〕④ 五月就过来，开始搭草寮（材料为竹子、竹席铺在下面），在近海〔黄善学指出在三连屿东南方〕捕鱼，隔年〔农历〕三月回，回去时会拆草寮，两个月来后再搭……虾皮要先蒸煮、晒干，请周边女性挑杂质，剩虾皮放竹篓，有人要就放麻袋，不要的杂的东

① 根据访谈，当时的大塘岐居民主要来自闽东或闽南，离家乡十分近，经常来往于原乡与大塘岐聚落之间。有些主要居住于大塘岐，有些则主要居住在原乡，如梅花人，季节性前来打虾皮。参见“塘沃访谈记录陈先妹老太太20180802”“塘沃访谈记录袁衣兰老太太20180806”“塘沃访谈记录陈赛金老太太与王天寿20181104”“塘沃访谈记录陈兆喜20190220”“塘沃访谈记录王花俤20180930”。

② 陈礼球指出：“梅花的冬緇作业，具体的创始时间已无从考证，但从梅花乡约所中遗留的清道光七年建乡约所时马祖各渔户捐款情况来看，道光之前梅花在马祖的冬緇产业已具有相当的规模，此后一直延续并逐步发展。到二十世纪八十年代的中叶，因自然环境及海洋资源的变化，冬緇作业跟不上时代的步伐而遭淘汰，逐步被板缯、大緇、八卦网等定置网作业所取代，后又转型发展为流动作业的大马力铁壳拖网船从事远海捕捞。梅花澳口因北向，冬季不利于船舶停靠，以及澳外有大片浅滩沙洐，明礁暗礁，不利十船舶进出港，故民间有：‘南怕七盘、三礁；北怕黄岐、北茭’的语。所以解放以前，梅花的冬緇作业均驻扎在马祖岛的塘岐、桥仔等澳口生产。直至1949年，两岸对峙，马祖列岛被台湾当局占据，梅花渔民经过世代开荒拓土、苦心经营数辈的全部资产被冻结于马祖岛。”梅花人冬緇作业介绍参见陈礼球《梅花渔业定置网生产的冬緇作业》，“长乐新闻网”20180425 15：15：21贴网，http：//www.clnews.com.cn/html/16/2018－04－25/151837126725.shtml，2019年5月10日。

③ 这一阶段以梅花人为主的打虾皮作业，在军管后主要由桥仔、芹壁等的在地渔民承接而成为五六十年代北竿的主要产业，直至70年代方才式微。塘岐后沃地区在梅花人撤出后据悉并没有承接打虾皮的作业，因此，战后打虾皮，主要在北竿其他港澳而不在塘岐后沃。事实上，黄善学即指出，桥仔、芹壁有当地人从事打虾皮者，塘岐后沃则没有。塘岐打虾皮都是远洋有帆的船，亦即来自梅花，桥仔、芹壁皆是近海，船比较小。参见“塘沃访谈影片记录黄善学20190219”。

④ 〔〕中文字为笔者所加，以下类同，不再赘述。参见“塘沃访谈影片记录黄善学20190219”。

西可带回家；除了晒干外，其余在渔寮里处理。”① 据吴洪官、陈先妹、周起财等人指认，梅花人渔寮大概位于塘岐中山路今台江饭店一带以及原有复兴台（今公车总站）周遭一带，每年晒虾皮时的忙碌景况蔚为大塘岐地区重要的一道人文风景。

至于当地散居在不同澳口的渔民则以捕捞黄鱼、鲳鱼、螃蟹（元宵过后螃蟹带卵）、丁香鱼、白力鱼（白鳓鱼）、带鱼等为主②，较梅花人帆船来得小的渔船（缊艚，依功能可分为“放钓船/放绯船”与“缯艚”）③ 主要停泊在补鼎仔、芹角一带，有小船（摇橹）接应上岸。不同的鱼有不同的渔场，为此，陈兆喜说道：“黄鱼渔场有三处：沪里〔繁体写为滬裡〕外、螺蚌山外延伸直至午沙坂里一带（北竿南面）、蛇沙后面；三连屿去打虾皮、白鲳”④，又说，“二月〔在澳口⑤〕打墨鱼丁香鱼要占位置，第一网下去后，第二网便没有”⑥。概括言之，不同季节捕不同的鱼并有不同渔场：农历一月元宵，以“蟹仔绯”⑦ 至三连屿等地打快下蛋的螃蟹。二

---

① 参见“塘沃访谈记录袁衣兰老太太 20180806”。就打虾皮的生产规模与所需场所，陈礼球指出：“每条渔船的生产规模，在木帆船的时期，在海上只能挂 40 张左右的网，改为机船后，在海上可挂 50 张左右。每张网的间距 60 米左右，由北向南依次排列。冬缊主要捕捞的是虾虷（毛虾），煮熟晒干后即为虾米。鱼类主要为带鱼及部分各类杂鱼。冬缊作业的固定渔场（俗称汉地），必须寻找海上非航道位置并且南北向潮流顺畅的广阔海域作为渔场。同时选择与之距离最近既便于避风泊船，岸边浅滩又可停船便于鱼货、渔具的装卸的港澳，岸上并有相应平坦的场地，搭设简易篷寮作为从业人员生活住所，及加工、存放渔货的场所。室外有空地作为鱼货及渔网晾晒场地。篷寮一般建三间，一间作为‘下江’人员的住宿之处，并作为厨房和全体人员的食堂。一间为渔网的存放、修补及染制的场。另一间楼上作为岸上‘伙长’人员的住宿，楼下作为鱼货加工、存放的场所。”参见陈礼球《梅花渔业定置网生产的冬缊作业》，“长乐新闻网”20180425 15：15：21 贴网，http：//www. clnews. com. cn/html/16/2018－04－25/151837126725. shtml，2019 年 5 月 10 日。

② 采集自后沃的渔业歌谣说明了当年依不同季节捕鱼的状况：“二月墨鱼泅水弹倒退，三月丁香赶头市，四月石卓靠潭边，五月鲳鱼有名誉，六月苔仔满江飙，七月黄鲷滚滚水海底，八月马脚游水傍傍浅，九月黄虾九龙角，十月土毛土里又，十一月红红蟹仔中落杠，十二月粒带带鱼密密刀。”参见《北竿乡志・第三篇・第二章〈语言〉》，http：//board. matsu. idv. tw/board_ view. php？board＝24&pid＝23116&link＝23116&start＝14，2019 年 5 月 18 日。“塘沃访谈记录陈兆喜 20190220”“塘沃访谈影片记录黄善学 20190219”“塘沃访谈记录王花俤 20180930”。

③ 黄善学指出，当地渔船并没有特别的名称。参见“塘沃访谈影片记录黄善学 20190219”。不过，据北竿“桥仔渔村展示馆”解说资料，“早期马祖从事定置渔网的渔船称为缊艚，主要渔产为虾皮，副产带鱼、虾蛄等”。而依据功能可分为“放钓船/放绯船”与“缯艚”。“放钓船/放绯船”，“早期马祖从事延绳钓或刺网作业之渔船称为放钓（绯）船，依对象不同可分为白力鱼钓、黄鱼钓或鲳鱼绯、蟹仔绯、鲭只绯、黄鱼绯等”。“缯艚”，“早期马祖从事围网渔捞的渔船称为缯艚，可分为白巾缯、黄鱼缯、鳀仔缯、丁香缯等”。

④ 参见“塘沃访谈记录陈兆喜 20190220”。

⑤ 参见“塘沃访谈影片记录黄善学 20190219”。

⑥ 参见“塘沃访谈记录陈兆喜 20190220”。

⑦ “蟹仔绯”“丁香缯”“鲳鱼绯”“白力鱼钓”俱见北竿“桥仔渔村展示馆”解说资料。

月在澳口放笼子打墨鱼（马祖人称“目鱼”；塘岐与后沃两边的澳口皆有，后沃澳口条件比较好，塘岐头以内靠礁岩水域为最好的放置墨鱼笼的处所，塘岐人若要在后沃好地点下笼子，则须与后沃人合作，与后沃渔民一样到杨公八使庙杨公八使灵前抽签，交纳一定费用。而若是比较外侧靠海的部分则不用抽签。杨公八使庙在此过程中扮演了一定主事协调的角色）[①]。三月亦在澳口以“丁香缯”围捕丁香鱼［沙滩上的捭绲（拉网，牵罟）常亦是捕丁香等］。三月十二到六月二十则以“鲳鱼縺”到三连屿一带放縺捕鲳鱼（以白鲳为主）。四月至八月则借“白力鱼钓”至三连屿一带以延绳钓捕白力鱼（白鳓鱼）。五六月则在塘岐头外以石头、稻草等布设“鳀仔树”[②]，营造让鳀鱼乘凉暂歇的环境，并趁潮水以缯网围鳀鱼。农历八月十五到十一月中则以子、母两条船一起趁夜晚围捕黄鱼，据陈兆喜所示，沪里外、螺蚌山外延伸直至午沙坂里一带（北竿南面）以及蛇沙后面皆为黄鱼渔场。[③] 而据黄善学所述，每年三月中到五月中亦会到东引横山（亮岛）一带听声辨位打“黄瓜”（“黄瓜”，即怀孕的黄鱼；渔船会在船舱内置听筒，由有经验的人听黄鱼呱呱呱的声音以寻找鱼群），捕黄花的汛期很短，收获相当不易，但一旦有所发现，则是一整船的满满丰收，会为渔人带来惊人的财富。[④] 另外，据悉，秋后是带鱼季节……三连屿一带的带鱼汛期自十月至次年四月，共约七个月，通常以旧历年前后，产量较多。[⑤] 打鱼回来不仅有小船（摇橹）接应上岸，而且有妇女等于湾澳忙碌接应，渔寮或石头厝等家户也成为处理鱼货的忙碌处所，例如在后沃陈兆喜的记忆中

---

① 参见“塘沃访谈记录陈兆喜 20190220”“塘沃访谈影片记录黄善学 20190219”“塘沃访谈记录王花俤 01— 04 20180930”。

② “鳀仔树”一词参见北竿“桥仔渔村展示馆”解说资料。就在地渔民以石头、竹竿、球结合稻草布设鳀仔树，创造鳀鱼能躲藏乘凉的环境，俾便趁潮水来以围捕鳀鱼之方式，黄善学在访谈过程中有详细的解说，不过黄善学并未指出这种方式叫作“鳀仔树”。参见“塘沃访谈影片记录黄善学 20190219”。

③ 参见“塘沃访谈记录陈兆喜 20190220”。

④ 参见“塘沃访谈影片记录黄善学 20190219”。东引黄鱼季、“讨横山”，至东引捕黄鱼亦可见林金炎《马祖列岛渔业之回顾》，“马祖资讯网论坛《精华区》林金炎”，贴网时间：20160222，https：//www. matsu. idv. tw/topicdetail. php？ f = 183&t = 147071，2019 年 6 月 6 日。根据《连江县志 · 经济财税志 · 第四篇 · 第三章〈渔业〉（二）》，南北竿至东引打黄瓜鱼产量丰盛时主要在 60 年代，70 年代则日渐衰颓，至 1985 年后渔船不再到东引打黄瓜鱼。《连江县志 · 经济财税志 · 第四篇 · 第三章〈渔业〉（二）》，http：//gov. matsu. idv. tw/lienchiang/economic. html，2019 年 6 月 29 日。

⑤ 参见林金炎《马祖列岛渔业之回顾》。

小时候“螃蟹很多打回来用稻草绑起来（在前院子或客厅里绑）”①，当时的妇女虽不允许上船，却可以在船只回来后于岸上帮忙。在此同时，亦有康姓等渔户利用前港沙滩进行捭缢（拉网，牵罟），并有妇女等在后沃礁岩及前港后港潮间带间掏捡海菜以及贝类、螺类与淡菜并敲牡蛎等，而蔚为渔产丰饶的景象（陈香莲记叙战后状况为“后港要拿筷子才能敲出贝类，大蛤与西施舌，有海钢盔、淡菜。〔沪窟处则以〕竹栏捕乌鱼……前滩也有贝类”②）。一言以蔽之，当地的下江人总是借由山头辨认方向、循着老练的经验与高超的操舟技艺乘风逐浪听声辨位追逐着鱼群，而将山海气雾间深藏的生死风险转为老酒得以沉淀栖居的“太平”恩典。③

渔业之外则是有限的农业，除了传统主要种植的地瓜、豆类与少数蔬菜以及自然野生作为柴薪的野草外，山坡上可耕之处以及塘岐的自然水圳（大沟排）旁曾经一度种满罂粟（每年 3 月为收获的季节），而成为陈先妹老太太鲜明的回忆：以前的北竿，几乎家家户户都种鸦片。每年 3 月的时候是收成鸦片的季节，一颗果实可以取出很多种子，大家都以酒瓶收集果实的乳汁，鸦片乳汁就像宝一样。鸦片馆的位置一家在现在塘岐小学门口，是刘清镛家旁边的小茅屋，是一位马祖人尊称他为铁敢伯的大陆人开的。另一家则在复兴路上，叫后沃（马祖话）。当时许多有田地的人种鸦片，再把鸦片卖给专门收购鸦片的商人。村子里几乎都有人抽鸦片，生病如胃痛、肚子痛等，一抽鸦片就比较不痛了。以前有些人会把收入花在鸦片上，没有钱买鸦片时，甚至会卖妻小。鸦片一抽，就跟龙一样精神百倍，没得抽，整个人呼天抢地地喊痛，感觉像快要死掉了。有些人也会用石磨将种子磨一磨，那种子就像小白菜的种子，加入鼎边趖一起煮来吃，好香好好吃……④

通过这样的描述不难想见，罂粟的种植在当年的大塘岐十分普遍，构成了地方居民生活中相当深刻的印象，其不仅蔚为瑰丽奇幻的地景，也与塘岐街上曾经存在的鸦片馆（位于今塘岐小学门口原刘清镛家旁小茅屋以及复兴路名为“后沃”的

---

① 参见“塘沃访谈记录陈兆喜 20190220”。

② 参见“塘沃访谈记录陈香莲 20181103”。

③ 陈先妹老太太表示，她外婆曾告诉她，早年技术好的老船长，在狮屿中间，乘着一个浪头便可以操舟飞越弥勒腹（铁拳山）而回到尚书公处（亦即炽坪）。另，在海中捕鱼辨认方位主要靠山头；捕黄鱼则主要听声音判别鱼群的位置；北竿人有喝老酒、吃太平蛋（吃太平）等之习俗。参见“塘沃访谈记录陈先妹老太太 20180802”“塘沃访谈记录袁衣兰老太太 20180806”。

④ 参见陈先妹口述《鸦片馆》，载北竿乡塘岐社区发展协会《寻访 50 年代壁山下的塘岐》，连江县政府 2014 年，第 15 页。

店）及酒馆[①]，共同折射了大航时代折冲在生死流海间所无形渗透的虚迷幻影。

当然了，当时最为人称羡的便是航海贸易，亦即从事“麻揽”（或称“麻缆”“锚缆”等），后沃、陇里（亦写为“拢里”，繁体分别写为“隴裡”“攏裡”）与塘岐皆有从事麻揽者，其中，最负盛名的即是由人称“水哥”“水伯”的郑寿龄（17岁由梅花来到桥仔）于塘岐开设、而由二弟郑聿骏管理的“顺椿号”[②]，其与位于桥仔的“源生号”、梅花老家的“春源钱庄”等形成了“源生事业群”，可说是闽东商人靠海维生借由商业灵活运作的具体展现。而早在宋、元即已可能开发的陇里地方虽小，但根据陈赛金老太太的回忆，“王皓皓的伯父以前有麻揽、王美金（先生姓张，入赘王家）也有麻揽；高金水也有麻揽，小小地方有三户做麻揽”[③]，难怪，陇里过去一度被视为大塘岐地方最为富有之地，承载了地方对于富庶的美好想象。[④] 至于后沃亦有从事麻揽者，根据陈兆喜回忆，最负盛名的即是“三合和商号”，系由陈兆喜祖父那一代的堂兄弟（为后沃鹤上陈氏第一代）所合伙共同经营，他们的渔船除了用以捕鱼（主要为黄鱼）外，亦会来往于闽东经营麻揽作业，陈兆喜年轻时即曾随船出航，有一段具有冒险性而充满刺激的传奇经历。而正因为经营这样的事业，早年陈氏即曾雇用了许多来自对岸黄岐一带的渔工聚居于后沃以协助相关的工作。[⑤] 凡此种种，见证了大塘岐湾澳在从事农渔与远航之际，亦凭借麻揽来回载运什货于长乐、黄岐与北竿（塘岐、桥仔）之间而滋生巨利的鼎盛时代。

值得一提的是，除了上述情况以外，大塘岐湾澳在当时机械轮船仍未全面取代帆船的时代，仍以其独特的港澳与历史地理条件而扮演了一定远航转运与行政的角色，而让其与在当时已因渔业及闽海间什货小商品贸易而后来崛起的桥仔澳有了一

---

① 陈先妹：“塘岐季节性捕鱼之余，渔民就经营鸦片馆以及酒馆。”参见陈先妹口述《鸦片馆》，载北竿乡塘岐社区发展协会《寻访50年代壁山下的塘岐》，连江县政府2014年，第15页。

② 贺广义：“郑寿龄也在塘岐开设‘顺椿号’经营什货载运事业、酿造老酒、鱼露腌制等营销项目。‘顺椿号’由次房郑聿骏管理，账户请族人郑守安负责盈余记载入库房，货品来源由顺椿出海货船‘郑成利号’装运，四房郑守浩负责福州等地采购，三房郑守银掌管货轮运输塘岐、桥仔二店售销事务。”参见贺广义《源生号与桥仔海洋时代》，《马祖日报》（电子版），http：//www. matsu - news. gov. tw/news_ info. php？CMD = open&UID = 108939。

③ 参见“塘沃访谈记录陈赛金老太太与王天寿20181104”“塘沃访谈记录陈兆喜20190220”。

④ 参见王皓皓口述《塘岐社协——50年代故事——陇里篇》，https：//www. matsu. idv. tw/topicdetail. php？f =63&t =123165&fbclid = IwAR3nVblcfErKoYhfaJN_ qMllsZsmOdwuABUxM0KeGmyY5L7m4X7XTTETey4，2019年6月27日。

⑤ 参见“塘沃访谈记录陈兆喜20190220”。

丝区别。诚如黄善学在访谈中特别强调的，大塘岐地区更多是跑远洋的，而桥仔等地则偏属于近海的。① 当时，作为北竿甚至南北竿行政中心（原为竿塘联保办公处，1939年后改为乡公所）的大塘岐湾澳依旧停泊了来来往往的船只，其中，在陈兆喜的印象中，特别是还有来自海坛（今平潭岛）等地欲转往台湾淡水、基隆等处的南人大船，水线以下漆白色上为木头色的船身，三张主帆一张副帆的巨大风帆，伴随着港内繁忙穿梭补给的摇橹小船，让陈兆喜、黄善学等当时的大塘岐人，体认到了一丝即使到了将近七八十载后的今天，仍有溢于言表的繁盛美好之感。②

三、代结论：记取湾海童田劳动求生的异质生活况味

明清之际，大塘岐日益在福州与琉球、日本等所开展的海丝东路航线基础上，成为福州的半港，渔、农及航海有了稳定的发展，而成为海丝东路风帆汇聚的繁盛湾澳聚落。如此盛景，显然承继了远古史前塘岐人以降大塘岐先祖与洋海亲近的生产劳动习惯，而继续成为下一阶段民初权力真空阶段大塘岐人生活的主要模式，而为之后随即进入军管战地生活的大塘岐，留存了一丝得以追溯既有生存与生活模式以理解自身身世及传统生活特色的珍贵线索。

回顾历史，大塘岐所在北竿等马祖地区在民初日渐陷入纷乱之际虽设了建置，但来自县、行政督察区、道、省等上级的管制却十分松懈，基本上处于“三不管”而由地方豪强（甚至被称为盗匪）各占地盘之状态。甚至，比明清未派官治理时可能都还来得自由，可说是一种权力真空的状况。在此状况下，日本军舰虽曾于抗战期间短暂驻扎马鼻湾，且地方势力在外力支持下互有倾轧而肇至喋血后果，但对居民生活其实影响不大，以至于在诸多老人家的回忆中，那是一个有风险但却相当自由的年代。而正是在这样得以冒险、充满一定机会的空间中，大塘岐经常来往于原乡的居民延续了先祖所开拓的基业，持续展开了他们以渔、农以及航海贸易（麻揽）为主的生产生活，从而开展出了甚具生活况味的一页历史。

就渔业而言，每年由梅花人前来桥仔与长岐所从事的冬缊作业（马祖地方称为“打虾皮”）已然大兴，从而蔚为两岸断绝往来前大塘岐湾澳渔业生产的盛况。除了

---

① 参见“塘沃访谈影片记录黄善学 20190219”。

② 参见“塘沃访谈记录陈兆喜 20190220”“塘沃访谈影片记录黄善学 20190219”。

康姓等渔户利用前港捭缯（拉网，牵罟）外，当地的下江人亦循着不同季节在不同的渔场捞捕着诸如黄鱼、鲳鱼、螃蟹、丁香鱼、带鱼等属于地方的渔获，他们总是借由山头辨认方向、循着老练的经验与高超的操舟技艺乘风逐浪听声辨位追逐着鱼群，而将山海气雾间深藏的生死风险转为老酒得以沉淀栖居的“太平”恩典。不能上船的地方妇女、孩童则于湾澳沙滩上忙碌接应，利用鱼寮或石头厝等家户忙碌地处理鱼货，并利用时间于后沃礁岩及前港后港潮间带间掏捡海菜以及贝类、螺类与淡菜并敲牡蛎等，而蔚为渔产丰饶的景象。

渔业之外则是有限的农业，除了传统主要种植的地瓜、豆类与少数蔬菜以及自然野生作为柴薪的野草外，相当令人瞩目的是，山坡上可耕之处曾经一度种满了罂粟，不仅蔚为瑰丽奇幻的地景而给居民带来了深刻的印象，也与塘岐街上曾经存在的鸦片馆及酒馆，共同折射了大航时代折冲在生死流海间所无形渗透的虚迷幻影。当然了，当时最为人称羡的便是航海贸易，亦即从事“麻揽”／“麻缆”，后沃、陇里与塘岐皆有从事麻揽者，其中，最负盛名的即是由郑寿龄（17 岁由梅花来到桥仔），于塘岐开设的“顺椿号”，可说是闽东商人靠海维生借由商业灵活运作的具体展现，见证了麻揽来回载运什货于长乐与北竿（塘岐、桥仔）间而滋生巨利的鼎盛时代。

在此状况下，大塘岐湾澳在当时机械轮船仍未全面取代帆船的时代，仍以其独特的港澳与历史地理条件而扮演了一定远航转运与行政运作的角色，而让其与在当时已因渔业及闽海间什货小商品贸易而后来崛起的桥仔澳有了一丝区别。当时，作为北竿甚至南北竿行政中心（原为竿塘联保办公处，1939 年后改为乡公所）的大塘岐湾澳依旧停泊了来来往往的船只，其中，特别是还有来自海坛（今平潭岛）等地欲转往台湾淡水、基隆等处的南人大船，湾澳内繁盛碇泊的帆影，伴随着港内穿梭补给的小船，让陈兆喜、黄善学等当时的大塘岐人，体认到了一丝即使到了将近七八十载后的今天仍有溢于言表的繁盛美好之感。

可以这么说，这是一处在冈丘连沙的岐海湾澳中借由劳动求生而积累了深厚生活况味的异质聚落，犹如过往“竿塘”亦曾被称为“关童”这类名字而暗喻为草木稀少的关口之义所示，其总是在边陲艰困的处境中，乘着权力三不管的真空缝隙，借由坚韧的生产劳动而获得了生存的立足点，从而将童山濯濯般的不毛之地转化为罂粟等农作鲜艳盛开的塘田，并连同虾皮等鱼货、麻揽等众帆汇聚这等湾海洋流所赐予的恩典，开出了看似奇幻的瑰丽之花，而成为大塘岐性积累最关键的内核。民初权力真空时期大塘岐作为一处湾海童田借由劳动生活所积累而出的深厚异质况味，于焉成了大塘岐至为值得追忆探寻的文化资产，若能妥善地加以深掘及运用，实有机会走向身世重新探索与文化经验重新肯认之途，并通过深具创造性与前瞻性的空间实践以迈向地方创生之途，从而让大塘岐成为一处交缠异质生活况味而得以召唤深刻体验的梦想扬帆之地。

第六编

两岸文化交流与认同

加强谱牒中心建设，促进两岸文化认同

沈文锋①

族谱是一个家族的生命史，同时和地方志、史书共同构成了整个国家的全部历史。相当一段时期以来，族谱成为中国人寻根问祖的指南针，又是中华民族文化认同的血脉基石。台湾是一个移民组成的省份，以闽南人居多，两岸“三通”以后，福建成为对接台湾修谱和寻根的最重要的地区，也成为建设我国谱牒中心的重要区域。近几年，随着经济社会的发展，编修族谱在海峡两岸逐渐形成热潮，各种谱牒机构纷纷成立，围绕族谱对接、族谱研究而开展的两岸文化交流活动络绎不绝。

两岸族谱互动是近年来备受关注的文化现象。究其原因，其一是台湾人民寻根意识的增强，直接促进了两岸族谱的交流。从源头看，台湾族谱直接来源于福建或其他省份，根在中原。这是由台湾的人口来源决定的。历史上从福建到台湾的几次大移民，导致祖籍地在福建的人口占了台湾总人口的80%以上，而福建人大多数来自中原移民，再加上国民党迁台带去的百多万人口，大多数台湾人民总体上遵循了从中原到福建，再由福建到台湾的这么一个迁徙轨迹。这几年通过族谱对接，不少台湾同胞，主要通过宗亲会的帮助，回到大陆祖籍地找到了自己的祖先。如近几年泉州有二三十个姓氏的闽台同宗村族谱对接成功，促使五六百名台湾同胞回到泉州祖籍地寻根谒祖。值得强调的是，台湾谱牒研究较早，从清末一直到光复后，编修族谱方兴未艾，又起高潮。据统计，台湾现在收藏的族谱有6000多种1.5万册以上，数量相当可观，成果也较为显著，客观上为两岸族谱的互动创设了较好的条件，这些研究成果自然也影响了海峡彼岸。

其二是台湾有关族谱的研究机构不少，族谱文化产业的形成，为两岸文化交流提供了可以倚重的资源。在与台湾相关人员的交流中我们得知，在台湾，专门收藏族谱的个人或机构不少，比较有名的如台湾万万斋藏书楼及其主人、谱牒专家廖庆

---

① 沈文锋，中国闽台缘博物馆副馆长。

六先生；还有专门帮助编修族谱的机构，如台湾宗亲谱系学会。台湾发达的市场经济和文创产业催生了族谱文化产业的链条。这几年大陆族谱收藏和研究兴起，众多图书馆、博物馆等成为台湾族谱文创产业交流的平台。例如，中国闽台缘博物馆从台湾万万斋藏书楼购买旧谱 403 件套约 4300 册，费用计人民币 140 万元左右。此外，福建省图书馆也花费人民币数十万元从万万斋购买过族谱 165 种。很显然，台湾谱牒文化向大陆的传播，其浓厚的文创意识也影响了大陆。

加强谱牒中心建设，促进两岸文化认同，这是顺应两岸关系和平发展的时代之需。2019 年新年伊始，习近平总书记在《告台湾同胞书》发表 40 周年纪念大会上就推动两岸关系和平发展、推进祖国和平统一进程提出了五点主张，其中第五点主张是“实现两岸同胞心灵契合，增进和平统一认同”，并特别强调“两岸同胞交流合作不能停、不能断、不能少”。在 2019 年全国两会期间参加福建代表团审议时，习总书记又指出，要探索海峡两岸融合发展新路。要加强两岸交流合作，加大文化交流力度，把工作做到广大台湾同胞的心里。从两岸文化交流的视野来看，加强姓氏族谱文化交流，正是在搭建通往台湾同胞心灵原乡的桥梁，用实实在在的宗亲文化倡导“两岸一家亲”的理念，以此发挥中华传统文化在海峡东岸同胞中的文化认同作用，对于推动两岸经济、文化的融合发展，促进两岸走向和平统一无疑具有重要的现实意义。

在此背景下，大陆的族谱收藏、研究机构不断增多，工作力度纷纷加大，技术手段也得到了改造提升。在大陆，具有收藏研究族谱功能的谱牒中心等机构总数已达数百家，规模比较大的有上海图书馆、国家图书馆、首都师范大学、南开大学、山西省社会科学院家谱资料中心等。其中，需要特别指出的是，位于台湾同胞重要祖籍地福建泉州的中国闽台缘博物馆是以反映祖国大陆与台湾历史关系为主题的国家一级博物馆，多年来致力于谱牒征集和整理，建立族谱信息资料库，采集馆藏族谱迁台信息资料，与台湾方面的谱牒专家、藏家颇有互动，2019 年还从台湾收购了一批 1949 年以前的旧族谱。该馆正在制订改造升级方案，其中，优化完善“闽台姓氏与族谱文化”展馆，建设海峡两岸谱牒交流中心是突出习近平对台工作思想和闽台缘定位的重要体现。

纵观当下两岸族谱对接的现状，存在的诸多问题皆令人担忧。比如：一般来说，迁台的前几代人会比较挂念原乡，过了三代以后，特别是到第五、第六代，他们对祖先的原乡之情变淡，编修族谱和寻根意愿减弱，自然就影响了对中华传统文化的认同。另外，大陆各族谱收藏机构之间缺少共享机制，给两岸的查询工作带来很大的困难。再者，普遍缺乏谱牒方面的权威，对于已有谱牒以及修谱中的错误难以发现和纠正。

随着 5G 时代的到来，在推动两岸融合发展的大背景下，需要对大陆现有的谱牒收藏机构进行改造提升。如何加强新一代谱牒中心建设，更好地服务于两岸同胞的现实需求，促进两岸文化认同？具体建议如下。

一、增强族谱资源的共享性

族谱资源的收集、整理、研究是一个浩大的工程，同行之间携手共进，资源共享才能事半功倍。据调查，台湾前十大姓“陈、林、黄、张、李、王、吴、刘、蔡、杨”与福建前十大姓“陈、林、黄、张、李、王、吴、郑、刘、杨”绝大部分相同，前七位排列完全一致，且在两岸都是大姓。台湾这前十大姓占其总人口的一半以上，均为明清时期渡海迁台的移民，他们的入台始祖大多数来自福建，即使部分来自广东的，其祖籍也在福建。其他姓氏的数量虽然很丰富，但 1500 多个姓氏所占人口还不到总人口的一半，这部分人是在台湾光复后从大陆其他各个省份迁台的。海峡两岸均出现的编修族谱热潮，使得各种新谱不断产生，要靠各个博物馆自己的力量扩充谱牒收藏显然比较吃力。因此，同行之间的共生互补，合作共赢，是解决问题的关键性所在。例如，中国闽台缘博物馆花 100 多万元收购台湾族谱 4000 多册，现有族谱资料共有 9670 册，也才涉及 159 个姓氏 2507 种，涵盖两岸 15 个省份。其他更多的资料还处于整理、收集的过程中。随着 5G 时代的到来，给新一代谱牒中心的建设带来了契机，新的技术的引进，将使旧有的许多工作难题迎刃而解，加强同行各个族谱收藏单位的业务联系与合作，利用信息技术提高族谱资源的共享性，成了当务之急。

二、提高族谱工作的服务性

虽然全国各地的谱牒对接和服务多年来做了不少工作，如举办族谱论坛、入岛展示等，但是实际上能够通过族谱确切解决台胞寻根问祖愿望的还十分有限。例如，中国闽台缘博物馆接待过100多批次前来查询的两岸同胞，但大约三分之一台胞只能够查到相关信息。为此，增强谱牒工作的服务性，成了燃眉之急。

如何打破工作的瓶颈，在实效上做文章？首先，解决这个困境的有效途径就是把族谱收藏、对接、研究和寻根服务结合起来，把谱牒中心和宗亲会联系起来，依靠宗亲会，形成紧密型的抱团关系。如前所述，泉州的宗亲会帮助过台湾顾、蒋、蔡、陈等20多个姓氏的闽台同宗村族谱对接，获得了台湾宗亲的赞誉。此外，在第八届海峡论坛上，来自台湾各地的164位宗亲，分赴泉州的晋江、泉港、石狮、惠安、南安、德化、安溪、洛江等县（市、区）的73个同宗村寻根谒祖，延续了血脉亲情。因此，谱牒中心必须改变角色，从一个收藏、研究者变成参与者，与两岸宗亲会密切合作，同时开展海峡两岸宗亲会之间的对接培训，规范两岸宗亲对接服务流程，以此确保服务台胞的工作落地，“两岸一家亲”也才能最终体现出来，达到认祖归宗、文化认同、促进两岸走向和平统一的目的。其次，增强服务性的一个重要方面是吸引年轻“首来族”的问题。年青一代对谱牒兴趣减弱必然导致乡情的淡化，从而影响文化认同。这不是族谱不重要的问题，而是更新观念、紧跟时代的问题，如在族谱编修中树立男女平等的观念，在族谱对接展示中增强娱乐性、紧贴信息时代的特点等。

三、提升族谱信息的智慧性

紧跟智慧博物馆的发展趋势，借助人工智能进行信息处理，让族谱信息变得聪明起来。目前族谱收藏工作普遍存在两方面问题：一是收藏单位众多，数量和质量参差不齐，同时缺乏共享机制，浪费大量资源；二是信息科技手段薄弱，数字化程度低。虽然大多数藏谱单位都在进行族谱的数字化工作，但由于该工作缺乏标准，大多数是机械式的扫描或者数码相机拍摄，所形成的画面文件无法进行数据运算，无法开展检索等实用功能，更难以实现智慧化的工作模式。因此可以说，目前采集的大多数族谱数字化信息还谈不上智慧运用，仅仅处于数字化的初级阶段，不能进行数据处理。据美国犹他家谱学会聂思海（Steve Nickle）介绍，目前该学会正和苏州某科技公司合作，开发族谱的检索功能。只有能够实现人名检索，族谱的数字化才是有意义的。

族谱信息的处理，需要在人工智能的运用上下功夫，分步进行族谱的信息化处理：第一步，开发登录检索软件，根据族谱的体例格式把所有的族谱变成可按字符搜索的电子族谱。第二步，开发具有人工智能的族谱分析软件。第三步，利用5G时代，打通人为的和机制的壁垒，实现不同馆藏族谱资源的共享、快速到达和信息处理；能够通过比对和运算，发现族谱之间的内在联系从而具备如下功能：（1）组网。例如，同一姓氏或同一地区的族谱组成网。（2）纠错。发现族谱中的差错，提出问题，找出线索。（3）"画像"。参考已有的史志、研究文献等，尽可能形成每个姓氏立体、丰满、完整的谱图，并为每个族人进行"画像"。这里的"画像"并非简单的可视化，而是一种符合人物个性的逼真的描绘。（4）人机对话。采用语音识别、人脸识别、模糊查询等技术，为查询者在数据库中自动查找信息，同时记录查询者的信息。（5）自动升级。数据库、算法等能够自动升级，及时更新数据，优化工作模式，同时与留下查询讯息的查询者联系，进一步提高谱牒中心的服务能力。

四、扩大谱牒中心的权威性

谱牒中心需要提供各种族谱及其相关信息，以满足包括寻根在内的各类查询、研究等需求。为此，一方面，除了征集、购买族谱外，还要大量通过共享的方式扩充族谱资源，使谱牒中心拥有最齐全的族谱资源，这是在数量方面所做的努力；另一方面，从质量上看，要加强族谱资源的开发研究，主要是加强谱牒人才队伍建设。一要培养谱牒专家，提升现有人员的科研能力和水平；二要引进族谱方面的人才，在人才的引进上要放宽视野，包括招聘来自台湾的大学毕业生、引进台湾的谱牒专家等；三是加强和高校等学术机构的合作。通过以上三个方面的途径不断从数量上和质量上探索满足两岸同胞在族谱服务以至寻根方面要求的方法，从而提高大陆谱牒中心在族谱领域的权威性。

台湾书法现状与分析

周　延[①]

明末清初以来，大量的福建南部和广东东部人民移垦台湾，最终形成以汉族为主体的社会。台湾书法承续宫廷翰林书风，以赵孟頫、董其昌的精美俊逸书风为主流，创造了独具台湾特色的书法面貌。

台湾的书法受大陆的影响很大。1949 年国民党退踞台湾，将北平故宫、南京中央博物院等地所藏的重要文物与图书精华、书画碑帖等劫掠至台湾。同时徙台的人员多是硕彦，具有深厚的文学涵养。其中有许多艺术精湛的书画家，如于右任、张大千、台静农、王壮为、溥心畬、江兆申等。他们不仅为台湾带去了多元的书法理念，也通过私人教学、学院教学以及担任各项书法比赛的评委，培育了新一代的台湾书法。现在活跃在台湾书坛的艺术家多是受业于他们。

台湾书法也受到日本的影响。1895 年《马关条约》签订后至 1945 年台湾光复，台湾被日本殖民统治 50 年，深受其影响，书法方面也不例外。日本在台湾设立“台湾书道协会”“日本书道振作会”等，举办展览，吸收书法爱好者，曹容、陈丁奇都是获奖而得声名者；日本的书法初级教材教法也应用于台湾，成为影响台湾书法的重要因素。台湾光复后，曹容主张书法学习，必须“广取中原甲骨文、钟鼎文、秦汉碑文、魏晋唐碑志、帖学等，以破倭夷‘变体魏碑’体势，使台人免于受夷化”。曹容的话看似针对书法学习，其实在于“夷夏之辨”与对华夏文化正统的坚持。曹容被誉为“近百年来台湾书坛之祭酒”，诚乃实至名归。

1987 年台湾解严，台湾人逐渐强调所谓的民主、个人自由、政治解放、威权体制的崩解。部分书法家膜拜后现代主义理念与西方现代主义艺术，套用美术中的现代性实验艺术来进行书法创作，称为现代书法。同时期，大陆也开始兴起现代书法。大陆与台湾的现代书法除了受西方艺术的影响之外，还受到日本的现代书法的

---

① 周延，中国艺术研究院书法院展览部主任。

巨大影响。第二次世界大战后，日本人在现代书法领域取得了重大成就，但是，随着日本的几位现代书法艺术家的陨落，日本的现代书法也随之没落。两岸的现代书法有很大的发展，但是没有取得重大进步。台湾在现代书法的基础上将设计引入书法，使得书法与各艺术门类结合，将书法泛化，这就是通常所说的泛化性书法，书法的使用意义得到了增强。比如，将书法转化为肢体表演的云门舞者；以各种点画形态的组合创作平面设计；或是在书法中加上色彩；等等。

2010 年，中国艺术研究院与台湾共同发起“两岸汉字艺术节”，至今已举办九届，旨在海峡两岸搭建高规格、高品位的汉字艺术交流平台，延续汉字书写的文脉，推动两岸学术、文化和艺术上的繁荣与发展。活动展示两岸名家书法、篆刻作品。台湾参加展览的作者都是活跃在台湾书坛的领军人物，参展作品包括传统书法和上文提到的泛化性书法。

泛化性书法是书法艺术的衍生与应用，它的繁荣有助于书法外延的扩张，于其内涵的深化则意义不大。作为书法展而言，泛化性书法可以有几幅起点缀作用，没有也无妨。台湾提供的展览作品中，此类作品占比大于 40% ，过多，而且无多新意。

对于台湾参展的传统类书法，可以分为三类，一是耆宿派，二是少壮派，三是其他。耆宿派是指受到赴台宿儒教化的现今七八十岁的老书法家。他们的书法作品书写性强，虽然在字形的流美方面有所欠缺，但是线条点画很耐看，线条中透出作者独特的精神气息，是书法内涵的某种呈现。值得强调的是，能够在线条中透出作者独特的精神气息的书法作品，就是一幅难得的书法作品。如果书家能够在这基础上进一步在字形中同时透出自己的那种独特的精神气息，那就可能是历史上的书法大师了。如果书家的书法整体中的各个细节都能统一地呈现自己独特的精神气息的话，那么，他就可能是历史上开宗立派的书法宗师了。每一个人都是具有自己独特的精神气息的，所以理论上说书法的形态面貌是无限的。对一个书家而言，开发自己的独特精神面貌并且在书法中将之物态化并呈现出来是相当困难的。这也是为什么认为书法展览要以传统书法为主的原因。少壮派是指现今三四十岁的青年书法家。他们与大陆书法交往密切，受到大陆书法的影响，甚至在大陆高校攻读博士。他们的书法在用笔、字形、章法等形式上更贴近传统，但是还不够细腻，有架子而缺内涵。

造成台湾书法现状的直接原因是什么？通过与台湾书法家的交流，我们不难发现，是教育直接导致如今台湾的书法现状。台湾的书法启蒙是在私塾完成的。从启蒙到书法家身份的确立，多数人是通过众多民间、官方的书法奖赛确立的。台湾奖赛很多，不仅有成人，还有专门针对高中生的，奖金也比较丰厚。台湾有书法本科、硕士、博士专业教育，但是现任的高校书法教师绝大多数不是书法创作专业毕业的，消化这批教师需要一二十年的工夫。现在台湾书坛活跃的作者群里，奖赛出身与科班毕业者的比例大概是七比三。相比较而言，大陆的书法家基本上都是科班毕业的。

通过两岸书法现状的对比，还可以发现，造成台湾书法现状的深层原因是政策。大陆有一以贯之的政策理念，我们的政策是延续性的，是不断调整不断深入的，是实事求是地围绕中华民族伟大复兴这个宏伟目标而逐步推进的。我们曾经有过现代书法、有过流行书风，目前则是回归传统，深化传统，从传统中发展的新古典主义书法。我们的书法风格是随着时代的发展而发展变化的。这与中国文联领导的中国书协的努力有关。40 年来，在中国书协的倡导下，中国引发了书法热，并且一步一步地将书法推进。另外，我们的很多高校成立书法专业，各大高校之间的互动与竞争完善了书法学科，书法不仅仅是创作，还有理论研究。台湾不仅没有这种高屋建瓴的政策支持，还不断设置一些障碍，以所谓的民主的手段来阻止书法进课堂，来削弱书法。

所以，两岸的书法交流是需要的。汉字是我们中华民族文明起源的标志和民族智慧的结晶，书法是我们中华民族的心灵栖息地，是维系中华民族统一的关键元素之一。

后　记

自从人类有了居所，文化就得以生根、延续，文明得以传承、发展。人类的集中聚居之处在英文中称为“settlement”，聚落。“聚落”一词，在我国古代典籍中常有出现，最早见于《汉书·沟洫志》，其中有“或久无害，稍筑室宅，遂成聚落”的记载，也就是说聚落是人类能够安全地、较为长久地聚集、居住之所。

聚落规模的大小千差万别，少则几户人家，多则百万、千万人口，都经历了由小到大的发展过程，不仅受自然因素的影响而发生变化，也是一定历史时期社会、经济、政治、文化共同发展的产物。聚落的发展大致有两种不同的历史走向：其一，许多古代聚落不断地发展壮大，最终形成城市，成为传承历史文化与建设现代文明的汇聚所；其二，有一些传统聚落因交通、经济等因素的影响，将原有的聚落规模、建筑形式，甚至生活方式一直保持下来。

我们研究聚落，不仅因为它是人类的聚居地，有着在地理层面上的房屋建筑整体布局，是丰富的人类物质遗存，还因为它作为活态的居住场景，有厚重的历史延续感和文化传承性。马克思曾说：“一旦人类终于定居下来，这种原始共同体就将随种种外界的，即气候的、地理的、物理的等条件以及他们的特殊的自然性质——他们的部落性质——等等，而或多或少地发生变化。”（［德］马克思：《经济学手稿（1857—1858）》，载《马克思恩格斯全集》第46卷上册）

人们在聚落中居住，他们生产生活、休憩娱乐的形式以及各种社会活动场所和设施等，均留有着独特而鲜明的文化印记。明代地理学家徐霞客也在其游记中多次提到“聚落”一词，记录了各地聚落的分布情况和风土人情。

传统聚落是传统文化的载体，从不同侧面记录了社会、经济、政治、文化、民俗等历史变迁，无不体现着地域和民族的智慧，体现着居住者的一种文化认同感与归属感，一种浓浓的精神“家园”意识。

《易经》中提道：“刚柔交错，天文也；文明以止，人文也。观乎天文，以察时变；观乎人文，以化成天下。”我们普遍认为文化是人类长期创造而形成的产物，也是人类社会与历史的积淀物。但实际上，文化既看不到，也摸不着，它凝结于有形的历史遗存之中，又游离于这些有形的物质之外。联合国在2010年通过的《文化对于发展的力量》报告中曾经着重指出，文化是可持续发展的根本构成要素，文化是渗透于我们生活各个方面的知识、意义与价值的储存库。

从文化的角度切入聚落研究，主要着眼点在于那些基本保持原貌的传统聚落，研究其建筑或建筑群的历史延续与艺术性，梳理其在历史发展过程中的社会变迁与文化意义，特别是有特殊意义的生活场景、文化活动和聚落景观。我们要研究的聚落文化，并不是历史的合集，而是那些能够体现我们国家与民族脊梁的价值理念与思维方式，是能够代代传承和广泛传播我们国家与民族特色的生活方式及行为规范，是能够彰显我们国家与民族品格的艺术技艺和文化特点。在此种意义上，聚落文化研究对于中国传统文化基因的挖掘与保护有着重要的意义，也为我们未来开展乡村振兴工作、发展文化旅游业指明了方向。

"两岸大学生传统文化系列学术活动"正是基于这样的思考，摸索前行。2019年8月，"第五届两岸大学生聚落文化与传统建筑调查夏令营暨学术研讨会"在福建宁德顺利落下帷幕。2015年至今，两岸学子先入闽南，再入闽东，对各地传统建筑和文化遗存进行了实地考察与亲身调研，共同参与到两岸历史文化的保护、研究与传承中。

总体来看，这五届系列学术活动呈现以下三个特点：首先，活动形式丰富，既有田野调查又有作品设计，既有会场研讨又有专家讲座，以传统聚落、古建筑等相关文化遗迹为主，让同学们近距离地感受传统文化的历史温度与现代化转变。其次，理论与实际紧密相连，文化考察重在行为与认知层面的沟通，学术研讨重在观念与思想层面的交流，设计讨论着眼于拓宽思路与未来发展，三者互为表里，相辅相成。最后，落脚于传统文化"活化石"之称的福建，从现场到理论，由当下到未来，以青年学生为主干，以两岸文化交流为依托，希望两岸学子在全方位地感受文化的力量的基础上，能够以复兴中华优秀传统文化为己任，为传承文化、加深交流尽己之力。

主办方之一的中国艺术研究院已于2017年、2018年、2019年分别出版了《守望古厝的探索》《聚落文化保护研究》《聚落文化保护与资源活化》三本学术论文集，本书作为第四本论文集，是"第五届两岸大学生聚落文化与传统建筑调查夏令营暨学术研讨会”所有参与师生的思想结晶，是系列活动的深化和延展，是青年一代展示多元化思路与深入性思考的平台。

宁德东临东海，与台湾隔海相望。这里历史悠久，自晋太康三年（282）设立温麻县以来，至今已有1000多年的历史，宁德古村落、古建筑广布，历史文化传统深厚，被喻为“闽东之光”。

这里也曾是习近平总书记工作过的地方。在1988年的夏天，他曾经走遍了宁德的大小村落，进行实地调研。当年在宁德寿宁县，习近平总书记在调研之余反复研读明代文学家冯梦龙所写的《寿宁待志》。冯梦龙解释“待”志时说道：“何待乎？曰‘一日有一日之闻见，吾以待其时；一人有一人之才识，吾以待其人’。”冯梦龙这种宁缺毋滥、实事求是的态度，为官一任不求满而留有余地的发展观念，与习近平总书记的发展观不谋而合。后来，他在实地考察的基础上，依据宁德的实际，为宁德制定了要以“滴水穿石”的精神和“弱鸟先飞”的意识做好实际工作的战略方针。

2019年8月4日，习近平总书记给寿宁县下党乡乡亲们的回信中仍然不忘这里“车岭车上天，九岭爬九年”的恶劣地理环境。他提道：“当年‘三进下党’的场景，我至今还历历在目。经过30年的不懈奋斗，下党天堑变通途、旧貌换新颜，乡亲们有了越来越多的幸福感、获得感，这生动印证了弱鸟先飞、滴水穿石的道理。”

习近平总书记对中华传统文化高度重视，在多个场合、多次强调传统文化的重要性，他指出中华优秀的传统文化是中华民族的基因，要深植于中国人内心，传统文化也在潜移默化地影响着每一个中国人的思想方式与行为模式。对于如何继承、发扬优秀传统文化，他指示我们要“加强对中华优秀传统文化的挖掘和阐发，努力实现中华传统美德的创造性转化、创新性发展，把跨越时空、超越国度、富有永恒魅力、具有当代价值的文化精神弘扬起来，把继承优秀传统文化又弘扬时代精神、立足本国又面向世界的当代中国文化创新成果传播出去”。

正是秉承着习近平总书记的殷殷嘱托，同时在文化和旅游部相关部门的指导下，作为会议的主办方之一，中国艺术研究院开展了两岸大学生传统文化系列学术活动，这次“两岸大学生聚落文化与传统建筑调查夏令营暨学术研讨会”正是其中的一项重要活动。海峡两岸文化交流的工作任重道远，青年学子承载着两岸交流与发展的未来，我们选择富有地域特色与传统文化底蕴的闽南、闽东地区的聚落文化作为两岸青年文化交流的工作突破口，以古村落、古建筑作为理解与感受优秀传统文化的第一步，目的在于让两岸青年不仅在实地感受、亲身体验中近距离地触摸历史与文化，感受艺术与生活，认真地思考现实与展望未来，从而让他们在古今、中外的学术碰撞中激发对中华传统文化的认同感与责任感，共同参与到闽南文化、中华文化的保护、研究与传承、传播中，为两岸文化的深层次交流打开一扇大门。

在某种意义上，聚落文化研究是对中华文明历史的追溯、现实的重建与未来的探索，具有非常重要的学术价值和现实意义。两岸多所高校的老师和学子们用脚步丈量一处处文化遗存，用眼睛观察点滴间的历史变化，用双手触摸着鲜活的文明印记……他们纷纷表示，只有身临其境，才能印象深刻，唯有亲历其中，才知任重道远。这本论文集记录了参与 2019 年“第五届两岸大学生聚落文化与传统建筑调查夏令营暨学术研讨会”的两岸师生的考察成果，也收录了考察结束后他们的学术思考与思想结晶。

张敬华

2020 年 11 月于北京